“十二五”高等院校国际经济与贸易专业规划教材

国际贸易理论与实务

第2版

主　编　邱继洲
副主编　王　瑾　陶忠元
参　编　尹肖妮　岑丽娟　计东亚
主　审　靳小钊

机 械 工 业 出 版 社

本书在总结前人研究成果及编者多年教学积累的基础上，力求对国际分工、国际贸易的基本概念、第二次世界大战后国际贸易的发展、古典国际贸易理论、现代国际贸易理论、关税、非关税壁垒、出口管理、国际经济一体化、世界贸易组织、商品的品质、商品的数量、商品的包装、商品的价格条件、运输与保险、国际结算、出口单证操作、商品检验、索赔、不可抗力与仲裁、贸易谈判与贸易合同的订立、进出口合同的履行等国际贸易理论和实务的基本内容进行最新的论述。

本书既可以满足高等院校的国际经济与贸易专业和经管类非国际经济与贸易专业的教学需要，对实际工作者而言也是一本比较实用的国际贸易理论和实务方面的参考书。

图书在版编目(CIP)数据

国际贸易理论与实务/邱继洲主编. —2版. —北京：机械工业出版社，2012.2(2013.8重印)

“十二五”高等院校国际经济与贸易专业规划教材

ISBN 978-7-111-37134-2

Ⅰ.①国… Ⅱ.①邱… Ⅲ.①国际贸易理论—高等学校—教材②国际贸易—贸易实务—高等学校—教材 Ⅳ.①F740

中国版本图书馆CIP数据核字(2012)第006847号

机械工业出版社(北京市百万庄大街22号 邮政编码100037)

策划编辑：常爱艳 责任编辑：常爱艳 刘 静

版式设计：石 冉 责任校对：薛 娜

封面设计：鞠 杨 责任印制：乔 宇

北京铭成印刷有限公司印刷

2013年8月第2版第2次印刷

184mm×230mm · 24印张 · 475千字

标准书号：ISBN 978-7-111-37134-2

定价：42.00元

"十二五"高等院校国际经济与贸易专业规划教材

编审委员会名单

序

摆在读者面前的这套教材是一项凝聚了众多高校教师辛勤劳动的集体性成果。我们编写这套教材主要是基于以下两大背景。

1. 在经济全球化条件下，国际贸易作为一国参与经济全球化和国际分工的重要途径之一，其作用和重要性都大大加强

20世纪90年代以来，在经济全球化浪潮的推动下，资本的国际流动得到迅猛发展。在这种情况下，有人认为国际贸易对经济增长的作用因此会被削弱，其实并不尽然。通过以下分析可以看出，国际贸易对一国经济增长的作用不但没有被削弱，反而在加强。

首先，在经济全球化条件下，国际分工的日益细化不但使越来越多的消费品具有了可贸易性，而且越来越多的中间产品和劳务也进入了国际交换领域，从而使贸易的范围不断扩大。

其次，在经济全球化条件下，社会化生产以及市场经济的本质并未发生根本性的变化，市场交换依然是扩大再生产的前提，国际贸易仍是各国在世界范围进行交换的主要方式和彼此间经济关系的“晴雨表”。

最后，在经济全球化条件下，虽然国际直接投资的规模越来越大，跨国公司的作用越来越显著，但是它并不排斥国际贸易，更不能取代国际贸易；相反，资本和生产的国际化不仅为国际贸易提供了更加便利的条件，而且增添了新的贸易方式和贸易动力。因为跨国资本流动规模的扩大，特别是产业资本的国际化，不仅使国际贸易的规模和发展呈现出某些新特点，而且使国际贸易出现了内部化现象，推动了以要素禀赋差异为基础的产业间贸易模式逐步向以竞争优势为基础的产业内贸易模式转变，世界范围内产业内贸易的比重不断加大。规模巨大的跨国公司在世界各地组织生产，在“全球战略”的指导下，企业内部贸易和产业内贸易发展迅速，构成世界贸易的重要组成部分。不仅如此，第二次世界大战后国际资本的流动还促使了新的贸易方式的产生，如加工贸易、补偿贸易、国际租赁业务、国际分包等。这些贸易方式是为适应资本的流动而出现的，它们与传统的商品贸易方式有很大的差别。例如补偿贸易，就是引进方首先引进国外的先进技术和设备，然后再用生产的产品直接或间接地给予技术和设备提供者补偿，这实际上已起到了国际直接投资的

作用。

2. 我国加入世界贸易组织之后，对国际经济贸易人才的培养提出了更高的要求

众所周知，我国于2001年正式加入了世界三大经济组织之一的世界贸易组织，从而标志着我国已全方位地融入到经济全球化的浪潮中。“入世”不仅给我们的社会经济生活带来了巨大的影响，而且对传统国际经济与贸易专业的教育也提出了深层次的挑战。20世纪80年代，当改革开放大潮刚刚涌动之时，很多学校开设了国际经济与贸易专业，似乎只要沾上涉外的字眼，就可以“通吃天下”，但这种低层次的量的扩张在20世纪90年代中后期就遇到了“瓶颈”，许多学生毕业后找不到如愿的工作。“入世”之后，涉外色彩浓重的国际经济与贸易专业再次引起了世人的关注和青睐，但是这一次并不是上一次的简单重复，它不仅要求涉外人才量的增加，更要求涉外人才质的提升。具体来说，现在需要的涉外人才是能系统掌握现代经济学基本原理，通晓国际经济与贸易知识及惯例，同时能熟练运用外语和计算机等现代工具的高层次的复合型人才。

经济全球化和“入世”的大背景要求我们在国际经济与贸易专业的教材编写、课程设置、人才培养方式等方面进行相应的变革，这套教材就是为响应这种变革所做的一项尝试性成果。

目前市场上国际经济与贸易方面的教材品种较多，其中不乏优秀之作，前人的优秀成果是我们编写这套教材的重要参考来源和写作基础。当然，相比较而言，我们这套教材无论在内容的编写上还是在写作的体例和形式上，都具有自身的一些重要特色。

1. 在内容的编写上

过去，人们普遍注重这个专业的应用性特色，而相对忽视了这个专业所具有的理论性和素质培养功能。随着我国加入世界贸易组织、更深入地融入到经济全球化浪潮中，对经贸人才的需求已从简单的操作型人才转变为高素质的复合型人才，显然，传统教学模式和方法已很难适应时代发展的要求。我们编写的这套教材在保持传统教材重视应用性和操作性的基础上，力求吸纳和反映当代国际经济与贸易领域的最新发展实践和理论成果，凸显教材的基础性、理论性和前沿性，并与时俱进，使之更加贴近我国的改革开放实践，加强为建设和完善我国社会主义市场经济体制服务的功能，挖掘各门课程对学生素质培养的潜能，从而赋予国际经济与贸易专业新的活力和意义。

2. 在写作的体例和形式上

我们借鉴国外流行教材的经验，在内容有关之处增加了为数不少的专栏，这些专栏或者是时代背景，或者是作者小传，或者是案例，或者是对有关问题的进一步阐述，有助于拓展学生的视野，让其更深入地了解和掌握书中内容。所列复习思考题也力求灵活多样，以启发学生作进一步的思考。另外，章中所列关键术语、学习要点、小结以及荐读书目等，不仅方便学生总领教材内容，也为其作进一步研讨提供了文献参考。

当然，作为尝试性的成果，我们这套教材也难免有不尽如人意之处，特别是每本教材的作者均来自不同院校，因此在编写风格方面可能还会存在一些差异，这些都需要我们在以后的修订过程中进一步完善，我们真诚地期待着广大读者多提宝贵意见！

北京师范大学教授、博士生导师
编审委员会主任委员 赵春明

2006 年 4 月

第2版前言

本书第1版自2006年出版以来，得到了国内高校的广泛支持和使用，致使出版社数次加印。为了给读者呈现更好的国际贸易理论与实务方面的读本，应出版社的要求，编者对本书的第1版进行了修订。

本书第2版在保持第1版体系构架、主要内容、写作风格、编者队伍的基础上，尽可能地吸收了广大读者的修改意见和近年来在国际经济与贸易领域涌现出来的新成果、新实践及新规制。特别是将2007年7月1日生效的《跟单信用证统一惯例》(国际商会第600号出版物)、2011年1月1日生效的《2010年国际贸易术语解释通则》(国际商会2010年9月发布)等有关规定融入书中，进行了最新的论述。

本书第2版的修订工作由主编邱继洲负责，尹肖妮协助主编做了大量具体工作。

尽管编者为此次修订付出了很大努力，但仍然会有不尽如人意之处，恳请读者批评指正。

编　者

第1版前言

随着成为世界贸易组织(WTO)的正式成员，我国努力推进着全方位、多层次对外开放的速度，与全球化的世界经济体系渐行渐近。面对新的国际国内经济态势，人们越来越感受到掌握全面、规范、系统、前沿的国际贸易知识的重要性和紧迫性。为了满足这种需求，编者编写了本书。

本书在总结前人研究成果及编者多年教学积累的基础上，力求对国际分工、国际贸易的基本概念、第二次世界大战后国际贸易的发展、古典国际贸易理论、现代国际贸易理论、关税、非关税壁垒、出口管理、国际经济一体化、世界贸易组织、商品的品质、商品的数量、商品的包装、商品的价格条件、运输与保险、国际结算、出口单证操作、商品检验、索赔、不可抗力与仲裁、贸易谈判与贸易合同的订立、进出口合同的履行等国际贸易理论和实务的基本内容进行了最新的论述。

本书具有以下特点:

(1) 内容全面。本书较全面、规范、系统地讲述了国际贸易的基本理论、最新制度、合理程序和操作技术。

(2) 体系新颖。本书按照国际贸易理论和实务的内在联系，体现当代教育要求的规律，结合长期教与学积累的经验，对国际贸易理论和实务的有关内容进行了合理组合和排序，构建了由宏观到微观、由理论到实践、由程序到技术的新体系。

(3) 形式活泼。本书虽然以文字表述为主，但通过配有大量图、表、公式、案例、习题等办法，形成了形式多样、灵活、有趣、可读的风格。

本书既可以满足高等院校的国际经济与贸易专业和经管类非国际经济与贸易专业的教学需要，同时对实际工作者而言也是一本比较实用的国际贸易理论和实务方面的参考书。编者为选择本书作教材的教师免费提供电子课件。

邱继洲担任本书的主编，并负责总纂定稿；由哈尔滨工业大学(威海)人文管理学院院长靳小钊教授担任主审。本书具体编写分工如下：第一、四、五、六、七、八章由邱继洲编写，第二、十五章由计东亚编写，第三、十二章由陶忠元编写，第九、十四章由尹肖妮编写，第十、十三、十六章由王瑾编写，第十一章由岑丽娟编写。

本书在编写过程中，借鉴和参考了许多相关教材和著作，在此对这些教材和著作的作者表示感谢。尽管编者尽了最大努力，但由于时间仓促，加之水平有限，书中难免存在疏漏，恳请同行和广大读者批评指正。

编　者

目录

下篇 国际贸易实务

上篇

国际贸易理论

第一章 导论

第一节 国际分工

国际贸易是在国际分工基础上形成和发展起来的，国际分工是国际贸易产生和发展的必要条件和基础。因此，学习和研究国际贸易应从分析国际分工开始。

一、国际分工的含义及类型

（一）国际分工的含义

分工又叫做劳动分工，是指各种社会劳动的划分与独立化。国际分工是指世界各国之间的劳动分工，它既是国内分工的延伸和继续，又是高于国内分工的一种国际化社会分工。在国家产生以后，当生产力发展到一定程度时，一国经济的内部分工就会超越国家界限向深度和广度发展，因此国际分工是社会分工发展到一定程度的产物。从历史上看，国际分工是18世纪后确立的一种与机器大生产及国际市场相联系的国际间的分工体系。如果说社会分工是商品经济的基础，那么国际分工就是国际经济整个发展过程的基础。从这个意义上说，国际经济不应当是世界各国国民经济的总和，而应当是世界各个国家、各个地区在国际分工发展基础上所形成的互相联系、互相依存的有机体系。因此，国际分工也是国际市场、国际贸易、国际金融和国际合作的前提，而后者则是国际分工的重要体现。

（二）国际分工的类型

国际分工的类型是指各国在参加国际分工时，根据本国经济发展水平所形成的不同类型的分工关系，它在一定程度上反映了不同国家在国际分工体系中所处的不同地位。

（1）垂直型国际分工。它是指经济发展水平不同国家之间的分工。这种分工在国家类型上主要表现为发达国家和发展中国家之间的分工，在商品种类上表现为国际上初级产品与工业制成品之间的分工，它是当前国际分工的一种重要形式。

（2）水平型国际分工。它是指经济发展水平大体相同国家之间的分工。发达国家之间或发展中国家之间的分工一般属于此类。这种分工不仅可以使相互贸易的双方交换不同的工业品，而且可以通过比较成本交换同类产品。在这种国际分工中，由于生产的专业化，既可以节省生产费用使生产成本降低，又因使用专业设备生产而大大提高劳动生产率。

（3）混合型国际分工。它是指垂直型与水平型两者相结合的分工形式，即一个国家在国际分工体系中，既参与垂直型分工，又参与水平型分工。许多发达国家都属于这一类型，它们同发展中国家交换商品属于垂直型分工，它们之间相互交换产品属于水平型分工。

二、国际分工的形成和发展

国际分工从产生到现在已有几百年的历史，在此期间国际分工主要经历了四个阶段。

（一）国际分工的萌芽阶段

从15世纪末“地理大发现”开始到18世纪产业革命之前，是社会分工由国内向国外扩展的一个重要转折时期，是国际分工的萌芽阶段。在“地理大发现”以前，欧洲各国的经济贸易活动只局限在地中海区域，真正意义上的国际经济贸易还没有出现。“地理大发现之后”，欧洲的经济贸易区域从地中海沿岸扩大到大西洋沿岸，经济贸易的规模也随之扩大。市场领域和贸易规模的扩大促进了生产力的发展，加速了资本主义的发展进程，也推动了在工场手工业基础上国际分工萌芽的产生。从这一时期起，一些西欧国家开始对美洲、亚洲和非洲地区进行残酷的掠夺，把这些地区变成他们的殖民地和附属国。他们强迫当地居民开矿山，建立甘蔗、烟草等农作物的种植园，为本国提供原料以扩大本国的工业品生产和出口，即建立起了一种以奴隶劳动为基础的、面向国际市场实行专业化生产的经济。这一时期形成的国际分工主要是宗主国与殖民地国家之间的分工。

（二）国际分工的形成阶段

从18世纪60年代开始的第一次产业革命起到19世纪后半期第二次产业革命之前，

英国、法国、德国、美国等主要资本主义国家先后完成了产业革命，实现了从工场手工业向大机器工业的过渡。资本主义大机器生产方式的确立，极大地推动了社会生产力的发展，使资本主义世界的生产规模迅速扩大。社会生产的各个领域、各个部门、各个单位之间的联系空前加强，各国的社会分工得到了巨大的发展，同时也使社会分工的发展超出国家和民族的范围，形成了以世界市场为纽带的国际分工。大机器工业推动了国际分工的最终形成，这由以下三大原因导致：

第一，大机器工业使生产规模和能力不断扩大，对市场提出了两方面的要求：一方面，日益增加的大批商品已远远超出国内市场的容量，迫切需要到国外寻求新的销售市场；另一方面，大生产所引起的对原料的大量需求也已远远超过了国内市场的供应能力，日益需要到海外开辟新的廉价原料市场。

第二，大机器工业改革了传统的运输与通信工具。远洋轮船和铁路的出现改善了运输条件，不仅大大缩短了运输时间，而且大大减少了运输费用。电报等现代通信工具的出现，使信息的传播日益广泛和迅速。这些都促进了国际分工和国际经济贸易的发展。

第三，大机器工业把一切国家都卷入了国际分工体系中。大机器工业生产出来的大量廉价商品使古老的民族工业被消灭了，使民族的孤立性、封闭性消失了，使一切国家和地区都被纳入到国际分工的轨道中去。

（三）国际分工的成长阶段

从19世纪70年代第二次科技革命开始至20世纪40年代，主要资本主义国家以科技革命为先导，实现了从蒸汽机时代进入电力和内燃机时代。这一时期，电力、电器、石油、化工、钢铁、汽车制造等新兴工业部门的普遍建立和发展，大大促进了生产力和国际分工的进步。生产力的发展使生产关系也发生了深刻变化，资本主义制度由自由竞争阶段进入到垄断阶段，从而使资本的统治从国家范围扩大到整个世界，这样就使垂直型国际分工进一步发展，强化了“工业欧美、原料亚非拉”的国际分工体系。同时，工业化国家之间的水平型国际分工也迅速发展起来，丰富了国际分工体系。

（四）国际分工的成熟阶段

第二次世界大战(以下简称“二战”)以后，以原子能、电子计算机、空间技术等为主要标志的第三次科技革命，引起了一系列新兴工业部门的出现，有力地促进了生产力的高速增长，使国际分工的广度和深度都有了很大的发展。这表现为生产的国际化、产品的差异化和多样化、零部件生产的专业化趋势不断增强。与前几个阶段相比，这一阶段的国际分工呈现出这样一些特点：①发达国家之间国际分工的发展速度快于发达国家与发展中国家之间；②国际分工由各国产业部门之间向产业内部发展；③不同类型的国家加入到国际分工的行列；④资本主义生产关系在国际分工中居支配地位。由以上这些特点所决定，“二战”后的国际分工包含着多种经济制度、不同发展水平国家的综合体，出现了北北关系、南北关系、南南关系、东西关系的大发展，也出现了垂直型、水平型、混合型等多种国际分工方式。

三、影响国际分工形成和发展的因素

国际分工的形成和发展受多种因素的影响，在不同时期和不同阶段，因国际分工的内容和特征不同，其具体的制约因素也有差异。

（一）自然条件

自然条件包括一个国家的气候、土壤、国土面积、矿藏资源、地理位置等。进行经济活动总是需要一定的自然条件，没有一定的自然条件，进行任何经济活动都是困难的，甚至是不可能的。石油只有在特殊的地质条件下才能生成；矿产品只有在某些拥有大量矿藏资源的国家才能生产和出口；大型的港口只有在特殊的地理条件下才能建成；咖啡、可可、茶叶、橡胶及一些水果，也只有在特殊的气候条件下才能生长。良好的自然条件不仅有助于国内经济的发展，也有助于参与国际分工。但是，自然条件对国际分工的发展只提供可能性，而不提供现实性。虽然石油不能在没有石油资源的地区开采和出口，但是存在丰富石油资源的地区，只有在科学技术发展到一定阶段，拥有了相当的科技人员和资金以后，才能得到充分的开发和利用。随着科学技术的进步和生产力的发展，大量替代品不断出现，自然条件在国际分工中所起的作用有所下降。事实上有些国家，如日本就是主要依靠先进的科学技术而非自然条件参与国际分工的。然而，也必须承认，在有些方面，自然条件还是其他因素难以替代的。一般说来，在生产力水平较低的国家和地区，自然条件对社会分工和国际分工的影响就更大一些。

（二）生产力和科学技术

社会分工的历史表明，社会分工是以生产力发展为前提的，社会生产力的提高是促使分工发展的内在动因。只有当生产力发展到一定水平，市场扩展到相当大的规模时，分工才超出国家界限向国际领域扩展，国际分工才得以产生和发展。科学技术作为生产力，对国际分工的形成和发展起着巨大的推动作用。国际分工的历史表明，每一次科技革命都把国际分工推向一个新阶段。同时，生产力的发展和科学技术的进步，还决定着各国在参与国际分工体系中的地位。历史上，产业革命发生最早、从而生产力水平最高的英国，在相当长的时期内处于国际分工的主导地位。后来，美国、日本等后起的资本主义国家，由于生产力发展，竞争能力增强，在国际分工中的地位随之提高，而英国的地位则相对下降。“二战”后，广大发展中国家，尤其是一些经济发展较快的新兴工业化国家和地区，随着民族经济的日益振兴，它们在国际分工体系中的地位正在逐步改善。生产力和科学技术在国际分工的形成与发展过程中起着决定作用。

（三）国际生产关系

国际分工是人类社会历史发展的产物，它是同一定的生产关系紧密联系在一起的。生产力固然是国际分工产生和发展的决定性因素，但是国际分工的性质则取决于生产关系。现代国际生产关系是由多种性质不同的生产关系组成的，在各种国际生产关系中，资本主义生产关系占有支配地位，因而现存的国际分工在很大程度上具有资本主义的性质。然而，国际分工的性质还要取决于参与分工的国家之间的关系的性质。发达国家之间、发展中国家之间的分工，由于在政治上、经济上各自拥有主权，经济发展水平比较接近，因而具有平等或比较平等的相互依赖的性质。而发达国家与发展中国家之间的国际分工就不同了，“二战”后许多发展中国家虽然赢得了政治上的独立，但在经济上并没有完全摆脱对发达资本主义国家的依附地位，尤其是国际经济旧秩序的基本格局迄今还没有根本改变，发达资本主义国家在国际经济中的垄断地位依然存在，因此，它们之间的分工依然具有一定的不平等性。

（四）经济改革和上层建筑

国际分工不仅受到生产力、生产关系这两个基本要素的决定和制约，还要受到各个国家经济体制、政治法律制度以及对外政策等上层建筑的影响。例如在历史上，资产阶级曾采用暴力和不平等条约等手段，在加速资本原始积累的同时，推动了宗主国与殖民地半殖民地国家之间国际分工的建立和发展。“二战”后在国际经济领域里建立起来的国际货币基金组织、关税及贸易总协定以及后来的世界贸易组织等超国家的经济组织，通过相互调节经济贸易政策，逐步消除各国之间在国际金融与国际贸易领域里的障碍，对当代国际分工的发展产生了积极影响。当然，各国的经济政策和上层建筑也能延缓国际分工的发展，如果一国长期实行相对封闭的政策和措施，就会延缓这个国家参与国际分工的进程，尤其是经济比较落后的国家，往往对国际分工的认识和参与持消极态度，这也会影响整个国际分工的发展。

四、国际分工对国际贸易的影响

国际分工产生和发展的过程就是国际贸易产生和发展的历史，国际贸易是随着国际分工的发展而发展的，两者互为条件、互相促进。但国际分工更具有决定作用，国际贸易的发展从根本上说要受到国际分工的制约和影响，这种影响主要表现在四个方面。

（一）国际分工推动国际贸易的发展

国际分工是国际贸易发展的基础。生产的国际专业化分工不仅提高了劳动生产力、增加了世界范围内的商品数量，而且增加了国际交换的必要性，从而促进国际贸易的迅速增长，这一点在国际分工的发展过程中得到了充分反映。在国际分工发展的初期，国际贸易额从1810年的25亿美元增加到1860年的123亿美元，50年间增长了约4倍。“二战”以后，由于生产国际化和国际分工的进一步深化，国际贸易的发展速度大大超过战前，世界出口贸易额从1950年的607亿美元增加到2000年的6万多亿美元，50年间增加了100多倍。

（二）国际分工决定国际贸易商品结构

随着科技的进步，国际分工的产生、形成和发展使国际贸易的商品结构有了很大变化。17世纪以前，金、银、香料、象牙、瓷器等高档消费品是国际贸易的主要商品。随着欧洲工场手工业的发展和城市居民的增加，丝绸、棉花、硝石、大米、烟草、咖啡、茶叶和一般消费品及奴隶成为国际贸易的重要商品。第一次科技革命后形成了以英国为中心的国际分工，由于大机器工业的发展，国际贸易的商品结构又发生了变化，如机器和运输工具的出现，纺织品贸易增长迅速，谷物成为国际贸易的大宗商品，钢铁、石油制品、棉纱等的贸易不断增长。第二次科技革命使国际分工进一步发展，该时期粮食贸易大量增加，农业原料和矿产原料贸易不断扩大，石油、煤炭贸易也在增长，机器、电力设备、机车及其他工业品的贸易也有所增加。“二战”后的第三次科技革命，使国际分工进一步向纵深和广阔方面发展，从20世纪50年代初起，在国际贸易中工业制成品的比重超过了初级产品，此后工业制成品的比重不断上升，新产品大量涌现，如电子计算机、核能设备、精密仪器等，以技术转让为重要形式的技术贸易得到了迅速发展，服务贸易也有了长足的增长。

（三）国际分工主导国际贸易地区分布

世界各国的对外贸易地区分布是与它们的经济发展及其在国际分工中所处的地位分不开的。第一次科技革命后，以英国为核心的国际分工体系，使英国在世界贸易中居于垄断地位，英国在国际贸易中所占的比重从1750年的13%提高到1800年的33%。此后，法国、德国、美国在国际贸易中的地位也显著提高。“二战”后由于第三次科技革命，发达国家工业部门的内部分工成为国际分工的主导形式，因而西方工业发达国家相互间的贸易得到了迅速发展，而它们同发展中国家间的贸易则是呈下降趋势。西方发达国家在世界出口总额中所占的比重从1950年的2/3提高到1990年的3/4，而发展中国家在世界出口总额中所占的比重则从1950年的1/3下降到1990年1/4左右。

（四）国际分工影响各国对外贸易政策

一般而言，国际分工状况如何，是各个国家制定对外贸易政策的依据。在国际分工中处于优势地位的国家，由于其生产力水平高，商品竞争能力强，会采取自由贸易政策。相反，如果一个国家生产水平落后于其他国家，商品竞争能力弱，在国际分工中处于不利地位时，为保护国内的幼稚工业，都采取保护贸易政策。例如，第一次科技革命后，英国首先完成了产业革命，生产力水平最高，商品竞争能力最强，所以率先实行自由贸易政策。而美国和西欧一些国家在当时落后于英国，为使其幼稚工业免遭英国商品的冲击，便采取了保护贸易政策。当它们相继完成产业革命后，随着其工业生产水平的进一步发展和其在国际分工中地位的提高，便陆续采取了自由贸易政策。

第二节　国际贸易

一、国际贸易的定义

国际贸易是指国家之间商品和服务的交换活动，是各国在国际分工的基础上，通过世界市场实现商品、资本、劳动、科技和服务等生产要素的合理配置，达到国际收支均衡的行为和方式。从一个国家来看，国际贸易也就是对外贸易。一些海岛国家，如英国、日本等，也常用“海外贸易”来表示国际贸易。从世界范围看，所有国家的对外贸易构成世界贸易。国际贸易是人类社会发展到一定历史阶段的产物，它是一个历史范畴。国际贸易属于流通领域，是一国生产在流通领域向国外的延伸。

国际贸易的主要内容是商品的进口和出口，以及影响它们的政策和措施。商品进口是指一国向他国购进商品和劳务，商品出口是指一国向他国出售商品和劳务。一个国家在一定时期(如一年、半年、一季、一月等)的商品进口和出口相等，叫做贸易平衡；如果不一致，则叫做贸易差额。如果出口总值大于进口总值，叫做贸易顺差，又称出超；如果进口总值大于出口总值，叫做贸易逆差，又称入超。贸易差额是衡量一个国家国际贸易的重要指标，贸易顺差表示一国在国际贸易收支上处于有利地位，贸易逆差表示一国在国际贸易收支上处于不利地位。贸易总额是影响一个国家国际收支的重要因素，因为一个国家进出口贸易的支出和收入，是该国国际收支的经常项目。对大多数国家来说，商品进出口的收支占其国际收支的绝大部分，所以，贸易差额对一个国家的国际收支有着重要的影响，是分析一个国家经济状况的重要指标。

除了贸易差额以外，国际贸易依存度也是分析一个国家经济状况的重要指标，它是指一国在一定时期内进出口商品总额占该国国内生产总值的比重。它又可分为出口贸易依存度和进口贸易依存度两个指标。国际贸易依存度越大，即进出口商品总额在国内生产总值中所占比重越大，表明该国经济发展对国际贸易的依赖程度越大，同时也表明国际贸易在该国国民经济中的地位越重要，国际贸易增长对经济增长的作用也越大。

二、国际贸易的分类

（一）按照货物移动的方向分类

按照货物移动的方向可将国际贸易分为出口贸易、进口贸易、过境贸易、复出口、净进口、净出口、复进口。出口贸易是指将本国生产加工的商品运往他国市场销售或为他国提供服务。进口贸易是指将外国商品输入到本国国内市场销售或接受他国提供的服务。两国之间的贸易商品经过第三国国境运送时，对于第三国来说则是过境贸易。复出口是指输入本国的商品再输出时的贸易行为。复进口是指输出国外的商品再输入本国时的贸易行为。净出口是指一国出口大于进口的情况。净进口是指一国出口小于进口的情况。

（二）按照商品的类型分类

按照商品的类型可将国际贸易分为初级产品贸易和工业制成品贸易。初级产品贸易是指没有经过加工或经过简单加工的农、林、牧、渔产品和矿产品等的国际贸易。工业制成品贸易是指经过机器完全加工的产成品的国际贸易。

2006 年修订的《联合国国际贸易标准分类》(SITC)把国际贸易商品分为十类：第一，食品和活畜；第二，饮料和烟草；第三，燃料以外的非食用粗原料；第四，矿物燃料、润滑油及有关原料；第五，动植物油、脂及蜡；第六，未列名化学品及有关产品；第七，主要按原料分类的制成品；第八，机械及运输设备；第九，杂项制品；第十，没有分类的其他商品。联合国在贸易统计中，一般把第一~五类商品列为初级产品，把第六~十类商品列为制成品。这个标准分类目前已为世界绝大多数国家所采用。我国实行的新贸易商品分类标准就是以该标准分类为基础，结合我国进出口商品的实际情况编制而成的。

国际贸易商品结构分析具有重要意义。通过对一国进出口商品结构的分析，可以看出该国的经济技术发展水平和在国际分工与国际经济中的地位。一般来说，在发达国家的国际贸易中，工业制成品在出口中所占的比重大于初级产品所占的比重，而初级产品在进口中所占的比重大于工业制成品所占的比重。发展中国家的出口则多以初级产品为主，进口以工业制成品为主。从整个世界贸易商品结构看，在20 世纪50 年代以前，初级产品所占比重一直高于工业制成品所占比重。从1953 年起，工业制成品所占比重开始超过初级产品所占比重，而且从此以后，两者的差距越来越大。

（三）按照商品的形式分类

按照商品的形式可将国际贸易分为无形贸易和有形贸易。有形贸易是指一个国家有形商品的输入和输出。无形贸易是指一个国家劳务或其他非实物形态商品的输入和输出。它主要包括两个方面：一是由有形商品的进出口而发生的一些从属性费用收支，例如运输费、保险费、装卸费、商品加工费、船只修理费等；二是与有形商品进出口无关的收支，例如国际旅游收支、侨民汇款、外交人员费用、专利特许权费用等。

有形贸易和无形贸易的一个主要区别是：有形贸易的进出口需办理海关手续，其数量反映在海关的贸易统计上；无形贸易的进出口不需办理海关手续，其数额一般不显示在海关的贸易统计上。有形贸易的收支又称为贸易收支，无形贸易的收支又称非贸易收支。

（四）按照商品的运送方式分类

按照商品的运送方式可将国际贸易分为陆路贸易、海路贸易、空运贸易、邮购贸易。陆路贸易是指通过陆路运送货物方式而进行的贸易。海路贸易是指通过海路运送货物方式而进行的贸易。空运贸易是指通过航空运送货物方式而进行的贸易。邮购贸易是指通过邮政包裹方式而进行的贸易。

（五）按照结算方式分类

按照结算方式可将国际贸易分为现汇贸易、边境贸易、易货贸易。现汇贸易是指以货币作为结算工具的贸易。易货贸易是指以经过计价的货物作为结算工具的贸易，也称为换货贸易。这种贸易的特点是把进出口直接联系起来，双方有进有出，进出基本平衡。边境贸易是指毗邻国家通过协议允许接壤两国边境地区的居民和厂商，在距离边境线两边各15km左右的地带从事的贸易行为。这种贸易可以是现汇贸易，也可以是易货贸易。

（六）按照贸易是否有第三方参加分类

按照贸易是否有第三方参加，可将国际贸易分为直接贸易、转口贸易、间接贸易。直接贸易是指商品生产国与商品消费国直接买卖商品的贸易。间接贸易是指商品生产国与商品消费国通过第三国买卖商品的贸易。商品生产国与商品消费国通过第三国进行贸易时，对于第三国来说则是转口贸易。

三、国际贸易的产生和发展

（一）国际贸易的萌芽

国际贸易的萌芽最初表现为偶然的、小范围的、小规模的国际商品交换。国际商品交换是在一定的历史条件下产生和发展起来的，具有可供交换的剩余产品和存在各自为政的社会实体是国际商品交换得以产生的两个前提条件。

在原始社会早期，生产力水平极为低下，人类处于自然分工的状态，没有剩余产品和私有制，也没有阶级和国家，也就没有国际商品交换。后来出现了三次社会大分工，特别是第三次社会大分工后，出现了商品和专门从事贸易的商人。到了原始社会末期，商品流通时有超出国界的情况，这就出现了最早的国际商品交换。

在奴隶社会，生产力水平前进了一大步，社会文化也有了很大的发展，国际商品交换也有所扩大。奴隶主需要的奢侈消费品，如宝石、香料、各种织物和装饰品等以及奴隶成为国际交换的主要商品。但是从总体上看，奴隶社会时自然经济占统治地位，生产的直接目的主要是为了消费，商品生产在整个经济生活中还是微不足道的，进入流通的商品很少。当时生产技术落后，交通工具简陋，各国的国际商品交换受到很大限制，由此形成的国际贸易自然处于萌芽状态。

（二）国际贸易的产生

封建社会取代奴隶社会之后，国际商品交换有了较大的发展，尤其是从封建社会的中期开始，实物地租转变为货币地租，商品经济的范围逐步扩大，国际商品交换演变为早期的国际贸易。到封建社会晚期，随着城市手工业的进一步发展，资本主义因素已经开始孕育和生长，商品经济和国际贸易都比奴隶社会有明显的发展。但从生产力发展水平看，当时世界各国自然经济仍占统治地位，世界市场尚未形成，国际贸易在经济生活中不占有重要地位。

工场手工业发展为国际贸易的扩大提供了物质基础，特别是“地理大发现”和资本原始积累，进一步促进了国际贸易规模的扩大。“地理大发现”的结果，使西欧国家纷纷走上了向亚洲、非洲和拉丁美洲扩张的道路，以殖民制度进行资本原始积累。这一时期国际贸易的发展是同“血与火”密切联系在一起的，殖民主义者用武力、欺骗等超经济手段，实行掠夺性的贸易，把广大殖民地国家卷入到国际贸易中来。贸易中的商品结构开始转变，工业原料和城市居民消费品的比重上升，国际贸易的范围和规模空前扩大，国际贸易开始正式出现，成为国际经济生活中的重要内容。

（三）国际贸易的发展

18 世纪后期至 19 世纪中叶是资本主义的自由竞争时期，这一期间英国率先完成了产业革命，建立起机器大工业的生产体系，成为世界工厂。随后欧洲其他国家和美国也先后发生了产业革命，大工业在欧洲和美洲的广泛发展，大大提高了社会生产力水平，国际贸易的规模和种类显著增加。大工业也使交通运输和通信发生了变革，从而为国际贸易的发展提供了必要的物质条件。在这一时期，国际贸易的发展有如下特点：

第一，国际贸易迅速增加。19 世纪的前 70 年中，世界贸易量增长了 10 多倍，而 19 世纪以前的 80 年间仅增长了 1 倍。

第二，国际贸易中工业品的比重不断上升，其中纺织品、煤炭、钢铁、机器等商品增长明显。

第三，政府减少了对国际贸易的干预，推行自由贸易政策。

19 世纪末 20 世纪初，各主要资本主义国家从自由竞争阶段过渡到垄断资本主义阶段，国际贸易也随之出现了一些新的变化。这主要表现在以下两个方面。一是垄断开始对国际贸易产生重要影响。少数帝国主义国家不仅在世界市场上占据垄断地位，还渗透和垄断了殖民地落后国家的国际贸易，当时仅英国、美国、法国、德国四国就占世界出口总额的50%以上。二是通过资本输出带动商品出口。为了确保原料供应和对市场的控制，一些经济较发达的资本主义国家开始向落后国家输出资本，通过输出资本，带动本国商品出口，还能以低廉价格获得原料。同时资本输出也成为在国外市场排挤其他竞争者的一个有力手段。

第三节 "二战"后国际贸易的发展

一、"二战"后国际贸易的增长速度

（一）"二战"后国际贸易增长的状况

"二战"后国际贸易的增长速度明显超过以往的历史时期，1950年世界出口总额只有607亿美元，1960年为1291亿美元，1970年为3151亿美元，1980年为20020亿美元，1990年已达到33101亿美元。

1900～1913年世界出口额的年均增长率为5.2%，1913～1938年为0.6%。"二战"之后，这一比率明显提高，1948～1981年达到11.3%。受20世纪80年代初经济危机的影响，1982～1983年世界出口一度出现1.3%的负增长，但是这种局面很快得到扭转，整个80年代的年均增长速度达到了5.1%。

上述数字没有扣除通货膨胀的因素。特别是20世纪70年代以来世界通货膨胀率较高，在一定程度上影响了上述数字的纵向可比性。但从总体看来，在考虑通货膨胀因素之后，世界出口量的增长速度也明显高于"二战"前。此外，"二战"前的贸易增长速度一般略低于工业生产的增长速度，"二战"后则出现明显的相反趋势，这使得各国经济对贸易的依存度明显提高。

（二）"二战"后国际贸易迅速增长的基本原因

（1）"二战"后世界经济的迅速恢复和发展为国际贸易的发展奠定了物质基础。在再生产各个环节中，生产具有决定性的地位。"二战"后世界经济的发展速度明显超过以往的历史时期，它一方面增强了各国的出口能力，另一方面促进了各国进口需求的增长。

（2）"二战"后科技革命的深入发展导致国际贸易的增长速度超过世界经济的增长速度。"二战"后科技革命的广度和深度都远远超过以往的科技革命，它对国际贸易增长速度的影响具体表现在：①它促进了运输手段和通信设备的现代化，显著降低了交

易成本，从而促进了国际贸易的增长；②它使固定资产的更新换代速度明显加快，并使各国更多地依赖进口技术设备来保持自己的国际竞争能力；③它使商品的生命周期缩短，并使各国更多地依靠进口来满足本国对日益多样化商品的需求；④它使国际分工由部门间生产专业化向部门内生产专业化过渡，中间产品贸易量迅速增长。

(3) 国家对外贸活动的干预促进了出口贸易的发展。对外贸易特别是出口贸易对各国的经济发展有积极的推动作用，因此，“二战”后各国政府普遍采取鼓励对外贸易特别是出口贸易的方针政策，如采取出口补贴、出口信贷、出口信贷国家担保、制定出口战略、建立商业情报网等措施促进出口增长。

(4) 国际经济组织的建立为国际贸易的发展创造了良好的环境。首先，它们为各国发展对外经济联系提供了多边谈判的场所，使各种矛盾和冲突较少地采取对抗的形式。其次，关税与贸易总协定、世界贸易组织和国际货币基金组织等有效地减少了各国之间的贸易壁垒和阻碍贸易发展的其他障碍。例如，国际货币基金组织在纸币流通制度下促进了汇率的相对稳定，减少了国际贸易中的汇率风险。

(5)“二战”后的经济一体化促进了国际贸易在区域范围内的迅速发展。

二、“二战”后国际贸易的商品结构

(一)“二战”后国际贸易商品结构的特点

(1) 工业制成品的比重超过初级产品的比重。在20世纪50年代中期之前，初级产品在国际贸易中所占的比重较大。此后，情况发生逆转，除了70年代石油价格猛涨带动矿产品贸易增长超过工业制成品之外，后者的增长速度超过各种初级产品贸易的增长速度。20世纪80年代，工业制成品在世界出口商品构成中约占70%。

(2) 高科技产品贸易增长速度较高。例如，1979~1989年，办公和电信产品出口年增长率为14%，汽车为9%，其他机器和运输设备、化工品为8.5%，而原料和钢铁只有4.5%，食品为4%，燃料为-1%。

(3) 服务贸易的发展速度超过商品贸易。例如，1980~1989年，服务贸易年均增长6.5%，商品贸易只有4.5%。其中发展最快的是旅游，在此期间年均增长率高达8.5%。

(4) 技术贸易突飞猛进。20世纪60年代中期，世界技术贸易额只有25亿美元，70年代中期达到110亿美元，到80年代中期突破500亿美元。

(二)“二战”后国际贸易商品结构变动的原因

(1) 技术进步影响了商品结构。这种影响具体表现在：①它使产品小型化，并降低了原材料在生产中的消耗量，从而相对降低了初级产品在国际贸易中的比重；②它以本国易于生产的人工合成材料取代部分天然原料，使后者的国际贸易量受到抑制；

③它使新兴部门不断涌现，并加速各部门的固定资本更新和现代化进程，促进了技术贸易和高科技产品贸易的发展；④它使工业结构中重工业比重上升，而它的原料消耗相对下降，降低了原料贸易的相对地位。

（2）消费结构发生了较大的变动。随着人们收入水平的提高，食品在消费结构中的比重不断下降，同时人们对耐用消费品和旅游等服务的需求不断增加。这种消费结构变化引起国际商品结构的相应变化。

（3）贸易条件的变动对初级产品不利。除石油等少数初级产品之外，初级产品的贸易条件表现出恶化趋势。这既涉及科技革命、消费结构变动等因素对初级产品供求的影响，又与发达国家垄断资本控制世界市场有关。初级产品价格的相对下降导致其贸易额的相对下降。

（4）跨国公司在20世纪60年代以来得到迅速发展。它们把一些原料消耗量大的传统工业转移到资源丰富的发展中国家，相应减少了原料的进出口量。同时，它们在发达国家之间组织水平型国际分工，增加了工业制成品的国际贸易量。

三、"二战"后国际贸易的地理分布

（一）发达国家贸易地位上升

"二战"后国际贸易表现出向发达国家集中的趋势。1950年发达国家在国际贸易中的比重为61.1%，1973年上升到了70.7%，1979年这一趋势一度逆转，下降到66%。从20世纪80年代起，国际贸易重新表现出向发达国家集中的趋势。1990年，发达国家在国际贸易中的比重为72.5%。

与此相对应的是发展中国家、前苏联和东欧国家贸易地位的下降。1950年发展中国家在国际贸易中的比重为30.8%，1973年下降到19.2%，1979年一度回升到25.4%。20世纪80年代以后该数字重新下降，1990年回落到22.2%。1950年，前苏联和东欧国家在国际贸易中的比重为6.8%，此后的20年这一比重呈稳步上升趋势，1973年达到9.2%。然而1979年开始下降，为8.3%。到了1990年，前苏联和东欧的贸易地位明显下降，这一比重下降到5.3%。

造成上述趋势出现的基本因素有以下几个方面：

（1）发达资本主义国家人均国民生产总值的增长速度超过发展中国家。这使它们拥有比后者更为雄厚的发展出口贸易的生产力基础，也有保持比后者更为旺盛的进口需求的收入基础。

（2）发达国家在科技革命中居于明显的领先地位。为了实现工业化，发展中国家需要从发达国家大量进口技术设备或新材料。科技优势使发达国家的产品具有更强的国际竞争能力，初级产品出口占世界初级产品出口总额中的比重在节节上升，并在除燃料之外的其他初级产品的出口中十分显著地超过发展中国家，例如发达国家的农业现代化使它们由粮食净进口国变为粮食净出口国。

(3)"二战"后国际分工实现了由垂直型国际分工向水平型国际分工的转变。人均收入越相近，或生产力发展水平和需求结构越相似，就越适合开展水平型国际分工，这决定了国际贸易在人均收入相近的发达国家之间能更为迅速地发展。

(4) 贸易条件的变化对发展中国家不利。垄断资本对世界市场的统治和科技革命所造成的供求变动使得贸易条件不利于发展中国家出口的增长，发展中国家只能靠借债维持进口。20 世纪 80 年代初债务危机爆发后，它们在国际贸易中的比重便迅速下降。虽然20 世纪70 年代初石油输出国组织成功地大幅度提高石油价格，使贸易条件的变动趋势有利于发展中国家，提高发展中国家贸易地位。但是，20 世纪 80 年代世界经济的萧条抑制了石油需求，加上石油输出国之间竞争加剧，油价大幅度下降，发展中国家贸易地位再度下降。

(5) 发达国家拥有更适合于发展国际贸易的经济体制。例如，它们有比较健全的经济法规和相对稳定的经济政策，货币具有可兑换性，政府实行相对的贸易自由化政策和鼓励出口政策等。发展中国家的经济体制多样化，其中采取了类似于发达国家经济体制的发展中国家特别是那些新兴工业化国家，对外贸易发展较快；而那些法制不健全、政策多变、闭关自守、货币缺乏可兑换性的发展中国家，对外贸易发展较慢。因此，许多发展中国家越来越重视改革经济体制和贸易体制。

(二) 美国贸易地位相对下降

"二战"后在发达资本主义国家中，美国的贸易地位相对下降，德国和日本的地位相应提高。"二战"后初期，美国在国际贸易中居主导地位。1947 年，美国在世界出口贸易中的比重曾经高达32.5%。当时，原联邦德国和日本的比重分别只有0.5%和0.4%。到了20 世纪60 年代，美国的贸易地位有所下降，但是其对外贸易仍然是顺差，其商品在国际市场上仍有较强的竞争能力。进入20 世纪70 年代后，美国出口商品的竞争能力明显下降，在世界市场上受到原联邦德国和日本的严重挑战，对外贸易连年逆差。1969 年，美国在世界出口贸易中的比重下降到 11.4%，原联邦德国和日本则分别上升到 11%和 6.6%。20 世纪 80 年代后半期，原联邦德国的出口额曾一度超过美国，但是 90 年代初美国又恢复其世界最大出口国的地位。1990 年，美国在世界进出口贸易中的比重为 13.1%，德国和日本分别为 11.1%和 7.5%。

美国贸易地位相对下降的原因有以下几方面：

(1) 美国经济增长速度低于日本和德国。1955~1968 年，美国的国民生产总值年均增长率为 4%，而同期日本、原联邦德国的增长率分别为 7.2%、5.1%。

(2) 美国的工资水平明显高于德国和日本。这一方面降低了其出口产品的国际竞争能力，另一方面提高了其进口需求，引起不利于贸易发展的贸易逆差。

（3）美国劳动生产率提高缓慢。美国的科研经费相对偏重于基础理论和宇航、军工等项目，而且在技术贸易中大量向其竞争对手供应实用型技术。日本等其他发达国家一方面可以大量进口美国技术，另一方面它们的科研经费更多地投入到民用产品的技术开发上，这导致美国劳动生产率提高的速度慢于日本等其他发达国家。

（4）美国长期忽视出口战略的制定工作。以日本为代表的其他发达国家制定了强有力的鼓励出口的措施，例如，日本曾长期低估日元币值，从而增强了日本产品的国际竞争能力；并在产业结构调整、资金、利率、税收、物资供应等方面支持出口产业的发展。

（5）美国没有组织起以自己为中心的贸易集团。20 世纪 90 年代之前，美国没有组织以自己为中心的贸易集团。而德国带头发起组织了欧洲经济共同体，通过在欧洲市场上相对排挤美国和日本的产品，增加了自己在世界市场中的份额。

（6）美国国内市场庞大。美国拥有比德国和日本更大的国内市场，主要社会分工可以在国内完成，这在一定程度上决定了其经济对贸易的依存度低于后两个国家。

另外，“二战”后国际贸易在地区分布的特点还包括以下三点。第一，在发展中国家，石油输出国组织在国际贸易中的比重在 20 世纪 70 年代迅速上升，到 80 年代开始下降。在非石油输出国组织的发展中国家中，亚洲国家在国际贸易中的比重逐步上升，拉美国家则显著下降。第二，集团贸易在国际贸易中的比重不断上升，如欧洲经济共同体国家在国际贸易中的比重 1960 年为 8%，1990 年则上升到 39.8%。第三，1979 年以来，我国在国际贸易中的比重呈快速上升趋势。

第四节　当代国际贸易的发展

一、当代国际贸易发展的特征

（一）国际贸易进入一个新的快速增长期

进入 20 世纪 90 年代后，虽然由于世界经济政治格局发生了巨大变化，发达国家受周期性和结构性因素的影响而先后陷入衰退期，再加上美元汇率的变化、国际债务、战争等因素的严重制约，国际贸易的增长速度连年下降，而且波动较大，但是世界贸易额从 1990 年的 33101 亿美元增加到 2010 年的 150495 亿美元，增长了近 4.6 倍，年均增长速度达到 15%，比 1980 ~ 1990 年间的 5.1% 高出约 10 个百分点。

世界经济从 1994 年开始步入新一轮的经济上升轨道，大体保持了近 10 年的高增长率。在世界经济的增长势头为国际贸易发展注入活力的基础上，中国经济和外贸的发展成为世界经济和贸易增长的火车头，带动世界贸易高速增长。

（二）国际贸易发展的格局发生重大变化

1. 区域性贸易集团化的趋势进一步加强

在世界政治经济发展不平衡规律的作用下，出于相互合作、共同发展经济的需要，以地缘经济为特征的贸易集团取代了以政治关系为基础的贸易联盟，区域性贸易集团化格局基本确立。许多国家纷纷组建贸易集团，贸易集团化趋势表现极为明显：①区域性贸易集团化步伐加快；②通过滚雪球方式，区域集团联合和跨区域扩展不断扩大规模；③突破原有贸易集团组成条件，社会制度不同的国家、经济发展水平所处阶段不同的国家也在组建贸易集团。

1992 年 1 月 1 日欧洲共同体(简称欧共体)统一大市场开始运作。1993 年 1 月 1 日《欧洲联盟条约》生效，提出实现欧洲政治联盟的目标。1993 年 11 月 1 日欧洲联盟(简称欧盟)正式启动。1994 年 1 月 1 日成立的欧洲经济区是一个比欧共体、欧洲自由贸易联盟更开放的一体化组织，它不仅是工业品的自由流动区，也是人员、劳务、资本的自由流动区。从 1995 年 1 月 1 日起奥地利、芬兰和瑞典正式成为欧洲联盟成员国。1999 年 1 月 1 日 11 个成员国采纳欧元，2002 年 1 月 1 日欧元的硬币和纸币开始流通，2004 年爱沙尼亚、拉脱维亚、立陶宛、波兰、捷克、匈牙利、斯洛伐克、斯洛文尼亚、马耳他和塞浦路斯正式成为欧洲联盟成员国，2007 年罗马尼亚和保加利亚加入，欧盟组织扩大到 27 国，其竞争实力大为增强，从而有力地促进区域内贸易和投资的发展。

1989 年 1 月 1 日《美加自由贸易协定》生效后，1994 年 1 月 1 日，由美国、加拿大、墨西哥三国参加的《北美自由贸易协定》又正式生效，计划在 15 年内分三阶段取消关税和其他贸易壁垒，实现商品和劳务的自由流通。1994 ~ 2004 年的 10 年间，美国、加拿大、墨西哥三国的贸易额由 1420 亿美元上升到 2630 亿美元，增加了近 1 倍。1994 年 12 月 10 日，美洲 34 个国家在迈阿密举行首脑会议签署了《原则宣言》，2003 年 11 月，美洲自由贸易区部长级会议通过了《美洲自由贸易区框架协议》，确定 2005 年为谈判达成建立美洲自由贸易区协定的最后期限。虽然，到现在还未建成，但这标志着发达国家与发展中国家之间的关系开始出现以经济合作为主的新趋势。

亚太国家之间的经济联系也在日益加深，区域合作已被提到议事日程。1994 年 11 月在印度尼西亚茂物召开的亚太经济合作组织(简称亚太经合组织)第六届部长级会议和第二次领导人非正式会议上，发表了《茂物宣言》，规定了亚太地区贸易和投资自由化的原则和长远目标，发达成员在 2010 年以前，发展中成员在 2020 年以前实现这一目标。1995 年 2 月 16 日，亚太经合组织举行高级官员“特别”会议，讨论地区贸易和投资的远景，起草了在 2020 年以前实现亚太地区贸易和投资自由化的“行动计划”。

1992 年 1 月在新加坡举行的第四次东南亚国家联盟（以下简称东盟）首脑会议上，印度尼西亚、马来西亚、菲律宾、新加坡、泰国和文莱六国一致决定从 1993 年 1 月 1 日起到 2008 年的 15 年内，建立东盟自由贸易区。1994 年 9 月举行的第 26 届东盟经济部长会议上决定把建成东盟自由贸易区的时间从原定 15 年缩短为 10 年，即 2003 年 1 月 1 日。2001 年 11 月 6 日中国与东盟一致同意在 2010 年前建成世界第三大自由贸易区，即中国—东盟自由贸易区。2004 年 11 月 29 日在老挝举行的第十次东盟首脑会议上，中国与东盟国家的经济部长签订了《中国—东盟全面经济合作框架协议——货物贸易协议》，到 2010 年将贸易产品的关税减至 0 ~ 5%。2010 年 1 月 1 日中国—东盟自由贸易区正式建立，中国将来自东盟的贸易产品关税减至 0.1%。2010 年中国与东盟贸易额达 2928 亿美元。

区域性贸易集团的大量组建，对世界经济贸易发展正在和行将产生如下影响：

（1）对贸易集团与非贸易集团出现双重影响。一方面，由于贸易创造效应使得规模效益提高，竞争力加强，促进了贸易集团内部经济和对外贸易的发展。同时，贸易集团内部各种贸易规则的统一与标准化，既可降低贸易集团成员之间的交易成本，也可减少与非贸易集团成员之间的贸易开支。据测算，欧盟在实现了商品、服务、资本和人才自由流动后，可从取消壁垒过程中获益 3000 亿美元，国民生产总值增长 5%、公共费用减少 20%、工业成本下降 7%、增加 200 万 ~300 万个就业机会。北美自由贸易区的运行也使三国受益：墨西哥贸易出口最高年增长率达 20%，加拿大为 10%，美国是 5%。另一方面，区域集团化也会带来负面效应。其一，可能出现贸易转移，即贸易集团成员相互提供优惠，而区外的国家及地区享受不到此种优惠，从而导致外来产品竞争力下降，形成“贸易转移效应”。如北美自由贸易区的运行，使墨西哥产品对美国的输出大幅增加，亚洲地区的电子产品和纺织品对美国的出口遭受巨大冲击。现墨西哥已取代我国成为对美国出口纺织品的第一大国。其二，当贸易大国参与贸易集团后，导致贸易集团从非集团成员国的进口减少，使非集团成员国的出口商品价格趋于下降，贸易条件恶化。其三，在关税同盟下，随着贸易集团内部关税的逐步取消和对外关税的统一，非贸易集团成员国受到整体的报复与反倾销的力度加大。

（2）国际投资规模扩大。非贸易集团成员国在受到贸易集团的关税与非关税措施的影响下，为了绕过这些贸易障碍，通过加强投资活动，以保持和扩大它们在贸易集团内部的市场。

（3）对国际贸易环境有双重作用。在国际贸易谈判中，贸易集团的竞争力因谈判力增强而提高，对国际贸易环境有双重作用。一方面可以改善国际贸易环境，保持较长期的稳定。另一方面因其竞争力加强，讨价还价能力提高，一些重大问题会长期僵持，反而使贸易环境恶化。另外，贸易集团经过长期谈判，就重大问题达成协议，相互之间妥协，对弱小的、谈判力弱的非主要贸易集团和非贸易集团成员国会造成一些伤害。

2. 国际贸易重心发生重大转移

20 世纪 90 年代以来，正当欧洲专注于本身的单一市场、美国的重心仍摆在欧洲的时候，亚太地区正悄然成为经济真正活跃的地区，成为全球经济的重心。美国与欧盟已是成熟的经济体，成长空间有限。而亚洲的消费市场与欧美相比，属于正在开发开放的处女地。国际贸易重心正从单一的欧洲重心向以亚太地区为重心的格局过渡。1994 年商品出口额年增长率在 20% 以上的国家共有 8 个，其中 5 个在亚洲。亚洲在世界贸易中的比重已由 1983 年的 19.1%，上升到 1993 年的 26.3%，同年亚洲工业制成品出口占世界工业制成品出口的 29.4%，亚洲地区国家相互间的内部贸易已占其整个出口贸易额的 50% 以上。

进入 21 世纪以来，亚太的经济增长速度大大高于世界水平，2003 年达到 5.7%，2004 年为 6.2%。亚洲地区出口贸易额年均增长率远远高于世界和其他地区的出口贸易额年均增长率。亚太地区新兴市场工业化主要国家 2002、2003 年出口额增速均超过 15%，2004 年更达到了 19%。2004 年亚太地区新兴市场工业化主要国家吸收民间资本高达 1400 多亿美元，比流入欧洲的高出 50%，占全球的 50% 以上。2010 年在全球经济增长率为 3% 的背景下，亚太地区经济增长率达到 8.3%。

20 世纪 90 年代以后，这样一些因素已经并还会进一步推动这一地区的经贸发展：①日本继续把贸易与投资转向亚洲；②中国和印度经济的高速增长；③北美自由贸易区和欧盟地区性贸易安排的示范与激励；④世界贸易组织统辖的多边贸易协议与协定中对发展中成员方提供的优惠；⑤本地区基础设施的大发展会吸引更多的国际资本。

（三）世界贸易组织正式建立

经过长期的艰苦谈判，关税与贸易总协定“乌拉圭回合”终于在 1993 年 12 月 15 日落下帷幕。根据《建立世界贸易组织的协议》，世界贸易组织（以下简称世贸组织，WTO）于 1995 年 1 月 1 日正式成立并开始运行，同时取代 1947 年建立的关税与贸易总协定（以下简称关贸总协定），成为国际多边贸易体制运转的基础和法律载体。它是独立于联合国的负责管理监督全球贸易秩序、制定贸易政策的一个永久性国际经济组织，为全球贸易提供最基本的规则，负责实施多边贸易协议，定期审议各成员的贸易政策，统一处理贸易争端，加强与其他国际机构的合作。它不仅强化了关贸总协定原有的规则和扩大了管理协调的范围，还建立了透明度更大的贸易争端调解机制。可以说世贸组织的成立，意味着世界贸易新格局的形成、全球贸易自由化的大发展和国际经济合作新时代的开始。

世贸组织的建立，一方面维护了关税与贸易总协定形成的多边贸易体制；另一方面又加强和健全了这种多边贸易体制。

（1）世贸组织继承和维护了原关税与贸易总协定所建立的多边贸易体制。世贸组织的目标和任务是“产生一个完整的、更为适用和持久的融关贸总协定以往贸易自由化努力的成果和所有乌拉圭多边贸易谈判成果的多边贸易制度”。其主要职能包括：①促进“乌拉圭回合”达成的多边贸易协议、协定和原有多边贸易协议的执行、管理和运作；②为成员方提供谈判的讲坛和谈判成果执行的机构；③管理争端解决的规定和程序；④管理贸易政策的评审机构；⑤为达到全球政策的一致性，与世界银行、国际货币基金组织进行合作。

（2）世贸组织强化和丰富了已有多边贸易中的基本原则。第一，在关税与贸易总协定已有原则的基础上，又增加了多边主义原则、对经济转型国家鼓励的原则、靠拢与回退原则等。第二，把上述原则从货物贸易延伸到新的经贸领域，如服务贸易、与贸易有关的投资措施、与贸易有关的知识产权等。

（3）世贸组织多边贸易体制的约束力加强。由于采用“一揽子”接受乌拉圭多边贸易谈判成果的方式，在享受权利与履行义务上，出现了整体平衡，使以世贸组织为基础的多边贸易体制的约束力得到加强。

（4）世贸组织具有广泛性和持久性。世贸组织是应乌拉圭多边贸易谈判各参加方的共同要求而出现的，它体现了当代国际贸易发展的趋势，符合国际贸易进一步自由化的要求，其基础十分雄厚，成员方已达到 153 个，基本上包揽了全球贸易。因此，世贸组织所确定的多边贸易体制具有广泛性和持久性。

世贸组织的建立，对国际贸易发展有如下作用：①使世界范围的贸易自由化向纵深展开，加速了世界经济一体化；②激励世贸组织成员方加强竞争，提高效率，使国际分工向深层次发展，各种生产要素进一步合理配置；③把贸易发展与环保下的持续发展密切结合；④为发展中的世贸组织成员方提供了更多的优惠与机遇；⑤世贸组织非成员方在与成员方的竞争中将处于不利的地位。

（四）国际贸易结构发生重大变化

随着全球经济一体化的加速，多边贸易体制的进一步加强，信息时代的到来，在国际贸易结构中，服务、高科技与“绿色产品”贸易步入高速发展阶段，在国际贸易中的地位不断提高。

1. 服务贸易在国际贸易中的比重迅速提高

进入 20 世纪 80 年代后，服务贸易一直以高于货物贸易的速度增长。根据 WTO 统计，国际服务贸易额在 1970 年的 710 亿美元基础上，经过 1980 年的 7674 亿美元增加到 1990 年的 16007 亿美元，2000 年又增加到 29365 亿美元，2009 年增加到 64261 亿美元。40 年间增长了 90 倍。国际服务贸易在整个国际贸易中的比重由 1980 年的 15% 上升到2009年的20.4%。其中，旅游业成为全球发展最快和最大的行业，是许多国家最大的收入来源。1994年，全球从事旅游业的人数已达2.4亿人，相当于全球就业人口的1/9，全球每9个就业者，就有1个从事旅游服务。据世界旅游组织统计，2002年全球跨国旅游人数为7.15亿人次，旅游收入达12万亿美元，占到全球国民生产总值的1/10以上。2007年全球出国旅游人数更达到了11亿人。2009年全球旅游进出口额达到了16343亿美元。随着各国对外开放的扩大，旅游范围将从冒险、生态、海洋、宇航领域展开，旅游业将更为兴隆，世界旅游组织预计到2020年，全球旅游业将增加3倍。由于旅游业是许多行业的综合体，其发展将带动相关部门的发展。

发达国家的经济越来越"服务化"，主要发达国家的服务业产值平均达到70%左右。发展服务贸易已成为发达国家平衡外汇收支、降低资源消耗和减少污染的重要对外经济政策。美国是世界最大的服务贸易出口国，在电信、数据处理、银行、保险等新兴服务项目中具有明显优势。世界许多国家出于自身的经济安全考虑，对服务贸易实行保护主义政策，普遍构筑了贸易壁垒，对美国服务贸易的扩大构成强大的威胁。"乌拉圭回合"经过多年的谈判，终于达成《服务贸易总协定》，规定缔约方所承担的一般义务与纪律，包括最惠国待遇、透明度、国民待遇、发展中国家的逐步参与、市场准入、解决争议等条款。它将使缔约方对服务市场的保护与多边谈判，人员交往与信息流通，特别是知识产权、技术转让、数据处理、咨询、广告等服务行业的贸易逐步自由化，各国逐步开放服务贸易市场。据专家估计，未来服务贸易总额将占到全球贸易总额的1/3以上。

2. 高科技尤其是电信产品贸易的发展突飞猛进

随着知识经济的发展，产业结构中高新技术的比重将大大提高，经济重心将由工业经济时代的制造业向高新技术产业转移。近年来，主要工业化国家高新技术产品出口的增长速度均高于全部出口的增长速度，成为国际贸易新的增长点。在此背景下，国际贸易的商品结构也随之发生变化，2009年，高新技术产业在制造产业出口贸易的份额占到40%左右。国际贸易中高科技产品发展之所以迅速，主要有以下原因：

第一，随着知识经济时代的到来，各国都重视科技的开发研究，实行科技发展战略，进行科技竞争，把高科技产业作为制高点。谁在知识创新方面占领了制高点，谁就拥有了竞争的主动权。

第二，世界技术发明创造与更新的周期大大缩短。蒸汽机从研制到生产用了100年的时间，而平面型晶体管从研制到批量生产只用了5年时间。产品技术更新的周期在20世纪70年代是5~6年，80年代是4~5年，90年代则是1~2年。

第三，与高新技术产品贸易有关的社会条件日益完善，尤其是各国在知识产权方面的努力，为高科技产品贸易的发展提供了良好的经济、法律环境。

第四，经济全球化和自由化浪潮使各国的经济合作与依赖加深，国际技术交流更加频繁。技术对经济的贡献率在20世纪上半叶不到50%，到20世纪末已达80%~85%，当代发达国家的经济增长主要是通过技术进步获得的。高新技术产品的出口使美国对经济紧缩或经济周期的抵抗力增强，成为美国自20世纪90年代以来经济持续增长的主要因素。

在高科技产品贸易中，电信业日益成为各国、各企业进行竞争的基础，而且全球经济关系越密切，对电信产品的需要越迫切。在1983~1993年的国际贸易中，办公和电信产品贸易发展速度高达13%，位居同期各行业增长之首，其所占比重已从1980年的4.2%增长到1993年的10.4%，成为所占比重最大的贸易商品。

3. 绿色产品市场广阔

1992年的“联合国环境与发展会议”，大大增强了世界各国人民的环保意识，导致人类对健康无害的绿色食品、绿色冰箱、绿色空调、绿色计算机、绿色汽车等绿色产品的需求量明显上升。据西方7个工业国家的调查，抵制非环保产品的人数约占总人数的79%，这表明绿色商品在国际市场上正在取得主导地位，而且市场前景非常广阔。在世界市场上，“绿色产品”日益走俏，从而推动了电器、能源、建筑、石化等工业部门的变革，“绿色革命”方兴未艾，防治污染、节能、信息服务等正在形成一个新兴的庞大产业。许多发达国家开始把“生态研究”与“环保技术研究与发展”置于同等重要地位，“绿色产品”开发速度加快。“绿色产品”的新产品开发在整个新开发产品中的比重已从1985年0.5%提高到1993年的10%。2000年全球环保产品市场的规模已达到6000亿美元，发达国家占到2/3强。发达国家每年的环保投入占到国内生产总值的1.5%，北美、西欧的环保技术已占据国际市场的60%。发达国家的环保产业的产值已占到国内生产总值的10%~20%，并且以高于国内生产总值增长率1~2倍的速度增长。2009年，世界环保产品贸易达到1825亿美元。其中，发达国家占到70%。

随着国际社会环保意识的增强，在国际援助和国际投资中，环保工程备受重视。许多国家不仅陆续推出严格的环保法规，而且在进出口贸易中，无论是在工业国家还是新兴工业国家，大都制定“环保产品优先”的原则。美国明确提出对环保产品要制定出口优惠政策，欧盟已制定“绿色输入”政策，东盟国家决定对环保产品征收低关税，这些对国际贸易的发展无疑将产生深远影响。

（五）跨国公司的作用进一步增强

进入20世纪90年代后，跨国公司的发展尤为迅速，并正在不断改变着世界商品生产和流通的格局。据统计，20世纪70年代跨国公司的内部贸易占世界贸易的20%，80~90年代这一比重上升至40%。2009年全球跨国公司已达到6.5万家，其拥有的国外分支机构为85万家，世界贸易总量中有80%与跨国公司有关。更重要的是，WTO

的《与贸易有关的投资措施协议》要求各成员通报其与此相关的法规中存在的限制情况，并要求各成员根据确定的时间表在最长7年时间内取消这些规定。可见，国际贸易发展使跨国公司在世界市场上的竞争地位不断加强，同时也为跨国公司的发展提供了更多的机会和制度保证。

20世纪90年代以来，跨国公司的经营方式出现了以下变化。第一，树立世界中心主义的观念，把母公司与子公司作为一个有机整体，充分尊重子公司的自主权。第二，企业决策“多国籍化”，跨国公司广泛吸收外国人参与母公司的决策。第三，建立跨国公司的一体化生产体系，把产品设计、研究开发、生产、销售配置到效益最佳地区。第四，建立多层次网络关系，其中包括母公司、子公司以分包方式、特许权方式或类似的合同性安排方式相联系，使职能责任分散化。第五，加强对经济转型国的投资，即对从计划经济转向市场经济国家的投资不断增加。第六，跨国公司之间结成国际战略联盟。跨国公司以合作方式寻求快速有效发展。这种战略联盟是在两个以上国家的两家以上的跨国公司为达到共同和各自的战略目标而形成的。跨国公司联盟可以利用自身和他国的不同优势，通过生产要素的国际流动，在世界范围内实现资源的合理配置，共同获得最大的经济效益，推动国际贸易的发展。

（六）管理贸易发展迅速

管理贸易是指一国政府从国家的宏观经济利益和国内外政策需要出发，对贸易活动进行的行政管理和干预，对国际经济组织来讲就是对国际经济的协调管理。

20世纪80年代以来，由于国际市场竞争激烈，发达国家争夺市场份额的斗争越来越激烈，对世界经济体系形成强烈的冲击，有关国家考虑到经济利益的相关性，意识到有必要加强国际经济协调。发展中国家通过产业结构和经济结构的调整，以及实施改革开放政策，有力地促进经济的发展。韩国、新加坡以及我国的香港地区、台湾省等的汽车、家电、服装、电子等商品，已开始与发达国家争夺国际市场份额，发达国家为了保护传统产业的发展，采取了不少管理贸易的措施。随着世界经济区域集团化趋势的进一步加强，各区域性贸易集团为了保护区内市场，在逐步拆除妨碍商品和生产要素自由流动的各种障碍的同时，对外实行排斥性政策，使新贸易保护主义抬头，各集团之间的垄断竞争和矛盾加剧。非成员国也感到自己的贸易空间在不断缩小，为了扩大出口，保护市场，需加强对贸易的单边管理和与集团之间的贸易协调管理。随着生产国际化的新发展，跨国公司既需要实行自由贸易，消除对外经济扩张的一切限制，同时也需要借助国家力量干预外贸来提高对外竞争力，并保护某些产业免遭外国垄断组织的侵害。因此，20世纪90年代国际管理贸易的趋势在加强。第一，原关税与贸易总协定主持下的八轮多边贸易谈判为缔约方树立了一系列贸易规范，对缔约方之间的贸易关系予以协调和管理。“乌拉圭回合”结束时达成的《建立世界贸易组织的协议》，使国际贸易规范进一步加强和扩展。第二，通过《国际商品协定》和《商品综合方案》对初级产品的产、供、销予以协调管理。第三，通过了生产国组织，如欧佩克对石油等初级产品的价格、质量保证的系列标准。第四，各国加强贸易法规的建设，尽力与通行的国际惯例接轨，约束和保持相互的贸易行为。第五，贸易集团根据协议，管理协调成员之间与对非成员的贸易行为。第六，通过政府领导人的高层会晤对影响国际贸易发展的货币、环境保护等行动予以协调。如联合国贸易与发展会议，以及定期举行的西方七国首脑会议，1992 年举行的"联合国环境与发展会议"均属此类行为。此外，经济合作与发展组织(以下简称经合组织)、国际货币基金组织、世界银行、联合国粮食及农业组织(以下简称联合国粮农组织)对国际贸易关系的协调与管理也有重要影响。

今后，国际贸易中的管理趋势只会加强，不会削弱。第一，全球性经济一体化进程中，政治上的独立与自主在高涨，出现了不少新的国家。第二，在建立世界多边贸易体制的过程中，区域性贸易集团纷纷成立和加强。第三，随着科学技术革命的深入和世界市场竞争的加剧及新产品大量涌现，也同时要求积极保护知识产权。第四，各国的经济发展，需要不断扩大对外开放。与此同时，又要考虑本国社会的稳定与持续发展。第五，在南北关系中，既有经贸相互依赖、互为市场的一面，又有贸易利益分配失衡的一面。其结果是在世界经济关系中，双方既对立，又统一。国际政治与经贸既有区别，又互相渗透，解决的途径只有通过谈判予以协调与管理。在全球贸易进一步自由化的过程中加强协调式管理。

(七) 电子商务异军突起

电子商务是指基于数据的处理和传输，通过开放的网络进行的商业交易，包括企业与企业、企业与消费者之间的交易活动。随着国际互联网和信息技术的飞速发展，为适应国际贸易规模迅速扩张的需要，20 世纪 90 年代后半期产生的电子商务一经问世，就以不可逆转的势头为世界贸易搭建起了快速运行的平台。特别是在美国、欧盟、日本等主要发达国家的大力推动下，电子商务已成为 21 世纪最具发展前途的领域之一。

20 世纪 90 年代以前的全球电子商务交易额几乎可以忽略不计。但到 1997 年就迅速达到约 300 亿美元，2000 年增至 3770 亿美元，2003 年达到 3. 88 万亿美元，2006 年达到 12. 8 万亿美元，2010 年达到 16 万亿美元，在全球贸易格局中占到 1/2 的比重。

在进行电子交易的同时，各国或地区已将传统国际贸易领域内正在进行的全球制度化建设实践同步应用到电子商务平台的建设上。当然，由于电子商务平台自身运行的高技术特点，其规则的制定并非一蹴而就，但人们努力的成效还是比较明显的。如联合国国际贸易委员会通过《电子商务示范法》和 WTO 部长级会议上通过的《关于全球电子商务宣言》，都是国际范围内进行电子商务规则建设的可喜成果。

另外，美国的《全球电子商务政策框架》、欧盟的《欧洲电子商务倡议书》、英国的《电子商务——英国税收政策指南》、新加坡的《电子商务比较框架》等，都是从本国能力和利益出发完成的单项立法，虽然还不系统，但对解决目前电子商务发展中存在的突出障碍还是有积极作用的。

电子商务正在掀起国际贸易领域里的一场新革命。电子商务是经济全球化的技术基础，它冲破了国家和地区间设置的各种障碍，使国际贸易走向无国界贸易，引起了世界经济贸易的巨大变革。

电子商务与传统贸易方式相比，主要有以下几个优势：

(1) 电子商务开辟了一个崭新开放的市场空间。电子商务通过网上信息交换，突破了传统市场必须以一定的地域存在为前提的条件，可以不受时间、地域、自然条件的限制。全球以信息网络为纽带连成一个统一的"大市场"，促进了世界经济全球市场化的形成。信息流动带来的资本、商品、技术等生产要素的全球加速流动，大大促进了全球各国间经贸联系与合作。

(2) 电子商务创新了国际贸易方式。电子商务提供的交互式网络运行机制，为国际贸易提供了一种信息较为完备的市场环境，通过国际贸易这一国际经济运行的纽带达到跨国界资源和生产要素的最优配置，使市场机制在全球范围内充分有效地发挥作用。这种经营方式通过信息网络提供全方位、多层次、多角度的互动式的商贸服务。生产者与用户及消费者通过网络，使及时供货制度和"零库存"生产得以实现，商品流动更加顺畅，信息网络成为最大的中间商，国际贸易中由进出口商作为国家间商品买卖媒介的传统方式受到挑战，由信息不对称形成的委托—代理关系与方式发生动摇，贸易中间商、代理商和专业进出口公司的地位相对减弱，引发了国际贸易中间组织结构的革命。

(3) 电子商务有利于企业增强竞争地位。公司和厂商可以申请注册域名，在网上建立自己的网站，通过网页介绍产品、劳务和宣传企业形象，有利于扩大企业知名度，开拓海外市场和提高国际竞争力。

(4) 电子商务提高了工作效率。现有网络技术实现了商业用户间标准格式文件(如合同、提单、发票等)即时传送和交换，买卖双方足不出户就可在网上直接办理订购、谈判、签约、报关、报检、租船订舱、缴税、支付结算等各项外贸业务手续，大大缩短了交易时间，使整个交易快捷方便，从而带动了金融、海关、运输、保险等有关部门工作效率的提高。

(5) 电子商务大大降低了买卖双方的交易成本。买卖双方通过网络直接接触，无需贸易中介的参与，减少了交易的中间环节。参与交易的各方只需支付较低的网络通信和管理费用就可存储、交换和处理信息，节省了资金，降低了成本。网络的全球性开放有利于交易双方获得“完整信息”，降低了搜寻成本，减少了交易的不确定性。在网上直接传递电子单证，既节约了纸质单证的制作费用，又可缩短交单结汇时间，加快资金周转，节省利息开支。

二、当代国际贸易发展的原因

当代国际贸易发展的主要特征及趋势，有其形成的深刻的历史背景和坚实的现实基础。全面而深入地剖析当代国际贸易发展的主要特征及趋势形成的原因和条件，有利于国际贸易进一步地健康发展。

（一）宽松的国际政治环境

国际贸易发展史表明，国际贸易的发展和国际政治环境密切相关。国际政治环境稳定的时期，往往就是国际贸易大发展的时期。国际政治环境动荡特别是在大规模的战争时期，国际贸易就会萎缩甚至停滞。因此，宽松的国际政治环境是国际贸易发展的前提条件。

“二战”结束后，东西方“冷战”的国际政治格局把整个世界长期笼罩在政治和军事对抗的阴影之中，国际经济贸易的发展无疑受到了各方面直接的、间接的影响和制约。随着前苏联解体和东欧演变，“冷战”的政治格局宣告结束。但是，由于旧的国际政治格局的打破具有“突发性”，新的国际政治格局尚未形成，因此，国际政治格局出现了一个新格局的酝酿和形成的“无格局”时期。在这个时期，各国为了迅速壮大自己的经济实力，以便在未来的新的国际政治格局中处于相对有利的地位，纷纷把注意力转向经济贸易的发展方面。在国际间的双边和多边关系上，经济贸易关系逐渐上升到首要位置。为了推动本国经济的迅速发展，同时能够最大限度地获取对外贸易利益，各国相继采取了一系列支持和促进对外贸易发展的方针、政策和措施，并在健全和维护国际贸易制度、法律和秩序等方面进行了全面的富有成效的国际合作，所有这些方面都推动了当代国际贸易的发展。

（二）日益加强的国际经济相互依赖关系

当代世界生产力的发展推动了全球经济的社会化、国际化进程，社会分工、国际分工日益朝着更广泛、更深刻的方向发展，整个国际经济越来越成为一个紧密相连、不可分割的发展体系，这是当代国际经济发展中最显著的特点。

在相互依赖的国际经济环境中，国际贸易起着极为重要的作用。首先，国际贸易具有联结作用。国际经济从一开始就是通过贸易纽带联结的。正是由于国际贸易这一特殊桥梁作用的存在和发挥，整个国际经济才被凝合为一个整体。其次，国际贸易具有渗透作用。它通过贸易和与贸易有关的其他国际经济活动对国际经济的全面渗透，进一步把整个国际经济的各个组成部分和领域融合为一个有机的发展体系。再次，国际贸易还具有导向作用。贸易往往是双边或多边经济关系发展的“先遣队”，贸易关系的健康发展总是能够推动双边或多边经济关系以及其政治、文化等关系的全面发展，这使得相互依赖的国际经济建立在更深厚的社会基础上。最后，国际贸易还起着助动作用。对外贸易对一国国内经济发展的助动作用实际上还表现为对外贸易对一国更大规模和更大程度上融入国际经济体系的助动。这种双重助动作用是国际经济相互依赖体系的重要动力来源。为了适应这种变化，以便能够在新的历史条件下继续发挥联结、渗透、导向和助动作用，国际贸易必须发展。

（三）科技革命和国际生产力的迅猛发展

以微电子、生物技术、信息技术和新材料等领域为中心的当代科技革命取得了辉煌的成就，并继续加速发展，而且日趋走向实用化、产业化。它不仅表现为日新月异的新技术的发明，而且更突出地表现在新技术应用上的突飞猛进。这不仅给国际贸易的发展带来了新生机，而且还为当代国际贸易发展提供了坚实的技术基础。随着高新技术的推广应用、国际分工的深化、产品质量的不断提高、产品种类和规格的不断变化，产品的生命周期将大为缩短。产品的不断升级换代，必将促进各国的产业结构和经济结构向更高层次发展，使国际间的相互依赖和渗透进一步加深，从而推动国际商品范围和贸易量的不断扩大，使商品生产的内容、形式以及组织等方面都发生变革。国际贸易的发展也越来越多地和新技术联系在一起，使国际商品生产和贸易的原材料集成度大为减少，而技术、知识密集度却大大提高。事实上，电子数据交换日益广泛的运用和全球范围“信息高速公路”计划的推出，以现代技术服务和信息传输为内容的国际服务产品的形成和发展，以高新技术产品为交易对象的现代技术贸易的日益壮大，既是当代国际贸易发展的基础，又是构成当代国际贸易发展的重要组成部分。

（四）国际贸易发展自身问题和困难的解决

当代国际贸易发展受到了来自两方面的阻挠。

第一，国际贸易长期以来一直面临无法消除的障碍。这些障碍中最突出的有两个。一是自由贸易和保护贸易的两难选择。各国对外贸易政策和制度的摇摆不定，人为地造成了国际贸易发展的无序性和非周期性振荡。二是多边贸易体制的功能残缺与低效能。关税与贸易总协定无法管辖所有的贸易行为，而且仅有的管辖能力还表现为“软约束”。虽然世贸组织比关税与贸易总协定有所改善，但是国际贸易发展的无序性和非周期性振荡没有从根本上消除。

第二，国际贸易同时又面临着新的国际环境的挑战，具体体现在：其一，如何适时地变更有关国际贸易的一系列思想和观念；其二，如何调整“冷战”结束后的国际贸易格局；其三，如何在现有基础和框架内改革和完善国际贸易制度；其四，如何在国际贸易活动的有关方面充分体现当代科技革命的最新成果和现代经济贸易理论的最新发展。

当代国际贸易发展自身所面临的上述两方面的问题和困难，阻碍着国际贸易健康发展和对国际经济推动作用的正常发挥。从国际贸易内在的深层次上解决这些问题和困难，可以从根本上驱动国际贸易的全面发展，这是当代国际贸易发展的内在动力。正是由于这一内在动力的驱动，当代国际贸易才发生了格局、制度、政策、构成和工具等的全面深刻的变革。

（五）各国经济所面临问题和困难的解决

当各国开始把主要注意力集中到经济发展方面以后，那些一直被“冷战”所掩盖或淡化的经济发展问题开始清晰地显露出来。尽管不同的国家都存在着不同的问题，但是它们大都面临着下列共同问题：第一，如何更有效地实现国内经济与国际经济的融合，从而更好地发挥对外贸易对国内经济增长的“发动机”作用；第二，如何实行各国经济贸易政策的国际间协调，从而更加合理地分割国际贸易利益。

上述问题归结到一点，就是各国迫切希望对“冷战”结束后国际贸易发展的各个方面进行重新安排，这客观上对当代国际贸易发展起着外在强制的作用。作为这一强制作用的结果，各国开始了对贸易观念的反思，并就国际贸易制度、格局和政策的国际宏观安排和微观实施进行着少有的真诚的国际合作，国际贸易全面发展得到了各国普遍的强有力的扶持和推动。

练　习　题

1. 分析国际分工发展的主要历程及影响因素。
2. 分析国际分工与国际贸易的关系。
3. 分析“二战”后国际贸易发展的特点。
4. 分析当代国际贸易的发展及原因。

第二章 古典国际贸易理论

第一节 重商主义

一、重商主义的历史背景

重商主义是一种距今有400余年历史的古老的贸易学说，代表着经济学家对国际贸易问题的最早看法，该理论体系也成为国际保护贸易理论的起点。重商主义是西欧盛行于16世纪至18世纪的贸易学说。从14世纪到15世纪初，西欧封建社会逐渐瓦解，在封建庄园经济没落过程中出现了资本主义农业组织，在封建社会制度的解体中出现了资本主义的工场手工业，雇佣劳动关系得到广泛推广，此时，资本主义的原始形态逐渐形成，商人资本家的支配地位日渐确立。

“地理大发现”以前，欧洲的商业贸易活动主要是在城镇及其周边地区进行的地方性经济活动。当时欧洲的社会经济形态仍是以农业为主体的自然经济，只是在少数人口聚集的大城市和中小城镇分布着一些工匠店铺和手工业作坊，生产少量的生活日用品，交由商人向市场销售。即便有些长途贸易，也只是零星进行，且规模很小。

15世纪末开始的“地理大发现”打开了欧洲通往东方的航路，出于对海外贸易丰厚利润的贪婪追求，国际贸易彻底地冲破了地域的限制，地中海沿岸的帆船和马可·波罗时代的驼队，已被往来穿梭航行于各大洋的大型商船队所取代。

商业活动，尤其是海外贸易的大发展，在给各欧洲大国带来源源不断金银财富的同时，亦使商品货币关系渗透到了社会生活的方方面面，社会财富的重心由土地向黄金、白银等贵金属转移，进而改变着人们的思想观念，“金银即为财富，财富就是金银”成为了社会各阶层的普遍共识。另外这也使社会经济结构发生了根本性的变革，商人阶级凭借雄厚的经济实力，社会地位大大提高，迅速上升到了支配地位。农民、手工业者，甚至封建统治者，都在相当程度上产生了对商业资本的依赖性。随着商品生产与交换的不断发展，新兴的商人阶级要求消除封建市场割裂状态和建立中央集权国家，由此形成统一的民族市场和民族国家。同时，为了减轻贸易的风险，商人阶级需要开辟殖民地，以此控制同海外各地的贸易，于是在世界市场上活跃着的商人资本家越来越寻求本国强大的政治与军事力量的保护。商人阶级为军队建设提供了大量的货币，这必然导致封建国家给商人资本家以有力的政治与军事特权。商人的经济利益与国家的政治利益的结合，使贸易界和国家之间的联系进一步紧密，国际政策考虑日益集中在贸易问题上，并直接倾向于某些特殊的商人资本家群体。

而发生于13世纪末的西欧文艺复兴又为重商主义奠定了重要的文化基础。以“尊重人、关心人”为内容的人道主义精神震撼了长期处于宗教黑暗统治下的人们。人们开始认识到追求自身的物质利益和精神享受的重要性，这引起了社会公众对财富积累的关注，并进而演化为“拜金主义”社会思潮。随着商人经济实力的增强，他们逐渐替代牧师和骑士成为社会的最崇高阶层，并形成衡量人们日常活动的标准。从此，财富的多少成为个人、家庭、组织等社会地位的代表。

二、货币差额论与贸易差额论

重商主义者通过商业经营活动发财致富的奥秘，在他们自己看来其实是再简单不过的事情。“贱买贵卖”，“少买多卖”，“不买只卖”，甚至尽可能地将别人的东西“抢”过来再“卖掉”，始终都是指导他们进行商业活动的金科玉律。用赚来的钱再去做更大的生意，还能够赚到更多的钱。如此循环往复，黄金和白银就源源不断流入了商人的钱袋，使他们越发财大气粗。社会通行的商业实践原则，令重商主义者将财富与金银混为一谈，将金银看做是社会财富的唯一代表和化身。这也正是当年拜金主义或黄金拜物教盛行的根本原因。

正是出于这样的财富观，“地理大发现”的先驱者克里斯托弗·哥伦布(Christopher Columbus)才会发出如下的感慨：“金真是一个奇妙的东西！谁有了它，谁就成为他想要的一切东西的主人。有了金，甚至可以使灵魂升入天堂。”

既然“金即财富”，重商主义用静止的观点看待社会财富就不足为怪了。因为特定时期社会拥有的金量总是一定的，故在两国间的贸易中，“A国于贸易之所得，恰为B国于贸易之所失”。也就是说，重商主义信奉的是“零和游戏规则”。在重商主义者看来，开展海外贸易无非是要获取更多的金银财富，而要实现这一目的，贸易出超自然是必不可少的。德国著名的重商主义者比彻(Johann Joachim Becher)就曾坦陈：“向别国销售货物永远胜于从别国购买货物，因为前者带来稳定的利益，而后者则不可避免地会使王国招致伤害。”

重商主义大体上经历了两个阶段。以约翰·海尔斯(John Hales)和威廉·斯塔福德(William Stafford)为主要代表的早期重商主义要求在每一宗贸易中都要严格地实现出超，以赚取金银，他们的主张被称为货币差额论。在他们看来，“必须想方设法使出口大于进口，因为差额部分一定会带来金币或金条的流入”。一旦因贸易入超，金银货币外流，他们就会痛心疾首，愤愤不平。马丁·路德(Martin Luther)对法兰克福繁荣的商业贸易作出的评论颇能代表早期重商主义极力主张通过海外贸易获取货币差额的心态。他抱怨道：“我们德国人让全世界都富起来了，而我们自己却越来越穷，因为我们将越来越多的金银都付给了外国人。正是法兰克福繁荣的市场交易成为了德国财宝源源外流的黑洞。”可见，早期重商主义是将货币与商品绝对地对立起来，他们还不明白原料贸易可以带来丰厚利润的道理。

晚期重商主义最大的进步就在于他们已经看到了原料贸易与成品贸易之间巨大的利润差额，明白了“握有货物的人不缺钱花”的道理，主张在必要时，应日日夜夜地寻找机会把国家的剩余货物以制成品形式推销给外国人，以换取黄金与白银。晚期重商主义信奉的是贸易差额论，其最主要的代表人物是托马斯·孟(Thomas Mun)。

在回击人们指责东印度公司在对外贸易中大量输出货币的抨击时，托马斯·孟指出：“对外贸易是增加我们的财富和现金的通常手段，在这一点上我们必须时时谨守这一原则。在价值上，每年卖给外国人的货物，必须比我们消费他们的为多。”托马斯·孟认为，输出货币借以换得商品是增加财富的重要手段，主张认真研究“如何将我们的金钱加在我们的商品上面，使它们一块儿输往外国，从而我们可以获得更多得多的财富”。因为在托马斯·孟看来，东印度公司“买卖的比例”其实正是巨大的贸易利润。根据托马斯·孟的计算，用10万英镑从东印度公司购买来的胡椒，在意大利或土耳其至少可以卖到70万英镑。由此，托马斯·孟十分肯定地告诫当时的人们：“货币产生贸易，贸易增多货币。”

为了实现通过取得海外贸易顺差尽可能占有金银财富的目的，重商主义者在国际贸易政策上坚决地主张采取一系列强制性的措施和手段，促进出口抑制进口。重商主义实行的是典型的保护贸易政策，集中地体现为政府对贸易活动尤其是对与殖民地之间贸易的高度垄断和管制、高筑关税壁垒保护国内市场以及严格禁止输出金银等。

三、重商主义的贸易政策

随着重商主义经济思想的推广，各主要资本主义国家逐渐采用了各项政策措施，以实现重商主义思想指导下的社会经济目标，即积累金银货币、扩大商品出口、取得贸易顺差等。这些政策措施对国际贸易的发展产生了巨大的影响。虽然事隔数百年，而且长期处于主流地位的是与其相对立的自由贸易理论，重商主义的贸易政策至今仍然具有广泛的现实意义，有些还被世界各国继续采用。总体来说，这些政策主要包括六个方面。

(1) 确定黄金、白银的通货地位。重商主义思想的重点在于对黄金、白银的重视。他们把适用于个人、家庭的财富观念推及国家，认为金银数量是衡量国家财富的唯一标准，确立货币为一般等价物，并在此基础上尽量保持货币积累，要求各国的铸币质量水平、外汇汇率等因素由国家建立制度管理，以便于国际间的通货流转。

(2) 贸易差额论。国际贸易收支差额理论是由重商主义者首创，顺差与逆差观念至今均为各贸易国家重视。而且，之后的凯恩斯理论体系也证明了顺差、逆差对一国经济发展的重要影响。各国都大力增加输出，减少输入，保持贸易顺差，以增强国家经济实力。

(3) 实行贸易保护主义。鉴于重商主义的财富观念，当时的主要资本主义国家都力求获得更多的黄金、白银，从而广泛采用扩大出口、限制进口的保护贸易政策措施，各国都力求生活用品自足，在进出口方面，鼓励输入原材料，输出制成品。

(4) 争夺殖民地和实行贸易独占。殖民地区为外贸发展提供了广阔的空间、丰富的原材料、广大的销售市场、众多的劳动力，形成了贸易发展的优越条件。争夺殖民地的战争进行了数百年之久，英国为此建立了庞大的殖民帝国，取得了巨大的殖民利益，并掠夺了大量的财富。各国在本国殖民统治区，纷纷实行贸易统治，设置各种贸易专利公司，不允许外国商人在当地进行贸易活动，而由本国公司控制进出口业务。

(5) 管制海上运输。当时海上运输成为主要的国际贸易通道。宗主国与殖民地之间的贸易均由本国船舶运输，并为本国商品进出口及转运创造有利条件，是当时绝大多数资本主义国家所采取的政策措施。英国在 17 世纪制定的《航海法案》就是典型的代表，也正是之后自由贸易革命时期的重要攻击对象。

(6) 关税保护政策。关税保护政策在重商主义的早期发展阶段便开始实行，晚期阶段发展成为奖出与限入的结合，这种政策对进口的制成品设置关税壁垒，征收繁重的课税，使进口商品在国内市场因价格提高而无人问津；对进口的原材料和出口的制成品，则减免关税或实行当时的“出口退税”政策(退还进口原材料进口时的关税)，以支持本国制成品的出口。例如，法国 1667 年实行这一政策，把从英国、荷兰进口的呢绒税率提高了1倍，花边等装饰品的进口税率也提高1倍，严重地阻碍了这些商品的进口。

四、对重商主义的评价

很明显，重商主义贸易理论存在着很多不足之处。亚当·斯密(Adam Smith，1723—1790)站在新兴的产业资产阶级的立场上，坚持自由放任的经济思想，从批评重商主义的财富观入手，揭示了重商主义国际贸易理论的虚妄性和重商主义国际贸易政策的经济利己主义本质。在此基础上，亚当·斯密提出了自己的贸易思想，并且旗帜鲜明地倡导自由贸易政策，搭建起了古典国际贸易理论和政策体系的基本框架，为国际贸易理论的发展掀开了新的一页。

(1) 财富观上的错误性。重商主义将个人或家庭的财富观念推及国家，认为对于一个国家来说，金银等贵金属等同于财富和相应的国际经济地位。亚当·斯密对其提出批判，认为“一个国家的财富并不仅仅由黄金和白银构成，而是还应该包括该国拥有的土地、房产和各种可用于消费的商品”。开展海外贸易固然可以获得黄金和白银，但海外贸易更具意义的作用在于开拓国际市场，增强本国的生产能力，增加商品生产，进而增加“一个国家拥有的真正的财富”。从当前的观点看，亚当·斯密无疑已经正确地认识到了商品与货币的关系，所谓“真正的财富”，其实就是一国所掌握的商品生产以及所形成的与别国进行商品交换的能力，而货币只是在交换过程中的一个媒介，并不代表现实的财富。

(2) 货币理论的不足。依据大卫·休谟(David Hume)提出的“硬币流量调整机制”的原理，亚当·斯密进一步从货币理论揭示了重商主义的不足，批评重商主义者希望通过持续的贸易顺差聚敛金银财富的企图是一相情愿、徒劳无益的。建立在货币数量论基础上的“硬币流量调整机制”认为，一国商品交换中，商品的一般价格水平正好为该国金银货币的存量同商品总量的比值。据此可以看到，倘若重商主义者真能如愿以偿地从海外贸易中取得大量金银，在社会商品总量不变的前提下，势必引起本国物价上涨，而这一上涨过程就意味着本国商品在世界市场上竞争力的减弱，与此同时，相对应的进口国由于货币供给量的减少而引起价格下跌，从而不断提高了该国产品的国际竞争能力，最终会形成反向的贸易行为。也就是说，随着一国商品大量出口，本国商品将丧失同外国商品竞争的价格优势，不仅本国的贸易顺差难以为继，还必须对外支付金银货币以弥补随之而来的贸易入超。

(3) 重商主义大力倡导的“零和游戏”是不能成立的。因为按照“天赋权力”的主张，各国都有权通过海外贸易获取利益。但如果真是如此，“A国于贸易之所得，恰为B国于贸易之所失”的“零和游戏”规则就必须要改一改了。其实说到底，重商主义的贸易理论根本就无所谓互利互惠可言，只是体现着重商主义者极端利己主义的心态。诚如亚当·斯密所批评的那样，“重商主义最为强调的与其说是财富，还不如说是强权”。贸易的真正经济基础只能是某种普遍的贸易利益，即“只要各国按照拥有的特定优势开展贸易，则双方通过这种自愿基础上的贸易，都能从中获取贸易利益”。正是因为“一国具有这种优势，另一国无此优势，后者向前者购买，总比自己制造有利”，才使各国都普遍具备了参与国际贸易的动因。

(4) 保护贸易政策的利己性。从“自由放任”的经济思想出发，亚当·斯密严厉批评了重商主义的保护贸易政策，大力倡导自由贸易，主张政府应该减少直至放弃对对外贸易的垄断与管制。因为在亚当·斯密看来，即便是在国际贸易领域中，那只神奇的“看不见的手”依然在冥冥中支配着人们的经济行为，对于如何通过对外贸易实现自身的经济利益，“每一个人从其所处的地位出发所能作出的判断，显然比任何政治家或法典制定者为他们作出的判断要高明得多”。政府只有改弦易辙，推行自由贸易政策，才能加快本国生产与对外贸易的发展，并从中获取最大的贸易利益。

但是，重商主义作为最早的国际贸易学说，也曾在历史上起过进步作用，并具有一定的现实意义。在理论方面，重商主义学说是对封建思想的一种冲击，开始了对资本主义生产方式的思考，并指出对外贸易能增加国家财富的这一观念，这些在当时的社会都具有一定的进步意义。并且，即使到今天，重商主义所创造的一些概念，如顺差与逆差等，还被许多国家运用和重视，这其间也必然有其合理性。

第二节　绝对利益理论

绝对利益理论或译为“绝对成本理论”或“绝对优势理论”，是亚当·斯密1776年在他的经济学著作《国民财富的性质和原因的研究》(简称《国富论》)中提出的，该理论至今被认为是国际贸易理论的开端，具有非常重要的理论地位。

一、绝对利益理论的产生背景

重商主义时代国际贸易的大发展，客观上刺激了西欧各主要殖民国家的对外贸易发展，促进了各国纺织业、冶炼业、采矿业、造船业和其他各类制造业的迅速发展。同时，对外贸易带来的丰厚报酬和大量的金银财富，也通过各种商业流通渠道迅速地向一部分制造业主、实业家、造船商、银行家手中集中。这无疑为资本主义的生产方式奠定了坚实的资本基础。到17世纪中后期，资本主义在西欧各国得到了很大的发展，经济增长十分迅速，资本主义生产方式越来越成为社会的主流趋势。到18世纪中叶，英国开始了产业革命，英国“世界工厂”的地位已经确立并得到巩固，新兴的资产阶级形成了强大的生产力。于是，他们一方面需要来自于世界各地的原材料，另一方面，又迫切地需要广阔的世界市场来消化自身强大的生产能力，他们认为，自由贸易的思想和政策已经成为资本主义发展道路上的必然。

随着资本原始积累的完成和资本主义生产方式的确立，新兴的资产阶级越来越强烈地要求在政治上有更多的民主，针对重商主义的专制特点，他们提出了建立社会契约规范下的政府的政治主张。在经济思想方面，则由亚当·斯密提出了以“自由放任”为核心思想的自由贸易理论，即绝对利益理论。

二、绝对利益理论的主要观点

绝对利益理论是指从生产成本的绝对差别出发来发展国际分工和国际贸易，即如果一国生产某种商品的成本比别国的生产成本绝对低，在利益上具有绝对优势，则该国就应该专门生产该商品并对外出口；反之就应该进口。

亚当·斯密以地域分工论为其国际贸易理论的基础，创立了绝对利益理论。亚当·斯密认为，社会分工可以提高劳动生产率，而社会分工的出发点是成本差异。他以家庭分析推及国际分工和交换，他指出：“如果一件东西在购买时所费的代价比在家里生产时所费的小，就永远不会想要在家内生产”，同样，“如果外国能以比我们自己制造还便宜的商品供应我们，我们最好就用我们有利的使自己的产业生产出来的物品的一部分来向他们购买”。亚当·斯密进行举例，尽管通过各种先进的设备，苏格兰也能栽种出极好的葡萄，从而生产出优质的葡萄酒，但其费用大约至少是购买外国相同质量葡萄酒的30倍。所以，没有任何必要禁止国外葡萄酒的进口，而鼓励苏格兰自行酿酒。

对成本，亚当·斯密以劳动单位来衡量。在亚当·斯密看来，劳动效率的高低，取决于一个国家拥有的自然的和获得性的(后天的)有利条件。自然资源的充裕程度、在生产过程中积累的经验、手工技艺特长等各个方面的内容都是形成绝对利益的源泉。

可以从以下几个层次理解亚当·斯密的绝对利益理论：

(1) 绝对利益理论主张提高劳动效率。亚当·斯密认为，人类有一种天然的倾向就是交换，即交换是人类的天性。而人类需要交换这种天生的倾向必然会引起分工，而分工可以大大提高劳动效率。这是因为：其一，分工能增进劳动者的熟练程度，专业化使劳动者的生产技能不断提高，即使是不经过任何专业训练，一个工人在同一个岗位上工作的期限长了以后，工作本身就使其获得了经验和方法；其二，分工使每个人专门从事某项工作，避免了不同工作之间进行的转移，可以节省与生产没有直接关系的时间，亚当·斯密把劳动时间看做衡量商品成本的唯一标准，节省了这些与生产没有直接关系的时间，就等于节约了交换环节的成本，从而降低了该类产品的总成本和单位平均成本；其三，分工可以使专门从事某项操作的劳动者比较容易改良工具和发明机械，提高劳动效率。

（2）绝对利益理论提出了分工的原则。亚当·斯密认为，既然分工可以提高劳动效率，那么就应该专门从事某种具有优势产品的生产，然后彼此进行交换，这对每个人都是有利的。之所以裁缝不为自己制作靴子，鞋匠不为自己缝制衣服，而农场主既不为自己缝制衣服也不为自己制作靴子，就是因为他们知道，只有集中全部精力生产自己具有优势的某种产品，并用这些产品去交换自己所需要的其他物品，才能比自己生产一切物品得到更多的利益。这种合算的事情，对整个国家同样也是合理的。

（3）一国内部分工的原则同样适用于国家之间。各国都应该利用自己生产条件上的绝对优势，生产实际成本小于其他国家的优势商品，然后去交换别国具有优势的商品，这样就比各国生产自己所需要的一切商品更有利，同时也会使进行贸易的双方国家较之各自在闭关自守时获得更多的商品量。各国本着发挥各自优势的原则进行国际分工。

（4）绝对利益理论提倡"自由放任"的贸易思想。亚当·斯密认为，市场会根据自身的发展过程进行自我调整，来实现供求的平衡，而无须对其进行干预，任何干预行为都将破坏市场本身的运作规律并导致不利的后果。在国际贸易方面亦是如此，重商主义的保护贸易政策是不利于提高各国生产力发展水平和居民福利水平的，只有在自由贸易政策下各国才能充分享受到国际分工所带来的利益。由于亚当·斯密提出的理论迎合了新兴的资产阶级的迫切需要，绝对利益理论得到了在世界范围内的认可和广泛的推广，于是，它也就成为自由贸易理论和政策的基础。

三、理论模型

为了简化所研究的问题，绝对利益理论假定封闭状态下只有两个国家：英国和葡萄牙。两个国家在现有的生产技术条件下都生产两种商品：葡萄酒和毛呢。生产要素都抽象为劳动力，劳动力在国内自由流动，而在国际上不能自由流动，每单位产品的投入用劳动天数来衡量。

用数字来表示上述基本假设如下：

国际分工前英国生产每单位葡萄酒需要的劳动天数是 2 天，生产每单位毛呢所需劳动天数是 1 天；而葡萄牙生产每单位葡萄酒所需要的劳动天数是 1 天，生产每单位毛呢所需劳动天数是 2 天。生产情况如表 2-1 所示。从表 2-1 中我们可以看出，英国在生产毛呢上有优势，葡萄牙在生产葡萄酒上有优势。亚当·斯密主张，英国应该专业生产毛呢，放弃生产葡萄酒；而葡萄牙应该生产葡萄酒，放弃生产毛呢。分工后的生产情况如表2-2所示。从表2-2中可以看出，两国投入劳动的总量未发生变化，但两国产品的总量却增加了。英国专门生产毛呢，放弃葡萄酒的生产，则可以生产出3单位的毛呢，而葡萄牙则放弃毛呢的生产而只生产葡萄酒，也可以生产出3单位的葡萄酒。分工前两国共生产葡萄酒和毛呢各2单位，分工后变成了3单位，都比分工前增加了1单位。这就是分工带来的利益。若两国间以1单位的毛呢交换1单位的葡萄酒，因为这两种商品都花费了同等天数的劳动。最终英国有2单位的毛呢和1单位的葡萄酒，而葡萄牙有1单位的毛呢和2单位的葡萄酒，可见国际贸易的两国都从中获得了利益。如果两个国家以自己优势的3单位的产品进行交换，则可换得对方6单位的优势产品，贸易利益更大。

表2-1 分工前的生产情况

	毛呢(1单位)	葡萄酒(1单位)
英国	1天	2天
葡萄牙	2天	1天

表2-2 分工后的生产情况

	毛呢(3单位)	葡萄酒(3单位)
英国	(1+2)天	
葡萄牙		(1+2)天

四、对绝对利益理论的评价

绝对利益理论有其正确性，它揭示了分工对于提高劳动效率的巨大意义，各国之间根据各自优势进行分工，通过国际贸易使各国都能得到利益，从而揭示了国际贸易的利益分配实质。它揭示了国际贸易产生的原因及开展国际贸易的动机和目的。它反对重商主义国家严格控制对外贸易的政策，主张主要依靠市场调节的自由贸易政策。正是这种直观理解的正确性，形成了绝对利益理论被认可的基础。

但是该理论也存在着一定的不足之处。

（1）亚当·斯密错误地认为交换会引起社会分工，而交换又是由人类本性所决定的。但事实上，没有任何证据证明人类具有交换的天性，交换不是人类本性的产物，而是社会生产方式和分工发展的结果。同时，交换是以分工为前提的，在历史上分工早于交换，是分工引起了交换，而不是交换引起了分工。亚当·斯密在这个问题上的错误性一直成为对立者批判的重点。

（2）该理论只说明了生产成本有绝对优势的国家才能通过参加国际分工和国际贸易而获利，这在国际贸易实践中缺乏普遍性，很少会出现一个国家在甲产品上有绝对优势而另一个国家在乙产品上有绝对优势，从而两者发生国际贸易的情况。更多的情况时，一些国家比另一些国家发达，在社会生产的绝大多数方面都具有绝对的生产优势，但是，它们之间的贸易依然广泛地发生。例如，一个经济不发达的国家所有产品生产的绝对成本都高，绝对利益理论并不能回答其能否参加国际分工和国际贸易。

（3）该理论还未提及国际贸易交换的价格比例问题。

所以，该理论作为一个基础理论，作为自由贸易理论的开端，还存在许多不完善的地方。

第三节　比较利益理论

比较利益理论是英国产业革命深入发展时期著名经济学家大卫·李嘉图(David Ricardo,1772—1823)提出的。大卫·李嘉图出生于金融世家，青年时代就跻身于伦敦证券交易市场和房地产市场，逐步积累了丰富的经济活动实践经验。之后，他潜心钻研，于1817年出版重要著作《政治经济学及赋税原理》，在书中提出了比较利益理论，该理论是西方贸易理论体系的核心，它为以后的贸易理论发展奠定了基本框架。

一、比较利益理论的产生背景

1815年，英国政府为维护土地贵族阶级利益而修订实施了《谷物法》，限制谷物进口，引起英国国内粮价上涨，地租猛增，从而起到保护封建地主利益的目的。昂贵的谷物迫使工业资产阶级提高工人的工资，使成本上升，利润减少，产品竞争力削弱。同时，粮价的上涨也增大了居民的粮食开支，从而相应地减少了对工业品的购买。在对外贸易方面，由于《谷物法》限制外国粮食进口，也必然招致外国对进口英国工业品的报复。这些都极大地伤害了英国工业资产阶级的利益，他们迫切要求废除《谷物法》，而与土地贵族阶级展开了激烈的斗争。

从理论上看，比较利益理论是在绝对利益理论的基础上，对绝对利益理论不断完善的过程中产生的。大卫·李嘉图针对亚当·斯密的绝对优势理论中关于贸易的各方至少必须有一种具有绝对优势的低成本商品可以在国际间销售的所谓“斯密假定”，指出即使一个国家的各个行业的生产都缺乏效率，处于绝对劣势的地位，没有低成本商品，但由于决定一国国内商品相对价值的规律因各种原因并不能同时决定两国或多国贸易中商品的相对价值，所以，通过国际贸易，交易双方还是能够获得贸易利益。比较利益理论回答了经济不发达国家生产的各种产品的成本都高、都处于劣势而发达国家生产的产品的成本都低、都处于优势的情况下国际贸易的发生情况。

二、比较利益理论的主要观点

大卫·李嘉图的比较利益理论以一系列简单的假定条件为前提，这些假定条件主要有：

（1）只有两个国家，生产两种产品。

（2）国与国之间的贸易自由进行。

（3）生产要素在国内具有完全的流通性，但在两国之间则完全不流动。

（4）每种产品的国内生产成本都是固定不变的。

（5）没有运输费用。

（6）不存在技术变化。

（7）贸易按物物交换直接进行。

（8）劳动是唯一的生产要素，而且所有劳动都是同质的。每单位产品生产所需要的劳动投入维持不变。总体来说，也就是任何商品的价值或价格都完全取决于它的劳动成本。

比较利益理论就是通过比较两种产品在两国间的劳动成本相对数量，来决定一个国家该生产、交换哪种产品。其基本观点是：在国际贸易中，起决定作用的不是绝对利益，而是比较利益，应本着“两优相权取其重，两劣相权取其轻”的分工和贸易原则进行。即在国际商品生产分工中，各种商品生产都占优势的国家，应集中生产优势相对大的商品，放弃优势相对小的商品生产；而在各种商品生产都处于劣势的国家，应集中生产劣势相对小的商品，放弃劣势相对较大的商品生产。然后通过国际贸易，使贸易双方获利。

三、理论模型

比较利益理论分析仍沿用绝对利益理论中“两个国家、两个商品、一种要素”的假设。假设英国和葡萄牙两个国家都生产葡萄酒和毛呢。在分工前，英国生产 1 单位葡萄酒需要的天数是 120 天，生产 1 单位毛呢需要 100 天；葡萄牙生产 1 单位葡萄酒需要 80 天，生产 1 单位毛呢需要 90 天。如表 2-3 所示。显然，英国在两种商品的生产上都占绝对劣势，但葡萄酒的生产占劣势更大；葡萄牙在两种商品生产上都占绝对优势，但生产葡萄酒占有更大的优势。在没有分工时，两国各投入 220 天和 170 天的劳动，各生产 1 单位的葡萄酒和毛呢，即两国总共生产 2 单位的葡萄酒和 2 单位的毛呢。

表 2-3 分工前生产情况

	毛呢(1 单位)	葡萄酒(1 单位)	共 计
英国	100 天	120 天	220 天
葡萄牙	90 天	80 天	170 天

而在国际分工后，英国专门生产比较劣势较小的毛呢，放弃比较劣势较大的葡萄酒的生产；而葡萄牙专门生产比较优势较大的葡萄酒，而放弃比较优势较小的毛呢的

生产(见表2-4)。其结果是两国产品总量未变，但两国投入劳动总量却减少了。分工前两国共生产葡萄酒和毛呢各2单位。而分工后英国用200天劳动生产了2单位的毛呢，比分工前减少了20天劳动；葡萄牙用160天劳动生产了2单位的葡萄酒，比分工前减少了10天劳动。这就是分工带来的利益。

表2-4 分工后的生产情况

	毛呢(2单位)	葡萄酒(2单位)	共 计
英国	200天		200天
葡萄牙		160天	160天

可见，尽管英国两种商品都处于劣势，但通过国际贸易也能获得贸易利益；当然葡萄牙两种商品都处于优势，通过国际贸易从中获得利益比以前要大是理所当然的。

四、对比较利益理论的评价

(一) 历史进步意义

(1) 比较利益理论使绝对利益理论得到了拓展，对当时国际贸易及其理论的发展均起到了积极的推动作用，它使绝对利益理论更具有普遍性，更坚定了工业资产阶级推行自由贸易的立场。

(2) 比较利益理论在历史上曾起过促进资本主义资本积累和生产力发展的进步作用。它为英国工业资产阶级争取自由贸易提供了有力的理论武器，在这一理论的影响下，英国的《谷物法》被废除，自由贸易的胜利加速了社会经济的发展，使英国在19世纪的世界经济贸易中占有首要地位。

(3) 比较利益理论的科学性在于它揭示了比较利益定律。这一理论是人类认识对外贸易现象的一次突破，它论证了国际贸易的产生不仅在于绝对利益的差异，而且还在于比较利益上的差异，不论是生产力水平高的国家还是低的国家，只要按照比较利益优势的思想参与分工与贸易，都可以获得更多的利益。这一理论为世界各国特别是落后国家参与国际分工和贸易的必要性作了理论上的证明，这也是它100多年来一直是西方国际贸易理论基础的原因。

(二) 历史局限性

(1) 比较利益理论并没有从根本上揭示国际分工形成发展的原因。该理论片面地认为成本差异是国际分工形成和发展的根本原因。而事实上，成本差异对国际分工的形成和发展有一定的影响，但并不是主要的、根本的，社会生产力才是国际分工和发展的根本原因。

(2) 比较利益理论与现实的国际贸易在某些方面不相符合。首先，按照这一理论，比较利益越大，则发生贸易的可能性越大。从这一点出发，贸易最容易发生在发达国家和发展中国家之间，而在现实中，国际贸易最主要还是在发达国家之间进行。其次，按照这一理论，在自由贸易条件下，参与贸易的双方均可获得利益，因而世界各国为获得贸易的比较利益都应该自觉地实行自由贸易。但在现实的国际贸易中，不论什么样的国家都在不同程度上实行了某种保护贸易政策，这说明比较利益理论所揭示的贸易各国所取得的利益只是一种短期的利益，不一定符合一国的长期利益。再次，按照这一理论，国际贸易双方是互利的，不存在国际剥削，甚至相对落后国家通过国际贸易可以得到更多的实惠。这与目前国际贸易中富国剥削穷国的事实相悖。

(3) 比较利益理论建立在许多假设前提的基础上，这与现实条件不相符，从而大大削弱了它的适用性。

第四节　相互需求理论

比较利益理论只是揭示了分工和贸易会给参加双方带来利益，但是利益的范围有多大，各国所得利益的比例是多少，大卫·李嘉图对此并未作出解答。而19世纪中期英国最有影响力的经济学家约翰·斯图亚特·穆勒(John Stuart Mill,1806—1873)用相互需求的供求关系，对此作出了重要补充。

穆勒出生于经济学世家，从小就受到其父——著名经济学家詹姆斯·穆勒(James Mill)的悉心教诲，接受了古典经济学基本理论的严格训练，打下了扎实的经济学理论基础。1848年他出版了《政治经济学原理》，在这以后的半个多世纪里，这本著作一直都是欧、美各大学经济类专业的标准教科书。

穆勒的相互需求理论涉及了一系列问题。

穆勒完全赞成大卫·李嘉图的比较利益理论，认为“有些商品自己是完全可以生产出来的，为什么也要进口呢？这是因为从国外进口比自己生产便宜”。正是基于这样一个“真正的原因”，“尽管英国同波兰相比在毛呢和玉米生产上都具有优势，英国还是应该用它生产的毛呢从波兰进口玉米；尽管英国同葡萄牙相比可以用较少的劳动与资本生产棉花，英国还是应该用它的棉花交换葡萄牙的葡萄酒”。各国“进口其优势最小的商品可以使他们把更多的资本和劳动用于生产其优势最大的商品”。

与亚当·斯密和大卫·李嘉图强调供给之于贸易的作用不同，穆勒对需求在对外贸易中的作用给予了充分关注。在他看来，“所谓商业贸易实际上只是使生产成本更为便宜的一种手段。不论在什么情况下，消费者都是最终的受益者。作为消费者的对立面的商人当然也会获得贸易利益，但这必须以消费者愿意花多少钱购买他们的商品为前提”。由此可以看到，穆勒实际上是将对进口商品的消费需求提高到了决定消费者和从事对外贸易业务的商人们能否获得贸易利益的关键因素的地位。这充分反映了穆勒对需求研究的高度重视。这也正是穆勒的相互需求理论的一个鲜明特点。

具体说来，穆勒认为，一个国家可以从国际贸易中获得两大利益：第一，国际贸易可以使一个国家获得它自己完全不能生产的那些商品，因而提高了该国的总体消费水平和社会福利；第二，国际贸易可以使全世界各个国家的生产力都得到更为有效的利用。他分析说：“如果开展贸易的两个国家都转而勉强地生产本应自对方进口的那些商品，两国的劳动和资本的生产力一定不如它们各自既为自己生产也为对方生产其劳动具有最大相对效益的商品时那么高。”

穆勒进一步认为，任何国家都不能置客观存在着的由生产成本方面的相对差异决定的比较优势于不顾，勉为其难地生产本应进口的商品。这是一种典型的不经济的非理性行为。正确的做法应该是，各国生产的商品在满足国内市场消费需求(为自己生产)的同时，还都应该努力满足国际市场的消费需求(为自己的贸易伙伴生产)，并以此作为从后者进口商品的支付手段，各国乃至全世界的消费水平才能够最大限度地提高。据此，穆勒得出了一个明显不同于其前人的结论：“对外贸易唯一的直接利益寓于进口之中，通过进口，一个国家得到了要么它自己不能生产的商品，要么它必须耗费更多资本和劳动才能获得的、而它本来可以用耗费较少成本生产出来的东西与之交换而来的商品。”

从“对外贸易唯一的直接利益寓于进口之中”和“消费者都是最终的受益者”的基本观点出发，穆勒强烈地主张出口只是实现进口中蕴涵着贸易利益的手段，即“进口商品的价值等于为了获得它们而支付的出口商品的生产成本”。“这就是说，在任何一个国家，外国商品的价值取决于为了交换这些商品，本国必须让渡给外国的本国商品的数量。换句话说就是，外国商品的价值取决于国际交换条件。”所谓国际交换条件(即国际贸易条件)，指的是用本国出口商品数量表示的进口商品的相对价格，其水平高低取决于两方面因素：“其一，外国对本国商品需求的数量及其增长同本国对外国商品需求的数量及其增长之间的相对关系；其二，本国可以从服务于本国消费需求的国内商品生产中节省下来的资本数量。”也可以说，“外国对本国商品的需求越是大于本国对外国商品的需求，本国可以节省下来用于为外国生产商品的资本越是小于外国可以节省下来用于为本国生产商品的资本，本国的国际交换条件越有利。也就是说，这个国家用一定量的本国商品可以交换到更多的外国商品。”据此，穆勒认为，“在国际贸易中享有最为有利的贸易条件的国家正是那些外国对它们的商品有着最大需求，而它们自己对外国商品的需求最小的国家。”

在穆勒看来，贸易双方实际上是互为供求的关系，即“本国从外国进口商品的需求为外国对本国的出口供给”，“外国从本国进口商品的需求亦为本国对外国的出口供给”。国际贸易能够顺利进行，客观上要求“双方的需求都必须足以支付对方的供给”。因此，为了使各国都能够按照比较优势基础上的国际分工开展贸易，并从中获取正常的贸易利益，“对于贸易双方说来，商品的交换价值应该根据双方消费者的消费偏好和具体情况作自动的调整。通过这种调整，各国向其邻国进口商品的需求量恰好足以相互支付”。“当然，建立在这一交换比率基础上的贸易利益在两国间的分配也就会相应地发生改变。”

“众所周知，商品的价值总是自我调整以使需求恰好等于供给水平”，所以，“一国产品在同另一国产品相互交换时，其价值水平必须使本国的出口总值正好能够用以支付它的进口总值”。穆勒在此强调的“所谓价值将自我调整，以使需求等于供给，实际上说的是，价值的自我调整将使一国的需求等于另一国的需求”。这就是被穆勒称之为“国际需求恒等式”决定国际贸易条件的规律，即所谓“相互需求原理”。

在A、B两国就F、C两种商品展开的互利贸易中，如果用 D_c^a 表示A国C商品的进口需求，用 S_f^a 表示A国F商品的出口供给，用 D_f^b 表示B国F商品的进口需求，用 S_c^b 表示B国C商品的出口供给，国际需求恒等式为

$$D_c^a = S_c^b, \ D_f^b = S_f^a$$

在双边贸易中，对对方出口商品的需求，以及贸易双方共同遵守的国际贸易条件，随着由各国消费者的消费偏好等因素决定的对对方出口商品的需求强度的相对变动而发生变化。倘若外国对本国出口商品的需求大于本国对外国出口商品的需求，外国的相对需求强度较大，本国的相对需求强度较小，则外国在同本国的竞争中就不得不作出某些让步，本国就可以享有比较有利的国际贸易条件。

具体说来，对对方出口商品的相对需求强度较小的国家，在贸易双方的相互竞争中占有较为有利的位置，最终决定的国际贸易条件比较靠近外国的国内交换比率，因而本国可以获得相对较大的贸易利益。简言之，贸易双方之间的相对需求强度决定着国际贸易条件的最终水平，进而决定了国际贸易总利益在交易双方间的分割。

第五节 保护贸易理论

19世纪，当产业革命在英、法两国深入发展时，欧洲和北美一些国家的经济还不发达，其资本主义工业还处于萌芽状态或正在成长时期。这些国家的资产阶级为了保护幼稚工业，客观上需要与自由贸易理论相抗衡的理论，于是，保护贸易理论应运而生。其主要代表人物是美国的汉密尔顿(Alexander Hamilton,1757—1804)和德国的李斯特(Friedrich List,1789—1846)，李斯特的学说更深刻而系统，更具有代表性。

李斯特早年在德国提倡自由贸易，自1825年被迫流亡美国后，受汉密尔顿保护贸易理论思想的影响，并亲眼目睹到美国实施保护贸易政策的成效，乃转而提倡贸易保护。19世纪德国资本主义发展障碍重重，与英、法两国工业发展相比存在着较大的差距。一方面英、法两国工业迅速发展，大量廉价商品冲击德国市场；另一方面德国高额而复杂的关税严重阻碍了本国商品的流通和国内统一市场的形成。面对这两方面的不利情况，新兴的资产阶级迫切要求摆脱外国自由贸易的威胁，扫清发展资本主义道路上的各种障碍。在此情况下，李斯特在德国积极宣传发展本国工业、建立关税同盟，反对自由贸易，并逐步将其思想系统化、理论化，在1841年出版的其代表作《政治经济学的国民体系》中系统提出了保护贸易理论。

一、李斯特的保护贸易理论的基本内容

李斯特的保护贸易理论是在批判自由贸易理论的基础上提出的。他的保护贸易理论主要包括两大方面：一是对自由贸易理论的批判，二是提出了保护贸易政策。

（一）对自由贸易理论的批判

（1）李斯特指出自由贸易理论不利于德国生产力的发展。大卫·李嘉图从比较利益理论出发，认为每个国家不一定要生产各种商品，而应该集中精力生产那些有利程度较大或不利程度较小的商品，然后通过对外贸易进行交换。李斯特不赞成这种主张，他认为，经济落后国家参与国际分工和国际贸易，目的是发展本国生产力，只有如此，对外贸易才会有利于这个国家的经济发展。他批评大卫·李嘉图的比较利益理论只看重财富本身的增长而忽视了一国财富生产能力的增长，但事实上财富生产能力的增长比财富本身的增长重要得多。就德国而言，从国外进口廉价商品，表面上看似乎合算，但长此以往，德国的民族工业就不可能得到扶持和发展，只会长期处于落后和依附外国的困境，生产力水平就无法提高。

（2）李斯特批评自由贸易理论忽视了各国经济的发展阶段。大卫·李嘉图等人认为，在贸易自由的环境下，各国按比较成本可以形成和谐的国际分工。李斯特认为这是一种世界主义经济学，它抹杀了各国不同的经济发展和历史特点，错误地以将来才能实现的世界经济联盟作为研究的出发点。李斯特提出，各国经济的发展必须经历五个阶段，即原始未开化时期、畜牧时期、农业时期、农工业时期和农工商时期。他认为，在不同时期应实行不同的对外贸易政策，其中在原始未开化时期和畜牧时期应实行自由贸易，以促进畜牧产品的出口，并输入工业品。到了农业时期和农工业时期则应实行保护贸易，以保护幼稚工业，使其迅速增长。在农工商时期，财富和力量已达到最高点，则再恢复自由贸易。他认为，当时的西班牙、葡萄牙处在农业时期；德国和美国处于农工业时期，要过渡到农工商时期必须实行保护贸易政策，以扶持德国工

商业的发展；而英国和法国当时已进入农工商时期，故可以实行自由贸易政策。

(3) 李斯特反对自由贸易理论的“自由放任”思想，主张国家干预经济的政策。自由贸易理论认为，市场机制就像“一只看不见的手”调节着整个社会经济，政府不应当干预社会经济发展，应遵循“自由放任”政策。李斯特认为，一国经济的增长、生产力的发展，不能仅仅依靠市场机制的自发调节，必须借助于国家的力量对经济进行干预和调节。他以英国为例，进一步证明其理论的正确性。他指出，英国工商业已经相当发达，固然可以实行自由贸易政策，但英国工商业能够迅速发展的根本原因还是当初政府的扶持政策所致，德国正处于类似英国发展初期的状况，所以应实行国家干预下的保护贸易政策。

（二）保护贸易政策

(1) 保护贸易政策的目的和对象。李斯特的保护贸易政策的目的是保护本国幼稚工业的发展，增加国内生产，从而促进生产力的发展。经过比较，李斯特认为，工业尤其是使用动力和大规模机器的制造工业的生产力远远大于农业，所以，一国应特别强调发展工业生产力，等工业发展以后，农业自然就会跟着发展。由此提出了保护对象的几个条件。一是幼稚工业才需要保护。他不主张保护所有的工业，而主张只选择那些刚刚起步、且经历了相当保护时期后，确有自立前途的幼稚工业才给予保护。二是保护有一定的条件和时间。在被保护的工业经过适应时期得到发展以后，生产出来的产品价格低于进口的同种产品并能与外国产品竞争时，也不再予以保护。这里所说的适应时期，李斯特主张以30年为限。三是工业虽然幼稚，但尚无强有力的国外竞争者时，不需要保护。四是农业不需要保护。只有那些刚从农业阶段跃进的国家，距工业成熟期尚远，其农业才适宜保护。

(2) 保护贸易政策的主要手段。李斯特认为，保护国内幼稚工业发展的主要手段是关税。第一，主张采用递增关税的方法。因为突然实行高额关税，就会割断原来存在的各种国内外商业联系，对国内生产和消费造成强大的冲击，不利于本国经济的发展，所以只能随工业的发展和产品的自给程度而逐步提高关税。第二，主张采用差别税率的方法。对不同性质的幼稚工业实行不同程度的税率。例如，对关系国计民生的工业品部门必须采取较高程度的保护，对奢侈品部门只需采取最低程度的保护，而对本国发展幼稚工业所需的复杂机器设备和技术的进口则免税或征收最低进口税。

二、对李斯特的保护贸易理论的评价

(1) 保护贸易理论的积极作用。李斯特的保护贸易理论及政策对当时的德国和世界各国影响很大，尤其是保护幼稚工业理论不仅具有历史意义，而且具有一定的现实意义。该理论不仅对德国当时工业资本主义的发展起到了极大的促进作用，使德国在很短时间内赶上了英国、法国等发展较早的资本主义国家，而且为经济比较落后的国家指明了一条比较切合实际的国际贸易发展道路。李斯特的不少观点对目前各国制定对外贸易政策仍有一定的参考作用。

（2）保护贸易理论在观点上存在一些缺陷。李斯特的保护贸易理论的一些观点明显存在缺陷，例如，对生产力这个概念理解不深，对影响生产力发展的各因素的分析也很混乱，以至于提出“工业的生产力比农业的生产力高得多”的错误观点。又如，以经济部门为依据划分经济发展阶段的基础也是不科学的，因为这不符合社会经济发展的客观过程。

（3）保护贸易理论在具体操作上存在着一些难以解决的问题。首先，对保护对象的选择未作深入分析。李斯特主张保护本国受到外国竞争威胁的有前途的幼稚工业，那么，如何判断哪一种幼稚工业是有前途的呢？实践证明，由于没有一种客观标准，许多国家在选择保护对象时，由于技术上判断错误或处于某种政治或其他利益的考虑，错选了保护对象，保护了一些永远长不大的幼稚工业，造成了严重的经济损失。可见，正确地选择保护对象是保护幼稚工业政策成败的关键，而李斯特的保护贸易理论并未对此作出深入的分析研究。其次，对保护手段的选择违背了特效法则。李斯特主张采取关税的手段来达到保护本国工业的目的。但是经济学家认为，最佳的策略选择应该是遵循特效法则，即应选择对期望实现目标最直接有效的办法。例如，为减少社会的犯罪现象，通过控制人口增长有一定的效果，但这显然不符合特效法则，而通过加强法制建设和打击犯罪显然会有效得多。同理，既然保护理论及政策的目的是发展生产力，增加国内生产，而不是减少国内消耗，根据特效法则，最佳的策略应是鼓励国内生产，而不是限制进口，即应该采取生产补贴的手段而不是关税的手段来保护国内幼稚工业的发展。

练 习 题

1. 简述绝对利益理论的发展。

2. 比较早期重商主义和晚期重商主义的异同。

3. 简述绝对利益理论与比较利益理论的主要内容，并对两者进行对比。

4. 已知本国与外国使用劳动这一种要素生产五种产品，每个国家1单位产品的劳动投入量如表2-5所示。

表2-5 基本情况一

	香蕉	苹果	橙子	柚子	葡萄
本国	1	5	3	6	12
外国	10	40	12	12	9

(1) 如果本国工资是外国的5倍，本国与外国将在哪些产品上具有比较优势？两国之间发生贸易，各自出口与进口哪些产品？

(2) 如果本国工资是外国的3倍，本国与外国将在哪些产品上具有比较优势？两国之间发生贸易，各自出口与进口哪些产品？

5. 假设有英国、美国、法国、德国和韩国五个国家，他们都使用劳动这一种生产要素生产两种商品——西瓜和苹果，每个国家生产1单位产品的劳动投入如表2-6所示。

表2-6 基本情况二

	英国	美国	法国	德国	韩国
西瓜	1	2	3	4	5
苹果	1	1	1	1	1

(1) 如果可接受的国际贸易条件 R = 西瓜价格/苹果价格 = 2.5，那么，有哪些国家将参与国际分工与交换？他们各自将进口和出口什么产品？

(2) 如果国际贸易条件 $R=2$，或者 $R=4$，那么又将有哪些国家参与国际分工与交换？他们又各自出口与进口什么产品？

第三章 现代国际贸易理论

第一节 要素禀赋理论

一、要素禀赋理论的提出

李嘉图比较利益理论的创立，标志着国际贸易理论体系的建立，并为其后国际贸易理论的发展奠定了基本框架。但是，这一理论是以各国生产要素的生产率存在差异作为分析的基本前提的。如果考虑到各国之间生产要素的生产率相同，即同一要素的同量投入在两国所获得的产出量是相等的，那么，比较成本的差异是否会出现？如果存在的话，又是怎样形成的？围绕着这些问题的研究，要素禀赋理论便问世了。

要素禀赋理论也称资源禀赋论，是瑞典籍经济学家贝蒂尔·俄林(B. Ohlin,1899—1979)国际贸易学说的核心，这一理论以对多种生产要素的分析取代了大卫·李嘉图对单一生产要素的分析，并从地区间贸易推及国际贸易，其主要内容反映在1933年出版、1967年修订的论著《地区间贸易和国际贸易》中。要素禀赋理论的创立标志着国际贸易理论从古典、新古典到现代的转变，其模式与大卫·李嘉图模式一起被列为国际贸易理论中的两大基本模式。由于在理论上承袭了伊莱·赫克歇尔(ELi Heckscher,1879—1952)的基本观点，因此，要素禀赋理论又称作为赫克歇尔—俄林定理。

什么是要素禀赋？它是指一个国家或一个地区各种生产要素的供给状况或对生产要素的拥有状况。俄林认为，产品的成本应由生产要素的价格来计算，产品成本应该用货币来表示，产品生产不仅包括劳动要素，而且还包括资本、土地等多种要素，古典模式分析中将产品成本仅从劳动要素角度来衡量不符合经济现实，为此，他从生产三要素理论出发，把生产要素归纳为劳动、资本和土地（包括耕地和自然资源）。

在现实经济中，受各国地理位置、文化、历史、经济、人口等因素的影响，每一个国家各种生产要素的禀赋状况不可能都一样，而且生产要素的相对丰裕与相对短缺在每个国家及其不同的发展阶段中都不同程度地存在着。俄林依据这种生产要素禀赋的不同状况将整个世界划分为若干个“大地区”和“次地区”，并认为还可逐级划分下去，当生产要素类别分得越细，地区的范围也就划分得越小。

二、要素禀赋理论的基本观点

（一）赫克歇尔—俄林模型

要素禀赋理论认为，在各国具有相同的生产函数即劳动生产率一样的条件下，比较成本的差异仍会出现，其原因表现在两个方面：一是各个国家生产要素的禀赋比率不同；二是各种商品生产过程所使用的生产要素的组合不同，也就是说生产要素的投入比例不同。

（1）要素禀赋比率分析。俄林认为，“贸易的直接原因总是：货物从外面用钱买进比在家里生产更便宜。反之亦然……真正的是要表明什么是这种价格不平等的背景？更精确地说，要说明禀赋上的差异，怎样表现为货币成本与价格上的差异。”[㊀]他在各国生产要素禀赋状况存在差异的基础上，依据价格机制和市场供求关系分析阐述了生产要素禀赋与生产要素价格之间的关系。他认为，在一般情况下，当一国某一生产要素显得比较充裕时，其价格就较低；反之，当生产要素处于稀缺状态时，其价格就较高。例如，有的国家劳动力较丰富，工资（劳动力价格）就会低一些；有的国家资本较丰富，利息率（资本的价格）就低一些等。由此可以看出，由于各国生产要素禀赋比率的差异使不同的生产要素价格出现了差异，从而在不同产品的生产成本之间形成了差别，于是，要素禀赋比率也就成了产生比较成本差异的重要决定因素。从这一论点和比较利益论的基本原理出发，俄林进而认为，各国都应使用本国禀赋相对丰富、价格相对便宜的生产要素来生产和出口产品，并以此换取需要使用本国禀赋相对稀缺、价格相对昂贵的生产要素来生产的产品，如果这样，必然对所有方都会有利。

（2）要素组合比例分析。除了上述要素禀赋比率差异外，产品生产过程中各种投入要素的组合或比例也是产生比较成本差异的一个决定因素，这种要素的组合或比例

㊀ 贝蒂尔·俄林．地区间贸易和国际贸易［M］．王继祖，等译．北京：商务印书馆，1986.

状况也称作商品生产的要素密集度或性质。例如：当产品生产过程中所投入的劳动要素比例较高时，就可以将该产品称作为“劳动密集型产品”；相应地，当资本要素投入比例较高时，该产品可称为“资本密集型产品”。根据对生产要素的划分和生产要素的投入结构，产品的要素密集类型或性质大体上可细分为劳动密集型、资本密集型、土地密集型、资源密集型、技术密集型等。由于同一产品的生产在不同的国家可能会出现不同的生产要素密集程度，加上各国不同的要素禀赋比率所决定的要素价格差异，同一产品的生产成本在各个国家就会有所不同，从而出现了比较成本差异。

需要注意的是，俄林在对比较成本差异的分析中假定了物质生产条件的同一性，即任何国家在某一特定产品的生产方面并不存在技术水平的差别，因而，产品的要素密集性质在各个国家是一样的。由此看来，生产要素禀赋比率的差异是产生国际贸易最重要的基础，用他自己的话说，“毫无疑问，各种生产要素不同的供应情况是导致贸易的生产成本和商品价格不相等的主要原因。”㊀

以上分析表明，俄林对国际贸易产生原因的论述基于这样一种思路：各国不同的生产要素禀赋比率决定了各种生产要素价格比率的不同，生产要素价格比率的不同又形成了产品生产成本比率的不同，而产品生产成本比率的不同最终导致了商品价格的差异，由此产生了各国之间的贸易活动。这就是赫克歇尔—俄林模型(H—O Model)。

（二）赫克歇尔—俄林定理

赫克歇尔—俄林定理(H—O Theorem)是在上述赫克歇尔—俄林模型分析之后所得到的一些关于贸易结果方面的结论，归纳起来，就是以生产要素禀赋比率差异为基础而进行的国际分工和贸易，通过商品的国际流动替代生产要素的国际流动，最终会使各种生产要素的价格比率在国际间趋于一致，这也就是所谓的“生产要素价格均等化”。

俄林认为，由于生产要素不能在国际间自由流动，各国生产要素禀赋又存在着明显的差异，由此造成了各国生产要素价格比率的较大差异，但是，这种差异在进行国际贸易后会逐步趋缓。这是因为，相对于他国而言，当一国的某一要素禀赋较为丰裕时，该国就会集中使用这一丰裕要素来生产和出口产品，随着对该要素需求的增加，这一要素又会变得相对稀缺，从而引起该要素价格的上涨。相反，那些禀赋原先并不丰裕的生产要素，由于国际分工后对它们的需求减少，稀缺程度因此相对降低，要素价格趋向下跌。同样，他国也会产生这样的情形。例如：假设A国要素禀赋为劳动丰裕、资本稀缺，根据H—O模型，A国将专门生产和出口劳动密集型产品；而B国刚好

㊀ 贝蒂尔·俄林. 地区间贸易和国际贸易[M]. 王继祖，等译. 北京：商务印书馆，1986.

相反，资本丰裕、劳动稀缺，专门生产和出口资本密集型产品。很显然，在进行国际分工后，A 国对劳动要素的需求增加，对资本要素需求减少，而 B 国则对资本要素的需求增加，对劳动要素需求减少，这样，A 国劳动要素价格相对上升、资本要素价格相对下降，B 国则会出现资本要素价格相对上升、劳动要素价格相对下降。

上述原理不仅适用于两个国家两项要素分析，也适用于多个国家多项要素分析。关于生产要素价格均等化方面的论述，除了 H—O 定理之外，还有斯托尔珀—萨缪尔森定理。1941 年，美国经济学家沃尔夫冈·斯托尔珀和保罗·萨缪尔森在 H—O 定理基础上进一步论证了贸易后生产要素流动及其引起的市场供求关系、价格和要素所有者报酬的变化问题，经济学界将他们的研究成果称作为“斯托尔珀—萨缪尔森定理”。该定理提出，在特定条件下，国际间生产要素的价格均等是必然的。这些条件包括：第一，模型的假定：两个国家、两种商品（小麦和布）、两项生产要素（土地和劳动），即 2×2×2 模型；第二，每种生产要素的供给量一定，国际间不存在生产要素的流动，但部门之间可以流动；第三，两种商品生产过程中的要素密集程度不一样（小麦是土地密集型产品，布是劳动密集型产品），但生产技术具有同一性，因此不可能出现生产要素密集性质的变换；第四，没有关税等任何贸易壁垒，能够自由贸易，且没有运输成本；第五，不论两国是否发生贸易，都生产两种商品等。在作了上述假定后，萨缪尔森运用数学方法论证了两国的商品价格均等的结论，同时也论证了两国的实际要素价格也必然相等的结论，并于 1949 年发表了《再论国际要素价格均等》一文。也正是这一原因，人们有时将要素禀赋理论称为赫克歇尔—俄林—萨缪尔森理论（H—O—S Theorem）。

三、对要素禀赋理论的简评

（一）要素禀赋理论的积极意义

赫克歇尔—俄林的要素禀赋理论继承了传统的比较成本基本观点，并以此作为研究的出发点和理论基础。但也必须看到，这一理论绝非停留在古典贸易理论原有的理论分析上，而是有了新的发展。正因如此，要素禀赋理论被认为是现代国际贸易理论的基础，对今后的国际贸易理论发展起到了积极的推动作用。

（1）它进一步说明了形成各国比较成本差异的原因。李嘉图模型是从生产条件的不同来阐述比较成本差异的，而俄林等则进一步从生产要素禀赋的角度较为具体地解释存在比较成本差异的原因，因而实现了在理论上对比较利益理论的发展和创新。

（2）它实现了从个量分析到总量分析的转变。在李嘉图模型中，对于比较成本差异的分析是从单一的劳动要素出发的，即将比较成本的差异简单地表述为劳动耗费的差异。俄林则把李嘉图的个量分析扩展为总量分析，以多个生产要素作为研究的出发点和立足点，引入生产要素禀赋的分析，并通过比较两国生产要素供给状况的差异，来解释贸易分工的基础和原因以及各国之间的贸易格局。该理论的分析更加贴近于国际贸易运行的实践，具有较强的应用性，这对于解释20世纪以来许多国际贸易问题有积极的作用，给各国对外贸易的发展也带来了重要的启示。

（二）要素禀赋理论的一些缺陷

要素禀赋理论与李嘉图比较利益理论一起被人们称为国际贸易理论中的两大基本模式，但也不可否认，要素禀赋理论也存在着一些缺陷和错误。

(1) 它在要素构成分析上的错误。要素禀赋理论关于生产要素的构成沿袭了西方经济学界的“三要素论”，虽然劳动、资本和土地是一切社会生产所不可缺少的生产要素，但绝非仅此三项，且在生产要素价格差异的分析中，沿用了庸俗经济学“三位一体公式”的主张，从而背离和抛弃劳动价值论的基本观点。

(2) 它在分析方法上的局限性。与李嘉图的模型分析一样，要素禀赋理论的分析过程及观点阐述也是建立在一系列假定基础之上的，而设立的这些假定条件均与现实存在着一定的距离，如自由贸易、两国的生产技术水平一致、生产要素能在国内自由流动而不能在国际间流动、同种生产要素具有同样的劳动生产率等。由此也使得该理论对国际贸易实践的解释力大打折扣。事实上，当后来的一些经济学家在对这个理论进行验证时，就发现它存在很多无法解释的疑问，里昂惕夫之谜就是其中的代表之一。

(3) 它在结论上的缺陷。在自由贸易条件下，商品在国际间的流动将替代生产要素的国际间流动，并逐步形成均等的价格和收入，这是要素禀赋理论中的一个重要结论。而现实的经济生活并没有出现类似于这样描述的结果。自国际贸易产生以来，国际要素价格的差异以及要素收入的差异不仅没有消失或缩小，反而正在进一步扩大。

第二节　里昂惕夫之谜

一、“里昂惕夫之谜”的产生

由于赫克歇尔—俄林定理从要素禀赋角度揭示了国际分工的基础，并对李嘉图比较利益理论的基本观点作了重要的补充和发展，因此，该理论在“二战”后受到了西方理论界的普遍欢迎和接受，也激起不少经济学家对其进行实证分析的兴趣，其中，“里昂惕夫之谜”就是在对这一理论进行验证后形成的。

美国经济学家瓦西里·里昂惕夫(W. Leontief,1906—1999)是“投入——产出”方法的先驱者。他以美国作为分析研究的对象，采集了较为丰富的数据资料，而后对

H—O 模型进行了验证，最后所得出的结论恰恰与 H—O 模型的理论性结论完全相反，这一结果的出现引起了整个西方经济学界的极大轰动。由于里昂惕夫是对 H—O 模型验证的第一人，因此，人们将这一种理论与实践之间的矛盾命名为“里昂惕夫之谜”，也称为“里昂惕夫反论”。

二、里昂惕夫的验证分析

里昂惕夫对 H—O 模型分析及其结论的正确性展开了更为全面的验证。首先从实践中进行了调查和采样，先后收集到了 1947 年美国 200 个产业部门中出口价值在 100 万美元以上的有关产品资料，而后与同期的进口产品进行比较（见表 3-1）[㊀]，并在此基础上对相关产品的两种投入要素即资本和劳动的比率进行了比较研究。

表 3-1　1947 年美国百万美元以上出口产品和进口替代产品的要素投入

生产要素	出　口	进　口
资本/美元	2550780	3091339
劳动/（人·年）	182	170
资本/劳动（人·年）	14010	18180
进出口产品的每人每年资本/劳动之比	1.3	

从表 3-1 可以看出，1947 年美国进口替代产品生产部门的每人每年资本/劳动之比将近是同期出口产品生产部门的每人每年资本/劳动之比的 1.3 倍（18180/14010），这表明 1947 年美国进口部门每人每年所用的资本要比出口部门每人每年所用的资本高出 30%。换句话说，这一年中，美国出口的是劳动密集型产品，进口的却是资本密集型产品，这一结论同当时美国资本要素丰裕、劳动要素稀缺的客观现实存在着强烈的反差。如果按照 H—O 模型分析及其结论来推论，美国在资本要素丰裕、劳动要素稀缺的情况下，应该专门生产和出口资本密集型产品，并以此来换取劳动密集型产品，这样也就形成了里昂惕夫验证结果与 H—O 模型分析及其结论之间的矛盾。

伴随着“里昂惕夫之谜”的产生，西方理论界曾一度掀起了对这一问题的研究热潮。美国另一位经济学家鲍德温（R. Baldwin）在对美国 1962 年贸易结构调查的基础上，通过计算得出该年度每一劳动力所用的资本数量：出口产品为 14321，进口产品为 17916，进口产品所用的资本量是出口产品所用的资本量的 1.25 倍（见表 3-2）[㊁]，由此

㊀ 杨全发. 新编国际贸易［M］. 广州：中山大学出版社，1995.

㊁ 保罗·克鲁格曼，茅瑞斯·奥伯斯法尔德. 国际经济学［M］. 4 版. 海闻，等译. 北京：中国人民大学出版社，1998.

也得出了与里昂惕夫相同的结论。

表 3-2　1962 年美国百万美元以上出口产品和进口替代产品的要素投入

生产要素	出口	进口
资本/美元	1876000	2132000
劳动力/(人·年)	131	119
资本/劳动(人·年)	14321	17916
进出口产品的每人每年资本/劳动之比	1.25	

近年来，仍有不少经济学家们陆续在对 H—O 模型进行验证分析，诸如海芮·P. 伯文、爱德华·E. 利莫、里奥·斯维考斯克斯等，他们从世界范围内进行研究后所得到的结果表明，贸易并不是按照 H—O 模型所预见的方式进行的，从而也再次证实了里昂惕夫反论。

三、对“里昂惕夫之谜”的理论解释

“里昂惕夫之谜”的产生着实给了西方国际贸易理论界一次强烈的震动，如何揭开它的谜底成了许多西方学者研究的重点，从而也形成了许多关于对 H—O 模型和“里昂惕夫之谜”进行解释的理论，在一定程度上补充和完善了 H—O 模型，也有利于我们进一步加深对要素禀赋理论的认识。概括起来，主要有两大类：一是对 H—O 模型分析的假定条件进行修正；二是对要素构成进行拓展。

（一）关于 H—O 模型假定条件修正的几种理论观点

（1）要素禀赋变动论。H—O 模型作为一种理论分析，是以一国要素禀赋固定不变为条件，这在纯理论分析中似乎也是必要的，但现实中要素禀赋会发生变化，因此，在运用这一理论对具体的贸易实践进行分析时，还需注意到一国要素禀赋的变动性。雷布钦斯基(Rybczynski)是首先发现这一问题的代表，他认为，当一国的一种要素增加时，该国将会增加密集使用这一要素的产品的生产，而减少密集使用另一种要素的产品的生产，这一结论也叫做“雷布钦斯基定理”。根据这一定理，各国要素禀赋的变动会改变该国的贸易优势。

（2）要素密集度变换论。它又称要素密集度反向论，经济学家明纳斯(Minhas)是这一论点的主要代表。按照 H—O 模型假定，产品的要素密集性质在各国之间没有差异，然而，在实践中，各国拥有的生产技术条件是不一样的，要素配置及其密集性质当然也不会一致。因此，一种产品在一国可能是资本密集型的，在他国则有可能是劳动密集型的；反之亦然。不能以本国产品的要素密集性质来代替国外同一产品的要素密集性质。例如，小麦在许多发展中国家都是劳动密集型产品，但在美国就有可能是资本密集型产品，就不能认为美国对小麦的进口是一种资本密集型产品的进口，而恰恰是劳动密集型产品的进口。事实上，美国在那一时期的确保持着技术方面的优势，相同产品的要素密集性质自然与其他国家有所不同，如果坚持用美国标准来衡量外国产品的要素密集性质，那么，必然会造成出口的是劳动密集型产品而进口的是资本密集型产品的假象。由此也可以得出这样的结论：如果贸易国中一方出现要素密集性质的变换，其中就会有一国产生“里昂惕夫之谜”。

(3) 要素非同质论。H—O 模型分析假定了各国每一种生产要素的同质性，事实上每种生产要素都不会是同一的，每一种生产要素都包含着许多层次，各国的要素禀赋不仅存在着数量方面的差异，还存在着质量方面的差异，要素的组合比例当然也会千差万别。如果分析中忽略了要素禀赋量的差异和质的区别，那么，就无法对贸易分工的格局作出合理的解释。“里昂惕夫之谜”的产生实际上与里昂惕夫忽略要素禀赋在质的方面的差异也有一定关系。之后，里昂惕夫在进一步分析产生“谜”的原因时，就涉及了劳动要素的非同质问题。他认为，有效的管理、良好的教育等使美国工人的劳动效率和技能大约要高出其他国家 3 倍，因此，如果从效率的角度看，美国劳动要素的禀赋数量应为美国原有劳动量的 3 倍，可以视为劳动要素相对丰裕、资本要素相对稀缺的国家，这样，“里昂惕夫之谜”也就不再存在了。

(4) 贸易壁垒说。不少经济学家认为，美国一贯推行贸易保护主义，为实现对本国劳动密集型产业的保护，对发展中国家的工业制成品实施贸易限制。为了增加资源储备，加紧对外开发和进口各种资源，而这些资源性产品大多属于资本密集型产品。这样，就造成了外国的劳动密集型产品难以进口，而资本密集型产品却相对容易输入。由此，这一学说认为，“里昂惕夫之谜”其实是美国对外贸易壁垒所致。

(5) 需求偏好论。这一理论认为，各国的国内需求存在着差异，其中包括消费者对产品的消费偏好，在市场需求的引导下，一国所出口的有可能并不是完全占优势的产品，进口的也不是完全处于劣势的产品。尤其在美国，消费者由于拥有较高的购买力，再加上他们的消费偏好，可能会使他们宁愿选择对发达国家技术或资本密集型产品的消费，而放弃对发展中国家劳动密集型产品的消费，这样，势必影响到进出口商品的构成。

(6) 自然资源论。这种观点认为，各国在自然资源的种类和数量方面都有着很大的不同，而自然资源禀赋的差距将会直接影响产品中的资本—劳动力比率。里昂惕夫的验证限于资本和劳动两种要素，对自然资源的作用并没有加以考虑。由于美国是矿产和木材的进口大国，这些产品不仅需要耗用大量的自然资源，而且还需要投入大量资本，而在出口方面，美国所出口的农产品刚好又是使用劳动力和土地相对较多的，因而，在这一理论看来，“里昂惕夫之谜”的产生似乎有些偶然。事实上，里昂惕夫在分析了 1951 年美国贸易结构后也指出，如果在验证中排除自然资源性行业，“谜”将会消失。

（二）关于要素构成拓展的几种理论观点

（1）技术要素说。这一学说认为，技术也是一种独立的生产要素，它不仅能够改变土地、劳动和资本等生产要素的组合比例关系，而且还能提高全部要素的整体生产效率。与技术不变的情形相比较，实际上就等同于增加了劳动和资本要素的供给。可见，技术变化会影响到各国要素禀赋的比率，进而影响到各国产品的相对优势和贸易格局。

（2）人力资本说。人力资本是体现在劳动者身上并以劳动者数量和质量表示的资本，它主要来自于对劳动者教育、训练、卫生保健等方面的投资。人力资本是“二战”后国际贸易新要素理论研究中最重要的一项内容。以克莱弗斯（Kravis）、基辛（Kessing）等为代表的“人力资本说”将劳动分为简单劳动和技能劳动，实现了劳动知识、劳动技能等从劳动要素中的剥离，由此可以更为具体地、准确地说明产品的劳动要素密集性质和贸易格局。该理论认为，在一般情况下，资本充裕的国家往往同时也是人力资本充裕的国家，从而趋向于出口含有较多人力资本成分的劳动密集型产品，而那些人力资本匮乏的贫穷国家则出口非熟练劳动密集型产品。根据“人力资本说”的这一基本观点，美国作为人力资本的丰裕国当然也应该出口技能劳动密集型产品，这对于解释美国所出现的“里昂惕夫之谜”现象是极为有利的。

（3）研究与开发要素说。研究与开发要素是生产过程中用于研究和开发产品方面的投资，它可以用研究和开发费用占销售额的比重、从事科研开发的科学家和工程技术人员占就业人员的比例等相关指标来衡量，国际比较时还可用研究和开发费用在国民生产总值或出口总值中所占比重等指标来衡量。该学说认为，研究与开发也是一种生产要素，一个国家越重视研究与开发，产品中的知识与技术优势就越明显，从而可以改变一个国家的比较优势和贸易格局。美国经济学家格鲁勃（W. H. Gruber）等对 1962 年美国 19 个产业的研发费用进行了统计分析，结果发现，运输、电器、仪器、化学和非电器机械五大产业的研发费用占 19 个产业的 78.2%，科学家和工程师占 85.3%，出口量占 72%。

（4）信息要素说。随着新科技革命的不断深入，经济学家们越来越意识到信息在现代社会经济中的重要地位。他们认为，信息作为一种能创造价值的资源，也是一种生产要素，现代经济活动不仅需要土地、资本和劳动等传统的有形要素，更需要信息这样的无形要素。现代国际贸易实践表明，一个国家对信息的利用状况如何，将影响到该国比较优势的形成和发挥，同时也将改变该国的国际贸易格局。

（5）规模经济与管理说。在规模经济条件下，产品单位成本随着产量的增加而降低，这样就会增强产品的比较优势。因此，规模经济和其他要素禀赋一样，也应是构成国际贸易的基础。同样，生产管理也可以作为生产函数中的一个参数，或者是作为劳动的特殊分类。管理所产生的效率可以改变产品生产中各种要素的组合比例，从而也可以改变一国的对外贸易结构。

四、对“里昂惕夫之谜”及其理论解释的简评

（一）积极意义

（1）“里昂惕夫之谜”促进了西方国际贸易理论的发展。“里昂惕夫之谜”的产生不仅指出了H—O模型分析及其结论中存在的缺陷和疑问，更为重要的是由此引发了经济学家们对H—O模型的进一步研究，有力地推动了“二战”后国际贸易理论的发展，因此，“里昂惕夫之谜”被称为西方国际贸易理论发展历史过程中的一个重大转折点。

（2）“里昂惕夫之谜”的一系列理论解释补充和完善发展了H—O模型。为揭开“里昂惕夫之谜”而形成的一系列学说，不仅对H—O模型的理论假定作了修正，而且从贸易的要素构成方面也作了许多拓展，提出了一些全新的要素划分，使H—O模型更趋合理和充分，对贸易实践具有更强的解释能力。同时，这些理论本身也说明了贸易分工基础和贸易格局问题，为今后的国际贸易理论发展奠定了坚实的基础。

（二）不足之处

尽管经过许多理论学说解释之后，“里昂惕夫之谜”的谜底似乎已被揭开，无论是否如此，那些对H—O模型假定前提进行修正的学说，它们自己也保留着一些特定的条件和环境，从总体上看，还不能彻底解释“里昂惕夫之谜”产生的原因。国际贸易新要素理论虽然通过赋予生产要素以新的内涵而变得更加贴近国际贸易实践，但各种学说分别有着各自的侧重点，如何将这些学说融合起来，对“里昂惕夫之谜”予以更加全面、系统的解释将是今后需要继续探索的一个方面。

第三节 产业内贸易理论

“二战”后，国际贸易格局中明显呈现出发达国家之间贸易激增的特点，但传统的理论只能解释产业间贸易，而不能解释产业内贸易。于是，西方国际贸易理论界围绕这一现象进行了大量的研究，并在1975年由格鲁贝尔（H. Grubel）和劳埃德（P. J. Lloyd）所著的《产业内贸易》一书出版之后，开始从经验性总结转入到理论性研究，形成了多种理论学说。进入20世纪80年代后，以美国经济学家保罗·克鲁格曼（P. R. Krugman）为代表的经济学家们把对产业内贸易理论的研究推进到了一个新的阶

段。综观这一过程，产业内贸易理论是20世纪60、70年代以来在西方国际贸易理论中产生和发展起来的一种解释国际贸易分工格局的理论分支。

一、产业间贸易和产业内贸易

（一）产业间贸易和产业内贸易的概念

国际贸易如果从其产品内容角度看，大致可以划分为两种基本类型，即产业间贸易和产业内贸易。前者是指在不同产业部门之间所进行的贸易活动，如钟表与大米的贸易、汽车与电视机的贸易等；后者是指在同一产业部门内部所开展的贸易活动，如两国在酒类饮料品方面进行贸易等。然而，实践中的贸易商品种类有成千上万之多，那么，究竟怎样来界定一种商品贸易是发生在产业间的还是发生在产业内的呢？目前，一般都依据SITC来作出判断。在SITC分类中，商品的编码共有六位数字构成，能统计入产业内贸易的商品必须满足这样一个条件，即商品的编码至少是前三位数字相同：同类、同章、同组，否则只能视为产业间贸易。由此可见，不能把产业内贸易简单地等同于工业部门内的贸易或工业制成品的相互贸易。

此外，由于跨国公司的产生和发展，交易市场便有了外部市场和内部市场之分，相应地，产业内贸易可进一步划分为外部市场的产业内贸易和内部市场的产业内贸易，当然，产业间贸易也可作这样的划分。

（二）产业内贸易程度的衡量

产业内贸易的发展程度可用产业内贸易指数来衡量。从产业角度看，产业内贸易指数值的计算公式为

$$A_i = 1 - \frac{|X_i - M_i|}{X_i + M_i}$$

式中，X_i 为一国 i 产品的出口额；M_i 为一国 i 产品的进口额；A_i 表示该国 i 产品的产业内贸易指数，显然，A_i 的数值介于0~1之间，A_i 越接近1，说明产业内贸易程度就越高，A_i 越接近0，则意味着产业内贸易程度越低。

如果从一个国家的整体角度看，产业内贸易指数则是由各种产品的产业内贸易指数加权后的平均数，它表示了一国产业内贸易在对外贸易总额中的比重，其计算公式为

$$A_i = 1 - \frac{\sum |X_i - M_i|}{\sum X_i + \sum M_i}$$

格鲁贝尔和劳埃德正是运用了上述产业内贸易指数分析方法对美国等10个发达国家的产业内贸易进行了统计研究，所得出的指数值在50%左右，其中以化工产品、机械和运输设备的产业内贸易指数最高。克鲁格曼也运用产业内贸易指数这一指标分析

了美国1993年部分制造业产业内贸易，结果是：进出口几乎相等的无机化工行业的产业内贸易指数为0.99，而大量进口、几乎不出口的制鞋行业为0。

二、产业内贸易产生的主要原因

(一) 产品异质性

传统的贸易理论模式往往假定企业以相同的生产方式制造同一种产品，事实上，任何一个企业不仅通常生产多种产品，而且同一种产品之间也存在着较大差异。从同一种产品差异的表现来看，大体上可分为两大类：一是指产品在品牌、商标、款式、包装、支付条件和销售服务等方面的差别，这是一种由产品横向比较产生的差异；二是指产品在规格方面的差别，它是一种由产品纵向比较产生的差异。无论是哪一种类型，都会使具有相同实物形态的产品成为异质品，当这种产品的异质性与人们的消费心理联系在一起时，产品的异质性就会导致产品比较优势和消费垄断优势的形成，从而也使同一种产品之间产生了交换的必要，产业内贸易随之产生。譬如，美、日两国均生产轿车，但所生产的轿车之间明显存在着差异性，美制轿车宽敞舒适，日产轿车轻便省油，在两国消费者消费心理倾向的作用下，分别产生了对对方产品的消费需求，最终形成了两国在轿车这一产品上的相互贸易。

(二) 偏好相似性

这一观点由瑞典经济学家林德(Linder)于1961年出版的《论贸易和转变》一书中所提出，是最早涉及当代工业化国家之间贸易和产业内贸易现象分析和解释的一种理论。林德从需求角度出发，研究了“二战”后发达国家之间相互贸易激增的原因。他认为，一种工业品能否出口首先取决于生产国的国内需求，也就是说，只有那些存在国内需求的工业品才有可能形成出口，这是因为一国工业品的生产规模和竞争能力通常有赖于国内需求的推动，在此基础之上，才会进一步扩展至国外市场。如果一种工业品在国内市场上缺乏需求或不存在需求，那么，生产者就难以想象出能够满足国外需求的产品生产方案，即使有了这样的方案，生产的成本也会更高。林德由此得出了一个基本结论：一国某一产品的国内需求将决定该国这项产品出口的可能性。

在作了上述分析之后，林德又进一步分析了两国需求结构对贸易结构的影响，并提出了他的另外一个基本结论：贸易国之间收入水平和消费偏好越相似，相互贸易的倾向就越强。他认为，国家间的经济发展程度越接近，国民收入就越相近，需求结构也越相似，一国富有国内需求的产品也越容易找到国外市场，这样，贸易量就越大。相反，如果国与国之间收入和消费偏好差距很大，那么，产业内贸易就会产生障碍。由于工业化国家的发展程度和人均国民收入较为接近，消费需求的偏好相似程度较高，这些国家的工业品产业内贸易流量越来越高。

（三）规模经济

关于这方面的论点主要反映在规模经济理论中，该理论是一种以产品异质性为基础旨在分析国际水平分工原因的学说，主要贡献者是美国经济学家克鲁格曼。该理论认为，在产业内存在大量异质性产品系列和不完全竞争的市场结构的情况下，规模经济收益递增可以用于产业内贸易产生原因的解释。

按照传统贸易理论的观点，当两国的要素禀赋特征相似时，两国之间将不会发生分工和贸易；而在规模经济理论看来，两国之间仍然存在分工和贸易的必要，但在这种情形下，其优势将来自于规模经济，“规模经济可以成为国际贸易的独立动因。”[㊀]这是因为除了所在行业规模的扩大会带来外部规模经济之外，企业的适度规模生产便于采用先进技术，便于开展专业化分工协作，而高度的专业化又将促进劳动生产率的提高，从而产生规模收益递增，获得比较成本优势。不过，这种基于规模经济的国际分工没有固定的模式，既可以自然形成，也可以协议分工，用克鲁格曼自己的话说，就是“……在一个规模经济起重要作用的世界里，贸易模式具有不可预测的成分是其不可避免的特征，但是，我们也注意到，贸易模式也不是全部不可预测”。[㊁]

此外还必须看到，规模经济与产品差异性之间存在着密切的关系。考虑到规模经济目标的实现，企业所生产的产品系列必然会受到一定限制，这样，国与国之间的产品差异也就产生了。同时，产品差异的存在又会促进企业专业化生产的深入，推动规模经济的实现。可以说，规模经济和产品差异化之间的这种关系是导致产业内贸易的基础性原因。

（四）技术差距

在解释产业内贸易的原因方面，这一论点与上述“产品异质性”论点有极为相似之处。它认为，企业对新技术的运用将大大推进了产品的创新，而创新企业往往又会通过一定的机制来维护这种技术差距。显然，较之于其他未创新企业，创新企业可获得一种暂时的垄断优势。当两国在相同的产业部门同时出现不同种类的产品创新，并且消费者对创新产品有需求时，企业运用的技术存在差距，将导致产品创新程度不尽相同，势必会产生大量异质性产品，引起两国间的产业内贸易。

（五）转口贸易、运输成本和产品季节性

在产业内贸易中，除了异质性产品之外，同质性产品也是贸易对象的组成部分。那么，为什么同质产品之间也会发生产业内贸易现象？相关的理论研究表明，构成同质性产品间产业内贸易的原因大致有三种情形。一是转口贸易。由于信息、政策及历史原因导致一些国家大规模开展转口贸易，使进出口贸易产品呈现出明显的同质性，

㊀㊁ 保罗·克鲁格曼，茅瑞斯·奥伯斯法尔德. 国际经济学[M]. 4版. 海闻，等译. 北京：中国人民大学出版社，1998.

归根到底，这也是由国际市场的非完全竞争性所致的。二是运输成本。鉴于一些产品单位价值较低但运输成本较高，如建筑用砂、砖等，为节省运输费用，贸易国就会在同质性产品的贸易方面选择就近原则，即就近进口又就近出口。三是产品的季节性差异。由于各国地理位置、气候等差异，一些产品的生产存在明显的差异性，如水果、蔬菜等，一国必然出现同质性产品进口和出口并存的现象。

三、对产业内贸易理论的简评

以上所列举的几种论点表明，产业内贸易的产生和发展源于多方面因素，其中也不乏一些简单因素，诸如运输成本、季节性差异、国内价格扭曲等，但从经济学分析的角度来看，这些带有特殊性和偶然性的因素尚不足以充分说明国际贸易中为什么会大量存在产业内贸易。相对而言，产品异质性、偏好相似性、规模经济、技术差距这些论点在对产业内贸易产生原因的理论分析和阐述方面较为深入，且与产业内贸易实践较为贴近。

需要强调的是，要真正理解产业内贸易现象，还必须将供求两个方面结合起来加以系统分析。同时也要注意到，各国企业的特定优势或产业竞争力对于产业内贸易的格局起着决定性的作用。

第四节　公司内贸易理论

随着跨国公司的产生和发展并日益渗透至国际经济领域的各个方面，跨国公司不仅成了私人资本对外直接投资的主力军，而且也成为承担国际贸易的重要力量，对“二战”后国际贸易的发展产生了重大影响。据有关统计资料表明，世界贸易额一半以上的贸易活动均与跨国公司有关，其中包括跨国公司母公司与子公司以及子公司与子公司之间的内部贸易。虽然由于内部交易市场的非公开化，目前还无法比较确切地统计跨国公司内部贸易所占的份额，但已有不少相关研究对此作出了估算和推测，认为至少约有30%~40%以上的贸易额是属于跨国公司的内部贸易，在一些少数发达国家中，这一比例会更高。

一、公司内贸易及主要理论

所谓公司内贸易，就是指在跨国公司内部进行的国际贸易。与一般的国际贸易相比，公司内贸易是“二战”后世界经济发展过程中出现的一种贸易新现象，它是国际贸易范畴内较为特殊的一种形式。一方面，它具有国际贸易的一般特征：商品跨国界运动，交易行为发生在两个相对独立的主体之间，贸易的结果会对主体所在国的国际收支产生影响；另一方面，这种内部贸易又与一般的国际贸易存在着明显的区别：交易方共同处于同一所有权控制之下，交易市场是非公开化的，交易价格是内定的转移价格，交易的标的大多为中间产品。由于这些特殊性的存在及其对跨国公司国际生产经营的利益促进，公司内贸易得到了更为迅猛的发展。这种趋势还在不断加强。

那么，跨国公司为什么要进行公司内贸易？为什么又能进行公司内贸易？对此，西方经济学家们分别从国际分工、中间产品贸易以及贸易、直接投资、产业组织相结合等角度出发进行了大量研究，形成了一些有关公司内贸易的理论观点。

（一）内部化理论

所谓“内部化”，在一般情况下可包括两层含义：一是指市场的内部化，即以跨国公司的内部运行管理来代替市场机制的运行，将普通市场上公开的合同买卖关系转变为跨国公司内部的、共同所有权控制的供需关系；二是指将普通市场交易导致的外部经济性内部化，防止跨国公司技术和知识等的外流。内部化理论是研究跨国公司内贸易的代表性理论之一，这一理论的构思最早是由经济学家科斯(Ronald. Coase)于20世纪30年代提出的，后经英国经济学家巴克利(P. Buckley)、卡森(Mark Casson)的系统阐述后才正式成形。

内部化理论认为，跨国公司之所以将市场设置在公司内部，以内部市场取代外部市场从而进行公司内贸易，是因为公司内贸易能为跨国公司带来诸多利益，这些利益是在外部市场无法得到的。第一，内部化提高了跨国公司的协调管理和业务运行效率。通过实施跨国公司整体控制和规划生产，尤其是协调关键投入要素的移动，将研究、开发、生产、销售联成一体，有利于提高资源的配置效率。第二，可从跨国公司整体出发实施差别性定价策略，充分发挥公司的产品差异优势，控制更多的市场份额。第三，通过内部化可在一定程度上排除市场不完全性条件下外部交易带来的竞争性和风险性，降低交易成本，减缓竞争和交易风险的压力。第四，实行交易市场的内部化还可将交易双方的所有权合二为一，避免技术和知识等关键要素在交易后扩散，确保跨国公司在技术和知识等要素方面的垄断优势。第五，通过在跨国公司内部实行较为自由的转移定价制度，可以逃避税收，绕开政府的各种干预和贸易壁垒。

当然，市场的内部化也会使跨国公司的管理成本上升，这些成本主要包括信息交流成本(如建立信息网络系统、培养管理人员)、管理协调成本等。

（二）垂直一体化理论

公司内贸易从其组织形式上看，是跨国公司经营活动的一种方式。而从交易内容来看，则以中间产品为主。垂直一体化理论是立足于生产过程和产业组织层次来研究公司内贸易的一种理论。所谓垂直一体化，是指邻近的两个生产阶段被置于共同所有权的控制下，即“上游生产”与“下游生产”合并在一起。当出现垂直一体化后，原先两个生产阶段间的外部市场交换关系转变为内部市场，从而产生了中间产品在公司内的贸易。由此可见，垂直一体化是公司内贸易的重要条件和基础。

垂直一体化理论认为，追求利润的最大化是跨国公司实行垂直一体化的动机，而要增加利润就必须以公司内贸易来克服外部市场的失灵。那么，跨国公司是如何实现垂直一体化的呢？该理论认为，跨国公司是否实现垂直一体化主要取决于四组因素，它们分别是技术因素、市场力量因素、动态因素和财务因素。从技术因素来看，当生产过程中的固定成本无法通过外部市场来补偿，以及市场失灵增强了其不确定性和扭曲了生产决策时，跨国公司就会推动实行垂直一体化，以此来克服生产过程中的技术垄断和一般市场机制的不一致性；从市场力量因素来看，为了免受外部垄断力量的影响，降低市场扭曲程度，以及形成更高的进入壁垒和进入成本，以阻止潜在的竞争对手进入相邻的生产阶段，跨国公司就会在其内部实行垂直一体化。从动态因素来看，运用统一的长期规划，即在共同的所有权之下，同时启动所有相邻阶段的生产活动则显得更为简单，而依靠一般市场机制往往难以达到这种效果，而且，许多动态利益（如技术创新、新产品开发）在垂直一体化条件下能够得到更加充分的利用。从财务因素看，垂直一体化能为跨国公司转移定价的运用创造更加有利的机会。

关于跨国公司内部的垂直一体化问题，卡森还建立了一个发达国家跨国公司内部贸易格局的模式，并运用弗农（Raymond Vernon）的产品生命周期理论来解释。他认为，在新产品阶段，公司内贸易主要是母公司的最终产品出口，且主要发生在发达国家之间。产品生产进入成熟阶段后，公司内贸易的范围开始扩大。在地理范围上，由发达国家扩大到新兴工业化国家和发展中国家。在商品结构上，最终产品与中间产品并存。当到达产品标准化阶段后，公司内贸易的一个明显特征就是中间产品的贸易占据主导地位。对此卡森专门作了分析，认为这种现象的出现固然与技术进步和标准化相关，然而更为重要的是因为与此同时出现了新型的、更复杂的国际分工关系。他还认为，如果说在产品发展的初期阶段是由母公司花费较大的人力、物力和财力进行开发和创新管理的话，那么在中、后期，创新和开发的重点则由最终产品转到中间产品，管理重心也由母公司转到了子公司，这也就是公司内中间产品贸易扩大的基本原因所在。此外，在他看来，以资源为基础的产业中，公司内贸易主要是最终产品和原材料及粗加工的原燃料，所体现的是一种垂直型的国际分工格局。至于劳务产业的公司内贸易，主要发生在经济水平相差不大的发达国家及新兴工业化国家，近似于一种水平型的国际分工格局。

二、对公司内贸易理论的简评

（一）公司内贸易理论的贡献

传统的国际贸易理论以国家为基本分析单位，以国际间不存在要素的流动为分析的前提条件，以产业间分工为分析的出发点，强调生产要素的差异是决定国际贸易分工的基础。而公司内贸易理论以产业内部的分工、产业组织等作为分析的出发点，且结合了跨国公司生产经营战略实践的分析，在理论上较为充分地说明了公司内贸易这一国际贸易新现象。仅此一点，公司内贸易理论就是对传统贸易理论的一次重要发展和补充。同时还应看到，公司内贸易理论既注意到了公司内贸易与国际贸易之间的联系，又指出了公司内贸易区别于传统国际贸易的特点。

（二）公司内贸易理论的不足

在对公司内贸易的理论分析过程中，大量的实践统计资料是这一理论的基础和条件，但是，由于大多数跨国公司不愿意公布在国外经营的经济状况，且在公司内贸易的统计口径上还存在着不少差异，这决定了统计资料的不完全会在较大程度上限制这一理论的分析范围和深度。而且，有关这方面的研究虽然开拓了新的理论视野，但毕竟尚未最终形成一个完整的并占据主导地位的理论体系。

第五节　国际贸易与经济均衡

在开放经济条件下，国际贸易活动对于一个国家经济均衡的实现条件和途径都有着极其重要的影响。从影响一国经济均衡的因素来看，除了包括国内居民、企业、政府的经济行为之外，还包括对外贸易活动。从国民收入的构成来看，总供给除了包括消费、储蓄和政府税收之外，还包括贸易进口；总需求除了包括消费、投资和政府转移支付外，也还包括贸易出口。20 世纪 30 年代之后，凯恩斯及其追随者（统称为凯恩斯主义者）汲取了重商主义关于进出口贸易对国家财富的影响，形成国民收入的决定模型，并在此基础上提出了一国实施保护贸易政策的新依据和效应。

一、进出口贸易对国内经济的影响

1929～1933 年全球性经济大危机的爆发宣告了古典经济学的失灵，并诞生了凯恩斯主义学说。约翰·梅纳德·凯恩斯（J. M. Keynes，1883—1946）是英国著名的经济学家，凯恩斯主义的创始人，也是对当代经济理论和经济政策最有影响的经济学家，曾执教于英国剑桥大学，兼任皇家经济学会《经济学杂志》主编，几度担任英国政府要职。大危机爆发之前，他还是一位坚定的自由贸易论者，危机之后才转变为保护贸易论者。1936 年出版了他的代表作《就业、利息和货币通论》（以下简称《通论》），提出了“有效需求”理论和“总量分析”方法，立即引起了西方经济学界的极大轰动，并被称作为“凯恩斯革命”。凯恩斯的理论打破了以往正统学派和庸俗经济学派的传统观点，打破了资本主义可以自动调节供求和价格、不会产生经济危机的谎言。他认为，资本主义经济经常会出现有效需求的不足，而有效需求的不足将会导致严重的失业和经济危机。因此，医治失业和危机的根本出路在于扩大有效需求，这就需要各国放弃自由放任的做法，加强政府对经济生活的干预。

在理论分析过程中，凯恩斯主义者注意到了经济内外平衡之间的关系。他们首先对进口、出口的性质进行了解释，认为进口与储蓄、政府税收一样，在国民收入流量模型中属于“漏出”，对国民收入是一种收缩性的力量，即漏出的增加将使国民收入减少。而出口与投资、政府支出一样，在国民收入流量模型中属于“注入”，注入的变动引起国民收入的同方向变动，即注入的增加将提高国民收入水平，注入的减少将降低国民收入的水平。

具体地说，在开放经济条件下，对外贸易是一国国民经济的组成部门之一，国民收入当然也会涉及出口与进口的收入分配问题。开放经济条件下国民收入的构成为

$$Y=C+I+G+(X-M)$$

式中，Y为国民收入；C为消费需求；I为投资需求；G政府支出；X为出口值；M为进口值；$(X-M)$为贸易差额。

贸易顺差可为一国带来货币流入，可以扩大支付手段，压低利息率，刺激物价上涨，在国内投资不变的情况下，也有利于缓和危机和扩大就业，从而增加国民收入。而贸易逆差会造成货币外流使物价下降，导致国内经济萧条，增加失业人数。由此可以得出贸易顺差对扩大一国有效需求十分有益的结论。

在贸易顺差对一国经济产生的作用方面，凯恩斯既极力推崇重商生义的经济思想和政策主张，强调国家干预和奖出限入，但也没有完全照搬重商主义的思想，所以，人们将他的贸易差额论称为“新重商主义”。从凯恩斯《通论》对重商主义所作的重新评价中不难看出，他对重商主义持有一种大为推崇的态度。凯恩斯说：“我的批评之要旨是说我以前师承而且拿来教人的自由放任学说，其理论基础不够充分。我所反对的学说，是说利率与就业量会自动调整到最适度水准。故关切贸易差额乃是浪费时间。倒是我们经济学界的同仁犯了冒冒失失之病，把几百年来执政者尽力追求的东西当作庸人自扰。”[㊀]他认为重商主义主张追求贸易顺差乃是重商主义之智慧，因为在重商主义时代，“当时当局既不能直接控制利率，又不能直接操纵国内投资之其它引诱，则增加顺差，乃是政府可以增加国外投资之唯一直接方法；同时，若贸易为顺差，则贵金属内流，故又是政府可以减低国内利率，增加国内投资动机之惟一间接办法。”[㊁]所以，重商主义主张政府关切贸易顺差实在是一箭双雕的好方法。在具体措施方面，则主张重

㊀㊁ 约翰·梅纳德·凯斯恩．就业、利息和货币通论[M]．2版．高鸿业，译．北京：商务印书馆，1983．

新实施重商主义的各项政策，诸如提高关税、设置各项非关税壁垒等保护主义措施来限制进口，同时国家还应大力扶持和推动出口贸易，从而形成一国对外贸易的顺差，这样就可以利用国外的购买力来刺激本国有效需求的增长。当然，凯恩斯也表述了不同于重商主义贸易顺差思想的一些看法，他认为不能忽视贸易顺差政策的两种限制：第一，国内利率的降低使投资量增加，就业量也会扩大，工资成本上涨，造成国内成本的增加，从而影响到该国对外贸易，导致贸易差额下降；第二，当国内利率水平下降到比其他国家更低时，就会刺激对外贷款，如果对外贷款规模超过了贸易顺差规模，就必然引起贵金属外流。而且国家的国际地位越重要，受这两种限制的可能性也就越大。

二、对外贸易乘数理论

既然一国对外贸易活动与其国民收入变动之间存在着内在联系，那么，两者之间的数量关系又如何呢？在凯恩斯沿用另一位英国经济学家卡恩（R. F. Kahn）的乘数概念提出了国内投资乘数理论之后，凯恩斯的追随者们如马克卢普（F. Machlup）、哈罗德（R. F. Harrod）等进一步引申出了对外贸易乘数理论，分析了国内经济（国民收入量及就业）与贸易顺差之间的数量关系，并为超保护贸易政策提供了理论依据，也就是通常所说的对外贸易乘数理论。

根据凯恩斯主义的投资乘数理论，投资对国民收入的倍增作用即投资乘数的大小取决于边际消费倾向的高低，其计算公式为

$$K = \frac{1}{1 - \text{MPC}}$$

式中，K 为投资乘数；MPC 为边际消费倾向，MPC $= \Delta C/\Delta Y$，ΔC 为消费增加数，ΔY 为国民收入增加数。

或者将投资乘数的计算公式表示为

$$K = \frac{1}{\text{MPS}}$$

式中，MPS 为边际储蓄倾向，MPS $= \Delta S/\Delta Y$，ΔS 为储蓄增加数。

例如：一国居民将所增收入的60%用于消费，则边际消费倾向 MPC 为60%，边际储蓄倾向 MPS = 1 - MPC = 40%，这样，投资乘数 $K = 1/(1-60\%) = 2.5$；或者，投资乘数 $K = 1/40\% = 2.5$。根据乘数计算及其决定因素的分析，凯恩斯进一步认为，要增加国民收入和就业，就必须尽量增加投资和消费。

依据投资乘数理论，凯恩斯的主要追随者之一马克卢普认为，一国的进出口变动如同投资的变动一样，也会对该国国民收入产生倍数效应。具体来说，一国出口贸易

(出口商品与劳务)的增加，可从国外收取更多的外汇，而当出口工业部门外汇收入增加后，就会扩大本部门的投资，导致国内生产资料与消费资料供应的增加，从而引起其他产业部门的生产扩张，使就业与国民收入都实现了增长。如此反复循环下去，国民收入增加量也将是出口增加量的若干倍。反之，一国进口贸易增长后就会增加外汇支付，减少国内投资，最终使国民收入减少，并且也将是进口贸易的若干倍。那么，如何来计算对外贸易乘数呢?

在开放经济条件下，国民收入的均衡公式为 $C+I+X=C+S+M$，其中，C 为消费，I 为投资，S 为储蓄，X 为出口，M 为进口。假定储蓄 S 和投资 I 不变，要使国民收入维持均衡，就必须使 $X=M$，进出口的增量 ΔM、ΔX 也要相等，即 $\Delta M=\Delta X$。由于出口增加会引起收入的增加，在储蓄和投资不变的情况下，所增收入只能被用于国内消费或购买进口国外商品，这样，收入所增倍数将与收入中用于购买进口商品的比例即边际进口倾向($\Delta M/\Delta Y$)有关，此时的对外贸易乘数就是边际进口倾向的倒数($\Delta Y/\Delta M$)；如果出口所增加的收入只有部分被用于购买进口商品，另一部分被用于储蓄，那么，对外贸易乘数不仅取决于边际进口倾向，还取决于边际储蓄倾向($\Delta S/\Delta Y$)，具体说来，对外贸易乘数就是边际进口倾向和边际储蓄倾向之和的倒数，即 $\Delta Y/(\Delta M+\Delta S)$。

例如，某一国家当年出口增加收入为500亿美元，边际进口倾向为1/6，边际储蓄倾向为1/3，那么，出口所增加的500亿美元的收入最后将会给该国带来1000亿美元的国民收入。如果边际进口倾向为1/12，边际储蓄倾向为1/6，那么，出口所增加的500亿美元的收入最后将会给该国带来2000亿美元的国民收入。其具体计算过程为[㊀]

$$\text{对外贸易乘数 } K=\frac{1}{1/3+1/6}=2$$

或

$$\text{对外贸易乘数 } K=\frac{500}{500\times(1/3+1/6)}=2$$

以上分析及计算也表明，当$(\Delta X-\Delta M)>0$ 时，边际进口倾向和边际储蓄倾向越低，一国对外贸易对于本国国民收入扩张所产生的倍数作用就越大；反之则越小。当然，在$(\Delta X-\Delta M)<0$ 时，一国对外贸易就会对本国国民收入产生一种倍缩效应。

根据上述对外贸易乘数理论，凯恩斯主义者认为，在国内投资增量和投资乘数既定的情况下，要增加一国的国民收入量和就业量，就必须扩大出口净增量。为此，他们极力主张政府推行奖出限入政策。

㊀ 姚贤镐，漆长华. 国际贸易学说[M]. 北京：中国对外经济与贸易出版社，1990.

凯恩斯的另一位主要追随者哈罗德还在马克卢普对外贸易乘数理论的基础上进一步提出了世界范围内的国际贸易乘数理论，其计算公式为

$$\Delta Y = \frac{\Delta I}{\text{MPS}}$$

式中，ΔY 为全世界的收入增量；MPS 为全世界的边际储蓄倾向；ΔI 为全世界的投资增量。

三、对对外贸易乘数理论的简评

（一）进步之处和借鉴意义

首先，从对外贸易乘数理论的基本依据来看，凯恩斯指出了以往经济学中关于供给自身创造需求假设的错误，引入了总量分析方法；同时，还指出了自由放任的缺陷，注意到经济内外之间的平衡关系，强调了国家干预，所有这些无疑有着理论上的进步之处。其次，从上述对外贸易乘数理论本身来看，它主要说明了一国对外贸易量与该国宏观经济各主要经济变量之间的相互依存关系，在一定程度上阐述了对外贸易与一国经济发展之间的某些内在规律性。而且，乘数本身也反映出了各种经济活动之间存在的连锁反应关系。此外，凯恩斯也指出了贸易顺差也并不是绝对可喜的现象。由此可见，无论在理论上还是在实践中，这些论点还是具有一定参考价值的。

（二）理论缺陷

首先，在这一理论中，对外贸易的乘数作用是以外国国民收入不变为前提的，事实上，一国欲增加贸易顺差并以此来刺激本国经济还会受到外国国民收入的影响。试想一国为求贸易顺差，必然要限制进口，这样就会使外国国民收入降低，导致外国进口减少，从而反过来影响本国的出口水平。而且，当外国采取同样保护措施时，不仅无法扩大本国出口，反而会引起本国出口的急剧下降。其次，对外贸易乘数理论体现的是一种超贸易保护理论，虽然这一理论是从传统贸易保护理论基础上发展起来的，但两者有着明显的区别。这一理论所要说明的是发达国家如何通过实施贸易保护来实现国内充分就业、提高国民收入水平、维持国际贸易中的垄断地位。由此可见，它所代表的是当代垄断资本的利益，其目的就是为发达国家摆脱滞胀、转嫁危机鸣锣开道，在一定程度上助长了贸易保护主义势头，进而导致发展中国家贸易条件日趋恶化和国际贸易争端的日益频繁。而且，对外贸易乘数理论也为今后保护贸易理论的发展和新贸易保护主义的形成起了重要的推动作用。

练　习　题

1. 要素禀赋理论的基本观点有哪些？如何评价这一理论？

2. 什么是"里昂惕夫之谜"？它对西方国际贸易理论的发展具有什么作用？

3. 根据对外贸易乘数理论的观点，一国的对外贸易将会对本国国民收入产生什么样的影响？

4. 产业内贸易是如何产生的？

5. 何为公司内贸易？产生这一贸易现象的原因有哪些？

6. 根据表3-3所提供的数据，请运用要素禀赋理论的基本观点并通过计算来说明国际贸易分工格局。

表3-3 A、B两国X和Y产品生产成本情况

国家	产品	投入资本单位	投入劳动力单位	资本单价/美元	劳动单价/美元
A国	X	6	2	20	100
	Y	2	4		
B国	X	6	2	10	60
	Y	2	4		

7. 假定一国某年的外贸出口收入增加600亿美元，边际储蓄倾向为1/4，边际进口倾向为1/8，那么，出口所增加的600亿美元收入会给该国带来多少国民收入？

8. 假设一国某种产品当年出口额为1200亿美元，进口额为800亿美元，请计算该国这一产业领域的产业内贸易指数。

第四章
关税

第一节　关税的种类

关税是指海关根据国家的有关法律和规章向进出口商或进出口货物所有者征收的税收，它与其他税收一样，具有强制性、无偿性和固定性。关税与国内税的区别主要表现为：第一，关税的税收客体是进出口货物；第二，关税的课税主体是进出口商或进出口物品所有者；第三，关税具有涉外性，是一国政府贯彻对外经济贸易政策的重要工具。

关税具有悠久的历史，我国早在周代便有征收关税的现象。在封建社会，关税包括内地税，即封建诸侯在其领地设立的关卡对来往货物所征收的税收。古希腊曾对爱琴海、黑海沿岸属地的进出口货物征收关税。到了近代，资产阶级掌握国家政权之后，建立起统一的国境关税管理制度，这种管理制度的特点是废除内地关税，关税客体限于进出口货物。

关税的种类繁多，按照不同的标准有不同的分类。

一、按照征收的对象分类

（一）进口税

进口税是指进口国家的海关在外国商品输入时，根据《海关税则》对本国进口商所征收的关税，又称为一般进口税。这种进口税在外国货物直接进入关境或国境时征收，或者外国货物由自由港、自由贸易区或海关保税仓库提出运往进口国的国内市场销售，在办理海关手续时征收。

进口税是关税中最主要的一种形式，在很多情况下，人们所说的关税即指进口税。通过对进口的商品征收进口税，可以增加进口商品的成本，削弱其市场竞争力，保护本国产品和市场。关税壁垒指的就是高额进口税，它被形象比喻为“高筑的城墙”，阻挡了外国商品的进入。

就关税水平而言，工业制成品的进口税率普遍高于初级产品。对奢侈品或国内能大量生产的商品则制定较高的税率。

各国除了对不同商品制定不同税率以外，还对来自不同国家的同一种进口商品实行差别待遇，制定不同的税率。这样进口关税就有普通税率与优惠税率的区别。普通税率适用于与该国没有签订关税互惠贸易条约的国家或地区的商品。优惠税率适用于与该国签订关税互惠贸易条约的国家或地区的商品。优惠税率比普通税率低，两者税率差往往很大。

（二）出口税

出口税是指出口国家的海关对本国产品输出国外时，对出口商所征收的关税。由于出口税不利于本国产品出口，目前大多数国家对绝大部分商品不征收出口税，只有少数国家对一部分商品征收出口税。其目的有：

（1）增加财政收入。有些非洲或拉丁美洲国家，对部分本国资源丰富、出口量大，或是在国际市场上有垄断性的名特产品，征收出口税，作为财政收入的一个来源，其税率一般不高。拉丁美洲一些国家的出口税一般按货值征收1%~5%左右。

（2）保证国内供应。通常对于出口的原料及本国需求量大而供给不足的生活必需品征收出口税，或在战争、灾荒时对战略物资和粮食征收出口税，以限制出口数量，保证国内供应并抑制物价上涨。

（3）保护本国生产。有些国家某种资源丰富，既出口原料，又出口此种原料的加工产品。这时对原料出口征税，抬高原料价格，也就加大了国外此类加工产品的成本，从而提高本国同类加工产品的竞争能力。

（4）发展中国家为保护本国资源和经济权益而对初级产品出口征收出口税。

（三）过境税

过境税又称通过税，是指一国对通过其关境输往另一国的外国商品征收的关税。在资本主义自由竞争时期，过境税曾流行于欧洲各国，其征收的目的是为了增加国家的财政收入。但是由于过境税不利于商品的自由流通，不利于国际贸易的深入发展，而且征收过境税有可能减少该国在运输和其他服务方面的收入，19世纪中期以来，一些国家相继取消了过境税。“二战”后，《关税与贸易总协定》第五条明文规定：“缔约国对通过其领土的过境运输，不应受到不必要的耽延或限制，并应对它免征关税、过境税或有关过境的其他费用。但运输费用以及相当于因过境而支出的行政费用或提供服务成本的费用，不在此限。”因此目前大多数国家在外国商品通过其领土时只征收少量的准许费、印花费、登记费和统计费等。

二、按照征收的性质分类

（一）进口附加税

进口附加税是指进口国对进口商品征收正常关税之外又加征的进口税，又称为特别关税。进口附加税是一种特定的临时性措施，只在一段时间内或发生特定情况时征收，其目的主要有：①应付国际收支危机；②维持进出口平衡；③防止外国商品低价倾销；④对某个国家实行歧视或报复等。

进口附加税是限制商品进口的重要手段。例如，1971年8月15日，美国尼克松政府为了应付国际收支危机，实行新经济政策，宣布对来自国外的进口商品一律征收10%的进口附加税，以限制国外商品的进口。除了这种对所有进口商品征收进口附加税的情况外，有些国家有时还针对个别国家和个别商品征收进口附加税。

（二）反补贴税

反补贴税又称抵消税或补偿税，它是指对直接或间接地接受补贴或奖金的外国商品进口所征收的一种进口附加税。进口商品在生产、制造、加工、买卖、输出过程中接受了直接或间接的奖金或补贴，并使进口国生产的同类产品遭受重大损害是构成征收反补贴税的重要条件。反补贴税的征收税额一般以“补贴数额”为依据，其目的在于增加进口商品成本，抵消出口国对该项商品所做的补贴。

近几年，发达国家之间就补贴税与反补贴税问题经常发生贸易摩擦。因此，关税与贸易总协定或WTO就反补贴税问题作出了一些具体规定。第一，只有在断定补贴的后果已对国内某项已建产业造成重大损害或产生重大威胁、或者已经严重阻碍国内某一产业新建的情况下，才能征收反补贴税。第二，征收反补贴税应获得WTO缔约国的批准。第三，对任何进口商品征收的反补贴税不得高于已经确认存在的补贴额。第四，对来自任何国家或地区的、被认定是受补贴的进口商品，应无歧视地征收反补贴税。第五，反补贴税的执行期以抵消补贴造成的损害所必需的时间为准，但除非调查机构有充足理由继续执行，反补贴税应在执行5年之后取消。第六，进口国不得同时对一种商品既征收反补贴税又征收反倾销税。第七，对商品在原产地国或输出国所缴纳的各种捐税，在出口时退还或因出口而免税，进口国对这种退税或免税不得征收反补贴税。第八，对初级产品的补贴，不得征收反补贴税。

（三）反倾销税

反倾销税是指进口国对于实行倾销的进口商品所征收的一种进口附加税。进口商品以低于正常价值的价格进行销售的行为为倾销。倾销行为对进口国的同类产品造成重大损害是构成征收反倾销税的重要条件。反倾销税的征收一般以倾销差额为依据，其目的在于抵制商品倾销、保护本国的市场和产业。

关税与贸易总协定或 WTO 对征收反倾销税作出了明确、具体的规定。第一，必须在确认存在倾销、产业损害及两者之间有因果关系之后，才能由进口国政府决定是否征收反倾销税。第二，征收的反倾销税不得超过倾销幅度。如果实际征收的反倾销税金额高于倾销幅度之余额，所征收部分应予以退还。第三，在进口国政府进行反倾销调查期间，对于未被抽查的出口商或生产商的倾销商品，所使用的反倾销税税率不得高于对所有被实际抽查的出口商或生产商所使用税率的加权平均值。第四，在进口国政府反倾销调查及征收反倾销税后，才开始出口相同产品的出口商或生产商应分别确定新的反倾销税税率，而不能适用过去的税率。第五，对于存在倾销造成损害的历史，或者进口商已知道或应知道出口商在实施倾销，并且损害是由于在相当短的时间内进入大量倾销商品造成的，进口国政府可以对反倾销税正式实施之前 90 天内进入本国的倾销商品追溯地征收反倾销税。第六，对于来自任何国家或地区的、被认定是倾销的商品，应无歧视地征收反倾销税。第七，反倾销税在直至抵消倾销损害的期间内有效，但最长一般不超过 5 年。

三、按照征收的待遇分类

（一）普通税

普通税是指进口国对从没有签订贸易协定国家进口的商品征收较高税率的进口关税。在现实中符合这种适用条件的情况并不多，所以普通税在实践中反而并不普遍。

（二）最惠国待遇税

最惠国待遇税是指进口国根据最惠国待遇原则对进口商品征收的协定关税。协定关税是贸易条约或协定所规定的关税，它包括单方减让的关税和相互减让的关税。协定关税加上最惠国待遇条款，意味着签约一方要将现在或将来给予任何第三国的优惠关税待遇，自动地无条件地给予签约另一方。最惠国待遇税的税率要比普通税的税率低很多。在形式上，最惠国待遇税属于一种优惠关税。实际上，各国签订最惠国待遇条款，主要不是为了取得特殊的关税待遇，而是为了取得与其他国家同等的关税待遇。在当代，世界各国已经普遍地签署了最惠国待遇条款。因此，没有取得最惠国待遇税的国家只能得到普通税待遇，实际上是受到了关税歧视。由于所有关税与贸易总协定或者 WTO 成员都多边地享有最惠国待遇，所以最惠国待遇税适用面很广。

（三）普惠税

普惠税是普遍优惠关税的简称，它是指发达国家对来自发展中国家的进口商品给予普遍的、非歧视的、非互惠的优惠关税。这种优惠关税比最惠国待遇税还要优惠许多。所谓“普遍的”是指关税优惠给予所有发展中国家；所谓“非歧视的”是指给予所有国家以同样程度的优惠；所谓“非互惠的”是指优惠的给予是单方面的，受惠国无需承担任何义务。建立普通优惠制是1968年第二届联合国贸易与发展会议上通过的，普惠制的目标是扩大发展中国家对发达国家的出口，增加发展中国家或地区的外汇收入，促进发展中国家或地区的工业化和提高它们的经济增长率，这是广大发展中国家长期积极努力的结果。

1971年7月1日欧共体首先制定并开始实施普惠制方案，美国于1976年1月开始实施。1976年第四届联合国贸易与发展会议上，发达国家与发展中国家达成协议，决定由每个发达国家分别制定和执行各自的普惠制方案。根据已出台的普惠制方案，其条款和规定可以概括为以下几个方面：

（1）受惠国和地区。在原则上应对所有发展中国家和地区无例外、无歧视地给予普惠制待遇。但各给惠国从自身的政治经济利益出发，把一些发展中国家和地区排除在外。如美国的方案中将下列国家排除在受惠国名单之外：石油输出国组织的成员国、发展中的社会主义国家和与美国贸易中有歧视或敌对行为的国家。同时美国还规定享受美国普惠制必须具备三个条件：①人均国民生产总值低于500美元；②国际货币基金组织及世界银行成员；③关税与贸易总协定成员。1989年1月1日美国宣布取消韩国、新加坡和我国香港、台湾的普惠制待遇，认为他们的经济发展不再符合享受普惠制关税待遇的条件。

（2）受惠国商品范围。普惠制应对受惠国所有的商品给予优惠待遇，而实际上并非如此。在公布的受惠商品名单中，一些敏感性商品，如纺织品、服装、鞋类等都被排除在受惠商品之外。有的即使被列为受惠商品，也受到一定的配额限制。一般来说，工业品的给惠范围较大，农产品的给惠范围较小。

（3）受惠商品减税幅度。受惠商品的减税幅度取决于最惠国待遇税税率和普惠税税率间差额的大小。有些商品减税多一些，有些少一些。一般说来，农产品减税幅度小，而工业制成品的减税幅度大。

（4）给惠国的保护措施。给惠国为了保护本国某些产品的生产和销售，一般都规定有保护措施，通常有以下三项内容。其一，免责条款。当给惠国商品的进口量增加到了对其本国同类产品或生产者造成或即将造成严重损害时，给惠国保留取消或部分取消待遇的权利。其二，预定限额。对受惠商品预先规定限额，超过限度的进口商品按规定征收最惠国待遇税。其三，竞争需要标准。对来自受惠国的某种进口商品，如超过当年规定的进口额度，则取消下年度该种商品的优惠关税待遇。

(5) 原产地规定。按照原产地标准的规定，产品必须全部产自受惠国或地区，或者规定产品中所包含的进口原料或零部件经过高度加工发生了实质性变化后，才能享受普惠税待遇。所谓实质性变化有两类标准。其一，加工标准。欧洲、日本等采用这种标准，它规定进口原料或零部件在经过加工以后的商品税目发生了变化，就可以认为已经过高度加工，发生了实质性变化。其二，增值标准。加拿大、澳大利亚、新西兰、波兰、美国等采用这项标准，它规定只有进口原料或零部件的价值没有超过出口商品价值一定的百分比，这种变化才能作为实质性变化。例如，加拿大规定进口原料或零部件的价值不得超过出口商品价值的40%，澳大利亚、新西兰、波兰规定不得超过50%，美国规定不得超过55%。另外，在原产地规定中，除了原产地标准外，还有直接运输规则，即受惠商品必须由受惠国直接运输到给惠国，或者在有关海关的监督之下经过第三国运到给惠国，并且提供相应的原产地和托运书面证书，才能享受普惠税。

(四) 特惠税

特惠税又称优惠税，它是指一国对某个国家或地区进口的全部商品或部分商品，给予特别优惠的低关税或免税待遇。特惠税有的是互惠的，有的是非互惠的。特惠税是优惠程度最高的税率。

在“二战”以前，特惠税主要在宗主国与殖民地附属国之间实行，目的在于保护宗主国在殖民地附属国市场上的优势。最有名的特惠税是1932年英联邦国家在渥太华会议上建立的英联邦特惠税，即英联邦制国家间相互给予较低关税，而对联邦外的国家实行高关税，1977年7月1日该特惠税废止。其他如美国、荷兰、葡萄牙、法国、比利时等国与殖民地之间，也曾实行过特惠税。

“二战”以后实行特惠税影响较大的是“洛美协定”国家之间的特惠税，它是欧共体向参加协定的非洲、加勒比和太平洋地区的发展中国家单方面提供的特惠税。其内容有四个方面。其一，欧共体国家在关税、不限量的条件下，接受这些发展中国家的全部工业品和96%的农产品进入欧共体市场，而不要求这些发展中国家提供反向优惠。其二，欧共体对这些国家96%以外的一些农产品，如牛肉、甜酒和香蕉等作了特殊安排，对这些商品的进口每年给予一定数量的免税进口配额，超过配额的进口才征收关税。其三，在原产地规定中，确立了“充分累积”制度，即来源于这些发展中国家或欧共体国家的产品，如在这些发展中国家中的任何一个国家内进一步制作或加工时，将被看做是原产地产品。其四，如果大量进口在欧共体的某个成员国内引起严重混乱或损害，欧共体保留采取保护措施的权利。

第二节　征收关税的目的和作用

一、财政关税

财政关税是指各国政府主要以增加财政收入为目的所征收的关税。财政关税的基本特点是关税税率较低。如果税率偏高，则征税商品价格会有较大幅度上升，贸易量将可能下降，从而政府难以实现增加财政收入的目的。财政关税的客体通常是国内不生产或生产数量很少、国内消费量很大且难以被其他商品替代的进口商品。在这种情况下，低税率可以鼓励进口，满足本国消费者的需要。同时，又不致影响本国产业的发展。财政关税是新独立国家财政收入的重要来源，随着经济发展和工业化进程的需要，它逐步为保护关税所取代，关税收入在财政收入中的比重也相应下降。

二、保护关税

保护关税是指各国政府以保护本国市场和产业为主要目的所征收的关税。保护关税的基本特点是关税税率较高。对进口商品征收较高关税，可以提高其进口的成本和价格，抑制进口量，并相应抬高国内同类商品或替代商品的价格，使本国企业在国内市场上占有更大的市场份额。对出口商品征收较高关税，可以削弱其在国际市场上的竞争能力，减少其出口量，以保证这些商品以较低价格供应国内企业，达到保护相关产业发展的目的。

（一）幼稚产业的保护

19 世纪德国经济学家李斯特指出，在资本主义自由竞争时期，后起的工业国家需要用高关税保护本国的幼稚产业。如果没有高关税保护，这些幼稚产业便无法承受先行工业国家廉价商品的竞争，难以得到发展或被扼杀在摇篮中。政府在保护幼稚产业时，需要注意三个问题。第一，选择具有发展前途的产业加以保护。如果在长期高关税保护下该产业仍然发展不起来，其生产成本与国际生产成本的差距越来越大，那么，选择其他具有比较优势的产业加以保护更符合该国的利益。第二，保护应当适度。如果保护程度过高，受保护产业丝毫感受不到国际竞争压力，技术革新和改善管理的动因就会被削弱，这不利于该国的长远发展。第三，保护应当有时间限制。当被保护产业达到一定生产规模之后，政府可逐步降低保护程度，以增强国内企业的发展动力。这可以用幼稚产业的关税保护模型来表示。

在图 4-1 中，P 表示价格，T 表示时间。在分析期初，即 T 为 0 的时候，某国某幼稚产业的国内价格为 P_1，该幼稚产业的世界价格为 P_w。如果该国实行自由贸易政策，由于世界价格 P_w 小于国内价格 P_1，该幼稚产业将会受到国际竞争冲击。为保护该幼稚产业的生存，政府需要规定 P_1P_w 的单位关税，以使进口商品的国内售价上升到 P_1 水平。

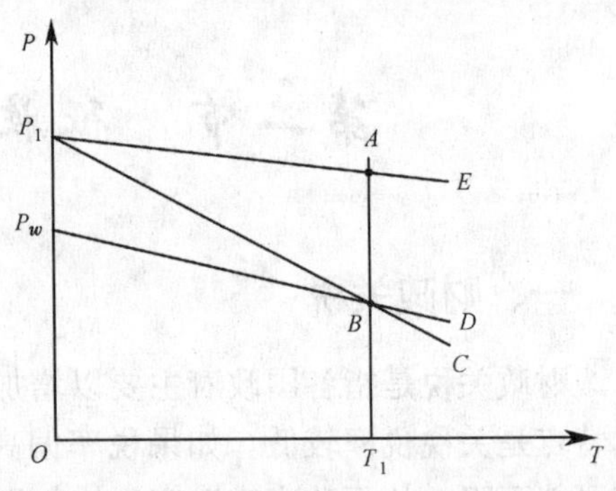

图 4-1 幼稚产业的关税保护模型

政府是否应当保护所有的幼稚产业，取决于这些产业是否具有潜在优势。如果经过理性预期，得到 C 和 D 两条曲线，那么，关税保护是合理的。如图 4-1 所示，随着本国潜在优势的逐步发挥，本国产品价格与世界产品价格的差距越来越小，在时间 T_1 时两者相等。这样，该国可逐步降低关税税率，直到在 T_1 时完全取消关税。当时间超过 T_1 后，该国商品价格低于世界价格，产品将会出口，而且随着价格的不断下降出口规模也会不断增加。

如果预期的结果是得到 D 和 E 两条曲线，那么，关税保护是多余的。如图 4-1 所示，随着时间推移，D 和 E 两条曲线的垂直距离是扩大趋势，即本国与世界价格差距不断扩大。如时间为 T_1 时，本国与世界的平均成本差距为 AB，超过期初的成本差距 P_1P_w。这样，该国只有不断提高关税税率，才能保证国内该幼稚产业的生存。

（二）超保护关税

在资本主义垄断时期，发达国家经常用关税保护本国的夕阳产业和垄断工业，这种关税亦被称为超保护关税。超保护关税的目的可归纳为三个方面。第一，保护垄断资本对垄断利润的榨取。当高关税基本上限制了某些商品的进口时，垄断资本可以凭借其垄断地位实施垄断价格并获取垄断利润。第二，阻止衰退。如果没有高关税保护，国外商品的竞争可能使某些已经处于衰退状态中的产业丧失生存条件。一旦这些产业被国际竞争挤垮，可能引发一系列消极的连锁效应，其中最重要的是后向连锁效应，即进口竞争引起某产业衰退时，它通过对投入品需求减少而导致其他产业衰退的连锁作用。而且，这种连锁作用具有传递性，即其他产业衰退也会推动另外一些产业的衰退。另外，提高出口税率，可以避免短缺资源外流导致国内资源供应不足或资源价格上涨而引起相关产业衰退的前向连锁效应。无论是后向连锁效应还是前向连锁效应，均会引起产业衰退，从而影响就业、政府税收和福利支出等。为阻止衰退，政府被迫以高关税保护衰退中的产业。但是，从长期效果来看，这种保护关税是得不偿失的。第三，防止社会动荡。当沉重的国外竞争压力使国内一些产业加速衰落时，失业可能增加，工资水平也可能相对下降，这有可能引起社会动荡。保护关税可以暂时缓解相应的政治压力。

（三）农业保护关税

在国际分工中，农业处于相对不利的地位。农业受土地和自然条件影响较大，边际报酬递减表现得特别明显。与工业品相比，农产品需求收入弹性较小，加之农业垄断程度较低，国际市场上的工农业产品交换比价对农业国不利。“二战”后，欧洲经济共同体国家和日本采用高关税保护本国农业。这主要是由于美国粮食输出已经威胁到这些国家农业的生存，廉价的美国粮食已经明显影响了其他国家农业生产者的收入。农业在国民经济中具有极为重要的经济地位和战略意义，保护农业可以维持相对独立、完整的经济结构，有助于经济稳定发展、强化本国的政治独立性和缩小工农差别。

（四）工业持久保护

发展中国家一般对工业实行长期的保护关税政策。如果实行自由贸易政策，其工业化目标便很难实现，并且会长期维持农业附庸国地位。即使从农业现代化的考虑出发，发展中国家也需要对工业进行保护。工业以及伴随工业所发展的第三产业，可以提供农业剩余劳动力转移的根本出路。没有这种转移，发展中国家农业劳动生产率和农村居民的生活水平将很难提高。

三、关税的保护程度

关税对本国同类产品的保护程度可以用名义保护率和有效保护率来表示。

（一）名义关税与名义保护率

名义关税是《海关税则》公布的关税税率的简称。名义关税表现的是海关对进出口商品征收的实际税率，从而能够在一定程度上反映关税对本国同类商品生产部门的保护程度。在其他条件相同的情况下，名义关税越高，关税对本国同类商品的保护程度越高。

名义保护率是指一国对某商品征收进口关税致使其国内价格高于进口价格的比率。其计算公式为

$$N=\frac{P_d-P_i}{P_i}\times 100\%$$

式中，N 为名义保护率；P_d 为某商品的国内价格；P_i 为某商品的进口价格。

（二）有效保护率

有效保护率是指征收关税后单位商品附加价值（加工增值）的增加率。其计算公式为

$$E=\frac{V_t-V}{V}\times 100\%$$

式中，E 为有效保护率；V 为征税前单位商品附加价值；V_t 为征税后单位商品附加价值。

有效保护率是由加拿大经济学家巴伯(C. L. Barber)于1955年首先提出的。其含义是：一国对某产品征收关税后的保护程度不能单从适用于该产品的进口税率高低来判断。因为对投入该产品生产的原材料征收进口关税会使该产品成本上升。这就是说，一方面对某产品征收进口税会对国内生产起保护作用；另一方面对该产品生产所用原料征收进口税会对该产品的保护起相反的作用。因此，要分析一国整个关税结构对某一产业的保护程度或保护效率，就必须综合对该产业的投入与产出的进口关税一起分析。

对投入和产出征收名义关税来表示有效保护率的公式为

$$E=\frac{T-\sum A_i T_i}{1-\sum A_i}\times 100\%$$

式中，E 表示关税有效保护率；T 为受保护最终产品的名义关税率；A_i 为第 i 种进口原材料成本在最终产品价格中所占的比重；T_i 为第 i 种进口原材料征收的名义关税率。

由上式可知，第一，当 A_i 和 T_i 给定时，T 越大，E 也越大；第二，当 $\sum A_i=0$，即没有进口要素时，$E=T$，有效保护率等于名义关税率；第三，当 T 和 T_i 给定时，A_i 的值越大，E 也越大；第四，当 T 大于、等于 $\sum A_i T_i$ 时，E 大于、等于0；第五，当 $\sum A_i T_i$ 大于 T 时，E 小于0，即出现负保护现象。

对有效保护率进行分析与研究有着重要的意义：

(1) 当产出品名义税率一定时，对投入品征收的税率越低，则产出品名义税率的保护作用越大。发达国家几乎都采用这样的关税结构，即对原料进口几乎免税，对半成品进口征收适度关税，但对制成品特别是劳动密集型的制成品进口征收比较重的关税。这种关税结构表明，它对制成品的有效保护率比名义税率要高得多。这种结构对发展中国家是不利的，它吸引发展中国家扩大原料出口，但阻碍了其制成品的出口，影响了发展中国家的工业化。

(2) 有效保护率的分析也适用于利用进口原料加工制成品出口的国家。若这个国家对进口原料征收进口关税，在客观效果上就等于向利用这种原料进行加工而出口制成品的企业征收出口税，造成其出口价格上涨，削弱了其出口产品的竞争能力。

(3) 从有效保护率的分析可以知道，许多发展中国家致力于进口替代品的工业化，即由本国生产原先进口的工业制成品，尤其是最终消费品，希望通过这些制成品的本土生产带动比较复杂的中间产品和资本品的本土生产。因此对制成品尤其是最终消费品维持着比中间产品和资本品高得多的税率，对制成品的保护使得资本集中于制成品的生产部门，阻碍了制造中间产品和资本品行业的建立与发展。如果为了促进制造中间产品和资本品行业的发展，采取保护贸易政策，对这些产品也征收高额关税，又会提高最终消费品的成本，削弱其竞争力。

四、关税的其他积极作用

除了财政效应和保护效应之外，政府还可以利用关税的其他作用实现自己的目的。关税的其他积极作用有以下四点。第一，影响贸易收支和汇率。例如，当政府提高进口商品关税之后，进口量将会减少，贸易收支会有所改善。这会影响到外汇市场上的供求关系，有助于本国货币汇率上升，或缓解货币对外贬值的压力。从间接影响来看，政府调整关税税率可以影响该国外汇储备资产的数量。第二，调节消费水平和消费结构。高关税具有提高进口商品价格的作用，它还会带动国内相关商品价格的上升，从而可以限制消费水平。消费者因此而增加的支出转化为国家财政收入和本国企业收入，这种转化具有提高积累率的作用。政府还可以通过对不同类型商品规定不同的关税税率，调节本国的消费结构。例如，对奢侈品进口规定较高税率，可以大幅度提高奢侈品的国内市场价格，降低奢侈品在消费结构中的比重。对必需品进口规定较低税率，可以提高必需品在消费结构中的比重，满足人们的基本生活需要。从间接影响来看，上述关税政策具有收入再分配的作用，相当于政府把部分国民收入由高收入阶层转移到低收入阶层手中。第三，改变产业结构和影响资源配置。当政府有意识地扶植某一产业时，既可以利用保护关税为它创造市场条件，又可以利用低关税来保证该产业所需要的技术设备和原料的供应，并降低其生产成本。在市场经济中，价格机制具有资源配置的功能。关税可以改变商品的相对价格，从而关税政策成为政府调节资源配置的重要手段。例如，保护关税可鼓励资源流入受保护的产业。第四，关税是贯彻国别政策、对外谈判的重要手段。例如，发展中国家可以通过相互减免关税，加强南南合作。同时，对发达国家商品实行保护关税政策，以改变国际分工格局。在对外谈判中，实力对比是决定谈判结果的关键因素，关税政策是各国对外谈判中的重要砝码。由于发展中国家经济实力较弱，关税对其具有尤为重要的意义。

五、关税的消极影响

关税可以给各国经济和世界经济带来某些消极影响。第一，关税构成国际贸易的障碍，在一定程度上限制了国际分工和国际生产专业化的发展。这种消极影响在各国竞相提高关税的“关税战”中表现得比较明显。相反，“二战”后主要资本主义国家大幅度削减关税，是战后国际贸易迅速发展的重要原因。由于发达国家在国际分工体系中处于有利地位，它们的保护关税具有尤为消极的影响。第二，关税的征收加重了消费者的负担。关税不仅造成进口商品价格上升，而且带动国内同类产品价格上涨。对进口原材料征收关税，企业也会把其负担通过产品涨价转嫁给消费者。第三，关税征收过度会降低受保护企业经营与管理的效率。实践证明，国际竞争压力对发展中国家提高经营和管理效率具有非常重要的意义。适度关税可以使竞争压力维持在合理水平，过度关税使企业很少感受到这种压力，从而可能产生消极影响。第四，征收关税需要耗费一定的行政管理成本。特别是在关税税率较高的情况下，走私活动特别有利可图。某些特殊利益集团在高额利润的刺激下，可能冒险从事走私活动。为此，该国需要耗费一定资源用于查禁和惩治走私行为。此外，在走私活动中，存在特殊利益集团与政府官员进行权钱交易的可能性，这会助长政府中的腐败现象。低关税政策会极大地削弱走私活动的吸引力，摧毁走私的经济基础，并使政府相应减少关税管理的行政开支。

第三节 关税的征收

一、征税机构与征税依据

（一）征税机构

海关是各国对进出口商品征收关税的政府机构，它的管辖范围称为关境。关境是适用于海关法令和有关规章的本国领土，关境通常和国境是一致的。但是，有些国家在国境内设有自由港、自由贸易区、保税仓库和出口加工区等经济特区，它们不属于关境范围，它们的存在使关境小于国境。此外，有些国家组成关税同盟，成员国之间相互取消关税，并对非成员国征收统一关税。它们的领土联合成为统一的关境，这使关境又大于任何一个成员国的国境。

海关的主要任务是根据海关法令及有关规章和政策，对进出口货物、货币、金银、行李、邮件和运输工具等进行监督管理、征收关税和其他捐税、查禁走私物品、临时保管通关货物和统计进出口商品等。海关有权对不符合国家法令规定的进出口货物不予放行、罚款、没收或销毁。

（二）征税依据

各国《海关税则》中的货物分类方法不尽相同。为了减少各国在货物分类上的矛盾，关税合作理事会在20世纪50年代初制定的《布鲁塞尔税则目录》曾为世界100多个国家接受。在1988年，该理事会受联合国委托制定了《协调制度》以取代《布鲁塞尔税则目录》，它已被世界多数国家所采用。

按照制定者的不同，《海关税则》可分为自主税则和协定税则。前者又称固定税则，是指一国政权机关单独制定并有权加以变更的税率。后者是指一国与其他国家通过贸易谈判，以条约或协定方式确定的税率。自主税则一般高于协定税则。

根据一个税目税率的数量，海关税则分为单一税则和复式税则。前者是指一个税目中只有一个适用于任何国家商品的税率，它流行于资本主义自由竞争时期。目前，只有少数发展中国家仍实行单一税则。后者是指一个税目中包括两个或两个以上的税率，分别适用于来自不同国家的商品，它有普通税率、最惠国税率、普遍优惠税率、特别优惠税率等。

二、征税方法

关税的征收方法又称征税标准，主要有从量计征与从价计征两种。在这两种主要征收方法基础上，又衍生出其他征收方法。

（一）从量计征

从量计征是指按照进口商品的计量单位如个数、重量、面积、容积等计征关税的方法，以这种方法征收的关税称为从量税。每一计量单位应纳的关税金额作为税率，从量税额的计算公式为

$$从量税额 = 商品数量 \times 从量税率$$

各国征收从量税，大部分以重量为单位来征收，但各国对应纳税的商品重量的计算方法各有不同，一般有以下三种方法：

（1）毛重法。毛重法又称总重量法，即以包括商品内外包装在内的总重量计征税额。

（2）半毛重法。半毛重法又称半总重量法，即对商品总重量扣除外包装后的重量计征其税额。这种办法又可分为两种：一是法定半毛重法，即从商品总重量中扣除外包装法定的重量后，再计征其税额；二是实际半毛重法，即从商品总重量中扣除外包装的实际重量后计算其税额。

（3）净重法。净重法又称纯重量法，即在商品总重量中扣除内外包装的重量后，再计算其税额。从量计征关税的优点是，由于它对每一单位所征的税是固定的，因此在实行中较易运用和掌握，尤其是对那些标准化的商品更是方便。在从量计征关税的情况下，从量税额与商品数量的增减成正比关系，但与商品价格无直接关系。这样使从量计征有两大缺点。第一，在商品价格下降的情况下，加强了关税的保护作用；而在进口商品价格上涨的情况下，则不能完全达到保护关税的目的。因为商品价格上涨，而进口税额不变，保护作用也随之减弱。第二，从量计征对同一商品，不分质量好坏、档次和价格高低，都按同样税额征收，造成高档高价的货物实际税负较轻，而低廉价格的货物实际税负较重，即出现了税负不公平的现象。

“二战”以前，各国普遍采用从量计征关税。战后由于商品种类、规则日益繁杂和通货膨胀，大多数国家都转向采用从价计征关税的方法。

（二）从价计征

从价计征是指按照商品价格计征关税的方法，以这种方法征收的关税称为从价税，其税率表现为商品价格的百分率。商品价格需经海关审定才可作为计征关税的依据，这称为海关完税价格。从价税额的计算公式为

从价税额 = 商品价格 × 从价税率

从价税额与商品价格有直接关系。征收从价税的关键问题是确定进口商品的完税价格，其采用的标准大致可概括为以下三种：①以成本加保险费和运费(CIF)价格作为征税价格标准；②以装运港船上交货(FOB)价格为征税价格标准；③以法定价格作为征税价格标准。

为了统一各国海关估价方法，WTO 明确规定，各国海关依次按照下述五种估价方法确定进口商品的完税价格：①以发票为证明的成交价格；②以充分竞争条件下进口的相同商品的成交价格；③以充分竞争条件下进口的类似商品的成交价格；④以正常进口货转售价为基础减去适当的费用、税金和利润后的扣除价格；⑤以合理的生产成本、生产商利润和商业费用为依据的推定价格。

从价计征具有以下优点：①从价税的征收比较简单，对于同种商品，可以不必因其品质的不同再详加分类；②税率明确，便于比较各国税率；③税负较为公平，因从价税额随商品价格高低而增减，较符合税收的公平原则；④在税率不变时，税额随商品价格上涨而增加，在通货膨胀时期既可增加财政收入，又可起到保护关税的作用。

（三）混合计征

混合计征是指对进口商品采用从量税和从价税同时计征的一种方法，以这种方法征收的关税称为混合税。混合税额的计算公式为

混合税额 = 从量税额 + 从价税额

混合计征有两种方法：一是以从量税为主加征从价税；二是以从价税为主加征从量税。混合计征方法既有一定的保护作用，又可在物价波动时保证有稳定的财政收入。

（四）选择计征

选择计征是指在税则中对一种商品同时规定有从量税率和从价税率，在征税时由海关选择其中税额较高者征收的方法，以这种方法征收的关税称为选择税。但是，为了鼓励某种商品进口，或给予对方国家关税优惠待遇，也有选择其中税额较低者征收的。

（五）差价计征

差价计征是指当某种本国生产的产品国内价格高于同类的进口商品价格时，为了削弱进口商品的竞争能力，保护国内生产和国内市场，按国内价格与进口价格之差征

收关税的方法，以这种方法征收的关税称为差价税或差额税。对于征收差价税的商品，有的规定按价格差额征收，有的规定在征收一般关税以外另行征收，后者实际上属于进口附加税。差价税的征收是关税保护措施的一种典型形式，因此受到自由贸易者的强烈抨击。最典型的差价税是原欧共体国家为了保护其农产品市场而征收的一种特殊形式的进口税。由于原欧共体内部国家生产的农产品成本较高，为了避免外国农产品对市场的冲击，原欧共体对进口农产品征收的关税没有固定的税率，而是把进口价格与当地市场价格之间的差价作为应征税额。

原欧共体征收差价税的办法较复杂，分为三个步骤。首先，寻找指标价格。原欧共体国家市场内部以生产效率最低而价格最高的内地中心市场价格为标准制定“指标价格”，这种价格一般比世界市场的价格高。其次，估算门槛价格。即从“指标价格”中扣除某种商品从进口港到内地市场的一切运杂费的余额作为门槛价格，这种价格就是差价税估价的基础。最后，确定差价税额。它是由有关产品的进口价格与“门槛价格”的差额决定的，这个差额的大小决定差价税的高低。

（六）滑动计征

滑动计征是指在税则中对某种商品按其价格水平的高低，分成几个级别，规定不同税率计征关税，以这种方法征收的关税称为滑动关税或伸缩关税。每个级别规定出其价格上下限，税率的高低与价格级别的高低成反比。差价税的征收方法表现为税额随国内外价格差额的变动而变动，因此也属滑动计征方法。

滑动计征的目的是保持国内价格稳定，免受国际市场价格波动的影响，以保护国内市场。

第四节　关税局部均衡模型

关税模型是指在一定假设前提下，运用数学工具对关税进行的定量分析，模型所规定的假设条件使分析简化，并能得出确定结论。但是，这些假设条件也使模型具有局限性，它要求人们在运用模型结论时，注意模型的适用条件。

一、基本假设条件

本节模型规定的主要假设条件是：

（1）分析中采用局部均衡静态分析方法。它不考虑各市场间的相互影响，也不探讨各因素运动的过程。它将某一市场孤立出来，在假定调整瞬间完成的前提下，考察均衡点的位置、均衡点移动的原因及意义。

(2) 要素缺乏国际流动性。这会存在生产要素价格的国际差异以及产品成本和价格的国际差异。

(3) 国内市场是完全竞争市场。这涉及国内范围存在资源自由流动、产品同质、完全信息，企业是市场价格的接受者，市场价格由产品供求决定等项规定。

(4) 交易成本和运输成本为零。

(5) 不存在任何形式的非关税壁垒。

(6) 不考虑货币因素对国际贸易的影响，特别是不考虑汇率的变动和通货膨胀。

(7) 国内实现充分就业，各种资源能得到充分利用。

(8) 和谐的国际环境。不考虑政治因素和战争对贸易的限制及其可能产生的消极影响。

除上述基本假设以外，还使用了一些模型分析中普遍使用的假设条件，如边际效用递减、边际产量或边际报酬递减、边际成本递增等，这也意味着模型使用的是短期分析方法。

关税是贸易壁垒的重要形式，进口税是关税的主要类型。进口税是本国海关向本国进口商对进口商品进入海关时征收的税种，它是一种间接税或转嫁税，由进口商相应提高国内市场售价而对市场作出转嫁。

本节模型采用局部均衡分析方法，说明进口税的各种效应。

二、小国进口税模型(一)

本模型分析的对象是小国，且国际市场供给弹性无限大。为简化分析，用图 4-2 表示小国进口税模型(一)。假设该国征收进口税不会改变世界市场价格，P 和 Q 表示某国商品市场的价格和数量，D 和 S 表示某国的市场需求和供给，P_w 为世界市场价格。在自由贸易情况下，该国产量为 Q_1，需求量为 Q_2，进口量为 Q_1Q_2。设单位进口商品关税为 P_wP_1，它使该商品的国内售价提高到 P_1。与自由贸易相比，关税通过它对价格的影响派生出六种效应。

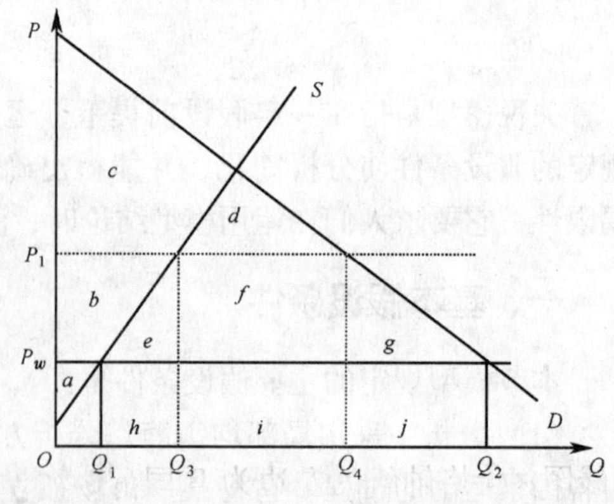

图 4-2 小国进口税模型(一)

(1) 生产效应。关税所提高的不仅是进口商品的价格，还包括国内同类商品的价格。当价格由 P_w 上升到 P_1 之后，国内产量会由 Q_1 增加到 Q_3，生产者剩余也会相应地由 a 增加到$(a+b)$。在市场经济中，产量的增加会带动该部门就业的增加。同时，该部门产量和就业的增加可能对国民经济的其他部门产生一系列积极的连锁效应。进口税的这种保护作用是多数国家建立关税壁垒的主要原因。

(2) 消费效应。当关税使该国市场价格上升之后，消费需求量将从 Q_2 减少到 Q_4。同时，消费者剩余由$(b+c+d+e+f+g)$减少到$(c+d)$，减少了$(b+e+f+g)$。

(3) 国际收支效应。在自由贸易状态下，该国进口量为 Q_1Q_2，进口额为$(h+i+j)$。征收关税之后，该国进口量减少到 Q_3Q_4，进口额为 i。这样，该国进口支出可以减少$(h+j)$，国际收支相应得到改善。

(4) 财政收入效应。自由贸易不能给该国带来关税收入。征收 P_wP_1 的单位关税之后，该国可由 Q_3Q_4 的进口中获得相当于 f 的财政收入。关税的这种效应是某些国家征收关税的重要原因。例如，某些经济落后的国家虽然在某些产业中并未面临要求保护的迫切压力，但是都急需资金用于粮食进口、疾病防治、兴建基础设施和发展初等教育等，关税收入成为满足这些基本需要的重要资金来源。

(5) 分配效应。关税的分配效应表现为两个方面。首先，它把部分消费者剩余转化为生产者剩余，这种转化的数量由 b 表示。其次，它把部分消费者剩余转化为国家关税收入或财政收入，这种转化量由 f 表示。整体而论，征收关税对消费者不利，对生产者有利。

(6) 福利效应。在这个静态模型中，关税使该国在该市场上获得的福利总量减少。在自由贸易情况下，该市场的福利总量为$(a+b+c+d+e+f+g)$。征收关税之后，该国有$(e+g)$的福利净损失。其中，由 e 表示的福利损失源自 Q_1Q_3 的产量区间供给价格高于世界市场价格，由 g 表示的福利损失源自 Q_4Q_2 的数量区间征税后价格高于世界市场价格而不能满足相应的需求。

三、小国进口税模型(二)

本模型分析的对象仍是小国，但它与前面的模型(一)不同，它所面对的国际市场的供给弹性无限小。为简化分析，用图 4-3 表示小国进口税模型(二)。假设该国征收进口税不会改变世界市场价格。在图 4-3 中，P 表示国际市场某商品的实际价格。价格轴线的右边为 A 国(进口国)的供需曲线图，价格轴线的左边为 B 国(出口国)的供需曲线图。P_w 为自由贸易

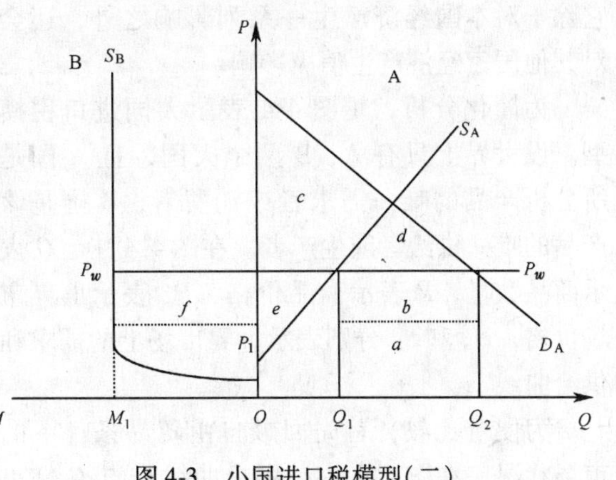

图 4-3　小国进口税模型(二)

条件下的商品价格，Q、M 分别表示进、出口国的商品数量。S_A、D_A 表示 A 国的市场供给与需求，S_B 表示 B 国的市场供给，其供给弹性无限小。

在自由贸易条件下，A 国的产量为 Q_1，需求量为 Q_2，进口量为 Q_1Q_2。B 国的产量和出口量均为 M_1。设 A 国对单位进口商品征收关税 P_wP_1。由于 B 国商品的供给弹性无限小，所以，当 A 国对从 B 国进口的商品征收关税时，A 国国内商品价格不会上升，保持原来水平。相反，B 国国内商品价格会下降，一直下降到 P_1 为止。与自由贸易相比，A 国征收关税以后，虽然生产规模和消费规模不变，但也会产生一些效应。

（1）国际收支效应。在自由贸易条件下，A 国进口量为 Q_1Q_2，进口额为$(a+b)$。征收关税以后，A 国进口量虽然还是 Q_1Q_2，但进口额却下降到 a。这样，A 国进口支出可以减少 b，国际收支相应得到改善。

（2）财政收入效应。自由贸易不能给 A 国带来关税收入。征收 P_wP_1 的单位关税以后，A 国可由 Q_1Q_2 的进口中获得相当于 b 的财政收入。

（3）福利效应。在自由贸易条件下，A 国的福利总量为$(c+d+e)$。征收关税以后，A 国的福利增加到$(c+d+e+b)$，又增加了 b。

A 国对从 B 国进口的商品征收关税，对 B 国会产生消极影响。第一，B 国的贸易条件恶化，出口产品的价格由 P_w 下降到 P_1。第二，B 国的出口收入减少，减少的额度为 f，此数量正好等于 A 国的关税收入 b。

由以上分析可以看出，在这种情况下，征收关税对进口国有利，对出口国不利。

四、大国进口税模型

本模型分析的对象是大国。大国对进口商品征收关税，不仅会改变它在本国市场上的价格，而且可以改变世界市场价格。因此，它除了对本国经济产生一系列影响之外，还会对其他国家经济产生消极影响。

为简化分析，用图 4-4 表示大国进口税模型。设世界上只有 A、B 两个大国，且 A 国是所分析产品的唯一需求者或消费者，B 国是该产品的唯一供给者或生产者。在图 4-4 中，Q 表示商品数量，P 表示商品价格，P_w 表示世界市场价格，D_A 和 S_B 分别表示世界市场上的需求和供给曲线。

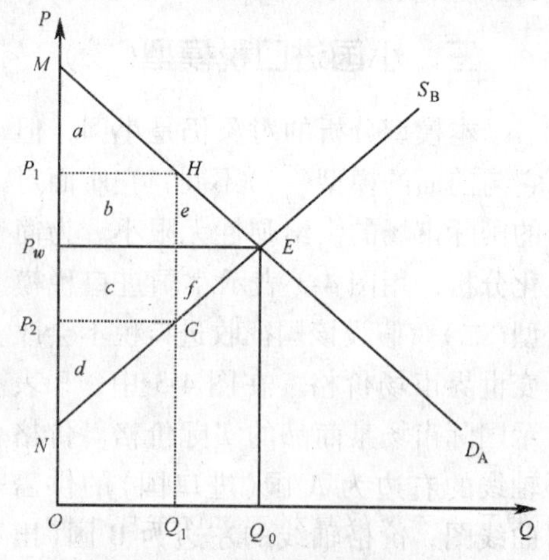

图 4-4 大国进口税模型

为便于比较，首先回顾自由贸易条件下的市场状况。在图 4-4 中，供求曲线交点 E 是市场均衡点，它决定了均衡价格 P_w 和均衡数量 Q_0，该数量既是 A 国进口量，又是 B 国出口量。这种市场状况给世界带来的福利可由 $\triangle MNE$ 表示，即需求价格高于供给价格的最大差额总和。该福利由 A、B 两国分享。A 国从进口 OQ_0 数量的商品中获得$(a+b+e)$所表示的消费者剩余，B 国从出口 OQ_0 数量的商品中获得相当于$(c+d+f)$的生产者剩余。

若 A 国对单位进口商品征收 P_1P_2 的关税，世界市场价格会由 P_w 上升到 P_1。市场价格上升值 P_wP_1 小于单位关税 P_1P_2，这是因为在大国模型中，价格上升会引起需求量减少并导致出口国的出口量显著下降，生产者只能接受低于原均衡价格 P_w 的供给价格 P_2。也就是说，该商品在进口国的销售价格 P_1 和出口国的出口价格 P_2 之间有一个差额，该差额 P_1P_2 为单位关税。

该关税征收使 A 国进口量和 B 国出口量都由 Q_0 减少到 Q_1。在本模型中，这也意味着该商品产量和消费量同步萎缩。

在大国模型中，关税对进口国的影响是比较简单的。由于假设该国不生产该商品，所以关税没有生产效应或保护效应。由于关税降低了出口价格，它的国际收支效应更加明显，使该国进口支出由 P_wOQ_0E 减少到 P_2OQ_1G。由于关税提高了国内销售价格，该国消费者剩余减少了$(b+e)$。但是，关税的分配效应对该国更有利。政府获得$(b+c)$的关税收入。其中，b 是本国消费者剩余的转化形式，c 是国外生产者剩余的转化形式。

关税对出口国具有消极影响。首先，B 国出口量和产量由 Q_0 下降到 Q_1，它会对 B 国就业、国内税收等造成连锁反应。其次，B 国出口收入相应下降，下降额等于 A 国进口支出的减少额。最后，B 国生产者剩余由于出口价格下降而损失了$(c+f)$。其中，c 部分转化为 A 国政府收入，f 部分是一种福利净损失。

从世界来看，A 国征收 P_1P_2 的单位关税引起$(e+f)$的福利净损失。如果 B 国对 A 国进行报复，在其他市场上征收进口税，这种损失还会进一步扩大。

五、关税局部均衡模型的局限性

本模型的许多假设条件，如不考虑交易成本和运输成本等，具有一些局限性。第一，它未考虑关税对竞争的限制可能引起的效率损失。实践证明，格外激烈的国际竞争是许多国家经济迅速发展的重要动力源泉。第二，关税的行政费用即征收关税所产生的海关设置、人员雇佣、日常工作费用、反走私等成本，它将会使净福利损失增大。第三，关税设置及关税税率在不同产品之间的变动会引起国内资源在产业间流动。尽管资源在国内市场是择优而流动的，而关税的设置相对于自由贸易会额外增加资源流动，资源流动需要成本，这是产业转移费用，它也使关税引起的净福利损失增大。第四，进口关税的设置限制了先进技术、设备的引进，使技术进步受到了阻碍。从长远来看，它也增大了净损失。第五，进口关税的设置使国内进口减少，国际收支改善，本币趋硬或升值，这又会使进口增加。模型中关于供给曲线向右上方倾斜的假设只适用于短期分析。从长期来看，当关税使受保护产业的产量增加时，可能出现规模经济效应，长期边际成本可能下降，从而供给曲线也可能向右下方倾斜，这意味着该模型对关税的积极作用也估计不足。

练习题

1. 分析反补贴税的特点。
2. 分析反倾销税的特点。
3. 分析普惠税的特点。
4. 分析关税的主要作用。
5. 试用模型分析进口关税的效应。

第五章
非关税壁垒

第一节　非关税壁垒的种类

非关税壁垒是指除关税以外的一切限制进口的管理措施。它具有关税管理所不及的功能和特点。非关税壁垒对进口的限制作用可分为直接的和间接的。前者是由进口国直接对进口商品数量或金额加以限制或迫使出口国直接限制商品出口，如进口配额制、“自动”出口配额制、进口许可证制度等。后者是对进口商品制定种种严格的条例，间接限制商品进口，如进口押金制、进口最低限价、海关估价制、苛刻的技术安全标准等。目前各国采用的非关税壁垒措施名目繁多，据统计已多达2000多种。现仅就一些基本种类进行介绍。

一、进口配额制

进口配额制又称进口限额制，它是指进口国政府在一定时期内(如一季度、半年或一年)，对于某些商品的进口数量或金额规定一个限额，在限额内准予进口，超过限额就不准进口，或者要在征收较高关税或罚款后才允许进口的管理制度。进口配额制早在1931年就开始实行，20世纪70年代中期以来，进口配额制无论在其形式和适用的商品范围上都有了很大发展。各国对进口商品的配额管理措施日趋增多，主要有纺织品、服装、鞋类、某些钢材、汽车、家用电器、某些轻工产品、化工产品、食品、工艺品及土特产品等。进口配额制可分为绝对配额和关税配额两类。

（一）绝对配额

绝对配额是指对某种商品在一定时期内的数量或金额规定一个最高限额，当达到这个限额就不准进口的管理制度。这种制度在实施中有两种形式。

（1）全球配额。它是指适用于世界范围的配额，对于来自任何国家或地区的同一种商品都可以使用的进口额度。各国通常按进口商品申请先后顺序或过去某一时期的进口实绩批给一定的额度，直至配额发放完毕为止，超过总配额就不准进口。进口国实行这种配额方法，其目的是让各出口国相互竞争，从而选择价格和质量方面对其有利的商品进口。采用这种配额方法一般可使邻近国家和地区因为运输成本低而容易出口。

（2）国别配额。它又称为选择配额，是指进口国根据某种商品的原产地，按国别或地区分配进口的额度，超过规定的额度不准进口。商品在进口时必须提交原产地证明。实行国别配额可以使进口国根据其与有关国家或地区的政治经济关系分配不同的配额。国别配额包括两种情况。一种情况是自主配额，又称为单方面配额，是指由进口国完全自主地、单方面强制规定的一定时期内从某个国家或地区进口某种商品的额度。这种配额无需征求输出国家的同意，因此进口国就可以利用这种配额贯彻国别政策。但是，这种配额也容易引起一些出口国家或地区的不满或报复。另一种情况是协议配额，又称双边配额，是指由进口国和出口国政府或民间团体之间协商确定的额度。如果协议配额是通过双方政府的协议订立的，一般需要在进口商或出口商中进行分配。如果配额是双边民间团体达成的，应事先获得政府许可，方可执行。

（二）关税配额

关税配额是指对商品进口的绝对数额不加限制，而在一定时期内，对在规定额度以内的进口商品给予低税、减税或免税待遇，而对超过额度的进口商品则征收较高的关税、附加税或罚款。

按征收关税的目的的不同，关税配额可分为优惠性关税配额和非优惠性关税配额。前者是指对关税配额内进口的商品给予较大幅度的关税减让、甚至免税，而对超过配额的进口商品征收原来的最惠国税率。后者是指对在关税配额内的商品仍征收原来的进口税，但对超过配额的进口商品征收极高的附加税或罚款。按商品进口的来源不同，关税配额也可分为全球关税配额和国别关税配额。

绝对配额与关税配额的最大不同之处在于，前者比后者具有一定的强制性。绝对配额规定一个最高数额，不得超额进口。而关税配额在额度内可以享受优惠关税或免税，超过额度仍可进口，只不过超额部分的待遇不同而已。目前大多数发达国家对于从发展中国家进口的制成品或半成品，在配额内给予普惠制待遇，超过配额的以最惠国税率征税。

二、"自动"出口配额制

"自动"出口配额制又称"自动"限制出口，是一种新型配额制，也是用以限制进口的手段。它是出口国在进口国的要求和压力下，"自动"规定在某一时期内(一般为3~5年)，对于该国的出口商品加以限制，在限定的配额内自行控制出口，超过配额即禁止出口。

"自动"出口配额制主要有两种形式。一种是非协定的"自动"出口配额制，即在进口国的压力下，出口国单方面制定出口额度、限制商品出口的一种措施。这种配额有的是政府有关部门规定的，有的是根据政府的政策由本国厂商或协会"自动"限制出口。另一种是协定的"自动"出口配额制，是指由进出口双方通过谈判签订国际协议约定出口额度的一种措施。在这种协议中，一般要规定配额的数量和金额、所要限制的商品种类、限额的跨年度调配和不同商品限额的相互调剂、协定的期限、对出口配额的管理办法以及进口国采取保护措施的权利等。目前，"自动"出口配额大多属于这一类。例如美国在与日本的纤维战、钢铁战、汽车战中，都采取对日本施加压力的方法，迫使日本自动限制对美国的出口数量或金额。

"自动"出口配额制与绝对配额在形式上有所不同。它表现在：第一，在配额直接控制方面，前者由出口国直接控制出口规模，后者由进口国直接控制进口规模；第二，前者适用年限一般较长(3~5年)，后者适用时间一般较短(3~12个月)。但无论如何，"自动"出口配额制并非是出口国真正自愿的，它往往带有明显的强制性。

三、进口许可证制度

进口许可证制度是指商品的进口必须得到进口国有关部门的批准，领取许可证之后才能进口的一种行政措施。没有许可证一律不能进口。进口许可证通常与配额、外汇管制结合起来使用。

实行进口许可证制度，国家可以通过发与不发、多发与少发、早发与晚发许可证来控制某些商品的进口，而且还可以控制商品来源的国别和地区。

从批准的难易程度上看，进口许可证一般可分为两种。一种是一般许可证，又称公开进口许可证。凡属于这类许可证的商品，无进口国别或地区的限制，进口商只要提出申请，一般即可获准进口。因此属于这类许可证的商品实际上是"自由进口"的商品。另一种是特殊许可证，进口商向政府有关机构提出申请，需逐笔审查批准，并从指定的国别或地区购买，才能进口。例如烟、酒、麻醉物品、军火武器或某些禁止进口的商品，须有特殊原因，须经有关机关逐项批准，发给特殊许可证，才能进口。

从进口许可证与进口配额的关系看，进口许可证可分为两种。一种是有定额的进口许可证，即国家有关机构预先规定有关商品的进口配额，然后在配额的限度内，根据进口商的申请对每一笔进口货发给进口商一定数量或余额的进口许可证。进口配额一旦用完，政府有关当局就不再发放进口许可证。另一种是无定额的进口许可证，即进口许可证不与进口配额相结合，有关政府机构预先不公布进口配额。对有关商品进口许可证的颁发，只是在个别考虑的基础上进行，由于它是个别考虑的，没有公开的标准，因而就给正常的贸易造成更大的困难，起到更大的限制进口的作用。

四、进口的国家垄断

进口的国家垄断是指将对外贸易的某些商品或全部商品的进口由国家机关直接经营，或者给予某些垄断组织经营。

西方国家进口的国家垄断主要集中在三类商品上：①烟和酒，可以取得巨额财政收入；②农产品，对外垄断便于实现农业政策；③武器。

发展中国家在对外贸易“民族化”的基础上，进而成立国有对外贸易机构，直接经营进出口贸易中的大部分商品。

五、外汇管制

外汇管制是指一国政府通过法令对国际结算和外汇买卖实行管理和限制，以平衡国际收支、控制外汇供求、维持本国货币汇价的一项措施。

外汇管制的方式较为复杂，一般可分为下列三种：

（1）数量性外汇管制。它是指政府通过对外汇买卖数量的直接干预控制进口。例如，政府可能禁止外汇自由兑换，要求出口商将出口所得外汇卖给政府指定银行，在此基础上对进口商的外汇购买进行限制等，以此来限制进口。

（2）成本性外汇管制。它是指政府的汇率管制，即利用外汇买卖成本的差异间接影响商品的进口。政府低估本国货币的汇率，可以提高进口商的货币支出，从而可以限制进口。政府也可以对不同的进口商品规定不同的外币兑换率，从而限制部分商品特别是奢侈品的进口。

（3）混合性外汇管制。它是指同时采用数量性和成本性外汇管制，以控制和影响进出口影响。

六、歧视性政府采购政策

歧视性政府采购政策是指一些国家通过法令规定或虽无法令明文规定但实际上存在的本国政府必须购买本国商品的做法。一些西方国家制定法令，规定政府机构采购商品，要优先购买本国商品。例如，美国从1933年开始实行的《购买美国货法案》规定，在美国，商品价格高于同类进口品价格不超过6%，在高失业地区不超过12%，联邦政府都应采购本国产品。1934年的《用美国船运货法案》规定，美国政府运往国外物品的50%必须用美国轮船装运。1959年美国国防部以解决国际收支困难为由，规定在采购时可以允许本国厂商高于进口货价50%来报价。英国政府、法国政府也先后规定了凡是航空、通信设备和电子计算机要优先购买本国产品的政策。日本有几个省规定，政府机构需用的办公设备、汽车、计算机、电缆、机床等，不得采购外国产品。

七、歧视性国内税

歧视性国内税是指通过采用歧视性国内课税制度来限制进口的措施。国内税通常不受贸易条约或多边协定的限制，其制定和执行都属于政府机构或地方政权单位，制定的税率使进口货物与国内货物的差距往往很大。

一些西方国家（如美国、日本、瑞士等）对进口品（如进口的酒精、饮料）征收的消费税，都大于本国生产的产品。欧盟国家采用增值税，对出口商品实行增值税免税或退税，而对进口商品则如数征收。

八、进口最低限价和禁止进口

进口最低限价就是进口国规定某商品的最低进口价格，进口货如低于这一价格就禁止进口或征收附加税，以达到限制进口的目的。附加税额是进口价和最低限价之间的差额。进口国往往将最低限价定得很高，使进口商按最低限价进口时，无利可图。而低于限价进口，则又要加征进口附加税，致使商品无法进口。在20世纪70年代，美国为了抵制欧洲国家和日本等的低价钢材和钢制品进口，在1977年对这些产品实行所谓"启动价格制"，就是一种最低限价制。这种"启动价格"是以当时世界上"效率最高"的钢生产者的生产成本为基础计算出来的最低限价。欧盟对进口农产品的门槛价格事实上也是一种最低限价，它阻碍了国外低价产品的进口。当一些国家感到实行进口数量限制已不能解救经济与贸易困境时，往往颁布法令禁止某些商品的进口。

九、进口押金制

进口押金制又称进口存款制，它是指进口商品时，进口商须先把进口金额的一定比例的现金在指定银行无息存放一段时间，通过增加进口商的财务负担，起到限制进口的作用。例如，意大利在1974~1975年间曾对400多种进口商品实行这种制度，规定进口商无论从哪一国进口这些商品，都要先向中央银行交纳进口值半数的现款押金，无息冻结6个月。芬兰、新西兰、巴西等国也相继实行过这种制度。

十、反倾销措施

有些国家不恰当地运用反倾销政策或在实施反倾销过程中歧视某些国家进口商品，这些都可以成为一种非关税壁垒。尤其是发达国家将我国视为非市场经济国家，采用的反倾销法更具有歧视性。近年来，针对我国的反倾销案越来越多，涉及产品越来越广，已经成为我国出口产品的主要障碍。

由于反倾销手段的合法性及有效性，发达国家努力将反倾销政策扩大化。随着这种趋势的蔓延，反倾销政策越来越成为有效的非关税壁垒措施。

十一、进口替代政策

进口替代政策是指一些发展中国家所采用的扶植本国某些产业来替代进口从而减少进口的产业政策。例如，给予那些受到国外产品竞争和威胁的产业多种直接或间接的生产补贴，或者采取价格支持政策，都会使国内的生产增加，从而使国外进口减少。

十二、进口贸易制裁

进口贸易制裁也称进口抵制，是指制裁国政府削减或者禁止本国向被制裁国进口，从而打击对方的经济，迫使对方政府按制裁国的意图作出某种让步的一种措施。贸易制裁虽然已有很长的历史，但是真正被频繁采用还是在“二战”之后。近年来，贸易制裁越来越多地被发达国家使用。

十三、国内法与国际法的双重标准

为了减少不同国家的贸易制度摩擦，世界各国不断努力协调及统一有关国际贸易的各种法律与惯例。但是，一些发达国家长期坚持自己的一套制度，出现了双重标准，增加了其他国家出口的困难。例如，目前各国都通行采用《联合国国际货物销售合同公约》来规范贸易合同的签订与履行。但是，英国与其他一些欧洲国家仍然坚持采用《1983年货物买卖法案》，给国外出口商增加了麻烦。又如，《国际贸易术语解释通则》(INCOTERMS)已经在世界广泛采用了大半个世纪，而美国与其他一些美洲国家仍坚持按《1941年美国对外贸易定义修正本》的规定行事。

十四、海关壁垒

海关除正常的征税外，还可以通过海关估价制和烦琐的海关程序来限制进口。

(一) 海关估价制

海关估价制是指有些国家对进口货物用海关的专断估价，来提高进口商品的关税负担，以达到限制和阻碍商品进口的目的。进口商品离开生产国的价格、抵达进口国海岸的价格和在市场销售的价格都会有所不同。如果海关按其中最高价作为征收关税的标准，那么，进口商品的税收负担就会较高。因此，海关估价制可以作为限制进口的手段。

"乌拉圭回合"达成了《关于实施 <关税与贸易总协定> 第七条的协议》，简称《海关估价协议》(以下简称《协议》)，此《协议》包括四个部分，共31条。它规定了以商品的成交价格为海关完税价格的新估价制度，其目的在于为签字国的海关提供一个公正、统一、中性的货物估价制度，不使海关估价成为国际贸易发展的障碍。这个《协议》规定了下列6种不同的依次采用的新估价法：

(1) 进口商品的成交价格。根据《协议》的第1条规定，成交价格是指"商品销售出口运往进口国的实际已付或应付的价格"，即进口商在正常情况下申报并在发票中所载明的价格。如果海关不能按成交价格确定商品的海关估价，那就采用第2种办法。

(2) 相同商品成交价格。它又称为同类商品的成交价格，是指与应估商品同时或几乎同时出口到同一进口国销售的相同商品的成交价格。所谓相同商品，根据《协议》第15条第2款，其定义为："它们在所有方面都相同，包括相同的性质、质量和信誉。如表面上具有微小差别的其他货物，不妨碍被认为符合相同货物的定义。"当发现两个以上相同商品的成交价格时，应采用其中最低者来确定应估商品的关税价格。

如按以上两种估价办法都不能确定时，可采用以下的第3种估价办法：

(3) 类似商品的成交价格。它是指与应估商品同时或几乎同时出口到同一进口国销售的类似商品的成交价格。所谓类似商品就是指尽量与应估商品比较，各方面不完全相同，但它有相似的特征，使用同样的材料制造，具备同样的效用，在商业上可以互换的货物。在确定某一货物是否为类似货物时，应考虑的因素包括该货物的品质、信誉和现有的商标等。

(4) 倒扣法。它是以进口商品或同类或类似进口商品在国内的销售价格为基础减去有关的税费后所得的价格。其倒扣的项目包括代销佣金、销售的利润和一般费用以及进口国内的运费、保险金、进口关税和国内税等。倒扣法主要适用于寄售、代销性质的进口商品。

(5) 计算价格法。计算价格又称估算价格，是以制造该种进口商品的原材料、零部件、生产费用、运输和保险费用等成本费以及销售进口商品所发生的利润和一般费用为基础进行估算的完税价格。这种方法必须以进口商能否提供有关资料和单据，并保存所有必要的账册等为条件，否则海关就不能采用这种办法确定其完税价格。这种估价方法一般适用于买卖双方有业务联系关系的进口商品。

根据《协议》规定，第 4 种和第 5 种办法可能根据进口商品要求进行调换使用。

(6) 合理办法。如果上述各种办法都不能确定商品的海关估价，便使用第 6 种办法。这种办法未作具体规定。海关在确定应税商品的完税价格时，只要不违背本《协议》的估价原理和《关税与贸易总协定》第七条的规定，并根据进口商品的现有资料，任何视为合理的估价办法都可行。因此，这种办法称为合理办法。

(二) 海关程序

虽然 1979 年关税与贸易总协定的“东京回合”制定了《海关估价准则》，使各国有了比较规范和统一的海关估价方法。但有些国家的海关通过要求进口商提供种类繁多的证明文件、延长进口商品在海关的滞留时间，以相应增加进口成本、限制进口数量。例如，1982 年法国为了减少对日本的贸易逆差，宣布所有日本录像机的进口必须经远离巴黎的一个设施落后、工作效率低下的小港普瓦蒂埃斯海关，使得日本录像机进口从每月 6 万多台一下子减少到不足 1 万台。

十五、苛刻的技术安全标准

苛刻的技术安全标准是指以维护生产、消费安全及人民健康为理由制定一些繁杂、苛刻的规定，使外国产品难以适应，从而起到限制外国商品进口的作用。这些规定已成为发达国家限制进口的技术贸易壁垒，它大体可分为技术标准、卫生检疫规定、包装和标签规定、信息技术规定等。

(1) 技术标准。它是指对商品质量的有关规定。西方国家制定了许多国际标准，并要求商品进口以权威的检验机构认证为前提。对工业品检验标准的国际标准化组织(ISO)规定的通行标准成为发展中国家商品进入发达国家的障碍。更重要的是，有些发达国家还制定了许多国内的技术标准，如日本工业标准(JIS)、英国标准(BS)、德国工业标准(DIN)、美国试验与材料协会标准(ASTM)等，并由国内检验机构按此标准认证进口商品。此外，政府还可通过降低技术标准的透明度、频繁变更国内技术标准、拖延质量认证的时间等手段减少进口。

(2) 卫生检疫规定。它是指针对农产品、药品和化妆品等特定商品卫生、安全方面的技术标准。它涉及农药残存量、化学成分、含铅量等方面一系列极为严格的规定。而且要求通过卫生检疫的商品越来越多，卫生检疫规定也越来越严。例如，日本、加拿大、英国等国要求花生中的黄曲霉素含量不超过 20%，花生酱中的黄曲霉素含量不超过 10%，超过者不准进口。日本对茶叶中农药残留量规定不超过百万分之零点二。美国、加拿大规定陶瓷制品中的含铅量不得超过百万分之七。这些规定往往是针对进口商品的，因此，它们具有显著的限制进口的效果。

（3）包装和标签规定。一些发达国家对进入本国市场销售的商品，制定了包装和标签的种种条例。进口商品必须符合这些内容复杂、手续烦琐的规定，否则不能进口和在市场上销售。出口商为了适应这些规定，不得不对商品的标签和包装重新改换，费时费工，增加成本，削弱了商品的竞争能力，因而影响销售。

（4）信息技术规定。它是指进口国利用在信息技术上的优势，对国际贸易的信息传递手段提出要求，从而造成贸易上的障碍。例如，电子数据交换（EDI）和电子商务对发展中国家是一个新贸易壁垒。在EDI和B2B企业电子商务领域，无论技术还是商务应用，美国等发达国家均处于主导地位，所以，必须密切关注这一领域的发展对国际贸易的影响。

十六、环境贸易壁垒

环境贸易壁垒又称绿色壁垒，是近年来发达国家使用的另一种保护贸易的措施。它是指一国以环境保护为借口，限制国外产品的措施。目前，发达国家纷纷制定和实施系列"环境标志"制度，逐步减少没有"环境标志"产品的进口。美国出台的《防污染法》规定了一些产品要达到某种反污染水平方可进口。有的国家则以不符合噪声控制标准为由禁止一些机械设备进口。这一趋势的继续发展，必然对发展中国家的商品出口产生巨大的贸易阻碍。

国际上经常使用的环境贸易壁垒主要有：

（1）绿色技术标准。它是指以保护环境的名义，通过立法手段制定苛刻的强制性环保技术标准，限制或禁止外国商品进口。

（2）绿色环境标志。它是指粘贴或印刷在产品或其包装上的绿色环保的图形，以表明产品在生产、加工、处理、包装、过程中均符合环保要求。凡是有绿色环境标志的产品才能进口。

（3）绿色检疫。它是指某些国家制定严格的卫生检疫标准，特别是对食品中农药残留量、放射物质残留量、重金属含量等要求十分严格，限制或禁止外国产品特别是食品的进口。

（4）环境许可证制度。它是指商品必须得到进口国有关环保部门的批准，领取环境许可证之后才能进口的一种行政措施。没有环境许可证一律不能进口。

（5）绿色关税。它又称环境进口附加税，是指以保护环境为理由，对某些进口产品除征收一般关税外，再加征环境税。

（6）环境贸易制裁。它是指一国以另一国违反国际环境条约为理由采取的强制性限制或禁止外国产品进口的措施。

（7）强制性措施。它是指以进口产品的生产制造环境、方法、过程等不符合本国环境要求为理由，强行禁止某些产品进口。

十七、社会壁垒

社会壁垒指的是以劳动者的劳动环境和生存权利为借口所采取的贸易保护措施。社会壁垒由社会条款而来。社会条款并不是一个单独的法律文件，而是对国际公约中有关社会保障、劳动者待遇、劳工权利、劳动标准等方面规定的总称，也就是有关人的社会、经济、文化权利，它与公民权利和政治权利相辅相成。国际上对此问题的关注由来已久，相关的国际公约有100多个，包括《男女同工同酬公约》、《儿童权利公约》、《经济、社会与文化权利国际公约》等。国际劳工组织（ILO）及其制定的上百个国际公约，也详尽地规定了劳动者的权利和劳动标准的问题。为削弱发展中国家的企业由于降低劳动报酬、恶化工作条件所带来的产品低成本竞争优势，1993年，在新德里召开的第13届世界职业安全卫生大会上，欧盟国家代表德国外长金克尔明确提出要把人权、环境保护和劳动条件纳入国际贸易范畴，对违反者以贸易制裁相威胁，促使其改善工人的经济和社会权利，这就是当时颇为轰动的“社会条款”事件。此后在北美以及欧洲的自由贸易区协议中也规定，只有采用同一劳动安全卫生标准的国家与地区才能参与贸易区的国际贸易活动。

在社会壁垒方面颇为引人注目的标准是SA 8000，该标准是从ISO 9000系统演绎而来，用以规范企业员工职业健康管理。通过论证的公司会获得证书，并有权在公司介绍手册和公司信笺抬头处印上SGS-ICS论证标志和CEPAA标志。此外，它们还可得到SA 8000证书的副本用于促销。欧洲在推行SA 8000上走在世界的前列，美国紧随其后，商品若出口到欧美市场，采用该标准更具紧迫性。欧美地区的采购商对新标准已相当熟悉。全球大的采购集团非常青睐有SA 8000认证企业的产品，这迫使很多企业投入巨大的人力、物力和财力去申请与维护这一认证体系，这无疑会大大增加成本。特别是发展中国家，劳工成本是其最大的比较优势，社会壁垒将大大削弱发展中国家在劳动力成本方面的比较优势。

第二节　配额制度的经济分析

非关税壁垒措施种类繁多、涉及面较广，其中配额制是最基本、最明显从而也是最有代表性的非关税壁垒措施。配额制不仅从数量和金额上限制进口，而且更重要的是能够带来不同的经济效应。

一、进口配额制的经济效应

为简化分析，借助于局部均衡模型分析进口配额制的经济效应。在图5-1所示的进口配额制局部均衡模型中，P 和 Q 分别表示一国某商品的价格和数量，D 和 S 分别表示该商品的市场需求和供给曲线，P_0 为期初世界市场价格，P_1 为当期世界市场价格。设政府为该商品规定的进口配额为 Q_3Q_4。

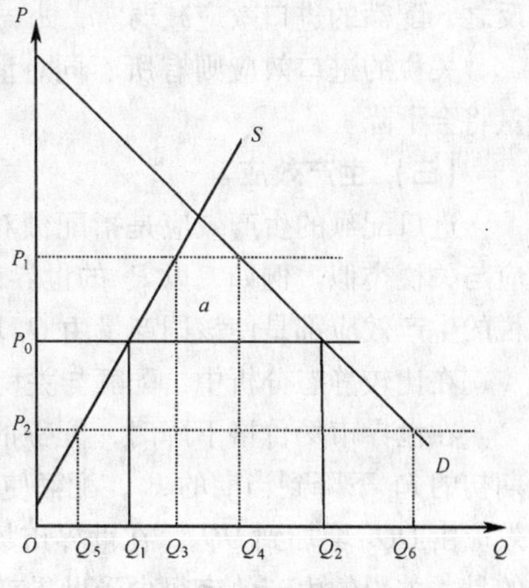

图5-1 进口配额制的经济效应

(一) 价格效应

如果该国实行完全的自由贸易政策，不设置任何形式的贸易壁垒，在不考虑交易成本的简单交易中，P_0 为期初世界市场价格，即该国市场价格，也是配额价格效应的参照物。配额规定的进口量 Q_3Q_4 小于自由贸易条件下的进口量 Q_1Q_2，否则配额就丧失意义。

由于进口量较少，如果价格维持在 P_0 就会出现供不应求的情况，即国内产量 OQ_1 与进口量 Q_3Q_4 之和小于需求量 OQ_2。这会引起购买者之间的采购竞争，竞争压力迫使价格上升到 P_1 水平。价格上升一方面刺激国内产量增加，另一方面引起需求减少。在 P_1 的价格下，国内产量 OQ_3 与进口量 Q_3Q_4 之和等于需求量 OQ_4，供求达到均衡状态。价格由 P_0 上升到 P_1，即 Q_3Q_4 进口配额的价格效应。

如果政府在期初不是规定 Q_3Q_4 的配额，而是征收 P_0P_1 的单位关税，国内价格也将会由 P_0 上升到 P_1 的水平。从静态分析的角度，关税和配额的价格效应是相似的。

但是从比较静态分析的角度，关税和配额的价格效应是不同的。世界市场价格发生变动时，配额不变，则国内价格不会变动。在世界市场价格由 P_0 下降到 P_2 时，Q_3Q_4 的配额可以使国内价格仍是 P_1，使它不受世界市场价格变动的影响。在世界市场价格发生变动的情况下，单位关税不变，国内价格会随世界市场价格作相应变动。为简化图形，设 P_0P_1 与 P_2P_0 相等，即都代表单位关税。当世界市场价格由 P_0 下降到 P_2 时，P_0P_2 的单位关税使国内价格由 P_1 下降到 P_0。

(二) 进口效应

进口配额的进口效应是指进口配额对进口的影响。在自由贸易条件下，不同世界市场价格会导致不同的进口量。例如，P_0 价格下，进口量为 Q_1Q_2；P_2 价格下，进口量为 Q_5Q_6。在政府规定了 Q_3Q_4 的进口配额后，进口量只能是 Q_3Q_4。该进口量与自由贸易条件下进口量的差额即为进口配额的进口效应。进口配额本身是刚性的，但是它的进口效应会随着世界市场价格变动而变动。世界市场价格下降，配额的进口效应增强；反之，配额的进口效应减弱。

关税的进口效应则有所不同。世界市场价格下降将引起进口量上升；反之，进口量将会下降。

（三）生产效应

进口配额的生产效应是指配额对本国生产的影响。在静态分析中，配额的生产效应与关税类似。例如，以 P_0 的世界市场价格为参照物，Q_3Q_4 的配额和 P_0P_1 的单位关税的生产效应都是使该国产量由 Q_1 增加到 Q_3。

在比较静态分析中，配额与关税的生产效应有所不同。

在世界市场价格下降时，配额的生产效应会相应增加。例如，当世界市场价格由期初的 P_0 下降到当期的 P_2，配额使国内产量仍然维持在 Q_3，或者说 Q_3Q_4 配额的生产效应由 OQ_5 增加到 OQ_3。在世界市场价格上升时，配额的生产效应减弱。与之相对应的是，关税的生产效应很少受世界市场价格变动的影响。在世界市场价格 P_0 下降到 P_2 时，P_0P_2 单位关税的生产效应是由 OQ_5 增加到 OQ_1，P_1P_0 单位关税的生产效应是由 OQ_1 增加到 OQ_3，两者增加的幅度大体相等。因此，配额的生产效应或者说它的保护效应比关税更加明显。

（四）消费效应

进口配额的消费效应是指配额对本国消费的影响。在静态分析中配额与关税的消费效应相似。例如，在 P_0 的世界市场价格下，Q_3Q_4 的配额和 P_0P_1 的单位关税都会使消费量由 Q_2 减少到 Q_4。

在比较静态分析中，配额与关税的消费效应有所不同。在世界市场价格下降时，配额减少消费量的作用增强；反之，配额的消费效应减弱。与之相对照的是，关税的消费效应很少受到世界市场价格变动的影响。例如，在市场价格由 P_0 下降到 P_2 时，Q_3Q_4 的配额将使消费量由 Q_6 减少到 Q_4，而 P_0P_2 的单位关税只能使消费量由 Q_6 减少到 Q_2。

（五）收入分配效应

政府以进口配额制限制进口，而不是采用关税壁垒，便放弃了可能获得的关税收入。如果世界市场价格为 P_1，单位关税为 P_0P_1，那么进口量将是 Q_3Q_4，关税收入可由 a 所表示的面积显示出来。如果政府以 Q_3Q_4 的配额取代 P_0P_1 的单位关税，它也可同样地保护国内产业，但是关税收入不复存在。这部分 a 表示的收入并没有消失，而是进行了重新分配。在理论上，配额所引起的收入分配可以有四种方式。

第一种方式是政府将进口指标以竞争方式拍卖给进口商。在竞争中，进口商对单位进口指标的报价会逐渐接近国内价格与世界市场价格的差额。如果参与竞争的人数足够多，a 所表示的可能获得的关税又会以拍卖进口指标所得收入的方式归还政府。如果政府能做到这一点，那么配额与关税的收入分配效应并无本质区别。但是，在现实生活中，这种方式极少得到运用。这可能是由于它限制了官员的权力，或者是由于它使配额丧失其隐蔽性，也可能是由于它需要较多的交易成本。

第二种方式是政府官员以行政手段分配进口指标。在这种情况下，由 a 表示的收入将全部由进口商占有。但是，它并非进口商能获得的净收益。这种方式需要的交易成本远远超过第 1 种方式。在争取进口指标的竞争中，进口商会普遍采用疏通行为，这意味着时间、精力和资源的耗费。由于进口商提供的信息具有一定程度的不全面性或不真实性，政府官员也要进行全面、细致的调查。调查的准确度越高，它所耗费的成本也越大。

第三种方式是政府官员和进口商通过权力和金钱的交换分配进口指标。在这种疏通行为中，资源的耗费较少，因为疏通一般是一次性的。但是，这种方式的消极作用最为明显。它使进口商和政府官员分享由 a 所示的收入，会导致政府内部滋生腐败现象，不利于商业秩序的正常。

第四种方式是配额由出口国掌握。在实行国别配额时，进口国会将配额分配给世界各出口国，由它们按配额控制出口量。或者，出口国采用“自动”出口配额，也要限制出口数量，这样，获得出口配额的出口商就可以按进口国的国内价格出售商品，从而获得由 a 所表示的收入。

在现实生活中，第 1 种和第 2 种方式是同时存在的。它们的相对地位取决于法制的健全程度。总体来说，进口配额的收入分配效应是不够理想的。

二、“自动”出口配额制的经济效应

为简化分析，下面借助于局部均衡模型分析“自动”出口配额制的经济效应。

在图 5-2 所示模型中，P 和 Q 分别表示某商品的价格和数量，D_A 为 A 国对该商品的需求，S_B 为 B 国对该商品的供给。假设 A 国是该商品的唯一需求者，B 国是唯一供给者。

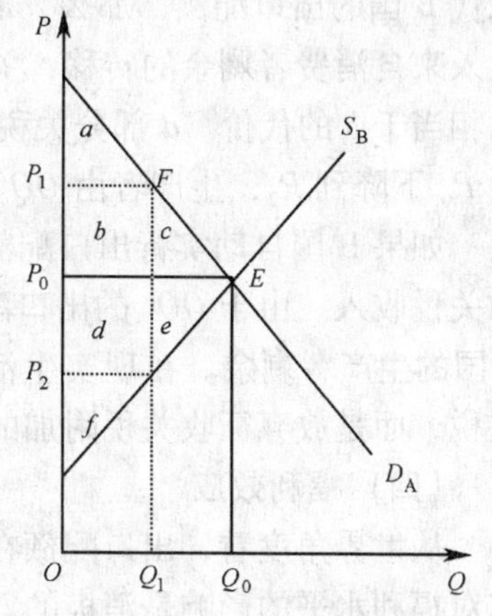

图 5-2 “自动”出口配额制的经济效应

（一）价格效应

如果不存在出口配额，那么世界市场价格由供求决定。在本模型的特定假设条件下，D_A 代表世界需求，S_B 代表世界供给，两者的交点 E 所对应的 P_0 为自由贸易条件下的世界市场价格，E 所对应的 Q_0 是该商品交易量。

令出口配额为 Q_1，$Q_1 < Q_0$。在这种情况下，如果价格仍然维持在 P_0，便会出现供不应求的局面。如果A国政府不进行价格管制，那么购买者之间的竞争压力就会迫使世界市场价格上升。价格的上升并不会刺激供给量或出口量的增加，但是它会使需求量逐步减少。当价格上升到 P_1 时，需求量减少到 Q_1，和出口配额数量相等，价格也就会失去了继续上升的推动力。价格由 P_0 上升到 P_1，即 OQ_1 出口配额的价格效应。

如果A国政府对单位进口产品征收 P_1P_2 的关税，以代替B国政府规定的 OQ_1 的出口配额，同样会使世界市场价格由 P_0 上升到 P_1，交易量由 Q_0 减少到 Q_1。

（二）国际收支效应

A国要求或同意B国实行出口配额制，看重的是它对国际收支的影响。在这里，国际收支由贸易收支代表。对于A国来说，出口配额的国际收支效应是指B国出口配额对A国进口额的影响。

在自由贸易条件下，A国的进口额是世界市场价格 P_0 与进口量 Q_0 的乘积，它在图形上可由 P_0OQ_0E 的面积来表示。

在B国实行出口配额后，A国进口额是世界市场价格 P_1 与进口量 Q_1 的乘积，它在图形上可由 P_1OQ_1F 的面积来表示。只要供给和需求具有一定的弹性，$\square P_1OQ_1F < \square P_0OQ_0E$，即出口配额制可以使进口国减少进口支出，或改善对方的国际收支。

（三）分配效应

在讨论出口配额对分配的影响时，以关税为参照物。如果A国以 P_1P_2 的单位关税取代B国的出口配额，那么，A国政府可以获得$(b+d)$的关税收入，其中 b 部分关税收入来自消费者剩余的转移，关税使价格由 P_0 上升到 P_1，消费者要为 OQ_1 的进口多付出相当于 b 的代价。d 部分关税收入来自B国生产者剩余的国际转移，关税使出口价格由 P_0 下降到 P_2，生产者由 OQ_1 的出口少得到相当于 d 的收入。

如果B国自动实行出口配额是以A国取消关税为代价，那么，A国将丧失$(b+d)$的关税收入。由于 OQ_1 的出口配额使出口价格上升到 P_1，这部分A国关税收入转化为B国的生产者剩余。在现实生活中，一国应对方要求实行出口配额时，对方并不取消关税，而是放弃征收关税附加的权利，这也显示上述分析的现实意义。

（四）福利效应

从世界角度看，出口配额在一定程度上限制了国际分工和国际贸易的发展。因此，它对福利水平的影响是消极的。

下面以自由贸易情况下的世界福利水平为参照物。在本模型中，它是A国消费者剩余与B国生产者剩余之和。前者相当于$(a+b+c)$，后者相当于$(d+e+f)$。

在B国规定了 OQ_1 的出口配额之后，A国的消费者剩余为 a，B国的生产者剩余为 f。与自由贸易下的情况相比，世界福利净损失 $(c+e)$。

总体来说，出口配额制对进口国和出口国各有利弊。进口国之所以主动要求出口国自动限制出口，是因为国际协定发挥了作用。

练习题

1. 分析各种非关税壁垒的特点和作用。
2. 试用模型分析配额制度的经济效应。

第六章 出口管理

第一节　鼓励出口的措施

世界许多国家除了利用关税和非关税措施限制进口外，还制定各种鼓励出口的制度和措施，扩大商品出口。

一、出口补贴

出口补贴是指国家为了降低出口商品的价格，加强出口商品的竞争能力，给予出口商的现金补贴或财政优惠待遇。出口补贴方式有两种。

（一）直接补贴

直接补贴是指一国政府为了提高其产品在国际市场上的竞争力，直接付给出口商品厂商的现金补贴。这种补贴是政府动用预算拨款进行的补贴。“二战”后，美国和一些西欧国家对某些农产品的出口就采取这种补贴。这些国家农产品的国内价格一般比国际市场价格高，按国际市场价格出口时就会出现亏损，这种差价或亏损部分由该国政府给予补贴。直接出口补贴的幅度和时间，往往随着国内市场与世界市场之间差价的变化而变化。有时为了鼓励某种商品出口，补贴金额甚至大大超过实际差价。在发达国家的直接出口补贴中，农产品和船舶出口补贴占有最为显著的地位。发达国家由农产品输入国转变为农产品输出国，直接出口补贴具有重要的促进作用。但是，应该指出的是，直接出口补贴也给发达国家带来了一些消极影响：①容易引起对方国家征收报复关税或反补贴关税；②增加了政府财政负担。

（二）间接补贴

间接补贴是指政府对某些出口商品给予财政上的优惠。主要有以下几种：

（1）退还或减免出口商品所缴纳的国内税。企业所负担的国内税有营业税、消费税、增值税和所得税等，如果免征这些税，可以减轻出口企业经营费用。例如原西欧共同市场对钢铁等产品，就采用退还增值税的办法。许多国家减免出口商品国内税的理由是：①这些出口商品未在生产国的国内消费；②这些商品在进口国国内可能被征收同种或类似的国内税。这种措施可以大为减轻出口产品的税收成本，增强产品在国际市场上的竞争力。

（2）暂时免税进口。如果某些进口商品不是为了消费，而是经过改制、修理或加工后再出口时，允许其暂时免税进口。通常这种待遇仅仅给予进口原料或半制成品，以降低制成品成本，提高出口商品的竞争能力。

（3）退还进口税。进口原料或半制成品，在加工为制成品后出口时，退还已缴纳的进口税。例如，英国曾对进口人造纤维加工成衣服、台布等产品后再出口时，退还人造纤维进口税。

（4）免征出口税。目前许多国家对出口一般都免税，但对某些商品仍征收出口税。在世界市场商品价格下跌时，往往取消某些商品的出口税，以提高商品在国外市场的竞争实力。

另外，一些国家还对出口商品实行延期付税、降低运费、提供低息贷款和复汇率等，以达到鼓励出口的目的。

二、出口信贷及出口信贷国家担保制

（一）出口信贷

出口信贷是指一个国家的银行为了鼓励商品出口，加强商品的竞争力，对本国出口商或国外进口商提供的贷款。它是一国的出口厂商利用本国银行的贷款扩大商品出口的一种重要手段，特别是针对金额较大、期限较长的商品，如成套设备、船舶等的出口。出口信贷主要有卖方信贷、买方信贷两种。

（1）卖方信贷。卖方信贷是指出口方银行向出口商提供的贷款。这种贷款合同由出口商与银行签订，通常用于成套设备、船舶等的出口。由于这些商品出口所需的资金较大，时间较长，进口商一般要求采用延期付款的办法；出口商为了加速资金周转，往往需要取得银行的贷款。所以，卖方信贷是银行直接资助出口商向外国进口商提供延期付款以促进商品出口的一种方式。

（2）买方信贷。买方信贷是指出口方银行直接向进口商或进口方银行提供的贷款，其附带条件就是贷款必须用于购买债权国的商品，以起到促进其商品出口的作用，这种贷款也称约束性贷款。很多国家都设立专门银行，开展出口信贷业务，如美国进出口银行、日本输出入银行、法国对外贸易银行等。这些银行的资金由政府拨付，除直接提供出口信贷外，还向国内办理出口信贷业务的私人商业银行提供低利贷款或给予补贴。

（二）出口信贷国家担保制

在出口贸易中，一个国家的出口商或商业银行向外国进口商或银行提供信贷，有可能遭遇国外债务人拒还贷款的风险。因此，国家设立专门机构出面担保，承保信贷不能收回时给予补偿。例如，英国的出口信贷担保署、法国的对外贸易保险公司等都从事担保这项事业。

1. 担保的项目与金额

担保机构对商业保险公司不承保的出口风险均可担保，主要有政治风险和经济风险。担保机构对于进口国发生政变、革命、暴乱、战争、政府禁运、冻结资金、限制对外支付等给出口商或商业银行所造成的损失，均可给予补偿，担保金额一般为合同金额的85%~95%。进口商或借款银行破产倒闭、无力偿付，或由于进口国经济混乱、货币贬值等给出口商或商业银行造成的损失，均可由担保机构给予补偿，担保金额一般为合同金额的70%~80%，有时也可达100%。

2. 担保的对象

担保的对象有出口商和银行两类。出口商的短期或中、长期出口信贷都可申请担保。有些国家的担保机构本身不向出口商提供出口信贷，但它可以为出口商取得出口信贷提供方便条件。通常银行所提供的出口信贷均可申请担保。这种担保是担保机构直接对供款银行承担的一种责任。有些国家为了鼓励出口信贷业务的开展和提供贷款安全保障，往往给银行更为优厚的待遇。例如，在英国，当商业银行向出口商提供的某些信贷出现过期未能清偿付款时，出口信贷担保署可给予100%偿付，而不问未清偿的原因。如果出口商不付款的原因超过了它所承保的风险项目，出口信贷担保署可要求出口商偿还。这种办法有利于银行扩大出口信贷业务，从而促进商品输出。

3. 担保期限与费用

根据出口信贷的期限，担保期通常可分为短期、中期和长期。短期信贷担保期为6个月左右。承保范围往往包括出口商所有海外的短期信贷交易。为了简化手续，有的国家对短期信贷采取综合担保的方式。出口商只要一年办理一次投保，就可承保在这期间对海外的一切短期信贷交易。一旦外国债务人拒付时，即可得到补偿。中、长期信贷担保期通常为2~15年不等，最长的可达20年。

为了减轻出口商和银行的负担，担保机构所收取的费用一般不高。保险费率是根据出口担保的项目内容、金额大小、期限长短和输往国家的不同而有所不同。此外，各国对保险费率的规定也不一样，如英国一般为0.25%~0.75%，德国为1%~1.5%等。

三、商品倾销

商品倾销通常由垄断企业进行，这些企业一方面控制国内市场，另一方面以低于国内市场的价格或甚至低于生产成本的价格，在国外市场抛售。

商品倾销的目的有五个：①为了打击或摧毁竞争对手，扩大和垄断某种产品的销路；②为了在国外建立新产品的销售市场；③为了阻碍当地同种产品或类似产品的生产与发展，以继续维持其在当地市场上的垄断地位；④为了推销“过剩”产品，转嫁经济危机；⑤为了打击发展中国家的民族经济，以达到经济上、政治上控制这些国家的目的。

商品倾销通常由私人垄断企业进行。但是，随着国家垄断资本主义的加强，有的国家也设立专门机构直接对外进行商品倾销。这种倾销通常与政府的支持是分不开的，政府给予某种贴补以弥补其亏损，或以其他方式直接、间接给予支持。商品倾销可分为以下三种：

（1）偶然性倾销。这种倾销常常是因为销售旺季已过，或因公司改营其他业务，在国内市场上无法清仓，而以倾销方式在国外市场抛售。这种倾销对进口国的同类产品生产会造成不利的影响，但由于时间短，进口国通常较少采用反倾销措施。

（2）掠夺性倾销。这种倾销方法是以低于国内价格甚至低于成本价格，在某一国外市场上倾销商品，在打垮了全部或大部分竞争对手，垄断了这个市场之后，再提高价格。这种倾销的目的是占领、垄断和掠夺国外市场，最终获取高额利润。这种倾销严重地损害了进口国的利益，因而许多国家都采取反倾销税等措施进行抵制。

（3）长期性倾销。这种倾销是长期以低于国内市场的价格，在国外市场出售商品。由于这种倾销具有长期性，其出口价格应至少不低于边际成本，否则长期出口就会面临长期亏损。

在产品具有规模经济的时候，厂商可以通过扩大生产来降低成本。此外，一些出口商还可通过获取本国政府的出口补贴来进行这种倾销。

四、外汇倾销

外汇倾销是指利用本国货币对外贬值的方法来扩大商品出口。当一国的货币贬值后，出口商品以外国货币表示的价格降低，从而提高了竞争力，有利于扩大出口；进口商品的价格也会上涨，从而又起到限制进口的作用。但是外汇倾销要达到扩大出口的目的，必须具备两个条件。第一，贬值的幅度大于国内物价上涨的程度。若国内物价上涨的程度等于或超过货币贬值的幅度，两者差距消失，外汇倾销的效果就不存在了。在一般情况下，货币贬值导致国内物价的上涨总滞后于货币贬值。外汇倾销仍可使出口企业获得利益。第二，其他国家不采取同等货币贬值的方法，或采取其他报复性手段。若两国货币贬值幅度相互抵消，则起不到贬值作用；若外国采取报复性手段，外汇贬值作用也随之被抵消。

在浮动汇率制度下，政府有意识地使本国货币的对外汇价明显下浮，以扩大商品的出口，同样是实行外汇倾销。

五、鼓励出口的其他措施

（1）成立专门研究机构。例如，美国在1960年成立的“扩大出口全国委员会”，其任务就是向美国总统和商务部部长提供有关改进鼓励出口的各项措施的建议和资料。1973年又成立了“出口委员会”和跨部门的“出口扩张委员会”。1979年5月成立了“总统贸易委员会”。此外，还成立了一个“贸易政策委员会”。这些组织主要是为美国制定对外贸易政策、扩大出口服务的。欧洲国家和日本为了扩大出口也都成立了类似组织。

（2）建立商业情报网。许多国家都设立官方的商业情报机构，在海外设立商情网，负责向出口商提供所需的情报。例如，英国设立的“出口情报服务处”，由英国220个驻外商务机构提供情报，并由计算机进行分析，整理出近5000种商品和200个国别或地区市场情况的资料，供有关出口商使用，以促进商品的出口。

（3）设立贸易中心和贸易展览会。贸易中心是永久性的设施，可以用其举办贸易展览会、进行咨询服务或正常办公等，可以促进本国的对外贸易。20世纪70年代，美国在国外设立了15个贸易中心，日本在国外设立了23个贸易中心。许多国家还十分重视贸易展览会的活动。有些国家一年组织15~20次国外展出，费用由政府补贴，这也会对扩大本国商品出口起到一定的作用。

（4）组织贸易代表团和接待来访。许多国家为了发展对外贸易，经常组织贸易代表团出访，其费用大部分由政府补贴。例如，加拿大政府组织的代表团出访，政府支付大部分费用。许多国家设立专门机构接待来访团体。例如，英国海外贸易委员会设有接待处，专门接待官方代表团和协助本国的公司、社会团体接待来访的工商界人士，从事贸易活动。

（5）组织出口商的评奖活动。“二战”后，许多国家对出口商给予精神奖励的做法日益盛行。对扩大出口成绩卓著的厂商，由国家授予奖章、奖状，并通过授奖活动，推广他们的出口经验。例如，美国设有总统“优良”勋章和“优良”星字勋章，日本政府在每年6月28日的贸易纪念日向成绩卓著的出口商颁发奖状。

（6）采取外汇分成或奖励证制。为了鼓励出口商的积极性，不论是发达国家或发展中国家，都千方百计地采取各种方式扶助出口。有的采取外汇分成方法，让出口商从外汇收入中提取一定的比例自由支配。有的用奖励证制，对出口商取得显著成绩的发给奖励证，凭证可进口一定数量商品，或将该证自由转让，从中取得利益。还有些国家对出口商品采用复汇率制，以及鼓励资本输出等，从而达到推动出口的目的。

第二节　经济特区制度

一、经济特区制度概述

（一）经济特区的定义

经济特区是指一个国家或地区在其关境以外划出一定的范围，建筑或扩建码头、仓库、厂房等基本设施和实行免除关税等优惠待遇，吸引外国企业从事贸易与出口加工工业等业务活动的区域。建设经济特区的目的是促进对外贸易发展，鼓励转口贸易和出口加工贸易，繁荣本地区和邻近地区的经济，增加财政收入和外汇收入。

当代为数众多的面向世界实行特殊政策和措施的各种自由经济区域，虽然名称不一，而且在区域性质、设区目的、功能形态等方面存在很多差异，但这些区域都是有关国家或地区为达到一定经济目的而专门设置的特定经济区域。“经济特区”这一提法是我国首先采用的，因为它反映了各类特殊经济区域的共同本质特征，已被国际社会所接受。

（二）经济特区的特点

世界上任何一个国家的经济特区几乎都具备信息灵通、交通便利、政策优惠、位置优越四大特点。而且，随着国际贸易的进一步扩大，一些国家的经济特区不仅重视对外贸易和出口加工工业，而且也经营农业、商业、旅游业、房地产业、金融业、交通通信业、咨询服务业、信息业、科技等事业，正在向多行业、多功能、综合型的方向发展。

（三）经济特区制度

经济特区制度是指一国政府在本国某些特定地区或地点实行特殊的不同于其他地区的政策和法规的制度。经济特区是国际经济技术交流与合作的场所，因此，各国为了推动经济特区的发展都会建立和完善一些法规和政策。

（四）经济特区的基本政策

经济特区的基本政策共有以下几点：①对特区内的企业给予国内税收减免的优惠待遇；②对特区内用于出口商品生产的原材料进口免征进口税，对出口产品免征出口税；③对技术密集型的外商投资企业提供一部分国内市场；④对特区的外资企业提供能源、交通、通信等基础设施条件；⑤取消或放宽特区的进口管制；⑥延长特区内外资企业所得税减免期限；⑦放宽对特区内外资企业利润及个人所得汇出的限制；⑧放宽允许外商投资的领域；⑨政府对特区的外资企业提供购买和租用土地的便利条件；⑩政府放宽对外籍职工及其家属居留权的限制。

二、世界经济特区模式及比较

世界经济特区在其历经几个世纪的漫长发展过程中，由于多种因素的作用，形成了各不相同的模式。如果按世界经济特区的经营性质划分，有贸易型、工贸型、科技型、综合型四种模式。

（一）贸易型经济特区

贸易型经济特区专指商业性的自由贸易区，是世界上最早出现的，也是最基本的一种经济特区模式。这种特区是以发展转口贸易为主要目的的自由经济区，包括自由港、自由贸易区、对外贸易区、保税区等。具体地讲，它是一国将一定地区划在关境以外，对进出该区域的货物免征进出口关税，并允许商品在港内或区内自由储存、展览、拆卸、改装、整理以及简单的加工等活动，以达到促进本地区经济和对外贸易发展的目的。

自由港和自由贸易区是贸易型经济特区的主要形式，它不仅能够作为商品的集散中心，提高来往货船的营运效率，巩固一国在国际贸易中的地位，而且通过提供最大限度的商业灵活性吸收投资、扩大就业、增加商业性劳务收入。这些对世界经济、本国经济和国际贸易的发展均有重要意义。将整个港口城市都划为自由经济区的称为自由港，如香港、新加坡、直布罗陀等。将港口城市的一部分划为自由经济区的称为自由贸易区，如哥本哈根、汉堡的自由贸易区就属于这一种类型。在汉堡市，划在卡尔勃兰特航道以东的归自由港，而划在卡尔勃兰特航道以西的几个码头和邻近地区才是汉堡自由贸易区。美国的自由贸易区称为对外贸易区。

由于各国的情况不同，对自由港或自由贸易区的规定也有所不同，归纳起来主要有以下几方面：

（1）对于允许自由进出自由港或自由贸易区的外国商品，不必办理报关手续，免征关税。

（2）港内或区内的外国商品转运进入所在国的国内市场上销售，必须办理报关手续，缴纳进口税。

（3）对于报关的商品能否进行加工、组装，有些国家作了明确的规定。瑞士规定储存在区内的外国商品不得进行加工和制造，如要从事这项业务，必须取得设立在伯尔尼的瑞士联邦海关局的特别许可，方可进行。美国规定，用美国的零配件和外国的原材料装配或加工的产品，进入美国市场时，只可对该产品的增值部分免征关税。奥地利规定，外国商品在其自由贸易区内进行装配或加工后，商品增值1/3以上，可取得奥地利原产地证明书，可免税进入奥地利市场；增值1/2以上者，可取得欧盟原产地证明书，可免税进入奥地利市场和其他欧盟成员国市场。

保税区是由海关设置或经海关批准的存放未办理进口手续、未缴税进口物品的场所，一般设在海港或机场附近，是受海关监督的特定地区。其特点是：①外国商品存入保税区内，可以暂时不缴纳进口税；②如再出口，不缴纳出口税；③运入区内的商品可进行储存、改装、分类、混合、展览、简单的加工和制造等。设立保税区的目的主要是为了发展转口贸易，增加外汇和其他各种费用收入，同时也为贸易商提供经营上的便利，使其货物相机出售。

（二）工贸型自由经济区

工贸型自由经济区是以优惠条件吸引外国直接投资、生产以出口为主的制成品的自由经济区，主要有出口加工区、自由边境区等。

出口加工区是一个国家在其港口或邻近港口、国际机场的地方划出一定的范围，新建和扩建码头、车站、道路、仓库等基础设施，提供减免税收等优惠待遇，以鼓励外国企业在区内进行投资设厂，生产以出口为主的制成品的加工区域。

出口加工区与自由贸易区或自由港的主要区别是：

（1）自由贸易区只是对区域内进出口商品免税，并提供贸易上的一切设施和便利，其主要功能是发展转口贸易，所以，它是一种贸易型经济特区。

（2）出口加工区以吸收直接投资为主，允许区内企业进行加工生产，而且，其机器、设备、原料、中间产品都可自行进出。这就意味着已由商品的自由流动向生产要素的自由流动发展，比起自由贸易区来说是一个质的飞跃。

（3）一般说来，自由贸易区以取得商业方面的收益为主，是面向商业的；出口加工区是以发展出口加工工业，取得工业方面的收益为主，是面向工业的。

自由边境区一般是指在一个国家的一些边境地区设置的特区。对于区内使用的生产设备、原材料和消费品可以免税或减税进口。外国货物可在区内进行储存、展览、混合、包装、加工和制造等业务活动，最终目的是利用国外投资开发边境地区的经济。这种设置常见于拉丁美洲少数国家。随着这些国家边境地区生产能力的发展，对某些商品的优惠待遇也将取消。例如，墨西哥是世界上设置自由边境区最多的国家，但它设立的一些自由贸易区期限已满时，就取消了原有的优惠待遇。

（三）科技型自由经济区

科技型自由经济区是以科技为先导，以生产技术密集型和知识密集型出口产品为主的自由经济区，是在当代科学技术革命浪潮影响下世界经济特区发展中出现的崭新模式。有人称其是第二代出口加工区，其典型形式是科学工业园区。例如，我国台湾省的新竹科学工业园区和新加坡的肯特岗科学工业园区就是科技型自由经济区的代表。

（四）综合型经济特区

综合型经济特区是指那些工业、贸易和第三产业综合发展的功能多样化的大中型经济特区。它的基本特点是规模较大、综合性强，工业、农业、商业、金融、旅游等各种行业同时并存。由于综合型特区的功能较完备，对于风云变幻的国际经济形势适应性较强，面临经济调整时回旋余地较大，所以，它对毗邻地区甚至全国的经济发展都有着广泛影响。

经济特区已成为国际经济技术交流与合作的热点。尽管在模式、功能上各有差异，但每一种模式的经济特区都在发挥着各自的积极作用。当然，在世界经济中，无论何种模式的经济特区，同样面临挑战与机遇同在、合作与竞争并存的现实。

三、经济特区制度的作用

早在16世纪的欧洲，一些国家为了活跃对外贸易，先后把一些港口开辟为自由港。17~19世纪，在国际贸易中占有优势地位的国家，如荷兰、英国等，为了扩大对外贸易，增加外汇收入，把地中海沿岸的某些港口如直布罗陀以及中东、东南亚和加勒比海一带的某些港口开辟为自由港。“二战”以后，世界经济特区无论在量上还是在质上都取得了突破性的进展。“二战”前，世界上有26个国家建立起了75个经济特区。目前，世界已有上百个国家建立起上千个各种形式的经济特区，对国际经济和国际贸易的发展起了积极作用。

（一）吸引外资促进对外贸易发展

特区是外企集中的地区，外企不仅带来了资金，也带来了先进的技术和管理经验，为一国创立技术密集与知识密集的新兴产业、发展高精尖出口产品打入国际市场奠定了良好的基础。在特区中，由于外企的国外市场信息灵通，便于疏通购、销贸易渠道，促进对外贸易的繁荣发展。用外企的优势结合特区低价的劳动力，可降低其产品成本，因而在国际贸易中具备一定的竞争力。外企在本国的生产、发展，有利于增加该国的非贸易外汇收入和财政收入。

（二）降低制度差异带来的国际贸易成本

特区经济与国际市场有着密切的联系。在特区中，绝大多数产品的投入产出都与国际交换和国际竞争紧密联系在一起，所以特区的政策、商业法规和其他法规也就更接近外部世界，而且在具体操作上也与国际惯例接轨。由此，经济特区可减少因国与国之间的制度差异导致的一些损失。

（三）减少贸易壁垒对国际贸易的不利影响

“二战”后初期，一些发达国家对许多商品进口实行严格的进口限额、进口许可证和外汇管制等措施，以限制商品进口。但随着自由港和自由贸易区在世界范围的发展扩大，尤其是当代世界经济特区对用于出口制成品的设备和原材料的进口基本上已取消了关税和非关税壁垒，这就可直接减少进口商的相应成本，增强其产品的竞争实力，促进对外贸易的发展。

（四）促进国际贸易相关产业的发展

特区的特点就是发展外向型经济。外向型经济的基本内涵是在一定政策支持下形成的一种经济发展方式或经济发展模式，就是利用国际资源和国际市场，参与国际分工和国际交换，以此来带动国民经济的发展。在特区，发达的对外贸易体系自然推动了通信网络、运输网络、金融网络和保险网络的建立和完善，这些行业技术水平和经营规模的发展，能有力地支持对外贸易，降低出口成本，提高出口创汇能力。

（五）带动其他地区对外贸易的发展

经济特区制度能带动其他地区对外贸易的发展，主要表现在：①自由港特区可为其他地区提供出口基地；②特区发展出口贸易的经验和参与国际产品的竞争能力可以转移到内地；③特区制度对旅游业的发展、就业机会的增加、先进技术和管理经验的引进等都有极大的推动作用；④特区是发展对外承包工程和劳务合作的基地。

第三节　出口管制

许多国家，特别是发达国家，为了达到一定的政治、军事和经济目的，往往对某些商品，特别是对战略物资和重要资源的出口，都采取一些措施加以管制。

一、出口管制的定义及目的

（一）出口管制的定义

出口管制是指一国从自身的利益出发，对出口贸易实行的直接和间接管制。西方国家在战时广泛实行出口管制，平时对某些特定商品特别是战略物资和先进技术也采取颁发出口许可证制度、出口限额及出口结汇等办法，以达到控制商品的品种、数量和金额的目的。

（二）出口管制的目的

各国实行出口管制主要是为了实现以下目的：

（1）保护国内制造业的原材料供应，防止因出口过多而影响本国的经济发展。

（2）保护国内市场价格平稳，避免国外的过度需求而引发国内通货膨胀。

（3）保护技术和高技术产业，避免国外竞争对手利用本国技术壮大经济实力。由于这种“出口管制”有可能遭到实力相当国家的报复行动，所以，它在很大程度上是针对技术水平比较低的国家。

（4）保护和推动国内市场的制成品出口。因为限制出口会相应增加管制商品的国内供给，并能使其价格下降，所以原料价格下降可降低生产成本并推动制成品出口。

（5）保护国内资源，防止一些自然资源的枯竭。

（6）保护具有经济价值和文化价值双重性的珍贵工艺品、古董以及文化遗产不外流，用“出口管制”的办法来达到弘扬民族文化的目的。

（7）对某些国家实行歧视，控制某些商品或全部商品不对敌对国或不友好国家出口，遏制这些国家的生存和发展。发达国家用“出口管制”这种经济手段迫使他国改变对内对外的政策，以达到干涉他国内政的目的。

（8）在战争时期，以封锁和禁止商品出运来作为在政治上、经济上打击对手的一种手段。

二、出口管制的商品

出口管制的商品主要分为以下几类：

（1）战略物资和先进技术设备、先进技术资料、武器。例如，美国、英国等明确规定，军事设备、飞机、军舰、先进的电子计算机和有关技术资料，必须领取出口许可证方能出口。

（2）为满足国内生产需要的原材料、半制成品和国内市场供应不足的生活必需品等。例如英国规定，某些化学品、药品、活牛、活羊、活猪、可可等，必须领取许可证方可出口。

（3）某些文物、珍贵艺术品。各国一般都根据本国的政策和法令独立地实行出口管制，并设立专门的执行机构，对本国这些商品的出口进行审批和颁发许可证。

（4）“自限协定”涉及的商品。当某些出口商品对进口国经济冲击较猛烈时，为了缓和与进口国在贸易上的摩擦，在进口国的要求或压力下，出口国可能对这些商品实行出口管制，自动限制其出口数量。例如发展中国家根据纺织品“自限协定”自行控制出口的商品，又如日本在美国和原欧洲共同体的压力下自动限制汽车、家用电器等产品的出口。

(5) 为了有计划地安排生产和统一对外而实行出口许可证制的商品。例如我国对铝及铝合金、原油、人参、铜、锌、铁、锰、镍等矿砂都实行出口许可证制度。

(6) 为了采取经济制裁而对某国地区限制甚至禁止出口的商品。例如，美国曾对前苏联实行粮食控制出口等。

三、出口管制的基本形式

(一) 单方面出口管制

单方面出口管制是指根据本国的出口管制法案，设立专门的执行机构对本国某些商品出口进行审批和颁发出口许可证，实行出口管制。例如美国政府根据国会通过的有关出口管制的法律等在美国商务部设立贸易管制局，专门具体办理出口管制的事务。受管制的出口商品一般都由国家公布目录，商人必须向政府主管机关申请，取得出口许可证后才能办理出口手续。

美国是积极进行单方面出口管制的国家。早在1917年美国国会通过了《1917年与敌对国家贸易法案》，该法案授权美国总统“禁止所有私人与美国敌人及其同盟者，在战时或国家紧急时期进行财政金融和商业贸易上的贸易”。“二战”以后，美国和其他发达资本主义国家，为了加强对前苏联和东欧国家的出口管制，又制定和修改了若干出口管理法案。在1949年，美国国会通过了《出口管制法案》，授权总统“禁止和削减”全部商业性出口，规定对其他国家的全部商业性出口必须事先获得出口许可证。1951年，美国国会通过了《巴塞尔法案》，规定任何国家如果将武器、核原料和重要战略物资运往社会主义国家，美国就将断绝对它们的经济、金融和军事援助。1969年，美国通过了《出口管理法》，这个法案在一定程度上放宽了对社会主义国家的出口管制，简化了出口许可证颁发手续，放松了从美国以外其他国家可以买到的商品管制。1979年，美国国会又颁布了新的《出口管理法》，这个新法案进一步简化了许可证的颁发手续，加强国会对出口管制的监督，改进、协调美国与其他国家之间的出口管制工作等。1985年美国国会通过的《出口管制法1985年修正案》除保留原有的出口管制法的主要规定外，主要是放宽了某些相对低技术的产品和技术资料的出口限制，以增加美国商品的出口。

(二) 多边出口管制

多边出口管制是指几个国家政府，通过一定的方式建立国际性的多边出口管制机构，商讨和编制多边出口管制货单和出口管制国别，规定出口管制的办法等，以协调彼此的出口管制政策和措施，达到共同的政治和经济目的。

世界上最著名的实行多边出口管制的机构是出口管制统筹委员会。它是西方主要资本主义国家对社会主义国家实行战略物资禁运的非正式的国际组织，又称控制东西方贸易统筹委员会或协商小组与统筹委员会。因总部设在巴黎，也称巴黎统筹委员会，简称“巴统”。

根据1949年11月12日美国、英国、法国等国秘密磋商后达成的“君子协定”，“巴统”成立于1950年1月1日。成员国有16个：美国、英国、法国、比利时、荷兰、卢森堡、葡萄牙、加拿大、意大利、丹麦、日本(1952年参加)、德国、希腊、土耳其、西班牙和挪威。该组织的决策机构是由各成员国派出部长级官员组成的协商小组，其执行机构是由各成员国派出的外交、商务官员和技术专家组成的统筹委员会。它的主要任务是：①编制多边“禁运”货单；②规定受“禁运”的国家；③确定“禁运”审批程；④加强转口管制；⑤审议出口的例外程序以及监督和协调各成员的出口管制。货单的制定最初以美国1948年禁运货单为基础，达450项之多，分为绝对禁运(1号货单,即国际原子能清单)、数量限制(2号货单,即国际军品清单)和监视货单(3号货单,即工业清单)。这些清单具体规定何为有战略意义的货物和技术，其范围包括工业机械、电子设备、运输设备、金属、矿物及其制成品、化学类和石油产品、武器军火和海空军装备、原子能物质和设备等领域。军民两用产品受工业清单控制。根据“巴统”规定，上述清单将作为“巴统”各成员国国家出口管制的依据。当“巴统”成员国准备向受限制的国家出口限制出口的货物和技术时，必须向“巴统”提出申请，并且只有在“巴统”所有成员国政府一致同意后，该出口国政府才能签发本国的出口许可证。

冷战结束后，“巴统”成员国意识到，继续根据东西方之别进行出口控制已经不再适合新的国际政治格局。1994年4月1日“巴统”被迫解散。

1996年7月，为了继承原“巴统”的出口管制目标，在美国的倡导下，由美国、英国、法国、德国、意大利、日本、加拿大、俄罗斯、阿根廷、澳大利亚、奥地利、比利时、保加利亚、捷克、丹麦、芬兰、希腊、匈牙利、爱尔兰、卢森堡、荷兰、新西兰、挪威、波兰、葡萄牙、韩国、罗马尼亚、斯洛伐克、西班牙、瑞典、瑞士、土耳其、乌克兰33个国家的代表在荷兰瓦森纳开会，签署了《关于常规武器与两用产品和技术出口控制的瓦森纳协议》(简称《瓦森纳协议》)，成立了新机构，决定从1996年11月1日起实施新的控制清单和信息交换规则。

《瓦森纳协议》是一个全球性关于常规武器与敏感两用产品和技术出口控制的多边机制，其控制清单与原“巴统”的控制清单差别不大，包括军品清单、两用产品清单及两个附录。其中，军品清单涉及20类项目，两用产品清单包含9类项目，即先进材料、材料处理、电子器件、计算机、电信与信息安全、传感器与激光器、导航与航空电子仪器、船舶与海事设备、推进系统。

《瓦森纳协议》的执行要比“巴统”宽松，它为成员国提供了一个出口管制的物资目录，允许各国按照自己的法律和政策自主决定意愿出售或拒绝转让这些物资，如俄罗斯在军事技术出口方面就没有受到限制。因此它在本质上是控制制度而不是禁止制度，是一套参照性制度而不是强制性制度。

四、出口管制的措施

（一）出口许可证

出口许可证制度又称“输出许可证制度”，是指一国根据其政治、经济诸因素或为了维护自身的经济利益、保证出口创汇等原因，规定某些商品的出口必须事先申领出口许可证，否则海关将不予出口。发证机关在审批出口许可证时，要对厂商拟出口的商品、价格、贸易方式、支付方式、输往国家和目的地等有关问题进行认真审查，经审查合格并在申请表上签名盖章后就成为有效的出口许可证。

西方资本主义国家对于一般商品，特别是消费品的出口，大都采取奖励出口的政策，允许这类商品自由出口，不需事先申领出口许可证。但对某些国内生产需要的原料商品、国内供应不足的商品，特别是所谓战略物资的出口则要加以管制，这类商品必须取得特种许可证才能出口。例如，英国《1978 年出口货物管制条令》把货物分为两类：一是大部分消费品和一般商品，这些商品可以免征出口税；二是禁止或限制出口的商品，如飞机、武器弹药等，这类商品除非领到贸易部签发的许可证，否则不得出口。美国的出口许可证分为两种。第一，一般许可证，即一般性地准许某些商品向某些国家和地区出口，不必事先提出申请。所以一般许可证并不是由主管部门签发的许可文件，而是按照政府有关规定允许某些商品向某些国家和地区无证出口，但出口商须向海关填报“发货人出口声明”，说明出口货物的品种、数量及收货人名称。尽管出口商的出口报关单相当于出口申请书，出口商品的一般出口许可证编号得到海关的核实，即作为办妥出口许可证手续，但是，这类商品也同样受到反转运通知的限制。第二，特种许可证，即由商务部颁发给出口商的允许其向某个国家的某个收货人出口某种商品，供其用于某种用途的书面许可证。这种许可证须由出口商凭订货单向政府主管部门提出申请。出口商在许可证上按管制货单的项目填写商品名称、数量、商品管制编号，并详细说明输出商品的最终用途。如再出口，须注明再出口国家名称和输往目的地的说明。此外，还要附上其他有关证件一起进行审批，经批准后，方能出口。

（二）封锁与禁运

经济封锁是指一国或数国对另一国或数国实行断绝贸易关系，冻结资金、财产及停止一切金融往来等措施。禁运是经济封锁的一个重要内容，它是指禁止对某个国家或某些国家输出和输入一切商品或部分商品。它可以被看做是出口配额的一种极端形式，即出口配额为零。在大多数情况下，出口禁运仅限于原材料或初级产品，而对使用这些材料制作的深加工产品很少有出口限制。封锁、禁运一般是在战时用来作为在政治上、经济上打击敌人的一种手段。但在和平时期，由于两国关系恶化，或出于某种特殊需要，有时也可以对某个国家或某些国家实行封锁、禁运。

在1971年之前，发达国家对我国实行封锁和禁运政策。1949年，美国通过的《出口管制法案》将我国列入国别分组管制最为严厉的Z组，实行全部商业性出口管制。1950年，“巴统”国家宣布对我国实行禁运。1952年“巴统”增设中国委员会，加强对我国的禁运。1971年，美国总统尼克松宣布取消对我国的禁运。1979年中美建交后，美国给予我国最惠国待遇。1989年，发达国家对我国的出口管制曾一度加强，但进入90年代后又显示出逐步放宽的趋势。目前，美国和其他发达国家对我国的出口管制主要局限于高技术产品，特别是计算机软件。

（三）出口税

出口税的征收会影响商品的国内、国外价格并减少出口量。一些国家对一些特殊商品用征收出口税的方法限制其出口。

（四）出口配额

出口配额是由政府有关部门规定的某些商品出口的最大数额。出口配额与出口税最大的不同是，它有一个明确的数量限制，即出口达到规定限额以后即完全禁止出口。出口配额往往与出口许可证结合在一起。实行出口配额能否取得成功主要取决于国内外供求的具体情况。例如，1973年巴西为了维持生咖啡的国际价格，对生咖啡的出口实行配额。由于巴西的咖啡占世界总供给量的23%，实行出口配额后，对世界咖啡价格的影响很大，结果取得了成功。石油输出国组织为控制油价也使用类似方法。

（五）国家专营

国家专营又称国家垄断，是指某些商品的生产与贸易由政府指定的机构和组织直接掌握。通过国家专营贸易，政府可以鼓励发展一定类型的出口方式，控制一些重要或敏感产品的进出口，寻求最佳的出口地理分布以及商品生产结构。实行国家专营的进出口商品主要有三类商品：第一类是烟和酒，这是由于烟、酒的税很重，政府可以从烟、酒的贸易中获得巨大的财政收入；第二类是农产品，一些国家常把农产品的对外出口销售作为国内农业政策措施的一部分；第三类是武器，武器的贸易一般都由国家垄断。

（六）跨国界联合的出口垄断

跨国界联合的出口垄断是指世界上某种商品的重要出口国组成国际垄断组织，以联合行动对出口加以限制，从而控制国际市场价格以争取更大利润。最著名的有石油输出国组织。

练 习 题

1. 分析鼓励出口的措施。
2. 分析经济特区制度的模式和作用。
3. 分析出口管制的目的、商品、形式和措施。

第七章 国际经济一体化

第一节　国际经济一体化的类型和特征

国际经济一体化是指以扩大集团内部共同市场为基本宗旨的国家联合体。它出现于资本主义发展的初期，如1834年普鲁士与日耳曼诸邦国建立的关税同盟。在20世纪上半叶，典型的国际经济一体化是英国与其他英联邦国家建立的英联邦特惠制。在第二次世界大战之后，对世界经济影响最大的国际经济一体化是欧洲共同体和北美自由贸易区。发展中国家建立了几十个国际经济一体化组织，如拉美一体化协会、东南亚国家联盟、西非国家经济共同体等。国际经济一体化是国际经济的重要内容，它也常被人们称作区域经济集团化或区域经济一体化。

一、国际经济一体化的类型

国际经济一体化表现为多种方式。例如，按生产力发展水平可分为发达国家经济一体化与发展中国家经济一体化，按生产关系性质可分为资本主义经济一体化与社会主义经济一体化。按共同市场发育程度可划分为以下八种类型。

（一）优惠贸易安排

优惠贸易安排是指以相互给予关税优惠为核心内容的经济一体化形式。它是一种比较低级的经济一体化组织形式，成员国政府可以根据自己的需要，通过谈判确定相互削减关税的商品种类及削减幅度。随着一体化进程的发展，它可能过渡为自由贸易区。

东南亚国家联盟(以下简称东盟)是优惠贸易安排的典型。它由印度尼西亚、马来西亚、菲律宾、新加坡和泰国于1967年建立，1984年吸收文莱参加。在该组织建立的最初10年，它主要是一种政治联盟。1977年，东盟五国外长签订《东盟特惠贸易安排基本协定》，标志着该组织进入一个新阶段。该《协定》涉及相互削减关税、废除某些非关税壁垒、签订长期贸易合同、为区域贸易提供低息贷款等内容。此后，东盟国家不断扩大特惠商品项目，在工业和资金融通领域加强合作，并以集体名义对外谈判。由于东盟国家保持了比较稳定的政治关系，其经济一体化进程比较扎实，成效也比较显著。

（二）协议国际分工

协议国际分工是指成员国政府通过国际协议，特别是长期贸易协定进行生产、科技等领域国际分工的经济一体化形式。这种一体化形式不是以区域市场自由化为典型特征，而是以协调成员国的长期计划为显著特点。

经济互助委员会是此类经济一体化的典型。它由保加利亚、匈牙利、波兰、罗马尼亚、前苏联和捷克斯洛伐克六国于1949年建立，后吸收原民主德国、蒙古、古巴、越南参加。它的主要活动包括：①协调成员国的国民经济计划，包括共同制定某些工业部门的规划；②签订双边或多边生产专业化与协作协定；③共同投资建设联合项目；④以长期贸易协定保证国际分工的实现；⑤进行科技合作，包括科技成果的无偿转让和建立国际实验室等。

（三）自由贸易区

自由贸易区是指成员国政府通过协议建立得以废除成员国之间关税与数量限制为基本内容的经济一体化形式。它比优惠贸易安排更进一步推动了区域市场自由化。

欧洲自由贸易联盟是自由贸易区的典型。它由英国、瑞典、丹麦、挪威、瑞士、奥地利和葡萄牙于1960年建立。此后，冰岛加入，英国和丹麦退出。在1961年，成员国取消相互间的出口限额。1966年，全部取消关税和进口限额。后来，欧洲自由贸易联盟与欧洲共同市场国家签订条约，建立欧洲自由贸易区，亦称大自由贸易区。欧洲自由贸易联盟仍保留，被称作小自由贸易区。

（四）关税同盟

关税同盟是指两国或两个以上国家签订以统一关境为核心内容的国际协议所形成的经济一体化形式。它与自由贸易区的相似之处是成员国之间相互取消关税和数量限制，实现商品在区域市场自由流通。它比自由贸易区的一体化程度更高，这表现在它要求各成员国统一对外关税，共同排挤非成员国商品的输入。因此，它的组织机构带有明显的超国家机构的色彩。

目前世界上许多经济一体化都包含有关税同盟的内容，其中，多数关税同盟仍处于过渡时期。在这期间，成员国分阶段削减关税和取消数量限制，并使自己的对外关税逐步向统一的目标税率靠拢。欧洲共同市场在建立关税同盟时比较顺利地完成这个过渡过程，它用了10年时间便完全取消了成员国之间的关税，并统一了对外关税。

（五）部门共同体

部门共同体是指成员国将某一部门置于某一超国家机构管理之上的经济一体化形式。它的一体化程度较高，除了包含有关税同盟的内容之外，它还要求超国家机构控制该部门的投资、原料分配、企业并转、产量和价格等，这意味着它的一体化深入到市场与计划双重领域。

欧洲煤钢共同体是部门共同体的典型。1951年，法国、原联邦德国、意大利、荷兰、比利时和卢森堡签订了《建立欧洲煤钢共同体条约》，该组织正式成立。1953年成员国取消煤钢部门的关税，1954年超国家机构开始采用计划手段对生产、流通、消费进行共同调节，1967年与欧共体合并后，它仍然保持原有组织机构的法人地位。

（六）共同市场

共同市场是指在关税同盟基础上出现的生产要素自由流动的经济一体化形式。它比关税同盟的层次更高，这主要表现在它要消除限制要素在成员国之间自由流动的各种障碍。其中包括简化成员国居民的出入境手续，给予他们在其他成员国居住和劳动的权利，取消阻碍他们在另一成员国投资设厂和购买股票的各种限制性规定等。由于共同市场以资源自由流动为目标，它比关税同盟更能够实现资源在区域范围内的优化配置。

（七）经济共同体

经济共同体是指在共同市场基础上成立的超国家机构，以协调成员国社会经济政策，并制定和实施某些共同社会经济政策的经济一体化形式。它不仅包含市场一体化的内容，而且涉及对区域经济运行的超国家干预。

1958年正式成立的欧洲经济共同体是这种经济一体化的典型。它有关税同盟、共同农业政策和货币同盟三大支柱，其中，共同农业政策涉及规定农产品的统一目标价格，以缓冲库存制度对农产品价格进行支持，以农产品出口补贴制度解决农产品过剩问题等。1969年，它实现了农产品在成员国之间的自由流通。货币同盟涉及创建统一货币单位、建立共同货币基金、保持成员国货币之间有相对稳定汇率等。为此，经济共同体要建立共同预算制度，将成员国部分税收纳入共同体预算，以应付共同农业政策等方面的支出。这也意味着超国家机构的权力进一步扩大，并要求建立稳定的政治联盟以保证经济一体化的实现。

（八）统一大市场

统一大市场是指完全的经济一体化，即成员国在贸易、货币、财政等政策方面完全一致，商品、资本及劳动力达到完全自由流动的境界。欧盟正向欧洲统一大市场过渡。统一大市场这种高级一体化形式除包括经济共同体的基本内容之外，还涉及以下三点：第一，统一成员国的税则和税率，以消除税收成本差异对资源流动的限制和由此产生的资源配置的扭曲。第二，实行共同的汇率管理政策，进一步缩小成员国货币的汇率波动幅度。在条件许可时，建立统一的中央银行，各成员国使用同样的货币，以消除汇率波动、利率差异等因素对资源配置的消极影响。第三，在更为广泛的领域实施共同经济政策，包括社会福利政策、地区经济政策、环境保护政策、科技开发政策、对外援助政策等，以进一步扫清商品和生产要素自由流动的障碍。

二、国际经济一体化的特征

国际经济一体化可以有多种类型，它们有一些共同的特征。

（1）它们都是国家出面组织的联合体。它们是超越国家的共同经济管理机构，各成员国都要在一致同意或多数同意原则基础上，服从这种超国家的经济管理，各成员国要向超国家机构让渡某些国家主权。让渡的权力越多，经济一体化的程度就越高。

（2）它们以扩大一体化内部共同市场为基本内容。其中最重要的措施是消除一体化内部的关税和非关税壁垒，实现商品和劳务在成员国之间的自由流通。一体化程度较高的贸易集团还包括统一成员国对外关税、统一价格管理制度、建立共同预算制度、建立共同的货币体系、实行共同的对外经贸政策和协调成员国的社会经济政策等措施。

（3）它们的人均国民生产总值接近。与“二战”前相比，“二战”后的经济一体化人均国民生产总值比较接近。“二战”前的经济一体化是以垂直型国际分工为基础的，宗主国与殖民地的人均收入有较大差异。“二战”后的经济一体化是以水平型国际分工为基础的，成员国之间一般不存在悬殊的收入差距。虽然葡萄牙加入欧共体、墨西哥加入北美自由贸易区以及欧盟东扩，没有体现人均国民生产总值接近的特点，但总的情况反映了这一特点。

（4）它们的地理位置相近。“二战”后地理位置相近的国家首先建立共同市场，符合经济上的节约原则，特别是节约在国际经济贸易中更为突出的运输和通信成本。也有例外的情况，例如美国和以色列建立的自由贸易区以及古巴参加经济互助委员会（以下简称经互会），人们可以看到政治因素的突出作用。

（5）它们的贸易制度相同或相似。发达国家与发展中国家之间、资本主义国家与社会主义国家之间存在明显的制度差异，因此，它们一般是分别组织自己的经济一体化。制度差异会给共同市场发育带来难以消除的矛盾和障碍。特别是一体化程度水平较高时，成员国要服从超国家机构，实施某些共同贸易和经济政策，没有相似的贸易制度或贸易法规，这样的经济一体化便无法建立。因此，使本国贸易制度与其他成员国贸易制度接轨，往往是该国参加国际经济一体化的前提条件。

(6) 它们承担一定的政治义务。成功、持久的经济一体化一般有比较稳定的政治联盟关系。一些发展中国家的经济一体化受到挫折，也往往是受到领土争端、民族冲突、宗教纠纷等政治关系的影响。经济一体化在不同程度上要求成员国放弃、让渡或淡化某些国家主权，各成员国只有承担相应的政治义务，才能保证国际经济一体化的发展和向更高级的一体化组织形式过渡。

第二节　国际经济一体化的原因及经济影响

一、国际经济一体化的原因

(一) 生产力的发展

生产力的发展是国际经济一体化的基础。在科技革命的推动下，“二战”后世界生产力迅速提高。同时，科技和生产力发展在世界各国是不平衡的，这种现实奠定了国际经济一体化的物质基础。

生产力发展水平越高，国界对生产社会化的限制就越明显。“二战”后迅速发展的生产力要求突破国界对生产社会化的限制，特别是要求消除贸易壁垒。在理论上，实现全球贸易自由化是一种最优选择。但是，从全球多边贸易谈判的实践来看，当贸易自由化向深层进展时，达成协议的障碍层出不穷，谈判时间越来越长，协议中的保留条款越来越多，监督协议实施的成本也越来越大。“东京回合”、“乌拉圭回合”和“多哈回合”既显示了人们实现全球贸易自由化的努力，也说明了全球贸易自由化不是通过多边谈判就能达到理想状态的。相对而言，在区域范围进行多边谈判更容易达成较高程度的贸易自由化协议。各种经济一体化都包含有区域贸易自由化的内容，它在一定程度上符合生产力发展的客观要求。国际经济一体化与全球贸易自由化并不是对立的，前者是实现后者的一种渐进的途径。

各国生产力发展水平的不一致也是国际经济一体化的重要原因。“二战”后的科技革命所推动的主要是水平型的国际分工，这决定人均国民收入相近的国家之间特别是发达国家之间的贸易发展得更快。发达国家和发展中国家分别建立自己的经济一体化组织，可以满足水平型国际分工的客观需要。在人均收入相差悬殊的情况下，贸易自由化对双方都有比较猛烈的冲击。一方面，发达国家的资本密集型和技术密集型产品将猛烈冲击发展中国家的相关产业；另一方面，发展中国家的劳动密集型产品也会猛烈冲击发达国家的相关产业。由于发展中国家受到自由贸易的冲击更为猛烈，因此它们对全球贸易自由化有更为明显的保留态度。发达国家的生产力发展也不平衡，如20世纪50年代美国的人均收入显著高于欧洲国家，这也是欧洲经济共同体成立的重要原因。

20世纪80年代以来，葡萄牙、墨西哥等人均收入较低的国家加入了人均收入更高的经济一体化组织，这只是一些个别现象。这时，贸易自由化的冲击可通过牺牲其他国家的利益得到缓解。例如，墨西哥的廉价劳动力对美国市场的冲击可通过其他发展中国家的劳动密集型产品被挤出美国市场而得到缓解，美国的技术密集型产品对墨西哥市场的冲击可通过其他发达国家的制成品被挤出墨西哥市场而得到缓解。

（二）资本的国际化

资本的国际化提供了国际经济一体化的可能性和必要性。在资本主义制度下，生产力发展的客观要求是通过资本的运动来实现的。生产的国际化同时表现为资本的国际化，包括货币资本、生产资本和商品资本跨越国界的运动。为了获取最大限度的利润，资本要求不断突破国界对它运动的各种限制。国际经济一体化能够在一定程度上实现资本运动的内在要求。

在“二战”之前，商品资本国际化曾长期居于主导地位。商品资本要求不断扩大国外市场，特别是占领殖民地市场，以获得工业制成品销售场所和原料供应基地。垄断资本在争夺世界市场的竞争中建立起以国际卡特尔和国际辛迪加为基本形式的国际垄断同盟。帝国主义国家也建立起以帝国特惠制为代表的贸易集团。后者具有类似于前者的性质，即它主要通过强化对经济一体化国家外的贸易壁垒来推动商品资本的国际循环与周转。这种形式的国际垄断同盟激化了帝国主义国家之间的矛盾，导致两次世界大战先后爆发。这说明旧式经济一体化已经不能适应商品资本国际化的要求。

“二战”后，发达国家吸取了两次世界大战的教训，它们发起成立了关税与贸易总协定等，以全球贸易自由化实现商品资本国际化的要求。但是，全球性多边谈判只能实现程度较低的经济一体化，它不能充分满足商品、资本国际化的需求。此外，“二战”后生产力的发展使生产资本国际化的地位日益增强。跨国公司这种新型的国际垄断同盟与国际卡特尔有很大区别，它不仅要求集团内的贸易自由化，而且要求实现全球贸易自由化。因此，以欧洲经济共同体为代表的新型经济一体化不同于帝国特惠制为代表的旧式经济一体化，它主要通过强化一体化内部的贸易自由化来满足资本国际化要求，同时它也积极参加全球性多边谈判以推动全球贸易自由化。

“二战”后，发展中国家民族资本的力量不断增强。它们在国际竞争中拥有廉价劳动力的优势，这使它们能够在一定程度上接受全球贸易自由化，以便为劳动密集型产品开拓国外市场。另外，它们有相似的地位和共同的利益，需要以自己的经济一体化加强相互合作。因此，它们组织了数十个发展中国家的贸易集团。但是，由于发展中国家的民族资本对发达国家的垄断资本有较强的依赖性，特别是发达国家的跨国公司在发展中国家有举足轻重的影响，发展中国家的经济一体化对世界经济的影响明显低于发达国家的经济一体化。

（三）政府经济职能增强

政府经济职能增强是国际经济一体化的重要成因。“二战”后世界经济的显著特征之一是政府经济职能增强。在发展中国家，政府承担起扶植民族资本发展的经济职能。在发达国家，国家垄断资本主义得到空前发展，政府在生产、分配、交换和消费各个环节全面影响和控制经济运行。

政府经济职能增强包括政府对世界市场的干预。建立经济一体化是这种干预的表现形式之一。政府的经济职能越强，经济一体化程度也就越高。

在国际经济一体化中，超国家机构或多边协议要求各国政府让渡一部分国家权力，取消或减少贸易壁垒，这并非政府经济职能弱化，而是政府对经济的干预采取了特殊的形式。这种干预形式并没有放弃对一体化外资本的排挤。同时与私人资本组织的国际垄断同盟相比，政府组织的经济一体化更能够考虑本国资本的整体利益和长远利益。

（四）市场的局限性

市场的局限性是促成国际经济一体化的重要因素。贸易自由化意味着市场支配资源配置，或者是价格机制决定国际分工的形成与变动。它有一定的合理性，也有一定的局限性。价格能够大体反映资源的相对稀缺性及其边际效用，由它决定的国际分工能够发挥各国的现有优势，并使各国都能从国际贸易中获得一定利益。但是，价格不能反映动态的比较优势，特别是不能反映一国未来的技术状况。各国可以通过投资，引进新技术或创造新技术，使自己在原来相对落后的领域具有比较优势地位。这就需要政府积极干预本国参与国际分工的方向。

国际经济一体化既有区域贸易自由化的内容，又有协议国际分工的内容。成员国政府可以通过协商，有计划地开展工业合作，并通过区域贸易自由化或长期贸易协定为这种共同投资项目创造市场条件。这种协议国际分工对于发展中国家具有尤为重要的意义，东盟就是实践证明。

二、国际经济一体化的经济影响

（一）促进贸易扩大

各种经济一体化都包含有消除成员国之间贸易壁垒的内容。贸易壁垒的消除具有扩大贸易量的作用。同时，它也可能使成员国与非成员国的贸易转移到成员国之间进行。因此，国际经济一体化可以使集团内部贸易得到更快的增长。经济一体化程度越高，它在这方面的效应就越明显。例如，欧洲经济共同体建立之后，欧洲国家的相互贸易在其贸易总额中的比重明显上升。

（二）带来规模经济效益

国际经济一体化的建立使成员国拥有更大规模的区域市场，这为企业和整个行业扩大生产规模创造了更好的市场条件。企业扩大生产规模，可以获得内在经济效益。它可以通过采用大型先进设备，提高企业内部的专业化程度，对副产品进行综合利用等措施，降低生产成本。行业扩大生产规模，可以获得外在经济效益，它可以推动为该行业服务的其他行业的发展，后者有助于降低该行业的生产成本。

（三）鼓励竞争

虽然国际经济一体化限制着集团外国家与集团内国家之间的竞争，但是它鼓励集团内国家之间的竞争。前一种竞争有可能是生产力发展水平相差悬殊国家之间的竞争，它对后进国家有比较明显的消极影响，如民族工业受冲击、贸易条件恶化等。后一种竞争一般是生产力发展水平相似国家之间的竞争，它对双方均有比较突出的积极作用。这种积极作用包括：①刺激现有企业革新技术和改善管理；②通过竞争淘汰一些中小企业，促进企业规模的扩大；③竞争刺激区域内产业结构的重新调整，它使各成员国的资源优势得到更充分的发挥，资源在区域范围得到优化配置。

（四）刺激经济增长

国际经济一体化的上述经济影响都具有刺激成员国经济增长的作用。首先，它促进集团内部贸易的增长，从需求方面创造着增长的条件。在资本主义制度下，需求不足是阻碍经济增长的主要因素。经济一体化消除了集团内部的贸易壁垒，为市场的扩大创造了条件。其次，它鼓励集团内的资本集中，促进区域范围的竞争，也可以通过规模经济效益、技术革新、管理改善、结构调整等方面的具体效果，提高资源的利用效率特别是劳动生产率，使经济增长加快。此外，经济增长一旦起步，便会产生一种良性循环。例如，增长具有增加就业和收入的作用，后者又从增加资源投入量和购买力方面刺激经济进一步增长。

（五）吸引直接投资

任何国际经济一体化都有某种程度的对集团外国家的贸易歧视，这种歧视削弱了集团外国家在该区域市场上的竞争能力。同时，它使直接投资的吸引力增强。集团外国家在经济一体化的任何一个成员国进行直接投资，不仅可以绕过该国的贸易壁垒，而且可以获得该一体化其他成员国的市场。特别是在一体化程度较高的关税同盟，集团外国家的直接投资可以获得在整个关税同盟区域自由流动的待遇。关税同盟的对外统一关税越高，成员国越多，它吸引外资的能力便越强。例如，在欧洲经济共同体成立之后，美国迅速增加了对欧洲的直接投资，这成为跨国公司大发展的重要因素。外资进入也具有增加一体化成员国就业和产值、提高其技术水平、吸收先进管理经验等效应。

（六）改善贸易条件

国际经济一体化消除或减少集团内的贸易壁垒，使集团内的贸易更具有吸引力，由集团外国家的进口部分地被由其他成员国的进口所替代。一体化的形成相对地减少了对集团外国家产品的需求，在一定程度上促使其产品价格下降。如果一体化的成员国有一个或数个大国，那么，它对贸易条件影响就更为显著。欧共体和北美自由贸易区都属于显著改善贸易条件的一体化。发展中国家的经济一体化对贸易条件的影响力相对较小。

（七）推动世界贸易

国际经济一体化绝对地和相对地促进集团内部贸易的增长，同时也可能相对地减少了成员国与非成员国之间的贸易在贸易总额中的比重。但是，这并不意味着它绝对减少成员国与非成员国的贸易量，至少这种情况不会长期存在。这是因为经济一体化的出现会刺激成员国的经济增长，后者具有扩大进口需求的作用，其中包括扩大对集团外国家的进口需求。此外，经济一体化还具有降低交易成本的效果。区域内各国交易手续的简化和各种规章制度的统一化，使集团外国家在向该区域出口时，也可以相应地简化手续，减少逐一考虑各国不同的技术标准而带来的交易成本。从实践来看，欧洲经济共同体成立之后，它与集团外国家的贸易量仍然呈长期上升趋势。因此，经济一体化通过促进集团内部贸易而带动世界贸易的扩大。这并不排除在短期、特别是在有些国家矛盾激化的时期，各经济一体化之间开展贸易战、限制世界贸易增长的可能性。

（八）改变世界经济格局

在欧洲经济共同体成立之后，欧洲国家以统一的组织参加国际谈判，形成了美国、欧洲、日本三足鼎立的世界经济格局，在20世纪80年代后期，形成北美自由贸易区和欧洲统一大市场两大贸易集团抗衡的格局，这种格局对亚洲国家提出挑战。特别是在发达国家中，只有日本没有参加经济一体化，这对其未来的国际地位有深刻影响。日本与周边国家的国际分工带有明显的垂直型国际分工的性质，日本对其过去的侵略行为缺乏认真反省与检讨，因此，它很难组织起以它为中心的经济一体化。但是，日本采取了不少对策，力图在加强贸易和投资合作方面取得一些实质性进展。在两大经济一体化的推动下，亚太地区的经济一体化也将得到进一步的发展。

第三节　关税同盟理论

关税同盟是成熟的国际经济一体化的核心内容，它充分显示经济一体化内外有别的特征。它对内实行贸易自由化，对外筑起统一的贸易壁垒。关税同盟理论以贸易创造效应和贸易转移效应说明国际经济一体化的主要经济影响。

关税同盟理论使用的是局部均衡分析方法。在模型中它假设世界上只有 A、B、C 三个国家：A 国是主要的分析对象，B 国是和 A 国结盟的国家，C 国代表一体化外国家。为分析简化，设 A 国是一个小国，它的进出口不会影响世界市场价格。

一、贸易创造效应

贸易创造效应是指关税同盟具有创造或扩大国际贸易的作用，并能因此带来社会福利的增加。各种贸易集团都以区域贸易自由化为基本宗旨之一，关税同盟则要求完全取消成员国之间的贸易壁垒。因此，成员国之间的贸易必然会显著增加。

在图 7-1 中，P 和 Q 分别表示某商品的价格和数量，D 和 S 分别表示 A 国对某商品的需求和供给曲线，P_A、P_B、P_C 分别表示封闭状态下 A、B、C 三国该商品的价格。假设 $P_A > P_C$，$P_C > P_B$，A 国从 B 国进口该商品。在没有成立关税同盟时，设单位产品关税为 P_BP_T，进口商品价格为 P_T。由于竞争的作用，国内产品也只能按 P_T 出售。在这种价格下，A 国的国内产量为 OQ_1，需求量为 OQ_2，两者的差额 Q_1Q_2 为 A 国从 B 国的进口量。为了进行后面的比较，这里还要考察 A 国的福利状态。在局部均衡分析中，A 国的社会福利为消费者剩余$(a+b+c)$、生产者剩余$(d+e)$和关税收入 g 三者之和。

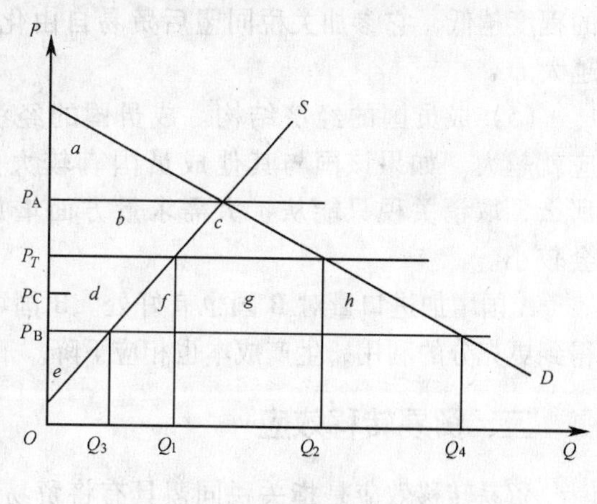

图 7-1　贸易创造效应

现在考察 A 国和 B 国结成关税同盟之后的情况。这意味着 A 国要取消对 B 国征收的进口关税，同时继续维持对 C 国的关税。这样，A 国从 B 国进口的商品价格将从 P_T 下降到 P_B。在竞争中，其国内价格也会下降到 P_B。在这种价格下，A 国的产量将由 Q_1 减少到 Q_3，需求量将由 Q_2 增加到 Q_4，两者的差额 Q_3Q_4 为它从 B 国的进口量。$Q_3Q_4>$

Q_1Q_2，表现出关税同盟创造或扩大国际贸易的作用。贸易创造效应的原因在于成员国之间相互取消关税降低了商品价格，这一方面增加了对进口商品的需求量，另一方面使成本更低的其他成员国的生产替代本国的部分产量。

贸易创造效应可以增加A国福利水平，它由消费者剩余$(a+b+c+d+f+g+h)$和生产者剩余e两部分组成，比结盟之前增加了$(f+h)$。福利增加的基本原因是资源得到了更有效的利用。成本更低的B国在国际分工中承担了更大的该商品生产份额，A国则将资源转向自己有比较优势的商品生产。

关税同盟的贸易创造效应及其积极的福利效应的大小主要取决于以下因素：

(1) 原有的关税水平。原有的关税水平越高，关税同盟使进口商品价格下降的幅度就越快，从而它扩大贸易量的作用便越大。

(2) 该国的供给和需求弹性。该国的供给和需求弹性越大，同量的削减关税对供给量和需求量的影响就越大，即它对扩大贸易量的作用便越大。

(3) 其他成员国的生产效率。其他成员国的生产效率越高，即它的生产成本与该进口国的成本差距越大，取消关税对扩大贸易量的作用便越大。

(4) 一国参加贸易集团之前对外开放的程度。一国参加贸易集团之前对外开放的程度越低，它参加关税同盟后贸易自由化的进展越显著，贸易量的增加幅度就会越大。

(5) 成员国的经济结构。成员国的经济结构越相似，关税同盟的贸易创造效应就越大。如果该国与其他成员国有较大的结构差异，某些产品完全依赖进口，那么，取消关税只能从扩大需求量方面增加贸易量，关税同盟的贸易创造效应便会较小。

A国增加进口量对B国也有好处。B国可从扩大出口获得规模经济效益，使资源得到更充分的利用，生产成本也相应下降。

二、贸易转移效应

贸易转移效应是指关税同盟具有将贸易由集团外国家转移到集团内国家的作用，并因此导致一定的福利损失。

各种贸易集团都有一定的排他性，这不一定是通过绝对地强化对集团外国家的贸易壁垒而实现的。在现实生活中，参加贸易集团的国家仍然积极参加世界贸易组织的多边贸易谈判，它们对集团外国家设置的贸易壁垒也有绝对减少趋势。但是，由于区域贸易自由化进展得更为顺利，集团外国家在与集团内各成员国竞争时处于相对不利地位。

在图7-2中，P、Q、D、S、P_A、P_B、P_C、P_T的含义与图7-1相同。不过，这里假

设 $P_A > P_B$，$P_A > P_C$。因此，在没有成立关税同盟时，A 国将从 C 国进口商品。设单位关税为 $P_C P_T$，则进口商品价格为 P_T。在进口竞争下，A 国企业生产的商品也只能按 P_T 出售。在这种价格下，其国内产量将为 Q_1，需求量为 Q_2，两者的差额 $Q_1 Q_2$ 表示它从 C 国的进口量。在这种情况下，A 国的福利总量由消费者剩余$(a+c)$、生产者剩余$(b+m+f)$和关税收入$(g+e)$三部分组成。

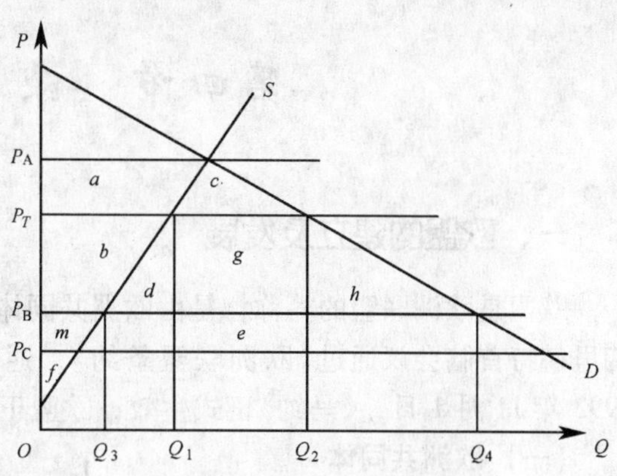

图 7-2 贸易转移效应

在 A 国和 B 国结成关税同盟之后，情况发生很大变化。由于 A 国取消对 B 国的关税，在 A 国市场上 B 国商品的竞争力可能超过 C 国。如果出现这种情况，A 国会将进口由 C 国转向 B 国。在 P_B 这种价格下，A 国产量为 Q_3，需求量为 Q_4，进口量为 $Q_3 Q_4$。$Q_3 Q_4 > Q_1 Q_2$，说明在贸易转移的同时，贸易量也有所扩大。

贸易转移会使福利水平下降。由于进口由 C 国转向 B 国，A 国丧失了$(g+e)$这一部分关税收入。其中，g 部分转化为该国的消费者剩余，它还不属于福利的净损失。但是，e 部分关税收入是一种福利净损失，因为 B 国的成本高于 C 国，关税同盟助长了这种缺乏效率的资源转移。

贸易转移效应及其所造成的福利损失的大小主要取决于以下因素：

(1) 原有关税水平。原有关税水平越低，关税同盟对非成员国的贸易歧视程度越低，由此而产生的贸易转移的可能性也越小。

(2) 成员国在关税同盟建立之前的贸易往来。成员国在关税同盟建立之前的贸易往来越密切，贸易转移的余地便越小。

(3) 关税同盟的成员国数量。关税同盟的成员国越多，贸易转移的可能性越小。

(4) 成员国与非成员国之间的成本差异。成员国与非成员国之间的成本差异越大，贸易转移所可能带来的福利损失便越大。

一般说来，贸易创造效应是关税同盟的主要经济效应，它的积极作用明显超过贸易转移效应的消极影响。

关税同盟模型采用了与自由贸易模型和关税模型类似的许多假设条件，如充分就业等，这些条件不完全符合现实情况。此外，它进行的是静态分析，没有考虑到动态效应。但是，它的基本结论和简化的分析方法仍然具有一定的借鉴意义。

第四节 欧洲联盟

一、欧盟的建立及发展

欧盟是欧洲联盟的简称，是由欧洲共同体发展而来的。1991 年 12 月，欧共体马斯特里赫特首脑会议通过《欧洲联盟条约》，通称《马斯特里赫特条约》(简称《马约》)。1993 年 11 月 1 日，《马约》正式生效，欧盟正式诞生。

(一) 欧洲共同体

1946 年 9 月，英国首相丘吉尔曾提议建立“欧洲合众国”。1950 年 5 月 9 日，法国外长罗伯特·舒曼代表法国政府提出建立欧洲煤钢联营。这个倡议得到了法国、原联邦德国、意大利、荷兰、比利时、卢森堡六国的响应。

1951 年 4 月 18 日，法国、原联邦德国、意大利、荷兰、比利时和卢森堡在巴黎签订了《建立欧洲煤钢共同体条约》。1957 年 3 月，这六个国家在罗马签订了《建立欧洲经济共同体条约》和《欧洲原子能共同体条约》，统称《罗马条约》。1965 年 4 月 8 日，六国签订了《布鲁塞尔条约》，决定将欧洲煤钢共同体、欧洲经济共同体、欧洲原子能共同体的机构合并，统称欧洲共同体。但三个组织仍各自存在，具有独立的法人资格。《布鲁塞尔条约》于 1967 年 7 月 1 日生效，欧洲共同体(以下简称欧共体)正式成立。

(二)《魏尔纳报告》

欧洲经济共同体工业品关税同盟提前建成和共同农业政策基本实现以后，为促使成员国之间贸易的进一步发展，共同体面临稳定各成员国之间的货币汇率、解决国际收支困难以及在成员国货币汇率发生变动时如何保持农产品的共同价格等一系列新问题。为了巩固和继续推进经济一体化，1969 年 12 月，在荷兰海牙举行的欧共体国家首脑会议正式提出把建立经济和货币联盟作为欧共体的一项重要目标。为此欧共体的专家们在 1970 年 5 月拟订了初步计划，这个计划交由以卢森堡首相兼财政大臣皮埃尔·魏尔纳(Pierre Werner)为首的工作组审议。同年 10 月工作组向欧共体理事会及委员会提出了《关于在共同体内分阶段实现经济和货币联盟的报告》，即《魏尔纳报告》。

这份报告主张，欧洲经济和货币联盟在 10 年内(1971 ~ 1981 年)，分为三个阶段实现。第一阶段从 1971 年初至 1973 年底，主要目标是缩小成员国货币兑换率的波动幅度，着手建立货币合作基金，以支援稳定汇率的活动，加强有关货币政策和经济政策的协调；第二阶段从 1974 年 1 月 1 日至 1976 年底，主要目标是使成员国的经济货币政策趋于一致，使成员国不能自行决定平价变动，各国货币间的汇率进一步稳定甚至固定下来，集中成员国的部分外汇储备，由合作基金转变为共同外汇储备基金，资本流动逐步自由化；第三阶段从1977年至1980年底，欧共体将成为一个商品、劳务、人员和资本自由流动的经济统一体，固定汇率制向发行统一货币发展，共同外汇储备基金向建立联合中央银行发展。

1971年2月9日，在欧共体六国部长会议上，达成了以《魏尔纳报告》为基础的建立货币联盟的最后协议。协议就第一阶段作了较为具体的规定，其要点是：第一，缩小欧共体各国货币的汇率波动幅度，六国的中央银行为使它们的货币保持在规定的上下限范围内，在货币市场上共同采取干预行为；第二，建立货币合作基金，以便为成员国稳定汇率提供贷款；第三，加强货币和信贷政策的协调；第四，逐步开放欧共体内部的资本市场；第五，协调六国的预算政策，主要是协调预算专家的数额；第六，统一实行增值税和公司税；第七，在国际货币问题上，逐步采取共同立场。

此后，欧共体的经济和货币联盟计划开始了漫长而曲折的实施历程。

1973年后，英国、丹麦、爱尔兰、希腊、西班牙和葡萄牙先后加入欧共体，成员国扩大到12个。欧共体12国间建立起了关税同盟，统一了外贸政策和农业政策，创立了欧洲货币体系，并建立了统一预算和政治合作制度，逐步发展成为欧洲国家经济、政治利益的一体化组织迈进。

（三）《马斯特里赫特条约》

到20世纪80年代末至90年代初，欧共体仅停留在经济领域的联合，这不能适应急剧变化的形势，而且急需在政治和安全方面也有一定稳定的合作。否则，统一市场即使开始实行，也难以顺利运行。因此早在20世纪80年代中，在筹建统一市场时，欧洲理事会就开始考虑建立欧洲经济与货币联盟以及政治联盟。1989年，理事会决定经济与货币联盟分三步走，最后阶段建立欧洲中央银行和发行欧洲单一货币以代替各成员国货币。1991年12月9日至10日，第46届欧共体首脑会议在荷兰马斯特里赫特举行。经过两天的激烈辩论，终于通过并草签了《欧洲经济与货币联盟条约》和《政治联盟条约》(亦称为《马斯特里赫特条约》,以下简称《马约》)。这两个条约的签署，标志着欧洲一体化建设进入了一个新的阶段。

经济与货币联盟确定了在20世纪末欧共体经济一体化的目标和步骤。其最终目标是要在密切协调成员国经济政策和实现欧洲内部统一市场的基础上，形成共同的经济改革。具体来说是：①实行单一的货币(欧洲货币单位)；②制定统一的货币兑换率；③建立一个制定和执行欧共体货币政策的欧洲中央银行体系。

上述目标将分三个阶段逐步实现。第一阶段从1990年7月1日到1993年底。这一阶段的主要任务是：①实现所有成员国加入欧洲货币体系汇率机制；②实现资本的自由流通；③协调各成员国之间的宏观经济改革，并建立相应的监督机制。第二阶段从

1994年1月1日至1997年。这一阶段的主要任务是：①进一步实现各成员国宏观经济政策的一体化，特别是协调和监督各成员国中央银行的运作；②建立独立的欧洲货币机构，作为欧洲中央银行的前身，以协调和监督各成员国中央银行的货币改革和外汇储备，但该机构不能直接干预各成员国中央银行的运作。第三阶段从1997年到1999年1月1日。这一阶段的主要目标则是实行统一的欧洲货币和建立独立于各成员国政府之外的欧洲中央银行。为了实现这一目标，欧共体对成员国进入第三阶段提出了以下前提条件：①通货膨胀率不能高于三个最低成员国平均水平的1.5%；②利率水平不得超过上述平均数的25%；③政府财政赤字不超过其国内生产总值的3%；④公共债务不得高于国内生产总值的60%。如果某成员国届时不能实现上述条件，欧共体将对其实行制裁。在1996年年底以前，欧共体将评估各成员国实现上述条件的程度，如果有九个成员国达到了标准，便可以在1997年1月进入第三阶段，否则就要推迟进入第三阶段，但是各成员国最迟也要在1999年1月1日进入第三阶段。为了减少实现经济与货币联盟的阻力，在条约的附加协定上，欧共体也作出了一些必要的让步。例如，允许英国享受推迟参加经济货币联盟的例外权；丹麦也可以在举行公民投票后决定是否加入联盟；建立特别基金，以加速经济发展水平欠发达的成员国（西班牙、葡萄牙、希腊、爱尔兰）的发展，从而尽快满足欧共体的必要条件。

《马约》在批准过程中遇到了未曾预料的阻力。1992年6月2日丹麦举行公民投票表决，结果支持《马约》的只占49.3%，反对票达50.7%，否决了该条约。在英国，关于批准《马约》问题遭到了保守党的强烈反对，梅杰政府被迫推迟了向下议院提出批准《马约》的议案，并宣布等待丹麦第二次公民表决后再提请下议院讨论批准。这样，《马约》原定12国于1992年年底完成批准手续，1993年年初生效的规定显然已无法实现。1992年年12月欧洲理事会爱丁堡会议上决定，给丹麦以例外权。1993年5月18日丹麦选民举行第二次公决，56.8%的选民赞成《马约》。丹麦通过《马约》后只剩下英国这个成员国尚未批准《马约》了。经过不懈的努力，欧共体各成员国议会于1993年10月底前通过了《马约》，于是从11月1日起，欧共体更名为欧洲联盟（简称欧盟）。

（四）欧盟的扩大

欧盟先后经历了六次扩大浪潮，1951年法国、原联邦德国、意大利、荷兰、比利时、卢森堡六国发起成立了欧洲煤钢共同体，成为欧盟的奠基者。此后，1973年爱尔兰、英国和丹麦加入；1981年希腊加入；1986年西班牙和葡萄牙加入；1995年，芬兰、瑞典、奥地利加入。2002年11月18日，欧盟15国外长会议决定邀请塞浦路斯、匈牙利、捷克、爱沙尼亚、拉脱维亚、立陶宛、马耳他、波兰、斯洛伐克和斯洛文尼亚10个中东欧国家入盟。2003年4月16日，在希腊首都雅典举行的欧盟首脑会议上，上述10国正式签署入盟协议。2004年5月1日，这10个国家正式成为欧盟的成员国。

这是欧盟历史上的第五次扩大，也是规模最大的一次扩大。2007 年罗马尼亚和保加利亚加入。扩大后的欧盟成员国从 15 个增加到 27 个。

（五）欧盟的经济

欧盟成立后，经济快速发展。人均国内生产总值由 1997 年的 1.9 万美元上升到 2010 年的 3.2 万美元，欧盟的经济总量从 1993 年的约 6.7 万亿美元增长到 2010 年的近 16.1 万亿美元。经济总量超过了美国 14.6 万亿美元的规模，欧盟的整体实力大大增强。

二、欧盟的主要机构

（一）欧洲理事会

欧洲理事会即首脑会议，由成员国国家元首或政府首脑及欧盟委员会主席组成。1974 年 12 月欧盟决定，自 1975 年起首脑会议制度化，并正式称为欧洲理事会，负责讨论欧盟的内部建设、重要的对外关系及重大的国际问题。首脑会议每半年举行一次正式会议和一次非正式会议，必要时还可召开特别会议。欧洲理事会主席由各成员国轮流担任，任期半年。顺序基本按本国文字书写的国名字母排列。欧洲理事会是欧盟的最高权力机构，在决策过程中采取协商一致通过的原则。理事会下设总秘书处，理事会总秘书处设在比利时首都布鲁塞尔。

（二）部长理事会

部长理事会是欧盟的决策机构，拥有欧盟的绝大部分立法权。部长理事会根据欧盟委员会的建议，作出有关欧盟政策的各项重大决策，并根据《欧洲联盟条约》，负责共同外交和安全政策、司法、内政等方面的政府间合作事宜。由于《马约》赋予了部长理事会以欧盟范围内的政府间合作的职责，因此部长理事会自 1993 年 11 月 8 日起称作“欧洲联盟理事会”。部长理事会主席国的任期及轮任顺序与欧洲理事会相同，理事会总秘书处设在比利时首都布鲁塞尔。

（三）欧盟委员会

欧盟委员会是欧盟的常设执行机构，总部设在比利时首都布鲁塞尔法律大街 200 号一座十字形的大厦内。欧盟委员会负责实施《马约》及欧洲理事会作出的决定；向欧洲理事会和部长理事会提出报告和立法动议；代表欧盟对外联系并负责经贸等方面的谈判；处理日常事务。委员会由 1 位主席（巴罗佐）、5 位副主席、27 位委员组成。欧盟现行的《尼斯条约》规定，欧盟委员会主席一职需要由欧盟 27 个成员国最高元首组成的理事会提出一个候选人，之后由欧洲议会批准通过。委员由成员国政府推荐，并征得欧洲议会同意，任期 5 年。委员会下设 37 个总司或专门的服务处。根据《马约》，自 1995 年起，委员会的任期为 5 年。

(四) 欧洲议会

欧洲议会是欧洲联盟的执行监督、咨询机构，在某些领域有立法职能，并有部分预算决定权。欧洲议会可以2/3多数弹劾欧盟委员会，迫其集体辞职。议会大厦设在法国斯特拉斯堡，议会秘书处设在卢森堡。自1979年起，欧洲议会议员由成员国直接普选产生，任期5年。设议长1人，副议长14人，任期均为两年半，可连选连任。《马约》加强了欧洲议会在某些领域内的立法职能。《马约》规定了在内部市场、保护消费者、教育、文化、卫生等领域由欧洲议会和理事会“共同决策”的程序。在另一些重要领域，如签署国际协议、任命委员会成员、新成员国加入欧盟等方面，理事会必须征得欧洲议会的同意。

(五) 欧洲法院

欧洲法院是欧盟的仲裁机构，负责审理和裁决欧盟和成员国在执行各项法律法规中发生的各种争执，现有15名法官和9名检察官，由成员国政府共同任命，任期6年，可连任。每3年改选一半。法院院长在法官中推选，任期3年。法院设在卢森堡。1989年9月1日增设了初审法庭，法官15名，由理事会任命，任期6年，可连任，每3年改选一半，负责审理企业竞争和涉及欧盟官员的诉讼案。

(六) 欧洲审计院

欧洲审计院负责欧盟的审计和财政管理。审计院于1977年成立，由12人组成，均由欧盟理事会在征得欧洲议会同意后予以任命。审计院负责审计欧盟及其各机构的账目，审查欧盟收支状况，并确保对欧盟财政进行正常管理，其所在地为卢森堡。

此外，社会经济委员会和根据《马约》成立的地区委员会，均为咨询机构。

三、欧盟的宗旨和发展趋势

欧盟的宗旨可归纳为如下方面。《罗马条约》申明，各成员国“决心在欧洲各国人民之间建立愈益密切的联合基础”，“消除分裂欧洲的壁垒”，“保证它们国家的经济和社会的进步”，“不断改善人民的生活和就业的条件”，“保证稳定”，并“通过共同贸易政策”，“为逐步废止国际交换的限制作出贡献”。1986年2月签署了对《罗马条约》进行修改的《欧洲单一文件》，强调“欧洲共同体及欧洲政治合作旨在促进欧洲团结的发展”，“共同为维护世界和平与安全作出应有贡献”。1991年12月欧共体首脑会议通过的《马约》指出，联盟的宗旨是“通过建立无内部边界的空间，加强经济、社会的协调发展和建立最终实行统一货币的经济货币联盟，促进(各成员国的)经济和社会的均衡，持久进步”，并“通过实行最终包括共同防务政策的共同外交和安全政策，在国际舞台上弘扬联盟的个性”。

欧盟经济有自己的一些优势。首先，欧盟经济的一体化优势减缓了外部不利因素的冲击。欧盟内部市场发达、透明，成员国经济互补性强，欧盟内部贸易活跃。目前，欧盟内部贸易已占其贸易总额的80%，内部市场的需求越大，受外部经济不利因素的冲击就越小。其次，欧元对欧盟经济起到了保护的作用。欧元的启动使欧元区颇受其益，它像一道盾牌，维护着汇率的稳定，保护着欧元区的经济。特别是欧盟对财政赤字和通胀率等方面设立的趋同标准，带动了经济良性发展。如果没有欧元，一些成员国将难以渡过2000年油价飞涨和“911事件”的难关，将会出现利率和汇率的波动。再次，欧盟的设备利用率一直处于20世纪90年代以来的平均水平以上。而美国由于信息技术产业的过度投资，目前的设备利用率在75%左右，低于平均81%的水平，这表明欧盟的投资将先于美国增长，从而带动欧盟经济率先增长。

随着世界经济区域化趋势的发展，欧洲国家联合自强已成为各国的最大利益所在，欧盟不断扩大也是必然的发展趋势。欧盟将成为世界最大的贸易集团，欧盟的扩大有利于各成员国协调合作推动经济发展，有利于欧洲经济的一体化。

从目前来看，欧盟的进展速度主要取决于这样一些因素：第一，欧洲经济形势的发展。如果经济好转，欧盟内部矛盾易于协调，各国经济政策易于接近，联合进程可能加快；第二，一体化的“火车头”德国、法国国内政局和相互关系的发展，如欧洲联合派继续掌权，两国关系继续协调，就有利于一体化发展，否则可能出现波折；第三，国际形势的发展，如果欧洲与美国、日本经济矛盾激化，外部压力增大，也有利于推动联合。

练习题

1. 分析国际经济一体化的类型及特征。
2. 分析国际经济一体化的原因及经济影响。
3. 试用模型分析关税同盟的经济效应。
4. 分析欧盟的发展历程及前景。

第八章 世界贸易组织

第一节　关税与贸易总协定

一、《关税与贸易总协定》概述

（一）《关税与贸易总协定》的产生

《关税与贸易总协定》(简称“关贸总协定”,英文缩写 GATT)是“二战”后美国、英国、法国等 23 个国家政府间缔结的旨在降低关税、减少贸易壁垒的有关关税贸易政策的多边国际协定，是一个贸易谈判的场所和调节与解决争议的机构。

早在“二战”结束前，美国、英国两国为了保持或增强自己战后在国际贸易和金融中的地位，各自提出了有关进行国际合作的方案。按照美国的建议，联合国经济及社会理事会(以下简称联合国经社理事会)于 1946 年 10 月在伦敦召开联合国贸易与就业会议，就美国提出的《国际贸易组织宪章草案》进行讨论，但这项草案没有被参加国采纳，只是决定成立一个由美国、英国等 19 个国家组成的宪章起草筹备委员会。这个筹备委员会起草了《联合国国际贸易组织宪章》。1947 年 4 ~ 10 月筹备委员会在日内瓦召开第 2 次会议，通过了美国倡导的成立国际贸易组织的决议及《联合国国际贸易组织宪章》。1947 年 11 月在哈瓦那举行的联合国贸易与就业会议，通过了《联合国国际贸易组织宪章》(习称《哈瓦那宪章》)。国际贸易组织由于后来没有获得多数与会国的批准而宣告夭折。但在上述日内瓦会议期间，美国邀请 23 个与会国进行了减让关税的多边谈判，签订了《关税与贸易总协定》，并于1948年1月1日生效。

《关贸总协定》的宗旨是："缔约国各国政府，认为处理它们的贸易和经济事业的关系方面，应以提高生活水平、保证充分就业、保证实际收入和有效需求的巨大持续增长，扩大世界资源的充分利用以及发展商品生产和交换为目的。"

（二）《关税与贸易总协定》的内容

《关贸总协定》包括序言和四个正文部分，共计38条，另有若干附件。序言规定其目的为提高生活水平、保证充分就业、保证实际收入和有效需求的巨大持续增长，扩大世界资源的充分利用以及发展商品生产和交换，并指出缔约国为此应"达成互惠互利协议，导致大幅度地削减关税和其他贸易障碍，取消国际贸易中的歧视待遇"。第一部分为第1~2条，主要规定缔约国在关税与贸易方面相互提供无条件最惠国待遇和关税减让事项。第二部分为第3~23条，主要规定取消数量限制和可以采取的紧急措施等。第三部分为第24~35条，主要规定《关贸总协定》的接受、生效、减让的停止或撤销、退出的具体手续和程序。第四部分为第36~38条，主要规定有关缔约国中的发展中国家的贸易与发展问题，这一部分是在1964年以后加上去的。此外，若干附件主要是对于某些条款的注释和补充规定。

《关贸总协定》的上述内容可分解为两个方面，即缔约国承担的义务和关于这些义务的例外情况的处理。

1. 缔约国的义务

这一方面主要包括：

（1）关税减让。由于《关贸总协定》旨在消除关税壁垒，故把关税减让列为首要条款。它规定各国分别进行双边减让谈判，减让的关税率集中列入一个总表，不论最初这项减让是由哪两国谈判达成协议，总表内的减让税率对所有缔约国一律适用。

（2）无条件最惠国待遇。规定一缔约国向另一缔约国提供的关税减让以及有关进口方面的优惠、特权或豁免，应无条件地立即给予其他缔约国，这些优惠、特权和豁免涉及关税、规费、国内税的征收方法，有关进出口的程序手续以及对进出口商在国内销售、运输、分配或使用所实施的法律条例等。这一条款的作用是保证实现无差别待遇，即非歧视性待遇。

（3）国民待遇。这即一缔约国的商品进入另一缔约国市场时，在有关销售、购买、运转、分配或使用的一切法律和规章方面所获得的待遇，不得低于该进口国国产品所享受的待遇。这一条款的作用是防止一切缔约国利用国内有关的法律、条令作为保护主义的手段。

（4）废除数量限制。当一缔约国作出关税减让后，如果又实施进口数量限制，则关税减让便失去实际意义，故《关贸总协定》禁止数量限制。

（5）磋商条款。一缔约国因有关《关贸总协定》的执行问题而对另一缔约国提出抗议时，后者应予充分考虑并进行磋商。如未能圆满解决，经一缔约国要求，可由缔约国全体与另一缔约国进行磋商。这是为了防止冲突尖锐化而强调通过磋商求得和解的一种规定。

（6）反倾销税和反补贴税条款。它规定这两种关税必须在一定的条件下才能征收，而且税率不得超过规定的限度。

（7）海关估价条款。它规定估价的原则与标准，并强调应保持这种标准和方法的稳定性。

（8）原产国标记条款。它要求各国将这方面的法令和规章对其他缔约国的贸易和工业所造成的困难和不便降低到最低限度。

（9）贸易法令的公布和执行条款。它规定缔约国应及时公布有关对外贸易的法律、法庭判决、行政管理的规章等，并应公正、划一、合理地予以执行。

2. 例外情况的处理

在《关贸总协定》内，主要发达国家之间、发达国家与发展中国家之间围绕各种义务展开了一系列斗争。为了使冲突不致引起《关贸总协定》的破裂，《关贸总协定》又作出许多规定，使各项义务在特定条件下得以变通处理。重要的例外情况有：

（1）优惠关税。在以无条件最惠国待遇作为《关贸总协定》基本原则的同时，规定有两种情况属于例外，可将关税优惠只提供给某些国家，而不给予其他缔约国。一是“历史性”的优惠，即某些国家之间在历史上长期形成的优惠关系；二是第 24 条所规定的关税同盟（如比荷卢关税同盟）和自由贸易区（如欧洲共同市场）的免税待遇不适用其他缔约国。

（2）禁用数量限制的例外。第 11 条规定普遍废除数量限制，但第 12 条又规定为了保护一国的国际收支，必要时可以采用。

（3）解除义务。第 25 条规定，《关贸总协定》在其他部分未予规定的特殊情况下，缔约国可通过共同行动解除一缔约国所应承担的某项义务。根据这一条款，只要多数缔约国“共同行动”，便可解除任何缔约国的任何义务。例如，发达国家向发展中国家的制成品提供普遍优惠制的关税待遇，其他国家不得引用无条件最惠国待遇原则而要求分享，这便是通过共同行动解除了本来应承担的无条件最惠国待遇的义务。

（4）免责条款。第 19 条规定，如果一缔约国承担的义务，包括关税减让，引起某些商品的输入量大增，以致对该国同类产品或竞争产品的生产者造成重大损害或构成这种威胁时，该国可全部或部分地停止执行其承担之义务。

（5）发展中国家的例外。第 18 条规定，发展中国家为了经济发展、扶植幼稚工业，在关税、进口限额和最惠国待遇的实施等方面可以允许作一定限度的例外处理。

（6）保障国家安全和社会福利。第 20 条和第 21 条规定，为了国家安全、公共道德、保护人民健康等，缔约国可不受现行义务的束缚而采取必要的措施。例如禁止或限制某种商品的进出口。

（三）《关税与贸易总协定》在组织上的发展

《关贸总协定》最初有 23 个缔约国，后发展到 100 多个，其对外贸易额在世界贸易总额中约占 85%。参加《关贸总协定》的东欧国家有罗马尼亚、前南斯拉夫、前捷克斯洛伐克、匈牙利、波兰。我国为创始国之一，1971 年 11 月台湾被取消了作为成员的资格，1986 年 7 月，我国正式向《关贸总协定》提出了恢复缔约国地位的申请。

最初，《关贸总协定》并无正式的常设机构，后以国际贸易组织临时委员会作为秘书处，设于日内瓦，无任何立法权。最高机构是缔约国全体大会，每年举行一次，休会期间如遇紧急问题则召开特别会议或交临时委员会处理。由于事务繁杂，成立了常设委员会。后来，一些重要的缔约国向日内瓦派遣常驻代表。在这个基础上，1960 年产生了缔约国代表理事会，一年举行九次例会，负责处理日常事务，关贸总协定于是成为正式国际组织。1979 年又设立了一个永久性机构“十八国咨询组”，负责协调与国际货币基金组织的活动，防止干扰多边贸易体制事态的发展。此外，还有几个常设的专门机构，其中最重要的是贸易和发展委员会和国际贸易中心。前者专门研究与发展中国家利益有关的贸易问题，并提出报告和建议。后者从 1968 年起由关贸总协定和联合国贸易与发展会议共管，主要任务为帮助发展中国家扩大出口、免费提供有关信息、传授推销技术、训练专门人才等。

关贸总协定通过联合国经社理事会而与联合国进行合作，但它不是联合国所属的专门机构，而是联合国的联系机构。

二、《关贸总协定》的历届谈判

（一）1947～1956 年期间的四次多边贸易谈判

1947 年在瑞士日内瓦举行了有 23 个国家参加的第一次谈判，达成了 123 项双边协议，使西方国家进口值的 54% 的商品平均降低关税 35%。1949 年在法国安纳西举行了有 33 个国家参加的第二次谈判，达成了 147 项双边协议，使占应征税进口值 5.6% 的商品平均降低关税 35%。1951 年在英国多尔基举行了有 39 个国家参加的第三次谈判，使占进口值的 11.7% 的商品平均降低关税 26%。1956 年在瑞士日内瓦举行了有 20 多个国家参加的第四次谈判，使占进口值的 16% 的商品平均降低关税 15%。

（二）狄龙回合

1960～1962 年，美国与欧洲共同市场国家间在《关贸总协定》范围内进行互相减让关税谈判，由于这次会议是当时美国负责经济事务的副国务卿 C. D. 狄龙发起的，习称

“狄龙回合”。它是在关贸总协定主持下的第三次谈判。

当时欧洲共同市场已经成立，成员国之间开始分阶段降低关税，最终将取消全部关税，而对外则建立统一的共同关税。这将使美国对西欧的出口处于不利的竞争地位，因此美国采取先发制人的办法，要求进行互相减让关税的谈判。1960 年 9 月~1962 年 3 月，在日内瓦达成了一系列协议。双方各将工业制成品的关税降低大约 20%，减让的商品数目大约为美国全部出口商品的1/4。据估计，美国由此受惠的商品出口额约达16亿美元，而欧洲共同市场六国受惠的商品出口额约为 12 亿美元，在美国对西欧出口农产品问题上则未达成减让关税的协议。

（三）肯尼迪回合

1964 年 5 月~1967 年 7 月，在关贸总协定的主持下，50 多个国家和地区在日内瓦举行第六次多边关税减让谈判，谈判主要在美国和欧洲共同市场六国间进行。这次谈判是由美国第 35 届总统 J. F. 肯尼迪发起的，故称“肯尼迪回合”。

西欧素来是美国的主要出口市场。1958 年西欧六国成立共同市场，开始进行分阶段降低内部关税，直至全部取消关税。同时又逐步形成保护作用更强的对外统一关税，对农产品的进口则拟征收差价税来限制。在这样的形势下，美国总统肯尼迪于 1962 年 10 月 11 日签署了国会通过的《扩大贸易法》，使该法案正式生效，并倡议在《关贸总协定》范围内举行多边谈判，想利用上述法案加强美国的谈判地位，让西欧作出让步。

美国制定《扩大贸易法》的翌年，即 1963 年，在日内瓦举行《关贸总协定》缔约国部长级会议，商定多边谈判的基本原则，1964 年 5 月正式开始谈判，由于美国、日本与欧洲共同市场国家在许多重大问题上的矛盾难以调和，谈判历时三年多，至 1967 年 6 月 30 日才将协议全部签署完毕。双方的主要分歧以及谈判的结果可概括如下：

（1）关税问题。欧洲共同市场各种商品的税率差异不大，一般在10%~20%。美国的税率却十分悬殊，对美国影响不大的商品，税率都很低；而与美国竞争激烈的商品，进口税率往往极高。按美国的办法，一律减税 50%，则那些与美国竞争激烈的商品在减税后，仍能维持较高进口税率。由于争执不下，双方只好把各自要保护的商品列入例外清单，不承担减税义务。但“肯尼迪回合”在工业制成品的减税方面还是取得了比以往历次谈判更大的进展，即大约有 6 万种工业制成品平均减税 35%，减税超过 50% 的约有 3 万多种。减税的工业制成品的贸易额约占美国和西欧六国 1964 年进口总额的 70%。减税到 1968 年 1 月 1 日全部完成。

（2）农产品问题。在谈判中，美国要求农产品也大幅度减税，并取消进口数量限制，而且企图商谈所谓欧洲共同市场国内生产者与国外生产者分享市场的安排，这实际上是要求保证美国农产品在欧洲共同市场各国家有一定的销售份额。这些要求都被六国拒绝，结果只降低了某些农产品的税率，贸易额仅为 20 亿美元。美国在农产品问题上所获不大。

（3）非关税壁垒问题。“肯尼迪回合”提出了过去历次谈判均未涉及的非关税壁垒问题，双方相互指责对方的非关税壁垒。西欧对美国海关估价方法中所采用的“美国售价”标准表示强烈不满，也批评了美国的《反倾销法》。美国对进口商品的估价一般以装运港船上交货价为基础，但对苯类化学品和另外几类商品则以美国的批发价为标准，大大提高了完税价格，西欧要求废除这类非关税壁垒。美国也揭露西欧的非关税壁垒，例如，在欧洲共同市场内都按马力㊀征收汽车关税（国内税）便是针对美国的，因美国主要生产和出口大马力汽车。又如，欧洲共同市场对进口商品的免税价格，是以较高的成本加上运费、保险费为基础来确定的，从而加重了美国对西欧出口商品的纳税负担。谈判结果双方都稍作让步，美国允诺废除“美国售价”标准，欧洲共同市场修改了国内征收汽车税的方法。但非关税壁垒并未消除，双方都在更为巧妙的名目下予以保持和加强。

（4）发展中国家问题。这次谈判明确了发达国家与发展中国家之间不是互让关税的问题，而应当是前者对后者的经济发展给予扶助的问题。会议规定发展中国家可以分享各项关税减让，而自己无须作出相应的减让。但由于关税减让是针对工业制成品的，真正的受益者是发达的工业国，大多数发展中国家并不能获得多少好处。

（四）东京回合

1973~1979 年，在关贸总协定主持下，由 99 个国家参加的多边贸易谈判从东京开始，到日内瓦结束。因在东京开始，它被称为“东京回合”。又由于是美国前总统 R. M. 尼克松倡议的，故又称“尼克松回合”。

进入 20 世纪 70 年代后，欧洲经济共同体已发展成为世界上最大的贸易集团，日本的经济实力也显著增强，在西方世界中形成了美国、西欧和日本鼎足而立的局面。经济实力对比的变化给国际贸易关系带来了新的矛盾和问题。例如，欧共体由六国扩大为十国，未加入欧共体的欧洲自由贸易联盟成员国也与欧共体达成协议，使相互间的制成品贸易实现自由化。欧共体与地中海国家之间作了特殊的贸易安排，1971 年 8 月美元停止兑换黄金，当时美国还决定对不受数量限制的进口商品征收 10% 的进口附加税。这一切加剧了国际贸易和国际金融中的摩擦和混乱，需要进行新的调整。1972 年 2 月美国分别向日本和欧洲经济共同体发出举行多边谈判的倡议，同年 11 月关贸总协定年会决定第二年开始多边谈判。

1973 年 9 月 12 日，关贸总协定成员国部长级会议在东京通过《东京宣言》，说明这

㊀ 1 马力 = 735.499W。

次多边谈判的目的是为继续扩大世界贸易的自由化和帮助发展中国家改善贸易条件及经济地位，指出谈判应主要解决三方面的问题：①进一步降低关税；②废除非关税壁垒或减轻、消除其对国际贸易的阻碍和干扰，为发展中国家的产品进入国际市场提供有利条件；③稳定其初级产品价格，使这些国家增加外汇收入，实现出口多样化。

谈判期间西方国家经济严重不景气，成员国间矛盾难于缓和，“东京回合”因而陷于谈谈停停、旷日持久的局面，不可能实现其预期的目的。1973 年 10 月中东战争后，出现了世界性能源危机，加速了西方国家经济危机的爆发，各国通货膨胀加剧，国际收支困难，国际汇率紊乱，形成了对推进贸易自由化极为不利的国际环境。在有的问题上矛盾相当尖锐，如美国与欧洲经济共同体对农产品贸易的政策针锋相对，一时难以达成妥协。直到 1978 年 7 月，主要国家才就谈判结束时应解决的问题商定了草案。1979 年 4 月将计划中的项目基本谈完，4 月 12 日通过了会议记录，但对遗留问题一直谈到同年 11 月。最后提出两项文件，即《关税与贸易总协定 1979 年日内瓦议定书》和《关税与贸易总协定 1979 年日内瓦议定书的补充议定书》，要求参加谈判的国家签署批准，至此，“东京回合”才告结束。

“东京回合”的结果主要表现在以下四个方面：

（1）关税减让。与“肯尼迪回合”一样，发达国家之间对所有产品均按同一百分率降低关税，但新西兰、加拿大、澳大利亚等少数国家仍按逐项商品谈判减让关税，发展中国家则可按最惠国待遇原则享受发达国家的关税减让，而不给予他国以减让。按加权算术平均法计算，关税水平从 7% 降至 4.7%，平均降低 3.4%。自 1980 年 1 月 1 日起至 1987 年 1 月 1 日止，减让分 8 次逐年进行。

（2）非关税壁垒。“东京回合”通过了一系列独立的国际协定，以补充或进一步明确《关贸总协定》中原有的限制或禁止非关税措施的条文。主要协定为：《补贴与反补贴税法典》(正式名称为《关税与贸易总协定第 6 条、第 16 条和第 23 条解释和应用协定》)、《海关估价示规》(正式名称为《关税与贸易总协定第 7 条执行协议》)、《技术性的贸易壁垒协定》(简称《标准法典》)、《政府采购协定》、《进口许可证程序协议》、《反倾销修订法典》(正式名称为《关税与贸易总协定第 6 条执行协议》)。

（3）农产品贸易。作为农产品最大出口者的美国，力图消除农产品贸易的限制，以扩大自己的出口市场。而欧洲经济共同体则为保护农场主利益，不肯放宽进口限制。双方的深刻分歧影响了谈判的进度，后来分为谷物、奶制品和肉类三个小组进行谈判。谷物小组包括进口国和出口国共 40 多个国家，讨论了稳定小麦、大麦、高粱和玉米谷物的销路和价格问题，但缺乏实质性的成果，只是使即将期满的《国际小麦协定》从 1979 年 7 月起延续两年。奶制品和肉类两个小组也讨论了防止产品过剩和价格剧烈波动以及贸易自由化问题，达成了《国际奶制品协议》和《国际牛肉协议》，建立了国际奶制品协会和国际肉类理事会，负责检查协议执行情况，并在市场受到严重破坏时提出补救办法。

（4）对发展中国家给予不同待遇。由于“南北关系”问题日益突出，“东京回合”决定成立体制组，研究国际贸易体制问题，主要是“南北关系”中的国际贸易问题。由于发展中国家的努力，“东京回合”最后同意在《关贸总协定》的体系中，确立对发展中国家给予不同待遇的原则，包括普遍优惠制下的关税优惠，在地区性或全球性的贸易安排中发展中国家之间可以相互提供关税和非关税的优惠待遇，以及最不发达国家应当享受特殊待遇等。

（五）乌拉圭回合

1. “乌拉圭回合”的背景

1986~1993 年，在关贸总协定主持下，由 108 个国家和地区参加了全球性多边贸易谈判。谈判于 1986 年 9 月在乌拉圭埃斯特角城开始，于 1993 年 12 月 15 日在日内瓦达成协议。1994 年 4 月 15 日在摩洛哥的马拉喀什，由各缔约方签署了长达 550 页的最后文件。我国政府也在最后文件上签了字。这是一轮涉及面最广、对世界经济贸易结构影响很深的谈判。

1979 年“东京回合”以后，世界经济增长缓慢，世界贸易发展起伏较大，且分布不均。日本和西欧在世界贸易中所占的比重上升较快，而美国所占比重增幅较小，发展中国家在世界贸易中的比重日渐低下，债务严重。新兴工业化国家的贸易竞争压力及西方国家内部利益集团的政治压力激化了许多国家的保护主义情绪，由于关税水平经关贸总协定多次谈判已大幅度降低并受到约束，一些国家的政府转而采用歧视性的进口限制措施，或绕过关贸总协定，以范围广泛的“灰色区域措施”和名目繁多的补贴限制外国产品的出口。据关贸总协定秘书处估计，限制出口协议的 94% 是在关贸总协定辖外签订的。

面对上述情况，1982 年 11 月，关贸总协定召集成员的部长们在日内瓦举行部长级会议，会议使更多的成员清楚地认识到，无视国际贸易规则必将导致经济混乱，而在混乱的经济中，谁也无法获利。会议制定了一项新的综合性方案，包括：①对热带产品非关税壁垒及“东京回合”所达成的各项协议及守则的适用和实施情况予以审查；②推迟在保障条款问题上达成协议；③授权贸易和发展委员会对《关贸总协定》第四部分的实施情况作一大范围的审查；④成立由 49 个成员组成的农产品贸易委员会等。旨在为实现国际贸易领域更大的自由化而努力。这次会议还要求各国就服务贸易问题互通信息，以便考虑是否应采取适当的国际多边行动。

为减轻来自欧、美的压力，时隔一年，日本与在美国协调立场后，于 1983 年 11 月在关贸总协定第 39 届缔约国大会上第一个正式提出应就召开新一轮多边贸易谈判进行准备工作的建议，该建议不久即得到欧共体的积极响应。

关贸总协定于1985年9月召开特别缔约方大会，专门研讨新一轮多边贸易谈判，会议代表一致认为：新一轮谈判应旨在遏制和消除保护主义，维护并加强多边贸易体制，改善国际贸易环境，促进贸易自由化发展。会议的中心议题集中在是否应将服务贸易纳入国际多边贸易体制以及服务贸易与传统议题的关系上，经反复协调与磋商，各方最终达成协议，宣告新一轮谈判筹备工作开始，这次会议标志着新一轮谈判已从非正式酝酿转入正式筹备。新一轮谈判筹备委员会于1985年11月底召开的第41届缔约方大会上正式成立，筹备委员会随即着手对新一轮谈判有可能涉及的30多个议题进行一般审议工作，准备“乌拉圭回合”部长会议宣言草案。1986年7月，筹备委员会收到来自瑞士、哥伦比亚等30个国家代表发达国家和部分发展中国家立场的30国提案。巴西、印度等10个发展中国家也向筹备委员会提交了反映发展中国家观点的10国提案。30国提案指出，缔约国可就制止贸易保护主义作出原则承诺，并在新一轮谈判结束时取消违反《关贸总协定》原则和规则的贸易限制措施，而且新一轮谈判议题应包括服务贸易、知识产权及与贸易有关的投资等新议题。10国提案认为，鉴于有关传统商品贸易的国际贸易规则未能切实执行，新一轮谈判不应包含新议题。缔约国应以议定书形式对遏制和减少保护主义作出承诺，并应阐明新一轮谈判将使发展中国家获得更多的贸易利益。此后，阿根廷单独提出一项议案，内容与10国提案相近。筹备委员会于7月底决定以筹备委员会主席个人身份起草部长会议宣言并附加三项提案，一并提请部长级会议讨论，由此，结束了新一轮谈判的筹备工作。

1986年9月15日，关贸总协定第8轮多边贸易谈判——“乌拉圭回合”在乌拉圭埃斯特角城拉开帷幕。

2. “乌拉圭回合”的议题及特点

作为范围空前广泛、议题相当复杂的一次历史性多边贸易谈判，“乌拉圭回合”在每一个参加方承诺维持现状的前提下，力求达到下列目的：①制止和扭转保护主义，消除贸易扭曲现象；②维护关贸总协定的基本原则，促进关贸总协定目标的实现；③建立一个更加开放、具有生命力和持久的多边贸易体制。并通过实现下列具体目标来达到：①进一步放宽和扩大国际贸易，减少和取消各类关税和非关税壁垒，促进贸易自由化；②加强关贸总协定的作用，在《关贸总协定》的原则和基础上，改善多边贸易体制，扩大《关贸总协定》对世界贸易的运用范围；③增加关贸总协定体制对不断演变的国际经济环境的适应能力；④促进国际合作行动，加强贸易改革与其他影响经济增长和发展的政策之间的联系，改善国际货币体制的职能，向发展中国家投入更多的资金。

《乌拉圭回合部长宣言》阐明，“乌拉圭回合”多边贸易谈判共15个议题：①关税；

②非关税措施；③热带产品；④自然资源产品；⑤纺织品和服装；⑥农产品；⑦关贸总协定条款；⑧保障条款；⑨多边贸易谈判协议和安排；⑩补贴与反补贴措施；⑪争端解决；⑫与贸易有关的知识产权问题，包括冒牌货贸易问题；⑬与贸易有关的投资措施；⑭关贸总协定体制的作用；⑮服务贸易。

先后有108个国家和地区参加了新一轮多边谈判，这使“乌拉圭回合”成为关贸总协定有史以来议题最多、范围最广、规模最大的多边贸易谈判。与以往历次多边贸易谈判相比，这次谈判至少具有下列特点：①过去的谈判仅涉及货物贸易部门，“乌拉圭回合”除此之外还包括服务贸易、知识产权和投资措施等问题；②以往的谈判多数只涉及关税，直到“东京回合”也仅涉及简单的非关税措施，“乌拉圭回合”不但议题多，而且技术性特别强；③历次谈判制定的贸易自由化目标，主要是通过关税减让来削弱贸易壁垒，“乌拉圭回合”更侧重于削减非关税贸易壁垒；④几乎历届谈判均只涉及贸易问题，“乌拉圭回合”在《关贸总协定》框架下首次明确承认贸易的货币、金融和发展之间的联系，并把加强关贸总协定与有关国际组织的关系写入了谈判目标。

3. “乌拉圭回合”的成果

“乌拉圭回合”的谈判参加国之众、议题之广、目标之高、难度之大、时间之长，都是空前的，谈判成果之丰硕当然也令世人瞩目。

（1）工业产品市场准入方面。所有工业发达成员和许多发展中成员都将关税至少降低33%，某些产品降幅更大。此外，拉美国家统一货物关税的比例达到90%，较先进的发展中成员达60%。对建材、农机、医疗设备、钢铁、啤酒、酒精、药品、纸张、玩具和家具等产品的进口，发达成员将实行免税，发展中成员也予以免税或大幅度减税。

（2）农产品的市场准入方面。将扩展旨在取代非关税措施的固定税制，发达成员在6年内将农产品关税和出口补贴全面削弱36%，将补贴的农产品出口量减少21%。发展中成员在10年内削减24%的关税。同时，还确定了一项6年（即到2000年）有效的和平条款，按此条款，各谈判方应当对各自的贸易伙伴免征补偿税。

（3）纺织品和服装方面。将把按《多种纤维协定》进行的这一领域贸易，在从世界贸易组织成立起的10年过渡期内（最早在2005年）全部纳入《关贸总协定》的正常体系。过渡期分四个阶段，开始时仅有16%的产品纳入，3年和7年后再分别增加17%和18%，10年之后全部纳入。前三个阶段中，进口贸易限额将会分别增加16%、25%和27%。为防止过渡期内进口国市场不稳，在改善市场准入的同时，还规定了有关倾销、补贴和知识产权的保护条款。

（4）贸易的技术壁垒方面。《关贸总协定》注入了有益的业务法规，使“东京回合”通过的协定（标准法规）更加明确，并有了新的发展。这有助于各方在制定国际标准、组织信息交流方面加强合作，为开展贸易排除障碍。

（5）与贸易相联系的投资措施方面。为了防止各国有关外国直接投资的立法造成贸易限制或扭曲，《关贸总协定》规定各国政府应确保外国企业的国民待遇，并禁止进行数量限制，工业化成员在2年内、发展中成员在5年内取消与此相悖的限制措施。

（6）补贴与补偿措施方面。补贴划分为三类：违禁补贴、能产生影响的补贴和不产生影响的补贴。只有第一种补贴是严格禁止，它包括对出口差价的补贴和宁可使用本国产品而不使用进口产品造成盈亏差额的补贴。对农业和民用航空业的补贴则另作专门规定。《关贸总协定》对某些旨在抵消补贴的进口产品对民族工业产生冲击方面作出了不少规定，征收补偿税不能超过5年，除非经重新审查后有正当理由才能扩大适用范围。

（7）有关保护条款方面。《关贸总协定》允许一个成员采取措施保护某项特殊的民族工业，以防进口意外增加对其造成严重的损害。但《关贸总协定》也明确了实行保护条款的方式和出口国可以要求对其实行保护条款的伙伴予以补偿或中止让步、采取报复行动的条件。在正常情况下，保护措施的期限不能超过4年，在最初3年内不能采取报复行动。

（8）服务贸易方面。服务贸易框架协定包括服务贸易自由化的基本规定，其主要规定参考了最惠国待遇、透明度、垄断、保护和例外条款。这方面主要有两大内容：规定了每个成员应尽义务的框架；列出了保证致力于对已确定的服务部门特殊规定的若干附件。

（9）涉及贸易的知识产权方面。《关贸总协定》规定各方应遵守各项国际条约，解决争端应实施《关贸总协定》所规定的程序，不得采取歧视态度，扩大保护著作权、图画权和专利权，并规定了明确的、严格的、可用于对抗的惩罚措施。

（10）解决争端方面。《关贸总协定》建立了一套解决争端的机制，这将更有效地调解国际贸易冲突，从而在一定程度上减少某些大国单方面实行的报复行动。今后，设立、委任和组成各种专门调查违约行为的小组织毋需像过去那样必须协调一致，各小组可以作出仲裁，但必须在小组成立之后6个月内提交结论。同时，还规定了上诉程序，受诉机构应在60天内作出结论。

（11）公共市场方面。《关贸总协定》首先将这一领域进一步扩大至包括服务业，国有企业市场和地方、地区政府部门的市场等。其次规定提供商品和服务的外国企业将与本国企业享受同样的国民待遇，这一规定于1996年1月1日起生效。

（12）审查机制方面。各国早就商定要建立一种新的机制，以审查各成员的贸易政策。这一制度在“乌拉圭回合”谈判的中期，即1988年已先期开始运作，今后将充分发挥作用。

此外，随着最后文件的签署，世界贸易组织不久取代了关贸总协定。它作为正式的国际贸易组织，将与国际货币基金组织、世界银行处于平等的法律地位，通过相互间的合作使全球经济政策更趋一致。其职责范围也将扩大，从而弥补了关贸总协定的不足，对规范、管理和促进世界经济、贸易的发展产生了重大而深远的影响。

从整体上说，“乌拉圭回合”谈判的最后文件无疑使各国经济普遍受益，无论对生产者还是对消费者都会带来好处。但具体分析起来，对发达成员更有利，欧、美两家则是最大的受益者，发展中成员虽然有了新的机遇，但将会面临艰难的调整，迎接严峻的挑战。

第二节　世界贸易组织概述

一、世界贸易组织的成立

（一）世界贸易组织的诞生

1990年年初，时任欧共体轮值主席国的意大利首先提出了建立一个多边贸易组织(MTO)的倡议，后来以欧共体12个成员国名义正式向“乌拉圭回合”谈判体制职能小组提出这个倡议。同年4月，加拿大也非正式地提出类似建议。瑞士与美国也分别于1990年5月17日和10月8日正式提出议案。这些设想都从各自不同的角度提出了未来国际贸易组织机构的职责及性质。联合国贸易与发展会议也认为加强多边贸易领域的国际组织是联合国有效地实现世界经济持续发展目标的组成部分。1990年12月在“乌拉圭回合”布鲁塞尔部长会议上作出正式决定，后经过1年的紧张谈判，于1991年12月形成了一份“关于建立多边贸易组织协定草案”，后以时任关贸总协定秘书长邓克尔的名义形成了“邓克尔最后文件”。

1993年12月15日“乌拉圭回合”结束时，根据美国的动议将“多边贸易组织”更名为“世界贸易组织”（WTO,简称世贸组织）。世界贸易组织协议于1994年4月15日在摩洛哥的马拉喀什部长会议上获得通过，《建立世界贸易组织的协定》连同其四个附件，加上《部长会议宣言》，共同构成了“乌拉圭回合”多边贸易谈判的一揽子成果，并采取“单一整体”义务和无保留接受的形式，经104个参加方政府代表签署(其中包括我国政府代表)，于1995年1月1日正式生效。根据《建立世界贸易组织的协定》，1995年1月1日世界贸易组织正式成立，并在与1947年签订的《关贸总协定》共存一年后，完全担当起全球经济贸易组织的角色。

（二）世界贸易组织的宗旨

《建立世界贸易组织的协定》在其序言部分即开宗明义地对世界贸易组织的宗旨作了明确阐述："协定的成员方认识到在发展贸易和经济关系方面应当按照提高生活水平、保证充分就业和大幅度稳步地提高实际收入和有效需求；扩大货物、服务的生产和贸易的观点；并为着可持续发展的目的以扩大对世界资源的最优利用，保护和维护环境；并以符合不同经济发展水平下各成员需要的方式，加强采取各种相应的措施，积极努力以确保发展中国家，尤其是最不发达国家在国际贸易的增长中获得与其经济发展相适应的份额和利益。"

（三）世界贸易组织的职能

世界贸易组织作为一个专门的国际组织，有其特有的工作范围和职能。对 WTO 职能的规定散见于"乌拉圭回合"的各项协定和决议中，其最主要的条款是《建立世界贸易组织的协定》第 3 条。根据该《协定》第 3 条，世界贸易组织作为一个正式的国际组织，为处理和协调成员方间的多边贸易关系提供了一个重要的、完整的机制。其主要职能是：

（1）管理和执行共同构成世界贸易组织的多边及诸边贸易协定。

（2）为各成员方的多边贸易关系谈判提供场所。

（3）根据该《协定》附件 2 的规定解决各成员间发生的贸易争端，并对程序谅解书进行管理。

（4）根据该协定附件 3 的规定，对各成员的贸易政策、法规进行定期评审。

（5）与其他国际组织进行合作。

二、世界贸易组织的组织机构及其职权

世界贸易组织的各项职能都是由其所属组织机构实现的，这些组织机构的设置和运作，对于促进世界贸易组织宗旨的实现和职能的履行具有十分重要的意义。

（一）部长级会议

根据《建立世界贸易组织的协定》第 4 条第 1 款的规定，部长级会议由所有成员主管外经贸的部长、副部长级官员或其全权代表组成，是世界贸易组织的最高权力机构。部长级会议应当履行世界贸易组织的职能，并采取必要的措施以实现其目的。应成员方的请求，部长级会议对各多边贸易协定的事项有权作出决定。

部长级会议具有广泛的权力，概括起来主要有：

（1）立法权。从法律角度论，只有部长级会议才有权对世界贸易组织的协定、协议作出修改和权威性解释，其他任何机构都没有这种法律权力。

（2）准司法权。对成员之间所发生的争议或贸易政策是否与世界贸易组织相一致等问题作出裁决。

(3) 豁免某一个成员在特定情况下的义务。

(4) 审批非世界贸易组织成员所提出的取得世界贸易组织观察员资格的申请。

(二) 总理事会

根据《建立世界贸易组织的协定》第4条第5款，在部长级会议休会期间由全体成员代表组成的总理事会代行部长级会议职能。总理事会可视情况需要随时开会，自行拟订议事规则及议程，随时召开会议以履行其解决贸易争端和审议各成员贸易政策的职责。

(三) 各专门委员会

根据《建立世界贸易组织的协定》第4条第7款的规定，部长级会议下设专门委员会，以处理特定的贸易及其他有关事宜。已设立的有贸易与发展委员会、国际收支限制委员会、贸易与环境委员会以及预算、财务与管理委员会等十多个专门委员会。其中，贸易与发展委员会负责定期评审有关最不发达成员优惠的特别规定执行情况，并向总理事会提出报告，以便采取适当行动。国际收支限制委员会负责审议以国标收支困难为理由而采取的贸易限制措施。

(四) 秘书处与总干事

根据《建立世界贸易组织的协定》第6条的规定，世界贸易组织设有秘书处，它由世界贸易组织总干事领导。总干事和秘书处应当完全具有国际性质，他们在履行义务方面，不应当接受任何政府的指示。总干事是世界贸易组织秘书处的首脑，其人选由部长级会议选定。总干事的权力、职责、服务条件和任期均由部长级会议确定。

总干事对世界贸易组织的工作有重要的影响。具体来讲，总干事的作用和职责主要是：

(1) 监护人。总干事是世界贸易组织的捍卫者，他可以最大限度地向各成员施加影响，要求它们遵守世界贸易组织规则。

(2) 引导人。总干事要考虑和预见世界贸易组织的最佳发展方针。

(3) 调停人。总干事要帮助各成员解决它们之间所发生的争议。

(4) 经理人。总干事负责秘书处的工作，管理预算以及与所有成员有关的行政事务。

(5) 主持人。总干事负责主持协商非正式谈判，避免争议。

世贸组织秘书处的工作由总干事领导，其职能是为世界贸易组织的各种机构提供秘书性工作。

三、世界贸易组织的加入办法

(一) 世界贸易组织关于成员资格的规定

根据《建立世界贸易组织的协定》的规定，世界贸易组织成员主要有两种，一种是创始成员，另一种是加入成员。世界贸易组织创始成员与加入成员在权利与义务方面并无差别。

根据《建立世界贸易组织的协定》第 11 条第 2 款规定，该《协定》生效时（1995 年 1 月 1 日）已是 1947 年《关贸总协定》的缔约方，并接受了世界贸易组织协定、多边贸易协定，且其“开放货物、服务市场的减让表及承诺表”已作为 1994 年《关税与贸易总协定》、《服务贸易总协定》的重要附件，则其便是世界贸易组织的创始成员。

除创始成员外，根据《建立世界贸易组织的协定》第 12 条的规定，任何国家，或在处理对外贸易关系及世界贸易组织协定、多边贸易协定所规定的事务方面有充分自主权的单独关税区，在与世界贸易组织谈判并达到协议的条件下，获得 2/3 多数成员通过，自批准其《加入议定书》后 30 日起则可成为正式成员。

（二）加入世界贸易组织的程序

（1）申请。欲加入世界贸易组织的国家，或在处理对外贸易关系及世界贸易组织协定、多边贸易协定所规定的事务方面有充分自主权的单独关税区，向世界贸易组织总干事以书面形式递交一份通知，以解释或说明欲加入世界贸易组织成员的意思。世界贸易组织总干事将该通知向所有成员转达，说明提交通知的国家或单独关税区有意成为世界贸易组织的一员，各成员收到通知后考虑该国或单独关税区的加入问题。

（2）成立工作组。总干事通知申请方正式接受申请。总理事会开会讨论通过后可成立一个工作组，并确定工作组职责范围和主席人选。工作组通常由所有因各种原因对该申请方的加入有兴趣的成员派出的人员组成。

（3）提交贸易政策与制度备忘录。申请方向世界贸易组织提交一份有关贸易政策、制度的备忘录。这一备忘录应包括所有对贸易起一定影响的政策、法规及规章、进出口、支付、运输等所有对申请方的对外贸易有影响的任何做法。一般也包括用于促进本国经济发展的政策、国内价格的制定政策、外汇安排等广义的商业政策。世界贸易组织秘书处收到该备忘录后，由秘书处散发，供各有兴趣的成员提出书面的问题。

（4）审议备忘录。工作组请各方提出与申请方提交的备忘录有关的任何问题，并将所有问题汇集在一起递交申请方。申请方对此作出口头或书面答复。之后，视需要继续开会审议答疑。

（5）起草工作组报告和《加入议定书》。工作组根据审议结果开始起草工作组报告和《加入议定书》草案。不同的申请方情况不同，因而其《加入议定书》的具体条款也不尽相同。参加方的《加入议定书》中可写入其在一段时间内保留部分与世界贸易组织不完全一致的政策和措施。

（6）双边谈判。申请方开始与有关成员进行开放市场的谈判。在世界贸易组织体制下，这种谈判通常涉及农产品、工业品的关税和非关税减让、服务贸易市场开放。

（7）提交工作组报告和《加入议定书》。工作组向总理事会提交工作组报告和《加入议定书》，总理事会讨论审议后，由部长级会议投票表决，需2/3的多数通过[㊀]。

（8）成为正式成员。《加入议定书》及所附“开放货物、服务市场的减让表”由申请方签署后30天正式生效，该申请方就能成为世界贸易组织的正式成员。

四、世界贸易组织的决策规则

世界贸易组织的决策规则是指该组织对有关事项，诸如条文的解释、修改、义务的豁免以及接纳新成员等作出决定时应遵循的程序规则。WTO在总结1947年GATT和其他国际经济组织在决策实践方面的经验和教训的基础上，创立了独树一帜的决策规则。

（一）协商一致原则

《关贸总协定》“乌拉圭回合”达成的《建立世界贸易组织的协定》（以下简称《协定》）对此规则作出了正式规定。该《协定》第9条第1款明确规定：“WTO应当按照与1947年的GATT相一致的惯例继续制定决策。”

“协商一致”是GATT与WTO决策程序的一项基本准则，指的是在就提交事项作决定的会议上，与会成员只要无人提出反对，就视为以协商一致作出了决定。在实践中，运用协商一致原则的程序大致包括：

（1）在作出决定前，当事方先进行充分磋商，彼此妥协让步，以取得最广泛的同意。

（2）各方在协商的基础上对议案的基本点表示同意，而在非基本点上纵有不同意见也不作正式反对，即可认为已经取得协商一致，作出决定。

（3）协商一致的事实经直接参加协商的会议主席确定，而不经过投票。

（4）案文或决议通过后，当事方可以发表解释性声明，以表明有关国家在主要问题上的立场，但不构成对案文或决议的反对或保留。

（二）一国一票多数同意规则

该《协定》第9条第1款规定：“除另有规定外，当某一决策不能达到一致意见时，该议题应由投票决定，在部长级会议和理事会会议上，WTO的每一成员都只有一票的投票权。除本《协定》和若干项贸易协定另有规定外，部长级会谈和常务理事会应以多

㊀ 世界贸易组织2/3多数通过原则源于关贸总协定的规定。1948年1月1日《关贸总协定》以临时议定书方式实施时，缔约各方考虑到《哈瓦那宪章》的签署还不确定，这样势必有更多的国家（地区）会临时实施《关贸总协定》，所以各方同意将申请加入关贸总协定或国际贸易组织须由缔约方全体一致同意，改为由缔约方2/3多数通过即可。

数票的表决通过。”这条规定就是一国一票多数同意表决制度。

（1）简单多数规则。除《协定》另有规定外，一般事项由简单多数表决通过。

（2）2/3 多数规则。这一规则是指当 WTO 的决定不能以协商一致方式通过时，应以成员代表的 2/3 以上多数通过。

（3）3/4 多数规则。采用此规则的决策十分严格，主要用于 WTO 及其多边协定的条文解释、修改和义务的豁免方面。

（三）一国一票一致同意规则

一国一票一致同意规则是指 WTO 作出某项决定时不仅没有任何成员表示正式反对，而且所有成员都应明确表示同意。这一规则主要运用在对 WTO 最基本原则的修改上。

一国一票一致同意规则与协商一致规则在本质上有很大的区别。协商一致原则是指不出席会议或出席会议想保持沉默或弃权或发言只属于一般性评论等，都不构成正式的反对意见，而应视为决定已获协商一致通过；而一国一票一致同意规则是要求每一位成员均必须以明示的方式对决定表示接受。在实践中，采用此规则通过决定的可能性微乎其微，因此可以在实质上确保 WTO 的重大原则保持基本稳定。

（四）倒协商一致规则

倒协商一致规则又称为“否定式协商一致规则”，即以协商一致方式作出否定的表示。此规则是“乌拉圭回合”对过去 GATT 决策的一项重大而富有成效的改革，主要运用于 WTO 争端解决机构的决策，见之于《建立世界贸易组织的协定》附件 2——《关于争端解决规则和程序的谅解协定》第 6 条。该条规定：“当起诉当事方提出建立专家小组的请求，则最迟应在此请求列入争端解决机构的正式议程的会议之后的下一次会议上成立专家小组，除非在那次会议上争端解决机构以协商一致方式同意不成立专家小组。”附件 2 第 16 条第 4 款又规定：“在各成员分发专家报告的 60 天内，该报告在争端解决机构的会议上应予通过，除非某一当事方向争端解决机构正式通报其上诉的决定，或者争端解决机构一致决议不采纳该报告。”

此外，根据附件 2 第 22 条第 6 款的规定，如果胜诉方向争端解决机构申请授权对败诉方中止减让或其他义务时，除非争端解决机构以协商一致方式不同意，否则应授权该成员中止权利。

五、世界贸易组织决策规则的具体运用

（一）《协定》的解释

在对《协定》的解释上，WTO 继承了 GATT 的协商一致的原则，同时规定如不能协商一致时，则以投票方式作为补充，该投票方式采用的是 3/4 多数规则。此项规定见

之于《协定》第 9 条第 2 款的规定："部长级会议和常务理事会对本协议和其他多边贸易协定具有绝对的解释权，至于对附件 1 中有关多边贸易协定的解释，部长级会议应在常务理事会有关监督协定书功能的介绍基础上行使其权力，一个决策的解释应当有成员方 3/4 多数的通过来决定"。因此，凡《协定》附件 1 中涉及的货物贸易、服务贸易、与贸易有关的知识产权、与贸易有关的投资措施协议等的解释，如不能取得协商一致时，应由部长级会议或常务理事会全体成员的 3/4 多数通过。

（二）义务的豁免

《协定》对义务的豁免规定了严格的程序。根据《协定》第 9 条第 3 款规定，部长级会议在特殊情况下可以决定豁免某一成员在 WTO 或任何多边贸易协定中所承担的某项义务，此义务豁免的决定应由成员 3/4 的多数批准通过。但以下两种情况例外：

（1）当豁免决定涉及的是某一请求成员，未在有关期限内履行过渡期或分阶段实施期的任何义务时，其申请豁免只能以协商一致的方式通过，而不能以 3/4 多数通过。

（2）对于与 WTO 协定有关的责任豁免的请求，应当提交到部长级会议上依协商一致的决策原则进行考虑。为此，部长级会议应确定一个不超过 90 天的期限来考虑有关期限，如果在期限内不能达成协商一致，则给予豁免的决定仍应以成员方的 3/4 多数通过。

对于 GATT 遗留下来的豁免义务问题，"乌拉圭回合"专门达成了一个"谅解"，即自《协定》生效之日起，任何仍在生效的义务豁免应当停止。除非依《协定》第 9 条规定在其期满时或在《协定》生效后两年内已申请延长。

（三）各主要法律文件的修订

《协定》第 10 条第 1 款规定，WTO 的任何成员可通过向部长级会议提交建议的方式，提出修订《建立世界贸易组织的协定》和附件 1 所列的各多边贸易协定之动议。各分支理事会也可就其所监督的相应多边贸易协定的条文修订，向部长级会议提交建议案。在建议案被正式列为部长级会议议事日程后的 90 天内（除非部长级会议决定更长的期限），部长级会议将拟订的修正案提交各成员，接受的决定应以协商一致的方式通过。如果达成协商一致，部长级会议应立即将拟订的修正案提交各成员接受，如果在确立的期限内未能在部长级会议的会议上达成协商一致，部长级会议应以成员的 2/3 多数决定是否将拟订的修正案提交各成员接受。除第 10 条另有具体规定者外，部长级会议的决定应确定修正案生效的方式。

（四）争端解决机构的决策程序

根据《建立世界贸易组织的协定》附件 2《关于争端解决规则和程序的谅解协定》第 6 条、第 16 条和第 22 条的规定，倒协商一致规则具有几乎自动通过专家小组的设立、专家小组或上诉机构报告的通过以及授权中止减让或其他义务（即报复）等方面决定的效果，这对争端当事各方无疑具有相当大的威慑力。尽管胜诉方和败诉方均有权全面参与争端解决机构的决策进程，但是这种协商一致决策方式对两者的影响则极不相同。胜诉方能够控制或左右争端解决机构决策以便采取遭到 WTO 多数成员反对的报复措施，那将严重背离这种新决策方式的宗旨与目标。为了防止此类灾难发生，《关于争端解决规则和程序的谅解协定》为败诉方也提供了一定的保障措施。例如，第 3 条第 7 款要求争端当事各方有权就专家小组报告向上诉机构上诉；第 22 条第 6 款规定败诉方有权通过仲裁反对胜诉方所请求报复的幅度或水平。这样，由专家小组、上诉机构和仲裁机构所构成的三层程序，将有助于防止败诉方遭受胜诉方的准单方面报复。这种新决策方法有助于争端的迅速解决，在一定意义上对于 WTO 争端解决程序的理论化也具有重大影响。1947 年 GATT 争端解决机制中的专家小组程序是更接近调解而非司法方法的混合机制，而倒协商一致可以说标志着向一种司法性机制倾斜的转折点。

WTO 决策程序不仅实现了投票表决与协商一致规则的制度化和法律化，而且还创立了协商一致规则的新的运行程序，即倒协商一致规则，这在国际组织决策程序发展史上还是第一次。

第三节　世界贸易组织的基本制度

一、世界贸易组织的法律规则

（一）世界贸易组织的法律规则框架

世界贸易组织的法律规则，是在 1947 年《关税与贸易总协定》的基础上，经过历次多边贸易谈判，修改、增加、补充了一系列协议、议定书，特别是“乌拉圭回合”所达成的“一揽子协议”，而最终形成的。其基本框架及其内容集中体现在《乌拉圭回合多边贸易谈判的最后文本》(以下简称《最后文本》)，《最后文本》对世界贸易组织的法律规则作了明确规定，它包括了《建立世界贸易组织的协定》及四个附件。

通过对世界贸易组织法律规则的归纳，大致可以将世界贸易组织的法律规则分为组织规则、货物贸易法律规则、服务贸易法律规则、程序规则四个部分。

（二）世界贸易组织的货物贸易法律规则

货物贸易是关贸总协定长期调整的传统部门，也是世界贸易组织法律体系的基础。

（1）1994 年《关税与贸易总协定》。它包括下列四个方面：①《建立世界贸易组织的协定》生效前经正式批准或修改的 1947 年《关税与贸易总协定》和联合国就该《协定》所通过的文件；②《建立世界贸易组织的协定》生效前与 1947 年《关税与贸易总协定》有关的减让表、议定书或证明书等正式文件；③“乌拉圭回合”谈判达成的对 1947 年《关税与贸易总协定》接受的解释多项谅解；④1994 年《关税与贸易总协定》马拉喀什议定书。

（2）货物贸易新领域的法律规则。“乌拉圭回合”将一些新议题纳入了谈判范围，并形成了若干项重要的协议：《农产品协议》；《纺织品与服装协议》。

（3）有关货物贸易管制的法律规则。这些主要有：①《卫生与动植物检疫措施协议》；②《贸易技术壁垒协议》；③《关于关税与贸易总协定第 7 条(海关估价)执行协议》；④《装运前检验协议》；⑤《原产地规则协议》；⑥《进口许可证程序协议》；⑦《关于关税与贸易总协定第 6 条(反倾销)执行协议》(简称《反倾销措施协议》)；⑧《补贴和反补贴措施协议》(简称《补贴协议》)；⑨《保障措施协议》。

（4）与贸易有关领域的法律规则。这些主要有：①《与贸易有关的投资措施协议》；②《与贸易有关的知识产权协议》。

（5）作为世界贸易组织特殊法律规则的诸边贸易协定。世界贸易组织的诸边贸易协定有四项，即《民用航空器协议》、《政府采购协定》、《国际奶制品协议》、《国际牛肉协议》。这些协议中除了个别条款作出调整或修改外，基本上保持了“东京回合”四个守则的原样。但从严格的法律意义上讲，诸边贸易协定不属于乌拉圭回合“一揽子协议”范畴，其生效与接受从其自身的规定，亦即凡是关贸总协定的缔约方，即使不接受诸边贸易协定，也可以成为世界贸易组织的成员方。同样，不是关贸总协定的缔约方，如申请加入世界贸易组织，也无须以接受诸边贸易协定为条件。

（三）世界贸易组织的服务贸易法律规则

世界贸易组织关于服务贸易领域的原则、规则及制度主要体现在《服务贸易总协定》中。《服务贸易总协定》包括 6 个部分、29 条和附录；第 1 部分“范围与定义”；第 2 部分“一般责任与纪律”；第 3 部分“承担特定义务”；第 4 部分“逐步自由化”；第 5 部分“制度条款”；第 6 部分“最后条款”；附录包括免除第 2 条(最惠国待遇)义务、有关自然人提供服务、金融服务、基础电信服务等。此外，《关于服务贸易总协定中机构安排的决定》和《关于服务贸易总协定中某些争端处理程序的决定》也是世界贸易组织服务贸易法律制度的重要组成部分。

（四）世界贸易组织的程序规则

（1）关于争端解决机制的法律规则。“乌拉圭回合”《最后文本》中所列的《关于争端解决规则和程序的谅解协定》(以下简称《谅解》)，是作为《建立世界贸易组织的协定》的附件 2，《谅解》中所规定的规则和程序，就是世界贸易组织争端解决机制的主要内容。其中的争端解决程序，亦称为世界贸易组织争端解决机制中的普通程序。而《关于服务贸易总协定中某些争端处理程序的决定》，则是世界贸易组织关于服务贸易争端处理的特别程序。争端解决机制的目标在于维护世界贸易组织成员的权利与义务、争端解决机构的裁决，不能增加或减少这一权利与义务。

(2) 关于贸易政策评审机制的法律规则。世界贸易组织贸易政策评审机制是在“乌拉圭回合”谈判中产生的，并形成了《贸易政策评审机制》。贸易政策评审的目标是通过经常性和系统性的审议和监督，增强世贸组织成员贸易政策和措施的透明度，以及各成员的商务人员对它们的理解，提高对某些问题公开与政府辩论的质量，以便更好地评估各国贸易政策对多边贸易体制的积极与消极影响，借此鼓励各成员政府更加严格地遵守世界贸易组织的规则与纪律，履行它们的义务，更好地享受作为成员的权利。

二、世界贸易组织的基本原则

世界贸易组织的基本原则主要来自于《关税与贸易总协定》、《服务贸易总协定》以及历次多边贸易谈判，特别是“乌拉圭回合”谈判达成的一系列协定，包括无歧视待遇原则、最惠国待遇原则、国民待遇原则、贸易自由化原则、互惠原则、一般取消数量限制原则、透明度原则、市场准入原则等，这些原则构成了世界贸易组织的基本框架。

(一) 无歧视待遇原则

无歧视待遇原则是世界贸易组织的最基本原则，又称为不歧视待遇或无差别待遇原则。这一原则规定：一缔约方在实施某种限制或禁止措施时，不得对其他缔约方实施歧视待遇。无歧视待遇充分体现了平等的原则精神，完全符合各成员主权平等的国际法原则。

无歧视待遇原则的例外：

(1) 在《关税与贸易总协定》中无歧视待遇原则的例外有：①反倾销税和反补贴税；②关税同盟和自由贸易区；③减让表的修改和1994年《关税与贸易总协定》第四部分对发展中国家的规定；④一般安全例外；⑤政府为支持发展经济，对进口采取的紧急措施以及有关免除义务的规定和外汇安排条款等。

(2) 在《服务贸易总协定》中，边境服务贸易和经济一体化成员间的服务贸易例外。

(3) 在《知识产权协议》中，该原则不适用于国际司法协定或行政援助下所采取的措施。

(二) 最惠国待遇原则

最惠国待遇原则是指缔约国一方现在和将来给予另一方的优惠和豁免，都必须给予缔约国的任何第三方，最惠国待遇的标准是所有外国人的待遇均相同。最惠国待遇可分为有条件的和无条件的、片面的和互惠的、有限制的和无限制的。其中以第一种分类居多。

最惠国待遇原则的例外：

（1）一般例外。以下措施例外：①为保持人民、动植物的生命或健康所必需的措施；②有关输出或输入黄金或白银的措施；③为保护本国具体艺术、历史或考古价值的文物而采取的措施；④国家为了维护国内的公共秩序而制定的限制规定与禁令等。

（2）安全例外。为维护国家基本安全利益而制定的规定和禁令例外。

（3）边境贸易、关税同盟和自由贸易区例外。最惠国待遇原则不运用于任何缔约一方为便利边境贸易所提供的或将来要提供的权利和优惠；结成关税同盟的国家间在关税方面的特殊待遇不能给予订立最惠国条款的缔约国；最惠国待遇原则例外也运用于经济一体化区域。

（4）"东京回合"的"授权条款"例外。该条款允许仅对发展中国家实行优惠以及发展中国家相互之间实行优惠，而不将优惠待遇扩大到工业化国家。

（5）其他。例如国际收支平衡例外、幼稚产业例外以及在征收反倾销税和反补贴税方面的例外和发展中成员例外等。

（三）国民待遇原则

国民待遇是指在贸易条约或协定中，缔约国之间相互保证给予另一方的自然人、法人和商船在本国境内享有与本国自然人、法人和商船同等的待遇。国民待遇的标准是外国人和本国人的待遇相同。

国民待遇原则的例外：

（1）一般例外。一般例外如：①维护公共道德、保障人民或动植物的生命与健康；②政府紧急调整经济计划等。

（2）安全例外。

（3）司法和行政程序方面的例外。

（4）发展中国家例外。

（四）贸易自由化原则

贸易自由化是《关税与贸易总协定》的根本性原则，是指限制和取消一切妨碍和阻止国际间贸易开展与进行的所有障碍，包括法律、法规、政策和措施等。这一原则是通过关税减让原则、互惠原则以及取消非关税壁垒原则（如一般取消数量限制原则）等来实现的。

关税减让原则的例外：发展中国家以促进经济发展为由修改或撤销减让等例外。

（五）互惠原则

互惠是指利益或特权的相互给予，在国际贸易中是指两国互相给予对方以贸易上的优惠待遇。它规定缔约方应在互惠互利的基础上进行谈判，以期大幅度降低关税和进出口其他费用的一般水平。对于新成员加入的各项条款中，将互惠原则与最惠国待遇原则结合起来实施。

互惠原则的例外：

关贸总协定也允许成员在某些特殊情况下可以援引“免责条款”，撤回它已作出的关税减让。发展中国家允许以平衡国际收支和普惠制为由暂时或永久地免除互惠义务。

（六）一般取消数量限制原则

在不同形式的非关税贸易壁垒中，数量限制最为普遍，因其简单易行，效果明显，常被用以限制进出口，对国际贸易的正常进行影响极大。关贸总协定规定任何缔约方除征收捐税或其他费用外，不得设立或维持配额、进出口许可证或其他措施。同时又规定若确有必要实施数量限制，应在非歧视、最惠国待遇原则基础上实施。通过提供材料、协商，并规定补救措施。

一般取消数量限制原则的例外：

（1）为保护粮食、农渔产品市场例外。

（2）为保护本国国际收支平衡例外。

（3）促进不发达国家成员经济发展例外。

（七）透明度原则

透明度原则是指成员正式实施有关进出口贸易的政策、法令及条例，以及成员政府或政府机构与另一成员政府或政府机构签订的影响国际贸易政策现行协定的，都必须公布。

透明度原则的例外：

根据1994年《关税与贸易总协定》第10条第1款的规定，关贸总协定并不要求成员公开那些会妨碍法令的贯彻执行、会违反公共利益或会损害某一公私企业的正常商业利益的基层资料。

（八）市场准入原则

市场准入是指一国允许外国的货物、劳务与资本参与国内市场的程度，准入体现了国家法律上的一种含义，是国家通过实施各种法律和规章制度对本国市场向外开放程度的一种宏观掌握和控制，市场准入原则允许缔约方根据经济发展水平，在一定的期限内逐步开放市场。

（九）对发展中国家优惠待遇原则

1. 1994年《关税与贸易总协定》第18条对发展中国家的优惠规定

缔约各方认为，缔约各方特别是那些只能维持低生活水平、处在发展初期阶段的缔约方的经济的逐步增长，将有助于实现本协定的宗旨。因此，对于凡是只能维持低生活水平、经济处在发展初期阶段的缔约方或经济处在发展阶段的缔约方，可以享受额外的便利，使它们在关税结构方面能够保持足够的弹性，从而为某一特定工业的建立提供需要的关税保护，或在充分考虑它们的经济发展计划可能造成的持续高水平进口需求的条件下，能够为国际收支目的而实施数量限制。

2. 1994 年《关税与贸易总协定》第四部分的规定

此部分名称是“贸易与发展”，包括第 36、37、38 条。

1）第 36 条规定：

第一，注意到发展中国家和其他国家之间的生活水平有一个很大的差距，认为单独行动和联合行动对促进发展中的各缔约方的经济发展是必要的。

第二，发展中国家需要迅速和持续地发展其出口收入。

第三，保证发展中国家在国际贸易中能占到与它们经济发展需要相适应的份额。

第四，尽量对这些产品进入世界市场提供更为有利和令人满意的条件。

第五，尽量增加发展中国家目前潜在的与出口利益特别有关的某些加工业或制成品进入市场的机会。

第六，发达的缔约方对它们在贸易谈判中对发展中的缔约方的贸易所承诺的减少或撤销关税和其他壁垒的义务，不能希望得到互惠，即不应当期望发展中的缔约方在贸易谈判中作出与它们各自的发展、财政和贸易方面的需要相抵触的贡献。

2）第 37 条规定：

第一，优先降低和撤除与发展中的缔约方目前或潜在的出口利益、特别是有关产品的壁垒，包括其初级产品和加工产品之间的不合理的差别关税和其他限制。

第二，对于发展中的缔约方目前或潜在的出口利益特别有关的产品，不建立新的或非关税进口壁垒，或加强已有的这些壁垒。

3）第 38 条规定：

建立贸易和发展委员会，贯彻实施第四部分的规定。

3. 普惠制

普惠制开始于七十七国集团在联合国贸易与发展会议上提出的“有利于发展中国家的普通的、非互惠的、非歧视的优惠关税制度”原则。后关贸总协定缔约方作出决定，要求发达国家放弃《关税与贸易总协定》第 1 条最惠国待遇条款的原则。1979 年 11 月“东京回合”中的“授权条款”授权发达国家可以不受最惠国条款的约束，可以给发展中国家差别的、更加优惠的、非互惠的待遇。

普惠制的一般要素包括受惠国、受惠产品、关税削减幅度、例外条款、预定限额、毕业条款等保护措施、有效期限。另外还有普惠制的原产地规定。

4.“乌拉圭回合”协议对发展中国家的优惠待遇

第一，《保障措施协议》中对发展中国家的优惠规定。该《协议》第 9 条规定，如果来自于某一发展中国家的产品在该发展中国家的产品适用保障措施，但是来自不同的发展中国家的进口产品(每个国家的份额都低于3%)的总额超过进口国总量的9%，则进口国可以采取保障措施。

第二，《与贸易有关的投资措施协议》中对发展中国家的优惠待遇。世界贸易组织成员必须在本《协议》对其生效后90天内向货物贸易委员会通告它们已在使用的与本《协议》不一致的所有与贸易有关的投资措施。发达成员必须在本《协议》对其生效后2年内取消其所通知的与贸易有关的投资措施，发展中成员为5年，最不发达成员为7年。货物贸易委员会应发展中成员的请求，可以延长其过渡期，但要求方必须证明在实施协议时的特殊困难。

第三，《关于与贸易相关的知识产权包括对冒牌货物的协议》中对发展中国家的优惠待遇。考虑到发展中国家在实施守则时的具体困难，本《协议》规定发达国家对发展中国家提供相关协助是一项国际义务。同时，考虑到发展中国家在实施守则时可以享受一定期限的宽限期，本《协议》规定了与它们情况相应的5年和10年的过渡期优惠安排。发展中国家可以推迟5年保护医药、化工和食品的专利。

第四，《服务贸易总协定》中对发展中国家的优惠待遇。第4条明确规定，本《协议》的一项基本义务为促进发展中国家在服务贸易中的更多参与，承诺发达国家将采取具体措施帮助发展中国家扩大服务出口，特别要对发展中国家的服务出口给予有效的市场准人。而发展中国家可以通过对外国提供附加条件来达到其目的。根据第4条规定，发达国家及其他有能力参加方所应采取的具体措施在本《协定》生效2年内建立联系点，以便于发展中国家服务提供者获得它们有关市场的资料：商业和技术方面的服务提供；登记、认可和获得提供服务的专业条件；获得服务技术可能性。

另外，《贸易技术壁垒协议》、《政府采购协议》、《海关估价协议》、《进口许可证程序协议》、《反倾销协议》、《贴补与反贴补协议》、《农产品协议》中对发展中国家也作了许多优惠待遇。

(十) 公平处理贸易争端原则

世界贸易组织争端解决机制以公正、平等为原则，体现在调解程序、上诉机构、从全体一致通过机制到全体一致否决的转变、对违反上诉和非违反上诉的规定、对发展中国家及最不发达国家的特殊限定及世界贸易组织的道义压力。

世界贸易组织争端解决机制并不能完全解决贸易争端，但它正朝着公平、平等处理贸易争端的方向前进。

第四节 世界贸易组织的贸易政策评审机制和争端解决机制

一、世界贸易组织的贸易政策评审机制

世界贸易组织的法律规则要在实践中真正发挥作用，实现其设定的宗旨，关键还在于其成员方必须按照世贸组织的各项原则和具体协议来确定国内的经济政策，来调整国内的经济立法。否则，所有多边谈判的成果将仅仅成为一纸空文而付诸东流。为此，在成立世界贸易组织的过程中，各成员方通过《建立世界贸易组织的协定》附件 3 确立了一项系统监督成员方贸易政策的机制——《贸易政策评审机制》(简称 TPRM)。

《贸易政策评审机制》共分七大部分，以下逐一介绍。

(一) 目标

本部分内容规定了贸易政策评审机制的目的和评估的范围。

按照《贸易政策评审机制》的规定，建立《贸易政策评审机制》的目的在于：第一，促进世贸组织的所有成员遵守其在多边贸易协议(包括已经接受的诸边贸易协议)项下的规则、纪律和承诺，通过更多了解成员方的贸易政策和实践，以及更大的透明度而使多边贸易体制更加顺利地运作，避免贸易摩擦；第二，通过这一机制，能对各单个成员方的贸易政策和实践及其对多边贸易体制的影响进行定期集中考察和评估。

本部分还规定，评审机制评估的范围在于被评审方广泛的经济背景、发展需要、政策和目标及其外部环境，评审机制的作用还在于检查成员方贸易政策和实施对多边贸易体制的影响。

(二) 国内透明度

各成员方内贸易政策的透明度是整个贸易政策评审机制的基石，也是其监督职能得以发挥的基础。《贸易政策评审机制》一方面强调政策的透明度对于成员方的经济和多边贸易体制来说都具有潜在价值，另一方面又承认国内透明度的执行必须建立在自觉的基础上，并考虑各成员方的法律体制和政治体制。

(三) 评审办法

(1) 评审机构。贸易政策评审机构与总理事会的关系实际上是“一套班子、两块牌子”，负责对各成员方的贸易政策进行审议。

(2) 评审周期。《贸易政策评审机制》规定，世贸组织所有成员方的贸易政策和实践都应受到评审，但不同的成员方可以有不同的评审周期。某个成员方在世界贸易的比重以及对多边贸易体制运作的影响是决定其评审周期长短的因素。以此为标准，对

美国、日本、欧盟(作为一个实体)和加拿大4个最大的贸易实体每2年审查一次，对其后的16个贸易量前20位的成员方每4年审查一次，对前20位以外的其他成员方则每6年审查一次。同时对于最不发达成员方可以确定一个更长的审查周期。作为例外情况，如果某一成员方贸易政策和实践发生变化，而这种变化对其贸易伙伴造成了重大影响时，受影响的成员方可以向评审机构提出请求，评审机构可以通过协商要求对该成员方的贸易政策与实践进行再次评审。

(3) 评审程序。首先，评审机构应与被评审成员方磋商，确定每年的评审方案，同时完成评审前其他准备工作。接受评审的成员方可以派出人员在评审过程中介绍有关情况。其次，收集审查资料。这些资料包括：①被评审的成员方按照第4条提交的关于其贸易政策和实践的报告；②其他世贸组织成员方提供的关于被评审成员方的贸易政策和实践的报告；③世贸组织秘书处根据其所掌握的有关资料以及其他成员方提供的资料另外作出的一份报告。然后，评审机构召开会议，在接受评审成员方提交的报告以及秘书长起草的报告基础上进行评审。任何与接受评审的国家有利害关系的成员方均可出席评审会议，并针对有关的贸易政策和实践提出质询、批评或表扬。最后，接受评审的成员方贸易代表针对各方提出的问题进行答辩。评审结束后，世贸组织秘书处负责将成员方提交的报告、秘书处的报告连同评审机构有关会议纪要三份文件合订成册予以出版和存档。

(四) 报告

各成员方的定期报告制度是进行贸易政策评审的基础环节。

《贸易政策评审机制》规定，为了实现最大程度的透明度，每一成员方应当定期向评审机构提交报告。这种报告应当全面反映有关成员方所实施的贸易政策和实施情况，并以评审机构规定的统一格式撰写。这种格式可以由评审机构根据实际情况加以修改。在1995年之前，各成员方提交的报告以1989年6月19日决议所制定的格式提纲为框架。据此，受评审成员方提交的报告主要包括三部分：①贸易政策与实践；②对贸易政策进行评估的有关背景；③贸易与宏观经济统计资料。现在的评审机构已要求将成员方报告的范围从货物贸易扩展到服务贸易、与贸易有关的投资措施和知识产权等方面。

(五) 对国际收支问题的有关规定

在国际收支严重失衡的情况下，1994年《关税与贸易总协定》允许成员方实施某些限制贸易的做法。为解决上述规定与该方接受贸易政策评审在时间上的冲突，《贸易政策评审机制》规定评审机构主席应及时与有关成员方或若干成员方协商，并同时与世贸组织国际收支限制委员会主席进行磋商，以确定一个行政安排，使贸易政策评审的节奏在时间上与国际收支问题的磋商能协调起来，但不能将贸易政策评审推延12

个月以上。

（六）对机制的评议

《贸易政策评审机制》规定，评审机构应当在《建立世界贸易组织的协定》生效后5年内对评审机构的运行进行一次评议。这个评议的结果应当提交部长级会议，在部长级会议的决定或要求下，在这5年期内可以随时对评审机构的运作提出评议。

（七）对国际贸易环境发展方面的检阅

《贸易政策评审机制》规定，评审机构也应就对多边贸易体系产生影响的国际贸易环境的发展进行年度检阅，这种检阅应结合世贸组织总干事所做的年度报告。年度报告一般涉及世贸组织每年的重大活动以及影响世贸组织的重大政策问题。

二、世界贸易组织的争端解决机制

世贸组织各项协议对成员规定的权利义务，需要有配套的程序法来保障。世贸组织的争端解决机制正是通过这样一种程序，为维护成员方的正当权益提供了救济手段，从而使世贸组织成为一个真正意义上完整的国际组织。

设立世贸组织争端解决机制的法律文件主要是《建立世界贸易组织的协定》的附件2——《关于争端解决的规则和程序的谅解协议》(以下简称《谅解》)。《谅解》由27项条款和4个附件构成，这4个附件分别是《本谅解协议适用的各个协议》、《有关协议的特别或附加规则和程序》、《专家小组工作程序》和《专家评审小组》。

（一）世贸组织争端解决机制的适用范围

并不是成员方之间的任何贸易争端都可以诉诸世贸组织争端解决机制。《谅解》第1条明确规定了世贸组织争端解决机制的适用范围：①《建立世界贸易组织的协定》；②多边贸易协议。

需要指出的是，除了《谅解》中规定的规则和程序外，《谅解》附件2列出的协议还规定了特别或附加的规则和程序，当两者发生冲突时，应优先适用特别或附加的规则和程序。当一个争端涉及一个以上有关协议的特别或附加规则和程序时，如果这些协议的特别或附加规则和程序存在冲突，而当事方又不能及时就规则和程序达成一致，则争端解决机构主席应在当事人请求后的10天内，经与当事方协商后，确定应遵循的规则和程序。

（二）世贸组织争端解决机制的实施机构

世贸组织争端解决机制的实施机构有争端解决机构、专家小组、上诉机构、秘书处及总干事。

1. 争端解决机构

《建立世界贸易组织的协定》第4条第3款规定：“总理事会应于适当时候召开会

议，确定如何履行《谅解》规定的争端解决机制的职责。争端解决机构可以设立自己的主席，并为履行这些职责制定它认为必要的程序规则。”这说明，世贸组织总理事会在履行争端解决职责时，即被视为争端解决机构。因此，争端解决机构的成员方与总理事会的成员方相同，只不过工作程序相互独立。争端解决机构的职权有：①成立专家小组；②通过专家小组和上诉机构的报告；③监督争端解决机构通过的裁决和建议的执行；④授权中止减让或其他义务。

此外，争端解决机构还应向世贸组织的有关理事会和委员会通报与有关协议相关的争端的进展情况，根据需要召开会议，以期在《谅解》规定的期限内完成任务。争端解决机构在作出决定时，应按协商一致的方式进行，即如果成员方没有就提议的决定正式提出反对意见，就认为各成员方的意见是一致的。

2. 专家小组

如果申诉方请求成立专家小组，则争端解决机构最迟应在该请求被首次列入争端解决机构会议议程的下一次争端解决机构会议上决定成立专家小组，除非在该会议上，争端解决机构协商一致决定不成立专家小组。争端解决机构应在申诉方请求成立专家小组后的15天内为设立专家小组举行会议，且应至少提前10天发出通知。要求成立专家小组的请求必须以书面形式提出，该请求应说明是否进行协商，指明争议的具体问题，并就申诉的法律依据提供一个说明问题的概要。如果申诉方要求标准职权范围以外的专家小组职权范围，还应在请求书中提出所建议的特殊的职权范围。

专家小组由完全合格的政府或政府人士组成。除非当事方同意，当事方或第三方当事成员方的代表不得担任专家小组成员。为协助选择专家小组成员，秘书处将保留一个具备专家小组成员资格的政府和非政府人士的名单，专家小组成员由从该名单中选择的人士担任。秘书处应向当事方建议专家小组的提名，除非基于强有力的理由，争端当事方不得反对秘书处的提名。如果在决定成立专家小组后20天内未能就专家小组成员人选择达成一致，则应当事方的请求，总干事在与争端解决机构主席和相关理事会或委员会主席磋商，并与当事方协商后，确定专家小组的成员。

专家小组一般由3名成员组成，除非当事方在决定设立专家小组后10天内一致同意由5名成员组成专家小组。如果争端发生在发展中成员方与发达成员方之间，而且发展中成员方提出请求，则专家小组中应至少有1名来自发展中成员方的成员。

成员方应当允许其官员担任专家小组成员。专家小组成员应以个人身份独立地工作，成员不得给予他们指示或施加影响。专家小组成员的各种费用从世贸组织的预算中支付。

3. 上诉机构

上诉机构是由争端解决机构设立的常设机构，由7人组成，这7人轮流审理对专家小组报告的上诉。对每一个上诉案件，由轮流到的其中 3 人进行审理。具体的轮流办法由上诉机构的工作程序决定。上诉机构的成员任期为 4 年，可连任 1 次。但是，7 名成员中 3 名的任期将在《建立世界贸易组织的协定》生效后 2 年到期，这 3 名成员的确定以抽签方式进行，成员位置一旦出现空缺，即应任命新的成员补充。一成员经任命替代另一成员，如果其前任的任期还未到期，则该成员的任期为其任期的剩余任期。

上诉机构的职权仅限于对在上诉中提起的问题的审查，并且这些问题应当只涉及专家小组报告中的法律问题和专家小组作出的法律解释。上诉机构可以维持、修改或推翻专家小组的法律裁定和结论。

4. 秘书处及总干事

根据《谅解》第 27 条的规定，世贸组织秘书处在争端解决机制中有三项职责：①协助专家小组的工作，特别是在处理争端的法律、历史和程序方面向专家小组提供帮助，以及提供文秘和技术支持；②在发展中成员方遇有贸易争端并提出请求时，提供一名来自世贸组织技术合作署的合格法律专家，向发展中成员方提供额外的法律帮助和咨询；③为有兴趣的世贸组织成员方举办争端解决规则和程序的培训班。

《谅解》第 5 条第 6 款规定，世贸组织总干事可以依职权参与斡旋、调解和调停程序，以协助成员方解决争端。

（三）世贸组织争端解决机制的一般原则

《谅解》第 3 条规定了世贸组织争端解决机制的一般原则，主要有：

（1）继承和发展《关税与贸易总协定》争端解决机制。成员方重申遵循 1947 年《关税与贸易总协定》第 22 条和第 23 条所规定的争端处理原则，以及在此基础上进一步明确和修改的规则和程序。

（2）争端解决机制的作用。世贸组织争端解决机制是确保多边贸易体制具有保障性和预见性的核心因素。它的作用在于：①维护成员方在各协议下的权利义务，而不能增加或减少成员方的权利义务；②根据国际公法的解释原则，使条款更加明确化。

（3）争端解决方法的渐进性。争端解决机制的目的是积极有效地解决成员方间的争端。第一，达到此目的的首选方法是争端当事方对一个符合有关协议的解决方法达成一致。第二，若当事方达不成一致意见，则应撤销那些被认为是违反有关协议的措施。第三，若无法撤销，则可采用补偿措施，但补偿只能作为临时措施，直至违反有关协议的措施被撤销。第四，解决争端的最后方法是经争端解决机构授权，对另一成员方歧视性地中止减让或其他义务。

（4）初步推定。如果某成员方违反有关协议规定的义务，则该违反行为被初步认定为造成另一成员方利益丧失或遭受损害，也就是说，违反规则被推定为对有关协议的其他成员方造成不利影响，这种情况下，受诉方负有举证责任以反驳指控。

（5）无溯及力原则。世贸组织争端解决机制只适用于在《建立世界贸易组织的协定》生效后提起的请求。对于生效前根据1947年《关税与贸易总协定》和有关协议的前身协议所提起的请求，仍适用原来的相关程序和规则。

（6）优待发展中成员方。对于发展中成员方投诉发达成员方的案件，受诉方有权援引《1966年4月5日决定》[㊀]中的相应条款来代替《谅解》的第4、5、6、12条，除非专家小组认为该《决定》第7条规定的时间框架不足以完成其报告，在征得受诉方同意后，可以延长该期限。如果《谅解》第4、5、6、12条与该《决定》相应条款存在冲突，则应优先适用后者。

除上述原则之外，《谅解》还规定了迅速解决争端、节制和善意适用机制等一般原则。

（四）世贸组织争端解决机制的运作程序

《谅解》规定了一套完整的争端解决程序，包括：协商程序；斡旋、调解和调停程序；专家小组程序；上诉评审程序；执行程序。

1. 协商程序

申诉方有义务先寻求通过协商解决争端，但被请求方没有义务进行协商。一成员方提出协商请求后，被请求方应在收到请求后10日内作出答复，并应在收到请求后30日内进入协商程序。如果被请求方未在上述期限内作出答复或进入协商程序，或者当事方在收到请求后的60天内不能通过协商解决争端，则申诉方可要求成立专家小组，除非双方另有协议。如果各当事方都认为没有协商解决争端的可能，则申诉方可在60天内要求成立专家小组。在涉及易腐货物等紧急情况下，被请求方应在收到协商请求之日起10日内进入协商，如果收到协商请求后20日内未能通过协商解决争端，则申诉方可请求成立专家小组。

2. 斡旋、调解和调停程序

斡旋、调解和调停程序是争端当事方自愿选择的程序。这一程序以及当事方在程序中所持立场应是秘密的，并且无损于当事方在以后程序中的权利。争端的任何一方在任何时候可请求斡旋、调解和调停。这些程序既可以在任何时候开始，也可以在任何时候终止。一旦斡旋、调解和调停程序被终止，申诉方可请求成立专家小组。但是，当斡旋、调解和调停在收到协商请求后的60天内进行时，申诉方不得在收到协商请求后的60天内请求成立专家小组，除非争端当事方一致认为斡旋、调解和调停程序已不能解决争端。经争端当事方同意，在进行专家小组程序的同时，斡旋、调解和调停程

㊀ 《关贸总协定基本条文及精选文件》(GATT BISD) 14册18页。

序仍可继续进行。世贸组织总干事可参与斡旋、调解和调停程序，协助各方解决争端。

3. 专家小组程序

（1）专家小组工作程序。专家小组的工作程序应遵循《谅解》第12、13条和第14条及附件3的规定，其基本原则是：专家小组程序既要有充分的灵活性以确保作出高质量的专家小组报告，同时又要避免不适当的延误审理程序。

一旦专家小组的组成和职权范围确定，专家小组经与各当事方协商后，应尽可能在1周内确定专家小组工作程序的时间表。每个当事方应将书面陈词交存秘书处，再由秘书处及时转送专家小组和其他争端当事方。申诉方应先于受诉方提交首次陈词，除非专家小组在制定时间表时，并经与各当事方协商后，决定各当事方应同时提交其首次陈词。对于以后的书面陈词，各当事方应同时提交。若争端当事方未能找到双方满意的解决方法，则专家小组应以书面报告形式向争端解决机构报告其裁决，说明事实真相、适用的有关条款以及作出裁决与建议的基本理由。如果争端已由当事方自行解决，则专家小组的报告只需要概要地说明案件及已达成的解决方法。

在一般情况下，专家小组进行审查的期限自专家小组的组成和职权确定之日起至最后报告送交当事方之日止，不应超过6个月。在紧急情况下，上述期限应为3个月。如果专家小组不能在上述时间内完成报告，它可书面请求争端解决机构延长期限，但最长不应超过9个月。此外，申诉方可随时请求专家小组中止程序，但中止的期限不得超过12个月。如果超过12个月，则决定成立专家小组的授权将失效。在中止程序的情况下，《谅解》所规定的专家小组的程序、争端解决机构的决定、建议和裁决的实施时限应按中止的时间相应延长。

《谅解》第19条第10款和第11款对发展中成员方作出特殊规定。如果争端的受诉方是一个发展中成员方，则各方可延长《谅解》第4条第7、8款规定的协商期限。如果有关期限届满后，各方均同意继续协商，则争端解决机构主席经与各方协商后，可决定是否再延长协商期限以及延长多久。在受诉方是发展中成员方时，专家小组应向其提供充裕时间来准备其主张，但不应影响争端解决机构作出决定的期限及执行建议或裁决的合理期限。在一个或一个以上的当事方是发展中成员方时，专家小组报告应明确表明对有关协议规定的对发展中成员方实行差别和更优惠待遇所作的考虑。

专家小组有权从它认为合适的个人或组织那里获取资料和专业咨询，但在获取资料或专业咨询前，应通知成员方有关机构，成员方应及时充分地满足专家小组的要求。专家小组获得的资料未经资料提供者授权不得公开。专家小组可以与专家协商，取得他们对争端某些事项的意见。对由当事方提起的有关科学和技术事项的事实性问题，专家小组可以请求专家评审小组作出书面的咨询报告。专家评审小组的成立及程序详见《谅解》附件4的规定。专家小组的工作是对外保密的，包括专家小组的评议、专家小组报告的起草工作对外保密以及专家小组成员以匿名形式在专家小组报告中发表个人意见。

此外《谅解》附件3规定了更为详细的工作程序及参考时间表。

（2）中期评审程序。中期评审程序是世贸组织争端解决机制新引入的程序。首先，专家小组应将其报告草案中的叙述部分（包括事实和辩论）分发给争端当事方，并规定各方可以提出书面意见的期限。在期限届满后，专家小组应将包含叙述部分及裁决与结论的中期报告分发给当事方，各方可以在专家小组规定的期限内，书面请求专家小组在最终报告分发给各成员方之前，就中期报告的精确方面进行评审。专家小组依此请求应再次举行会议讨论当事方书面请求中所提出的问题，对当事方主张的讨论应载入最终报告。但是，如果当事方没有在规定期限内提出书面请求，则中期报告即被视为最终报告。中期评审程序的时间应包含在专家小组审案期限内。

（3）专家小组最终报告的通过。争端解决机构在报告发送到各成员方的20天内不应考虑通过专家小组报告，以便各成员方有充裕的时间审议报告。各成员方如果对专家小组报告有反对意见，应至少在争端解决机构开会讨论通过报告的10天前就其反对意见给出书面理由。在争端解决机构考虑采纳专家小组报告的过程中，争端当事方应有权充分参与，并且其意见应被完整记录。专家小组报告应在向各成员发送后的60天内在争端解决机构会议上通过，除非争端一方已通知争端解决机构其上诉决定，或者争端解决机构协商一致决定不通过报告。

4. 上诉评审程序

上诉主体应仅限于争端当事方。但是，与案件有重大利害关系、并已将此情况通知争端解决机构的任何第三方，可以向上诉机构陈述意见以及提交书面陈词。自争端当事方正式通知其上诉决定之日起至上诉机构发送其报告之日止，整个上诉程序一般不得超过60天。在特殊情况下，经上诉机构请求，可以延长，但最长不超过90天。上诉评审的工作程序由上诉机构经与争端解决机构主席和世贸组织总干事协商后起草，并通知各成员方。上述机构报告应在该报告发送到各成员方后的30天内由争端解决机构通过并应无条件地为争端当事方接受，除非争端解决机构协商一致决定不通过该报告。自争端解决机构成立专家小组之日起至争端解决机构考虑通过专家小组或上诉机构报告之日止这段期间，原则上不应超过9个月（若当事方不上诉）或不应超过12个月（若当事方上诉），除非争端当事方另有协议。

专家小组或上诉机构的报告，经争端解决机构通过后就成为争端解决机构正式的建议或裁决。

5. 执行程序

（1）对执行建议或裁决的监督。在专家小组和上诉机构报告通过后的30天内举行的争端解决机构会议上，有关成员方应将争端解决机构建议或裁决在以下合理期限内执行：①由成员方提出并经争端解决机构批准的期限；②若无此类批准，由争端当事方在建议或裁决通过之日起的45天内协商确定的期限；③若无此类协议，在建议或裁决通过后的90天内经有约束力的仲裁确定的期限；④在一般情况下，执行期限不应超过自建议或裁决通过之日起的15个月。

如果对某项因执行有关裁决而采取的措施是否与有关协议一致产生争议，则该争议仍可诉诸争端解决程序，并尽可能求助于原专家小组。专家小组应在此争议提交之日起的90天内公布报告，否则应告知争端解决机构延期的理由及提交报告的预计期限。

争端解决机构应对建议或裁决的执行进行监督。在有关建立或裁决通过后，任何成员方都可随时向争端解决机构指出败诉方在执行这类建议或裁决中存在的问题。这些问题应于上述合理期限确定之日起的6个月后列入争端解决机构会议的议程，直至问题被解决为止，除非争端解决机构另有规定。有关成员方应至少在每次争端解决机构会议举行前10天向争端解决机构报告执行有关建议或裁决的进展情况。

（2）补偿与中止减让或其他义务。补偿与中止减让或其他业务，是在败诉方未于合理期限内执行争端解决机构通过的建议或裁决时，为胜诉方提供的一种临时性救济措施，并且补偿是出于自愿。如果给予补偿，也须与有关协议相一致。如果有关成员方未能在合理期限内纠正其违反有关协议的措施，则经请求，该成员方应在上述合理期限结束之前与申诉方协商，以求达成双方均能接受的补偿协议。如果在合理期限届满后20天内未能达成补偿协议，则申诉方可以请求争端解决机构授权中止减让或其他义务。争端解决机构应在上述合理期限到期后的30天内批准请求，除非争端解决机构协商一致决定不予批准。

申诉方在考虑中止减让或其他义务时，应遵循下列原则和程序：①应在其利益受到损害或已丧失的同一部门内寻求中止减让或其他义务；②若上述第一种方法不可行或没有效力，则可寻求在相同协议下的其他部门中止减让或其他义务；③若上述第二种方法也不可行或没有效力，且情况十分严重，则可寻求在其他协议下的部门内中止减让或其他义务。后两种方法就是通常所说的“交叉报复”。但是，中止减让或其他义务也受到限制。首先是其中止义务的程序应与有关成员利益受到损害或丧失的程度相同；其次是如果有关协议禁止减让或其他义务，则应遵守此协议。

如果有关成员方反对中止义务的程序，或认为上述原则和程序未能得到遵守，此类异议应提交仲裁。仲裁应由原专家小组进行，或由世贸组织总干事指定的仲裁员裁定。仲裁程序应在上述合理期限届满后60天完成，仲裁期间不得中止减让或其他义务。仲裁员不得审查将被中止的减让或其他义务的性质，而只能确定中止义务的程度是否与利益受到损害或已丧失的程度相当。仲裁员也可决定所建议的中止措施是否为有关协议所允许，以及有关中止减让或其他义务的各项原则和程序是否得到遵循。仲裁员的裁定具有终局性，当事方不得寻求第二次仲裁。

中止减让或其他义务是临时性措施。这种措施在下列情况下应予终止：①败诉方已取消违反有关协议的措施；②应执行建议或裁决的有关成员方对于利益的损害或丧失提出了解决方法；③争端当事方达成了各自满意的解决方法。无论何种情况，争端解决机构仍应继续监督所通过的建议或裁决的执行。

以上是世贸组织争端解决机制的主要程序。除此之外，《谅解》还对仲裁程序、对发展中成员方及最不发达成员方的特殊待遇等作了规定。需指出的是，这里的仲裁是在争端解决机制中争端当事方可选择适用的辅助性争端解决方法，不同于上述执行程序中提到的仲裁。这种仲裁的采用须经当事方的一致同意，并仅限于解决当事方明确约定的问题。经当事方同意，任何成员可成为仲裁当事人。这种仲裁裁决具有法律约束力，并适用上述执行程序。

第五节 世界贸易组织的发展

一、世贸组织对《关税与贸易总协定》的发展

《建立世界贸易组织的协定》的产生是对1947年《关税与贸易总协定》的扬弃，即在1947年《关税与贸易总协定》的基础上有所发展和创新，而不是完全否定，更不是简单照搬。

随着世界经济的发展变化，先天不足的《关税与贸易总协定》的历史局限性越来越凸显出来。《关税与贸易总协定》的条文主要源于国际贸易组织宪章有关商业政策的部分，它所调整的对象基本上是货物贸易以及与之有关的关税与非关税措施，这已不能适应20世纪90年代迅速发展的服务贸易与巨变中的贸易结构的需要。同时由于《关税与贸易总协定》的临时性所导致的“祖父条款”的纵容、“授权条款”的乏力、“例外条款”的滥用、组织基础的薄弱，使得《关税与贸易总协定》的协调功能、监督功能以及权威性受到严重影响，无论在调整国际经济的力度、广度、深度上都已满足不了现实需要。

《建立世界贸易组织的协定》脱胎于《关税与贸易总协定》，它们之间的联系十分紧密。从形式上看，《建立世界贸易组织的协定》在组织机构、管理职能和成员方资格上保留了《关税与贸易总协定》的合理部分。从内容上看，在法律规范上进行了全面的继承，主要是通过将1994年《关税与贸易总协定》列入附件1的方式完成的。

《建立世界贸易组织的协定》作为一个新生事物，在保留与继承旧事物合理内核的同时又对其局限性进行了变革与克服，从而发生了质变。

(1)《建立世界贸易组织的协定》克服了《关税与贸易总协定》的临时性，比《关税与贸易总协定》更加稳定。

(2)《建立世界贸易组织的协定》将服务贸易、与贸易有关的知识产权列入附件，并增加了与贸易有关的投资措施，调整的范围比《关税与贸易总协定》更加广泛。

(3)《建立世界贸易组织的协定》避免了《关税与贸易总协定》权限不明的缺陷，在组织机构及其管理职能上有所创新，更加完善。从决策机制来看，《建立世界贸易组织的协定》规定了一致同意规则、简单多数规则、2/3 多数通过规则、3/4 通过规则以及必须接受规则。同时，《建立世界贸易组织的协定》还规定反向一致规则，该规则是一项重大创新，克服了原先一致同意规则的弊端。在争端解决机制方面，《建立世界贸易组织的协定》的争端解决机制与《关税与贸易总协定》相比具有统一性，有强制性的管辖权。同时对各环节设定了明确的时间限制，设立了固定的争端解决机构，加大了执行裁决的力度。

二、世贸组织成立以来的成绩及存在的问题

(一) 世贸组织成立以来的主要活动

(1) 新加坡部长级会议。世贸组织首次部长级会议于 1996 年 12 月 9~13 日在新加坡举行，来自世贸组织 128 个成员方和相关国际组织的 2800 多名代表参加了会议。大会通过了“新加坡部长会议宣言”、总理事会报告和“信息技术产品贸易的部长宣言”。

(2) 日内瓦部长级会议。1998 年 5 月在日内瓦，世贸组织召开了纪念多边贸易体制 50 年的第二次部长级会议。本次会议决定于 1999 年 11 月发动全球新一轮贸易投资自由化谈判，并就新一轮多边贸易谈判的有关事宜作了安排。会议提出了一项更新的议题——电子商务，并就此达成了临时协议：在未来 18 个月内对电子商务的关税将保持不变，即关税为零。

(3) 西雅图部长级会议。1999 年 11 月 30 日~12 月 3 日，WTO 第三次部长级会议在美国的西雅图举行，会议拟决定新的“千年回合”谈判，也是世贸组织成立以来第一轮多边贸易谈判，各成员方部长由于利益不同而发生激烈争吵，最后以不欢而散告终。原定于 2000 年元月开始的“千年回合”谈判也因此受阻。这是 WTO 成立以来遭受的第一次大挫折。

(二) 世贸组织成立以后取得的成绩

世贸组织自 1995 年 1 月 1 日成立以来，影响力已遍及国际经贸的许多重要领域。

其主要成绩如下：①继续主持范围广泛的多边贸易谈判；②贸易政策评审机制发挥重要作用；③争端解决机制的良好运行维持了多边贸易体制的权威；④使更多的国家和地区融入多边贸易体制中；⑤服务贸易的四个重要部门的谈判取得一定成果；⑥1997年3月《信息技术协定》的达成将大大加速信息技术产品的贸易自由化进程，从而加快经济全球化趋势。

（三）世贸组织运行中存在的问题

（1）WTO在实施“乌拉圭回合”达成的多种协议与协定时存在不平衡发展。第一，世贸组织发达成员方大力推动那些与其利益相关协议与协定的执行。面对那些事关发展中成员方贸易利益的协议，如《纺织品和服装协议》的实施，则采取了拖延的态度。第二，世贸组织置广大发展中成员方关心的尽快履行货物贸易方面的承诺于不顾，把美国、欧盟等发达成员方感兴趣的诸如信息技术产品的“新问题”予以讨论，由于成员方在执行“乌拉圭回合”协议中的权利与义务的失衡，其受害者将是广大发展中成员方。第三，这种不平衡性还表现在：①发达成员方享有比较优势的部门自由化远远快于传统的产业部门，特别是劳动密集型部门；②在知识产权领域规定了高标准，但技术转让规则却迟迟未能出台；③经合组织在1999年世贸组织西雅图部长级会议上提出的《多边投资协议》基本上考虑了发达成员方跨国公司的利益，对于东道国利益和跨国公司的约束问题却置之不顾。

（2）贸易大国操纵多边贸易体制决策过程的现象未得到根本改善。世贸组织决策过程中出现了人为扩大协议与磋商范围，把一些与贸易无直接关系的问题纳入世贸组织和多边贸易体制工作的现象。例如，美国、欧盟借口“人权”问题，坚持把社会条款、核心劳工标准纳入新加坡部长级会议。另外，1998年下半年~1999年上半年，在关于世贸组织新总干事人选问题上，主要发达成员方与发展中成员方争执不下，在美国的干扰下，新总干事人选一再延迟，致使世贸组织出现了“权力真空”的危机，这无疑是对该组织信誉的损害。

（3）世贸组织接纳新成员方的进程因政治因素和捞取经济实惠的要求而放慢。加入世贸组织申请者的谈判内容与世贸组织协议的规定相脱节，一些申请加入世贸组织的谈判已变成对申请者无所不包的经济贸易政策的审议。我国的“复关”与“入世”就面临过这样的问题。这种状况使世贸组织建立的多边贸易体制的世界性、广泛性和权威性受到质疑。

三、多哈回合

（一）多哈回合的启动

2001年11月9~14日，在卡塔尔首都多哈举行的世贸组织第四次部长级会议上，世贸组织142个成员方一致同意自2002年1月31日开始启动新一轮多边贸易谈判。新启动的多边贸易谈判又称“多哈发展议程”，或简称“多哈回合”。该轮谈判确定了八个谈判领域，即农业、非农产品市场准入、服务、知识产权、世贸组织规则（重点是反倾销、反补贴和区域贸易安排）、争端解决、贸易与环境以及贸易和发展问题，全部谈判拟订以“一揽子承诺”方式于2005年1月1日前结束。“多哈回合”是世贸组织自1995年成立以来发动的首轮多边贸易谈判。

在多哈会议上，发展中成员方强调它们已为“乌拉圭回合”谈判的结束作了许多让步，包括接受知识产权、服务贸易以及投资措施。然而，在发展中成员方普遍关注的农业和纺织品问题上，发达成员方却未真正对发展中成员方开放市场。对此发展中成员方感到不满，要求新一轮多边贸易谈判在讨论和确定新议题之前，首先应检查“乌拉圭回合”协议的执行情况，而不是搞更多的新议题。第四次部长级会议同意将发展中成员方的要求作为“多哈回合”贸易谈判的重要议题列入议程，并设立一个特别机构负责审查。此外，世贸组织成立了贸易谈判委员会，委员会及其下属的七个谈判小组在世贸组织总理事会授权下，监督和实施新一轮多边贸易谈判。

2000年12月在第一轮多边贸易谈判启动一周年之际，世贸组织贸易谈判委员会举行了总结会议，145个成员方共同回顾了一年来的谈判进程，普遍认为虽然取得了一些进展，但仍然有些问题没能解决，如“药品准入”、“农产品贸易”等问题没有达成共识。

在“多哈回合”的十几项谈判议题中，最尖锐、最紧迫的是“药品准入”问题。2001年的多哈部长级会议曾指出，有关协议应支持成员方保障公共健康及在紧急情况下使贫穷成员方获得药品。但此原则在谈判中却引出了一系列的争论：诸如哪些国家和地区可以在传染病爆发时豁免药品专利约束，制药企业提出如果豁免的范围过大新药研制将失去积极性，有的发达成员方也强调一旦发生细菌战也应该享受有关药品生产专利豁免权等。世贸组织专家分析，“药品准入”问题并非像表面上那样复杂，主要是谈判各方都不愿意在某个领域作出明确让步，而希望在各项谈判中综合平衡得失。前总干事素帕猜认为，药品问题已经不再是一个单纯的贸易谈判问题，而是一个人道主义的问题。这一问题的谈判能否取得进展对于增强发展中国家对“多哈回合”的信心至关重要。希望各成员方政府尽快表态，如果连“药品准入”问题都不能达成协议，那将会使新一轮谈判变得复杂化。

“多哈回合”中一个为大多数世贸组织成员方关注的谈判议题是农产品贸易。这一问题的谈判也是到小结性会议时基本上没有结论，即要在2003年3月底前就削减农产品出口补贴方面的“限制性规定”达成协议。很多成员方认为，欧盟共同农业政策改革的时间表与“多哈回合”谈判的时间表不合拍，是这一谈判停滞不前的重要原因。

2002年12月2日在世贸组织召开的市场准入谈判会议上，美国就非农产品问题向世贸组织正式提交了一份建议案，即世贸组织成员在2015年前取消所有非农产品的关税。但很多世贸组织成员方认为，美国的这一建议离现实太远，没有动力。

（二）坎昆会议

2003年9月10～14日WTO第五次部长级会议在墨西哥的坎昆举行，对"多哈回合"谈判进行中期评估。这次会议本来被各成员方寄予厚望，但却无果而终，没有达成任何实质性协议，成为继西雅图会议之后第二次失败的世贸组织部长级会议。

尽管大多数经济学家都支持自由贸易，但是自由贸易在带来交易双方福利水平提高的同时，也会制造出福利水平分配的不均。对于一成员方政府而言，参与"多哈回合"的基本立场仍然是维护本成员方的利益，尽可能地减少成员方内居民和企业因为外部竞争所带来的损失。由于各成员方的经济发展水平、经济规模各不相同，不同成员方在"多哈回合"谈判的时候处于明显不同的地位。虽然"多哈回合"力图通过创造出一个相互平等、重复博弈的平台，尽量减少各成员方在贸易谈判中处于不利地位，然而，在具体议题上，各成员方之间存在着错综复杂的利益关系。

发达成员方之间在很多问题上也有激烈的利益冲突，例如欧盟国家和美国之间关于农业补贴、转基因产品、钢铁等问题一直存在着矛盾。发展中成员方阵营之中既有中国、印度和巴西这样的大国，也有像马来西亚、泰国这样的新兴工业化国家，还有很多最不发达国家，其利益也经常互相冲突。但是，在"多哈回合"的进展过程中，发达成员方和发展中成员方之间的矛盾逐渐演化为主要的矛盾。

世贸组织的发展中成员方根据"乌拉圭回合"的谈判结果，进行了广泛的市场开放和国内体制改革，为世界贸易自由化、经济全球化作出了巨大贡献。但是，发展中成员方作出的贡献并没有得到应有的补偿，由于发达成员方的苛刻要价，发展中成员方普遍反映，在履行"乌拉圭回合"协议时遇到了许多困难，承担了超出其经济发展水平的义务。发展中成员方要求在"多哈回合"中，发达成员方应该首先兑现其在"乌拉圭回合"中的承诺，并且要优先讨论发展中成员方特殊差别待遇问题、公共健康问题等，在市场准入方面发达成员方应充分照顾发展中成员方具有出口利益的产品和服务。大多数发展中成员方非常反对在老的问题没有解决之前匆匆忙忙地开辟新的议题。发达成员方更注重的恰恰是在"多哈回合"中加入新的议题，如投资、竞争、政府采购和贸易便利化等，它们希望在"乌拉圭回合"谈判成果的基础上进行新的市场开放，不希望对"乌拉圭回合"协议作过多的修改。发达成员方和发展中成员方在这方面的分歧直接导致了坎昆会议的失败。

1. 农业谈判

农业是"多哈回合"的核心问题，也是最敏感的问题之一。在现有世贸组织协议下，发达成员方一方面劝诱甚至强迫发展中成员方开放其农产品的进口，声称这将带来发展中成员方资源配置的改善，声称农产品进口对外开放可能带来的问题如农民的失业和收入下降都将只是暂时性的；另一方面，它们自己却在实施对国内农业部门的保护。发达成员方仍然普遍实施对农业的各种补贴，以及对农产品进口的高关税保护。在发达成员方，许多农产品的关税有的超过200%和300%。1986～1988年，经合组织成员方每年的农业补贴平均为2750亿美元，但是到了2001年则增加到3500亿美元，而该年发达成员方对发展中成员方的发展援助仅为540亿美元。发达成员方的每头牛享受的补贴竟然是非洲国家穷人收入的3倍。这种不对称的保护，使得发达成员方的农产品可以以低廉的价格出口到发展中成员方，对发展中成员方的农业产生了很大的冲击。2002年的《全球竞争力报告》中就指出，像未加工食品这样的初级产品部门，本来应该是发展中成员方最具出口优势，但是，这个行业的出口反而一直由发达成员方垄断。

由于农业人口仍然在发展中成员方占很大比重，因此对于大多数发展中成员方来讲，农业一直是一个非常严重的问题。发展中成员方应该要求世贸组织改变这些不公平的农业协议，要求发达成员方取消对农产品的补贴，限制发达成员方农产品向发展中成员方的倾销。我国加入世贸组织之后也面临着这个问题。根据联合国贸易与发展委员会2002年的报告，我国在加入世贸组织之后，粮食的进口关税要从2001年的91%在10年之内下降到3%，饮料和烟草的进口关税要从2001年的58%在10年之内下降到10%。由于农产品进口关税大幅度降低，农业生产可能会大幅度减少，例如中国的油菜子生产可能会下降53%，饮料和烟草的生产可能会下降39%。

新一轮农业谈判必须改变这些不合理的现象。这要求发达成员方能够在削减高关税和关税升级、取消出口补贴和削减并最终取消贸易扭曲性国内支持方面取得实质性的进展。谈判结果还要实质性地提高发展中成员方的特殊和差别待遇，战略性产品和特殊保障机制是很好的途径。从某种意义上讲，农业谈判已经成为“多哈回合”的“试金石”，发展中成员方希望通过农业谈判看到发达成员方的诚意和远见。

2. 新加坡议题

新加坡议题是指在1996年新加坡会议上由发达成员方提出的关于投资、竞争政策、政府采购透明度和贸易便利化的四项新议题。在发达成员方看来，新加坡议题是为了在更广泛的范围内推进自由贸易的逻辑；而在发展中成员方看来，发达成员方的真实意图不过是撤掉发展中成员方的最后一道栅栏，以便发达成员方的产品和服务可以长驱直入。早在1996年新加坡举行的世贸组织部长级会议上，发达成员方就曾经建议把这四个议题纳入世贸组织的谈判。发展中成员方普遍提出了抗议。于是，发达成员方建议设立相关的工作组进行讨论。要不要在“多哈回合”中启动新加坡议题的讨论，是一个非常富有争议的问题。从本质上说，这些议题都不是贸易问题，世贸组织来关注这些问题只能分散其注意力。发达成员方提出这些议题的真实动机是进一步实现贸易自由化和获得在发展中成员方的市场准入。

（1）投资议题。发达成员方提出投资议题的用意就是要让外国投资者在发展中成员方享有充分自由的权利，无条件地进入成员方市场，不受限制条款的约束，可以自由地进行投资，享受国民待遇。发达成员方鼓吹国民待遇原则的最终目的是在发展中成员方拥有100%的所有权，外国公司只要想进入一个国家，就可以进入，当地政府没有任何干预外来投资的权利，并且也不能向当地企业和个人提供任何优惠政策和补贴。由于这项议题一面倒向发达成员方而备受非议，其主要的建议者又提出了修正建议，即第一阶段主要注重透明化措施，接着是衔接步骤，展开连续为期两年的谈判，然后自动提升到另一项贸易协约的谈判。像这样步骤一个接一个的修正建议，其最终目的无非是要成员最终同意把发达成员方关于投资条例的概念列入世贸组织授权的规范内。这必将对发展中成员方经济、社会和政治的各个领域带来极其严重的后果，影响发展中成员方工商企业发展的各方面条件，削弱政府相对于外国投资者和债权人的谈判地位。

（2）竞争政策。在发展中成员方看起来，竞争政策的主要目的应该是反对发达成员方的跨国公司，因为它们作为垄断的代表，可能会对发展中成员方的中小企业发展带来不利的影响。在发达成员方看来，竞争政策的主要目的却是允许发达成员方的企业能够在发展中成员方的市场上和当地企业“平等”竞争。在1996年新加坡举行的世贸组织部长级会议上，各方同意设立一个工作组研究贸易与竞争政策之间的关系。按照当时的说法，这项协议并不是要成员承诺将来谈判关于竞争的议题。但是，欧盟仍然不断催促落实关于竞争议题的谈判，并且建议把它列入“多哈回合”谈判。正如美国与欧盟的贸易代表所宣布的，它们的共同目标就是为了在发展中成员方订立竞争条例，以方便外国企业机构进入发展中成员方的市场，进行自由竞争。这对发达成员方来讲是有利的，可对于发展中成员方却是不公平的。如果这项协议纳入世贸组织的框架之中，必将削弱发展中成员方的政府为本地企业提供优惠的权利，同时发展中成员方也不能伸缩性地选择适合各自的竞争模式，以迎合不同时期的经济环境变迁。

（3）政府采购透明度。1996年新加坡世贸组织部长级会议上同意的议案是建立一个工作组研究政府采购中的透明化问题。但是，欧盟等已经拟订了一份详细的要求将政府采购纳入世贸组织谈判的议案，并指出政府采购可以豁免贸易自由化。对于发展中成员方来说，政府采购的意义并不仅仅是政府购买多少台计算机或多少套软件。当一成员方经济处于衰退的时候，政府采购可以有助于扩大本国国内需求，刺激经济复苏；当成员方的幼稚产业处于发展初期的时候，政府采购有助于迅速地培育成员方市场，推动本国产业的发展；如果出现了较为严重的失业问题或其他经济社会问题，政府也可以方便地用政府采购实现自己的政策目标。一旦政府采购必须纳入世贸组织管制，则意味着发展中成员方在很大程度上丧失了政策自主性，发展中成员方政府不能再给予本国公司任何提供公共用途商品、参与公共服务和承包政府工程的优先权。

(4）贸易便利化。这个议题相对而言较少争议，但是发展中成员方也提出，为了提高贸易便利化，发达成员方应该加大对发展中成员方的技术援助。

另外，坎昆会议上对新加坡议题的讨论是以“绿屋会议”的形式进行的，这也是导致其失败的一个重要原因。“绿屋会议”的说法始于“乌拉圭回合”，因为当时的GATT总理事的办公室是绿色的，而在那里举行的会议多是排外的、不公开的，所以人们就把这种排外的、不透明、不民主的决策方式称作“绿屋会议”。尽管在新加坡会议上世贸组织的总理事许诺这种排外性的会议将不会再发生，但事实上，“绿屋会议”自新加坡会议以来就从未停止过，西雅图会议上，“绿屋会议”的形式更是贯穿于会议的始终。发展中成员方对这种“绿屋会议”极为愤怒，在坎昆会议上他们发表声明说，不会使任何“绿屋会议”的决议获得一致通过。

在经济全球化领域中，如何尽早实现公平贸易是一个至关重要的问题。以制造业为例，发达成员方之间的进口工业品平均税率约为1%，而对东南亚成员方是8%。蒙古国向美国政府缴纳的关税总额与挪威几乎相同，但蒙古国向美国的出口只有挪威的3%。发达成员方一方面要求发展中成员方开放市场，另一方面坚持维护自己的既得利益不肯作出实质性让步，这显然是极不公平的，坎昆会议在争吵声中无果而终也是必然的。

（三）坎昆会议以后的情况

1. 2004年8月的《多哈回合框架协议》

2003年9月在墨西哥坎昆举行的世贸组织部长级会议失败后，“多哈回合”谈判陷入僵局。2004年3月，世贸组织成员方的代表在日内瓦就农业问题进行了紧急磋商，尽管各方一致同意要努力推动谈判，但谈判并未取得实质性进展。世贸组织于7月16日公布“多哈回合”框架协议草案，重新启动“多哈回合”谈判。7月27日起在瑞士日内瓦召开总领事会议，就该框架协议进行了商讨。但由于谈判各方对此前公布的协议草案仍存在很大分歧，世贸组织又于7月30日公布了新的框架协议草案以供讨论。经过连续40个小时的艰苦谈判，世贸组织147个成员8月1日就“多哈回合”的主要议题达成《多哈回合框架协议》。这标志着一度陷入僵局的世贸组织“多哈回合”谈判终于取得重要阶段性进展，为正式协议达成奠定了基础。

《多哈回合框架协议》内容涉及农业、非农产品市场准入、服务贸易、贸易便利化和发展等领域。

在就农业问题达成的框架协议中，涉及了有关国内支持、出口竞争、市场准入三项内容。包括美国、欧盟和日本在内的发达成员方承诺最终取消出口补贴，大幅度削减国内支持，实质性改进市场准入条件，但同时要求提高计算机、小汽车等工业品贸易机会。

与会各方还同意商定简化海关手续和逐步削减农产品及工业制成品进口关税的措施，还承诺对最不发达成员方和新加入成员方的待遇作出相应的灵活安排，例如同时要求发达成员方从最不发达成员方进口制成品时，取消所有关税和配额。

非农产品市场准入方面《多哈回合框架协议》则规定了有关采用非线性公式减让、部门减让、对发展中成员方的特殊差别待遇及对非关税措施的处理原则。由于成员方对《多哈回合框架协议》内容分歧较大，《多哈回合框架协议》规定将进行进一步谈判。《多哈回合框架协议》还决定正式启动贸易便利化谈判，但“新加坡议题”不在本轮谈判范围。

从以往的谈判来看，结果总是对发达成员方有利。而此次谈判，发展中成员方相互支持，团结一致，尤其是在要求发达成员方取消对农业的国内支持、出口补贴、农业特殊待遇等方面取得了成果。因此，发展中成员方对《多哈回合框架协议》总体上比较满意。同时，发达成员方也通过谈判得到收益，美国、欧盟成员等发达成员方也得到发展中成员方的让步，如减少国内支持的额度以及针对某些敏感产品不进行大幅度关税减让的特殊待遇。总体来看，《多哈回合框架协议》还是照顾到了各方的利益，是一个比较平衡的协议。《多哈回合框架协议》是各方共同努力的成果，是完成“多哈回合”谈判不可或缺的一个重要环节。

2. 2005年5月欧盟对农产品关税计价方式作出让步

2005年5月9日由30个成员方参加的世贸组织小型部长级会议在巴黎结束。会议经过三天激烈的讨价还价，最终以欧盟承诺改变其对进口农产品关税的计价方式而结束。欧盟的这一让步为重启世贸组织“多哈回合”谈判带来了一线希望。“多哈回合”谈判出现僵局，主要是发达成员方拒绝在降低农产品的进口关税方面作出让步，欧盟曾一直坚持“在没有从发展中成员方获得市场准入方面的让步的情况下，农产品关税是不容谈判的”。在此次部长级会议上欧盟作出实质性让步，将进口农产品以每吨征收关税的方式改为按农产品实际价值的百分比征收关税。这一方式便于使农产品关税在国际上进行比较。如果这一方式获得成员方的接受，有关降低农产品关税方面的谈判将会在世贸组织成员方之间重新启动。按世贸组织的计划，“多哈回合”谈判将在2006年结束。欧盟的让步有助于打破僵局，促进工业品关税、服务业市场准入、发展问题等方面谈判的开展。

“多哈回合”谈判的顺利进行将对世界经济复苏起到重要的推动作用。世界经济发展形势尚不确定，还有很多不稳定因素。“多哈回合”的成功将有助于世界经济的恢复和长期发展。世贸组织正处在一个十字路口，“多哈回合”谈判将在很大程度上决定世贸组织何去何从。如果世贸组织的成员能够吸取坎昆会议的教训，竭尽全力来纠正世贸组织规则和体系中的问题和不平等，将有助于推动世贸组织和全球贸易的顺利发展；否则，如果各成员方之间仍然无法达成妥协和合作，现有多边贸易体系的扭曲程度将进一步加剧，全球经济的不平衡程度也会进一步恶化。

（四）香港会议

2005 年 12 月 13 ~ 18 日事关 2006 年年底前能否实现结束“多哈回合”的世贸组织第六次部长级会议在我国香港举行，来自世贸组织 149 个成员方的 5800 多名代表和 2000 多名非政府组织代表参加了此次会议，会议期间汤加正式成为第 150 个成员方，会议最后通过了《部长宣言》。

《部长宣言》在以下方面取得了重要进展：

（1）农产品市场准入。各成员方在 2006 年 4 月底前设定取消农产品出口补贴的形式，在 2006 年 7 月底前就这些方式向世贸组织提交一个全面的时间表草案。发达成员方同意在 2006 年取消所有棉产品出口补贴，并对向不发达成员方出口的棉产品提供免除关税及配额的待遇。所有成员方在 2013 年年底前，取消所有农产品出口补贴。

（2）非农产品市场准入。各成员方同意采纳瑞士公式㊀，减少或消除关税，并充分照顾发展中成员方的需要和利益。决心在 2006 年 4 月底前设定增加非农产品市场开放的形式，并在 2006 年 7 月底前就这些方式向世贸组织提交一个全面的时间表草案。

（3）服务业。各成员方在 2006 年 2 月底前，向其他成员方提出开放服务业的意向，而最后的提议应在 2006 年 10 月底前提交世贸组织。

（4）发展中成员方。各成员方承诺努力协助最不发达成员方融入多边贸易系统，并在谈判中充分照顾它们的利益。发达成员方和部分发展中成员方同意在 2006 年向最不发达成员方提供免关税及免配额的市场准入待遇；在落实有关措施时遇到困难的成员方，亦应在 2006 年为最不发达成员方生产的最少 97% 的物品提供免关税及免配额的市场准入待遇，在 2008 年前向最不发达成员方所有产品提供免关税、免配额的市场准入。发展中成员方可享有弹性，自订个别种类产品的市场开放程度，例如在一些敏感产品上可征收适当关税。

（5）新成员。对于在加入时作出广泛市场准入承诺的新成员，在世贸组织以后的

㊀ 瑞士公式是指在“东京回合”中，为保证谈判的顺利进行，《关贸总协定》在 1975 ~ 1979 年曾广泛征求成员方的意见，而提出的一个为大多数国家愿意接受的全面关税减让公式。即：$I = A \times X/(A + X)$。式中，I 为减让后的新税率，A 为所同意的常数，X 为最初税率。

谈判中应考虑他们的特殊情况。

香港会议最终能在最棘手的农产品问题上达成共识，为“多哈回合”的未来谈判奠定了良好的基础。尽管各成员方达成了上述初步协议，但在事关“多哈回合”成败的削减农业补贴、降低非农产品关税和开放服务业等关键领域，谈判仍未取得突破性进展。

（五）多哈回合的中止

2006年7月24日，世贸组织的六个关键成员方美国、欧盟、日本、澳大利亚、巴西和印度，结束了在日内瓦世贸组织总部举行的为期两天的部长级会议。因为分歧严重难以弥合，世贸组织总干事拉米迫不得已建议“多哈回合”谈判全面中止。他的这一建议在世贸组织总理事会27日召开的会议上获得正式批准。这使长达近五年的“多哈回合”谈判无果而终。

练 习 题

1. 分析1947年《关税与贸易总协定》的基本内容。
2. 分析关贸总协定主持下的历届谈判。
3. 分析世贸组织的加入办法。
4. 分析世贸组织的基本原则。
5. 分析世贸组织的贸易政策评审机制。
6. 分析世贸组织的争端解决机制。
7. 分析世贸组织成立以来的成绩和存在的问题。
8. 分析“多哈回合”的历程。

下　篇

国际贸易实务

第九章
商品的品质、数量和包装

第一节　商品的品质

一、商品品质的概念

商品的品质是指商品的内在质量和外观形态的总和。内在质量是指商品的化学成分、物理机械性能及生物学特征等内在素质；外观形态是指商品的造型、结构、色泽及味道等技术指标或要求。

每一种具体的商品都表现出一定的规格或品质，有些商品的品质可以通过肉眼观察来鉴定；有些商品除用肉眼观察外，还要辅以手触、鼻闻或口尝等才能比较全面地鉴定其品质；而大多数商品，除外观外，须通过仪器检验指标来鉴定其品质。商品品质的鉴定结果对商品的市场价格和销路都会产生重大影响。

品质是决定商品使用效能的重要因素，任何商品的内在质量和外观形态都应达到某些特定的技术指标或要求。因此，在国际货物买卖中，买卖双方都很重视商品的品质，品质条件的确定是双方交易磋商的基本内容，商品品质的优劣直接影响交易能否达成。此外，商品的品质是决定商品销售价格的关键因素，随着各国消费水平的不断提高，优质名牌产品尽管在价格上要比一般商品高出许多，但仍然受到消费者的青睐。可见，改进和提高商品的品质，不但能增强商品在国际市场上的竞争能力，扩大销售，还能提高销售价格，为国家创造更多的外汇收入。

在国际贸易中买卖的商品，其品质首先应满足一般要求，具有满足消费者某种需要的特性，即有用性和必要的坚固耐用性。其次，国际贸易商品的品质还应满足一些特殊要求。第一，国际贸易商品要适应各国销售市场的消费习惯和消费水平。由于世界各国的经济发展不平衡，各国的消费习惯和消费水平相差较大。消费水平较高的国家，其消费者往往比较重视在商品的款式上求新求异，而不过分追求商品的耐用性；消费水平较低的国家，其消费者则更重视商品的耐用程度，对商品的款式、包装不十分讲究。第二，国际贸易商品要适应各国销售市场的季节和其他自然条件。由于季节和其他自然条件不同，各国市场对某些商品的品种或品质规格往往也会有不同的要求，同时，某些商品的品质易受自然条件的影响而发生变化。因此，国际贸易商品的品质只有适应这些方面的要求，才能扩大销售、提高售价。第三，国际贸易商品要适应各国销售市场的民族风俗、传统习惯和爱好特点，特别要注意有些国家宗教信仰方面的有关规定，保证销往这些国家的商品在包装、造型和商标图案等方面都不能与其有关规定相抵触。第四，国际贸易商品要适应进口国政府有关法令和条例的规定。例如，欧美发达国家对进口食品、茶叶等商品的农药残留量、陶瓷的含铅量、花生及花生制品的黄曲霉素含量等都有规定，凡是不符合规定或要求的商品，一律不准进口，有的甚至还要就地销毁，并由货主承担由此产生的各项费用。因此，要使商品顺利地进入国际市场，就必须充分了解各国对进出口商品品质的管理规定，避免因此遭受损失。

以上内容主要是从出口的角度说明国际货物买卖对商品品质的要求，而在进口业务中也应对国际贸易商品的品质有所注意，一方面要避免进口商品品质过低损害我国利益，不利于我国生产与科研的进行；另一方面要避免品质过高，不适合我国当前国情的需要，从而造成不必要的浪费。

二、品质的表示方法

国际贸易中买卖的商品种类繁多、特点各异，表示商品品质的方法要根据商品的特点进行选择。根据国际贸易实践，表示商品品质的方法可以归纳为以实物表示和以文字说明表示两大类。

（一）以实物表示商品品质

以实物表示商品品质的方法包括看货成交和以样品表示商品品质两种情况。前者是指以商品目前的实际品质进行交易的一种做法。在这种做法下，买方或其代理人一般要在卖方所在地验看货物，若认为商品品质符合其购买意图，就可以达成交易。它属于现货交易方式。后者是指买卖双方根据样品进行交易磋商和订立合同，并以样品作为交货品质的最后根据。样品是指以规定的方式从一批商品中抽取出来，或由生产和使用部门设计加工出来的具有代表性的少量实物。以样品表示商品品质的做法也称凭样品买卖，适用于工艺品、土特产品、服务、轻工产品等商品的交易。

在凭样品买卖中，用以衡量交货品质的样品就是标准样品。磋商成交后，被买卖双方认可的样品经过铅封就成为标准样，卖方要承担所交货物品质不低于样品的责任，否则买方可以拒收货物并提出索赔。

根据样品提供方的不同，凭样品买卖又可分为凭卖方样品买卖和凭买方样品买卖两种情况。

1. 凭卖方样品买卖

凭卖方样品买卖是指凭卖方提供的样品磋商交易和订立合同，并以卖方样品作为交货品质的最后依据。在凭卖方样品买卖时，应注意以下几方面的问题：

（1）卖方所提供的样品必须足以代表整批货物的平均品质，不应过高或过低。样品的品质过高会给交货带来困难，容易引起纠纷；而品质过低则会使卖方在价格上受到损失。

（2）为防止买方日后对卖方所交货物的品质故意挑剔，卖方在提供标准样品时，应自己留存一份或数份同样的样品，作为日后交货或处理纠纷时的品质依据。这些由卖方留存的样品被称为复样。

（3）要严格区分标准样品和参考样品。标准样品是卖方交货、买方验货的品质依据，对买卖双方具有法律约束力。参考样品则是卖方为同国外客户建立业务联系、扩大贸易关系、促成交易而主动向国外客户寄送的、以介绍商品为目的的样品。这类样品只说明商品品质的一般状态，供买方参考，卖方不承担交货品质与其完全一致的责任。因此，在实际业务中，如果订立合同是采用了其他方式表示商品的品质，如用规格表示，同时又寄送了样品，此时应在合同中明确规定所提供的样品为参考样品，否则卖方要承担所交货物既符合合同规定的规格，又与样品完全一致的责任。

（4）凭卖方样品成交的商品，多数属于品质难于规格化、标准化的商品，交货品质一般不可能做到与样品完全一致。因此，在以样品表示商品的品质时，一般均在合同中规定"交货品质与样品大体相符"，以便合同顺利履行。

2. 凭买方样品买卖

凭买方样品买卖是指买卖双方凭买方提供的样品磋商交易和订立合同，并以买方样品作为交货品质的最后依据。凭买方样品买卖也被称为"来样成交"。在凭买方样品买卖时应注意以下两点：

（1）按买方提供的样品生产产品时，为避免与对方国家厂商发生专利纠纷，应在合同中明确规定："如果日后因此而发生有关工业产权的纠纷，概由买方负责。"

（2）为避免日后在交货品质上发生争议，卖方可根据买方提供的样品进行复制或提供类似的商品，经买方确认后再作为生产或制造的依据。实际业务中称此样品为对等样或回样。买方一旦接受了卖方提供的对等样，交易即由凭买方样品成交变为凭卖方样品成交，卖方所交货物必须与对等样完全相符，应注意的问题与凭卖方样品买卖时相同。

应该指出，使用样品表示商品品质时，容易在履约过程中产生品质方面的争议。因此，只有在不能用科学的指标表示商品品质的交易中，才可以酌情采用这种方法。但是，在实际业务中，可以用样品表示商品的某一个或某几个方面的品质状态，例如，用样品表示商品的颜色，称“色样”；用样品表示商品的造型，称“款式样”；而其他方面的品质状况，也可以采用其他相应的方法来表示。单纯用样品表示商品品质的方法在实际业务中已不多见。

（二）用文字说明表示商品品质

1. 以规格、等级或标准表示商品品质

（1）凭规格买卖。凭规格买卖是指买卖双方在交易中用规格来表示商品的品质。规格是足以反映商品品质的主要指标，如成分、含量、纯度、大小等。用规格表示商品的品质比较简便、准确，还可以根据商品的不同用途选择相应的指标作为规格。例如，买卖东北大豆时，如果是用于加工食用油，就要将含油量作为表示品质的一项主要指标；若是用于食用，则要将蛋白质含量作为表示品质的一项主要指标。

（2）凭等级买卖。凭等级买卖是指买卖双方在交易中以商品的等级表示商品品质。在日常经营中，制造厂商往往会依据行业特点和长期的生产贸易实践经验，在掌握产品品质规律的基础上，把同一类商品按其品质规格的差异分成不同的档次，由此便形成了表示品质优劣不同的若干等级。用等级表示商品的品质可以简化、方便交易，也有利于安排生产和加工整理工作的进行。但是，这种由个别厂商制定的等级并没有强制性的约束力，买卖双方完全可以在订约时根据自己的意愿予以调整或改变。

（3）凭标准买卖。凭标准买卖是指买卖双方在交易中以标准表示商品的品质。所谓标准是由政府机关和商业团体统一制定和公布的规格或等级。世界各国一般都制定了国家标准。在我国，有由国务院标准化行政主管部门制定的国家标准，也有各类行业标准、地方标准和企业标准，除此之外还有各种国际标准。所有这些标准大都是由政府机关或商业团体制定的，有些具有普遍的约束性，有些则没有约束性，对此应有所了解。如果标准没有约束性，买卖双方在订立合同时就可以另订规格。另外，不同版本的同一标准，对同一种商品具体品种和品质标准的规定也可能会有所不同，因此，应确切了解所依据的标准的内容，并在合同中注明所援引的标准的版本、年份。

（4）以 FAQ 表示商品品质。这是国际贸易中一种较常见的做法，FAQ（Fair Average Quality）意为“良好平均品质”，也被称为“大路货”，经常出现在一些品质尚未标准化或等级化的农副产品的交易中；由于长期形成的习惯，在有些初级产品的交易中，也采用FAQ来表示其品质。FAQ的具体含义在国际上并不统一，基本可以概括为两种情况：一是指每个生产年度农产品的“中等货”，由生产国对收获的农产品进行广泛抽样后制定并公布，作为该年度的FAQ标准；二是指某一季度或某一装船月份在装运地发运的同一种商品的“平均品质”，可以由买卖双方联合抽样或共同委托检验人员抽样，送交制定的机构检验决定。

目前，我国在出口某些农副产品时有时也使用FAQ表示品质，此时的FAQ标准是以我国产区当年该产品的平均品质为依据确定的。使用此种方式时，除在合同中订明FAQ外，通常还订明该产品的主要规格或提供样品，以免日后发生争议。

除以FAQ表示商品品质之外，针对原木、冷冻鱼虾等商品的品质难以以文字说明、又无法用样品表示的特点，还可以采用GMQ(Good Merchantable Quality)说明其品质。GMQ即“上好可销品质”，它要求商品的品质好，适于商销。由于这种规定方法比FAQ更加笼统，所以在国际货物买卖中一般很少使用。

2. 以商标、牌号、产地名称或说明书表示商品品质

(1) 凭商标、牌号买卖。凭商标、牌号买卖是指买卖双方在交易中用商品的商标或牌号表示商品的品质。商标是商品生产者或销售者用来识别其所生产或出售的商品的标志，一般由一个或几个具有特色的单词、字母、数字、图形等组成。商标经注册成为注册商标，注册商标是一种工业产权，受法律保护。牌号是工商企业为制造或销售的产品冠以的名称，以便与其他企业的同类产品相区别。一个牌号可以用于一种产品，也可以用于一个企业的所有产品。有些商品的品质稳定，在市场上已经树立了良好的商业信誉，其商标、牌号本身就代表了一定的质量水平，可以用来表示商品的品质。在凭商标、牌号买卖商品时，即使在合同中不规定商品的具体规格，卖方交货时也必须做到。因此，采用此种方法交易时，作为卖方，一定要注意保证交货品质，把维护名牌产品的信誉放在首位；而作为买方，则要注意防止卖方提供假冒产品，为稳妥起见，除规定商标、牌号外，还需对一些主要规格作出明确的规定，以保护自身的利益。

(2) 凭产地名称买卖。凭产地名称买卖是指买卖双方在农副土特产品的交易中，以产地名称来表示商品的品质。之所以可以采用这种方法，是因为有些农副土特产品受产地的自然条件和传统加工工艺的影响较大，其品质优异，具有特色，用产地名称就可以说明其品质。因此，买卖双方能够凭产地名称来磋商交易并订立合同。用这种方式表示商品的品质时，卖方应注意保证所交货物必须具有为国内外消费者所周知的特定品质，否则买方可以拒收货物并提出索赔。在实际业务中，经常将产地名称与规格或等级相结合来表示商品的品质，以便使合同得到顺利履行。

(3) 凭说明书买卖。凭说明书买卖通常出现在轻工产品、仪器仪表、机械产品等

的交易中。这些商品的结构比较复杂，使用方法也不能用简短的文字予以说明。对这类商品，一般用说明书并附以图样、照片以及各种数据来表示品质。以这种方式规定商品品质的交易称为凭说明书买卖。在凭说明书买卖时，卖方所交货物的品质必须符合说明书中所规定的各项指标。但是，由于这类商品的技术复杂，有时即使商品的各项指标在表面上与说明书完全相符，也不一定能达到设计所要求的性能。因此，采用这种方式时应注意，除了要在合同中列入说明书的内容外，还应订立品质保证条款或技术服务条款。例如，可以规定"卖方在一定期限内保证其商品的质量符合说明书所规定的指标和性能。如果在保证期内发现品质低于规定，或部件的工艺质量不良，或因材料内部隐患而产生缺陷，买方有权提出索赔，卖方有义务消除缺陷或更换有缺陷的商品或材料，并承担由此而引起的各项费用"，或通过类似的条款来保护买方的利益不受伤害。

综上所述，表示商品品质的方法很多，在实际业务中可根据商品和交易的特点选择其中的一种，或是将两种表示品质的方法结合起来使用。

三、品质条款的规定

（一）规定品质条款的意义

品质条款是合同的重要条款之一。它既是构成商品说明的重要组成部分，又是买卖双方交接货物时对货物品质进行检验的根据。许多国家的法律都对卖方在交货品质方面所承担的义务作了规定。

英国《1893年货物买卖法》规定，品质条款是合同的"要件"。如果商品是凭文字说明买卖的，卖方要承担所交货物的品质与说明完全相符的责任；而在凭样品买卖时，卖方所交货物在质量上则应与样品完全相符，不应存在导致不可销售的瑕疵，这种瑕疵是在合理检查样品时不易发现的，而且买方应有合理机会将货物与样品进行比较。

《美国统一商法典》规定，如果商品说明已经构成交易基础的一部分，即构成卖方的明示担保，卖方交货如与合同不符，买方有权主张损害赔偿（扣价）以至撤销合同。

《联合国国际货物销售合同公约》规定，卖方交付的货物必须与合同规定的数量、质量和规格相符，如卖方违反合同规定，交付了与品质条款不符的货物时，买方可根据违约的程度，主张损害赔偿（包括扣价）或要求修理或交付替代物，以至拒收货物，宣告合同无效。

因此，在实际业务中买卖双方对品质条款的规定都比较关心。

（二）订立品质条款应注意的问题

品质条款的内容根据表示品质方法的不同而有所差别，并视交易商品的特性而定。在规定品质条款时应注意以下问题：

(1) 规定品质条款时，用词须简单、具体、明确，既能分清责任，又方便检验。应避免使用“大约”、“左右”、“合理误差”等含糊笼统的字眼，也不能使用绝对化的词句。在凭样品买卖时，应列明样品的编号和寄送日期，并规定“交货品质与样品相同”的条款。

(2) 应注意品质条款各项指标之间的相互关系，做到相互一致，避免矛盾和脱节。例如，在买卖某种农产品时，如果规定了杂质含量为3%，同时又规定矿物质含量为1%，这样，为使矿物质含量符合要求，结果很可能使杂质含量大大高于合同规定。如果卖方交货时市场价格下跌，买方就很可能以货物与合同不符为由拒收货物，或要求降价。

(3) 在同时采用两种方法表示商品品质时，应慎重考虑。大多数情况下，不能用两种方法表示商品的同一品质特征。如果在合同的品质条款中已规定了表示商品品质的具体规格，同时又向买方提供了样品(包括在交易磋商过程中提供的样品)，则此时必须明确以什么作为买方检验货物品质的最终依据。如果以规格为准，就应在合同中注明“样品仅供参考”，否则买方可以认为这是既凭样品又凭规格的买卖。按英国《1893年货物买卖法》的规定，此时卖方货物的品质除应与规格相符外，还应与样品相符。在实际业务中，并非绝对不能用两种方法表示商品的品质，但一般是用一种方法表示商品某一方面的品质特征，而用另一种方法表示商品其他方面的品质特征。例如，在布匹交易中，可以用样品表示其颜色，而用规格表示纱支、幅宽、含棉量等。这样，在表示商品品质时，就避免了标准的双重性问题。

(4) 应注意品质条款的科学性和灵活性。这既要求对品质条款的规定要适度，不宜规定得过高或过低；也要求根据交易的目的、交易标的物的用途合理选择重要的、足以说明商品内在品质的指标，而不必对所有指标作面面俱到的规定；还要注意对品质条款不能规定得过严。为了避免交货品质与合同稍有不符即构成违约，在制成品交易中一般应在合同中加订品质公差条款；而在初级产品，特别是在农副产品的交易中，则在合同中加订品质机动幅度并辅之以品质增减价条款。

(三) 品质公差、品质机动幅度及品质增减价条款

1. 品质公差条款

品质公差是指被国际同行业所公认的、或买卖双方所认可的产品品质差异。如果某种商品具有国际公认的品质差异，则在这种商品的交易中，即使不在合同中作明确规定，只要卖方所交货物的品质是在公认的误差范围内，就可以被认为符合合同的要求。如果商品没有国际同行业公认的品质差异，在该商品的交易中，就需要由买卖双方进行协商，以便在合同中具体规定一定幅度的公差。例如，在钢材的交易中就可以这样规定其长度公差：“Length Tolerance：6m ± 50mm”。对有些商品而言，很难用具体的数字或科学的方法规定其品质规格的公差，这时只能作笼统规定。例如，规定“颜色允许有合理差异”等。但这样的规定方法执行起来比较困难，买卖双方容易发生纠纷。

2. 品质机动幅度条款

品质机动幅度是指允许卖方所交货物的品质出现差异的幅度，它通常可以采取以下三种规定方法：

（1）规定范围，即对某项货物的品质指标规定允许发生差异的一定范围。例如：“品质：漂布，幅宽35/36英寸”。

（2）规定极限，即对商品的品质规格规定上、下限。例如，在买卖东北大豆时，其品质规格表示为：

Quality:

Broken grains	35%（max）
Moisture	15%（max）
Oil content	60%（min）

（3）规定上、下差，即规定允许上、下差异的幅度。例如：“品质：灰鸭毛，含绒量18%，±1%”。

3. 品质增减价条款

品质增减价条款是指在品质条款中，根据商品在品质机动幅度内的品质差异调整合同价格的规定。在多数情况下，如果卖方交货的品质误差是在品质公差和品质机动幅度的范围之内，卖方仍按合同计收价款，不必对合同价格进行调整。但对于农副产品的交易，由于其成交量往往较大，所以为保护买卖双方的经济利益，常常在规定品质机动幅度的同时订入增减价条款。根据我国对外贸易的实践，品质增减价条款通常有以下三种规定方法：

（1）规定在品质机动幅度的范围内，根据交货的实际品质与合同规定品质的差异予以增价或减价。例如，在买卖东北大豆时，就可以在合同的品质条款中规定：“水分±1%，价格±1%；含油量±1%，价格±5%”。

（2）规定在品质机动幅度范围内，实际交货品质若低于合同规定的品质，买方要予以扣价；而如果交货品质高于合同规定，则不予增价，仍按合同价格计算货款。这种规定方法买方比较愿意接受。

（3）在品质机动幅度的范围内，买方按品质差异程度的不同采用不同的扣价办法。例如，在合同的品质条款中规定：“若实际交货品质低于合同规定的1%，扣价1%；低于合同规定的1%~2%，扣价3%”。这样可以达到促使卖方按合同规定品质交货的目的。

在上述三种规定方法中，第一种比较公平合理，卖方愿意接受；但在实际业务中买方往往要求采用第二种。

第二节　商品的数量

一、约定商品数量的意义

商品数量是国际贸易买卖合同中不可缺少的主要条件之一。按照某些国家的法律规定，卖方交货数量必须与合同相符，否则买方有权提出索赔，甚至拒收货物。《联合国国际货物销售合同公约》规定，按约定的数量交付货物是卖方的一项义务。如果卖方交货数量多于约定的数量，买方可以拒收多交的部分，也可以收取多交部分的一部分或全部，但应按照合同价格付款；如卖方交货数量少于约定的数量，卖方应在规定的交货期届满前补交，但不得使买方遭受不合理的不便或承担不合理的开支，买方也有保留损害赔偿的权利。

由于交易双方约定的数量是交接货物的依据，因此正确掌握成交数量和订好合同中的数量条款，具有十分重要的意义。买卖合同中成交数量的确定，不仅关系到进出口任务的完成，而且还涉及对外贸易政策和经营意图的贯彻。正确掌握成交数量，对促成交易的达成和争取有利的价格，也具有一定的意义。

二、计量单位和计量方法

在国际贸易中，由于商品的种类、特性和各国衡量制度的不同，所以计量单位和计量方法也多种多样。了解各种度量衡制度，熟悉各种计量单位的特定含义和计量方法，这是经贸人员必须具备的基本常识。

（一）计量单位

国际贸易中使用的计量单位很多，究竟采用何种计量单位，除主要取决于商品的种类和特点外，还取决交易双方的意愿。

国际贸易中不同类型的商品，须采用不同计量单位。通常使用的有下列几种：

（1）按重量计算。按重量计算是当今国际贸易中广为使用的一种，例如许多农副产品、矿产品和工业制成品，都按重量计算。按重量计算的单位有公吨、长吨、短吨、公斤、克、盎司等。对黄金、白银等贵重产品，通常采用克或盎司计量。钻石之类的商品则采用克拉作为计量单位。

（2）按数量计算。大多数工业制成品，尤其是日用消费品、轻工业品、机械产品以及一部分土产品，均习惯于按数量进行买卖。其所使用的计量单位有件、双、套、打、卷、令、罗、袋、包等。

(3) 按长度计算。在金属绳索、丝绸、布匹等类商品的交易中，通常采用米、英尺、码等长度单位来计量。

(4) 按面积计算。在玻璃板、地毯、皮革等商品的交易中，一般习惯以面积作为计量单位，常见的有平方米、平方英尺、平方码等。

(5) 按体积计算。按体积成交的商品有限，仅限于木材、天然气和化学气体等。属于这方面的计量单位有立方米、立方英尺、立方码等。

(6) 按容积计算。各类谷物和流体货物往往按容积计算。其中美国以蒲式耳作为各种谷物的计量单位，但每蒲式耳所代表的重量，则因谷物的不同而不同。例如每蒲式耳亚麻为25. 41kg，每蒲式耳燕麦为14. 52kg，每蒲式耳大豆和小麦为27. 21kg。公升、加仑则用于酒类、油类商品。

国际贸易中的度量衡制度因世界各国的度量衡制度不同，致使计量单位上存在差异，即统一计量单位所表示的数量不同。

在国际贸易中通常采用公制、英制、美制和国际标准计量组织在公制基础上颁布的国际单位制(SI)。《中华人民共和国计量法》规定："国家采用国际单位制。国际单位制计量单位和国家选定的其他计量单位，为国家法定计量单位。"目前除个别特殊领域外，一般不允许再使用非法定计量单位。我国出口商品，除照顾对方国家贸易习惯约定采用公制、英制或美制计量单位外，应使用我国法定计量单位。我国出口的机器设备和仪器等，应要求使用法定计量单位，否则一般不许出口，如确有特殊需要，也必须经有关管理部门批准。

由于度量衡制度不同，即使是同一计量单位，所表示的数量差异也很大。就表示重量的吨而言，实行公制的国家一般采用公吨，每公吨为1000kg；实行英制的国家一般采用长吨，每长吨为1016kg；实行美制的国家一般采用短吨，每短吨为907kg。此外，有些国家对某些商品还规定有自己习惯使用的或法定的计量单位。以棉花为例，许多国家都习惯以包为计量单位，但每包的含量各国解释不一：如美国棉花规定每包净重480磅[㊀]；巴西棉花每包净重为396. 8磅；埃及棉花每包为730磅。又如糖类商品，有些国家规定采用袋装，古巴每袋糖重133kg，巴西每袋糖规定为60kg。由此可见，了解不同度量衡制度下各计量单位的含量及计算方法是十分必要的。

为了解决由于各国度量衡制度差异带来的弊端，以及为了促进国际技术交流和国

㊀ 1磅 =0. 45359237kg。

际贸易的发展，国际标准计量组织在各国广为通用的公制基础上采用国际单位制。国际单位制的实施和推广，标志着计量制度日趋国际化和标准化，现在已有越来越多的国家采用国际单位制。

（二）计量方法

在国际贸易中按重量计算的商品很多。根据一般商业惯例，通常计算重量的方法有以下几种：

1. 按毛重计算

商品本身重量加包装的重量称为毛重。这种计量办法一般适用于低值商品。

2. 按净重计算

商品毛重除去包装后的实际重量称为净重，这是国际贸易中最常见的计量方法。不过有些价值较低的农产品或其他产品，有时也采用“以毛作净”的办法计重。例如，“蚕豆100MT㊀，单层麻袋包装以毛作净”。所谓“以毛作净”，实际上就是以毛重作净重计价。

在采用净重计重时，其计算方法是货物毛重减去皮重。国际上计算皮重有下列几种做法：

（1）按实际皮重计算。实际皮重是指包装实际皮重，它是对包装逐件衡量后所得的总和。

（2）按平均皮重计算。如果商品使用的包装比较整齐划一，重量相差不大，就可以从整批货物中抽出一定的件数，称出其皮重，然后求出平均皮重，再乘以总件数，即可求得整批货物的皮重。近年来，随着技术的发展和包装材料的标准化，用平均皮重计算净重的做法已日益普遍。也有的把它称为标准皮重。

（3）按习惯皮重计算。有些商品，由于其所使用的包装材料和规格都已非常定型，皮重已为市场所公认，因此，在计算皮重时，就毋需对包装逐件过秤，按习惯上公认的皮重中乘以总件数即可。

（4）按约定皮重计算。这即以买卖双方事先约定的包装重量作为计算的基础。

国际上有许多计算皮重的方法，究竟采用哪一种方法求得净重，应根据商品的性质、使用包装的特点、合同数量的多少以及交易习惯，由双方当事人在合同中事先订明，以免引起争议。

3. 按公量计算

国际贸易中的棉花、羊毛、生丝等商品有较强的吸湿性，其所含的水分受客观的影响较大，故其重量很不稳定。为了准确计算这类商品的重量，国际上通常采用按公

㊀ MT 为 Metric Ton 的缩写，意即公吨。

量计量的办法。以商品的干净重（烘去商品水分后的重量）加上国际公定回潮率与干净重的乘积所得出的重量，即为公量。其计算公式为

$$公量=商品干净重(1+公定回潮率)$$

或

$$公量=\frac{商品净重(1+公定回潮率)}{1+实际回潮率}$$

4. 按理论重量计算

对于某些按固定规格生产和买卖的商品，只要其规格一致，每件重量大体是相同的，一般可以从其件数推算出总量。但是这种计量方法是建立在每件货物重量相同的基础上，重量如有变化，其实际重量也会产生差异，因此，理论重量只能作为计重时的参考。

5. 按法定重量和实物净重计算

按照一些国家海关法的规定，在征收从量税时，商品的重量是以法定重量计算的。所谓法定重量，是指商品重量加上直接接触商品的包装物料，如销售包装等的重量。而除去这部分重量所标示出来的纯商品的重量，则称为实物净重。

三、数量条款的规定

国际货物买卖合同中的数量条款，主要包括买卖商品的数量和计量单位。按重量成交的商品，还需订明计算重量的方法。数量条款的内容及其繁简，应视商品的特性而定。规定数量条款时需要注意有关事项。

（一）掌握成交数量

在洽商交易时，应正确掌握进出口商品的数量，防止心中无数，盲目成交。

1. 对出口商品数量的掌握

为了正确掌握出口商品的成交量，在商定具体数量时，应考虑下列因素：

（1）国外市场的供求状况。当我们确定向某市场出口时，应了解该市场的需求量和各地对该市场的供应量，有效地利用市场供求变化规律，按国外市场实际需要确定成交量，以保证我国出口商品能以适当的价钱成交。对我国出口商品的主销市场和常年稳定供货的地区与客商，应经常保持一定的成交量，防止因成交量过少或供应不及时，而导致国外竞争者乘虚而入，使我们失去原有市场与客户。

（2）国内货源的供应情况。确定出口商品的成交数量应当与国内的生产能力货源供应状况相适应。在有生产能力和货源充沛的情况下，可适当扩大成交量；反之，如货源紧张，则不易盲目成交，以免给生产企业和履行合同带来困难。

（3）国际市场的价格动态。在确定出口商品成交量时，还应考虑商品的市场价格

动态。当价格看跌时，如有货源，应争取多成交，快抛售；价格看涨时，不宜急于大量成交，应争取在有利的时机抛售。

（4）国外客户的资信状况和经营能力。出口商品的成交数量应与国外客户的资信状况和经营能力相适应。对不了解其资信状况和资信欠佳的客户，不宜签订成交量较大的合同；对小客户的成交量也应适当控制；对大客户的成交量过小，势必缺乏吸引力。总之，要根据客户的实际情况确定适当的成交量。

2. 对进口商品数量的掌握

为了正确掌握进口商品的成交数量，一般要考虑下列因素：

（1）国内的实际需要。在洽购进口商品时，应根据国内生产建设和市场的实际需要来确定成交量，避免盲目进口。

（2）国内支付能力。确定进口数量时，应与国内支付能力相适应，当外汇充裕而国内又有需要时，可适当扩大进口商品的数量；反之，如外汇短缺，而非急需商品，则应控制进口商品的数量，以免浪费外汇和出现不合理的贸易逆差。

（3）市场行情变化。在洽购进口商品时，还应根据国际市场行情的变化情况确定成交数量，当市场行情发生对我方有利的变化时，应适当扩大成交量；反之，则应适当控制成交量。

（二）合理规定数量机动幅度

在粮食、矿砂、化肥和食糖等大宗商品的交易中，由于商品特性、货源变化、船舱容量、载装技术和包装等因素的影响，要求准确地按约定数量交货有时存在一定困难。为了使交货数量具有一定范围内的灵活性和便于履行合同，买卖双方可以在合同中合理规定数量机动幅度。只要卖方交货数量在约定的增减范围之内，就算按合同数量交货，买方不得以交货数量不符为由拒收货物或提出索赔。为了订好数量机动条款及数量增减条款，需要注意下列几点：

（1）数量机动幅度的大小要适当。数量机动幅度的大小通常以百分比表示，如3%或5%不等。究竟百分比多大适合，应视商品特性、行业或贸易惯例、运输方式等因素而定。数量机动幅度可酌情作出各种不同的规定。一种是只对合同数量规定一个百分比的机动幅度，而对每批分运数量的具体机动幅度不作规定，在此情况下，卖方交货总量在规定的机动幅度范围内即可；另一种是除规定合同数量总的机动幅度外，还规定每批分运数量的机动幅度。此外，有的买卖合同除规定一定的交货数量机动幅度（如3%）外，还规定一个追加的数量机动幅度（如2%），在此情况下，总的数量机动幅度应理解为5%。

（2）数量机动幅度选择权的规定要合理。在合同规定有数量机动幅度的条件下，由谁行使这种机动幅度的选择权呢？一般来说是履行交货的一方，也就是由卖方选择。但是如果涉及海洋运输，交货量的多少与承载货物船只的舱容关系非常密切。在这种情况下，交货数量机动幅度一般是由负责安排船只的一方（如FOB的买方）选择，或是干脆由船长根据舱容和装载情况进行选择。总之，数量机动幅度的选择权可以依情况而定，可由卖方行使，也可由买方行使，或由船方行使。因此，为了明确起见，最好在合同中作出规定。此外，当成交某些价格波动剧烈的商品时，为了防止卖方利用数量机动条款，根据自身利益故意增加或减少装船数量，也可在数量机动幅度条款中加订："此项机动幅度只是为了适应船舶装载量的需要时，才需要。"

（3）溢短装数量的计价方法要公平、合理。目前，对于机动幅度范围内超出或低于合同数量的多装或少装部分，一般是按合同价格计算，这是比较常见的做法。但是，数量上的溢短装在一定条件下关系到买卖双方的利益。在按合同中计价的条件下，交货市价下跌，多装对卖方有利；但如市价上升，多装对买方有利。因此，为了防止有权选择多装或少装的一方当事人利用行市的变化，有意多装或少装以获取额外好处，也可在合同中规定，多装或少装的部分不按合同价计算，而按装船时或货到时的市价计算，以体现公平、合理原则。如双方对装船时或货到时的市价不能达成协议，则可交由仲裁机构解决。

（三）数量条款应当明确具体

为了便于履行合同和避免引起争议，进出口合同中的数量条款应当明确具体。例如，在规定成交商品数量时，应一并规定该商品的计量单位。对按重量计算的商品，还应规定计算重量的具体方法，如"中国大米1000MT，麻袋装，以毛作净"。某些商品，如需要规定数量机动幅度，则数量机动幅度多少，由谁来掌握这一机动幅度，以及溢短装部分如何作价，都应在条款中具体规定。

此外，在合同中一般不宜采用"大约"、"近似"、"左右"等带伸缩性的字眼来说明成交数量。因为各国和各个行业对此类词语解释不一，容易引起争议。根据《跟单信用证统一惯例》的规定，这个约数，可解释为交货数量有不超过10%的增减幅度。鉴于国际上对约数有不同的解释，为了明确责任和便于履行合同，某些难以按约定的数量交货的商品，特别是大宗商品，可在合同中规定具体机动幅度。

第三节 商品的包装

一、商品包装概述

（一）包装的意义

商品的包装是实现商品生产、流通、销售乃至消费良性循环的重要因素。在现代化的商品生产中，商品对包装的依附性越来越明显，而且包装本身的商品性也在不断增强。优质产品的销量与售价也可能会因包装较差而受到影响。可以从以下几个方面来分析商品包装的意义：

（1）从商品生产的角度来看。绝大多数商品只有进行了适当的包装，生产过程才算完成。而且在生产过程中，合理的包装设计和先进的包装机械有助于生产企业实现生产的机械化和自动化，提高生产效率，减少损耗，节省各项费用，从而使企业获得良好的经济效益。

（2）从物资流通的角度看。由于商品的实物流动包括了运输、装卸、储存、信息管理等多个环节，具有动态特征，易使商品受到损害；而包装恰恰能起到保护商品、减少损失的作用，因此在商品物流中具有重要意义。此外，合理的商品包装在物流中还能提高运输、装卸、储存和管理的效率，起到减少各种管理费用支出的作用。

（3）从商品销售的角度看。良好的商品包装可以增强商品的竞争力，起到促销作用，还可以提高销售工作的效率，减少损失，给企业带来一定的经济效益。

（4）从商品消费的角度看。随着商品对包装的依附性的加大，商品包装给消费者带来了越来越大的利益，如保证卫生、提供方便、减少浪费、节约时间等，从而使消费者得到心理上的满足，而这又反过来进一步推动了商品生产和商品流通的发展。

商品包装在以上诸方面的作用也体现在进出口商品的流转过程中。做好出口商品的包装工作，对我国产品占领国际市场、增强产品自身的竞争力、提高售价都具有十分重要的现实意义。

（二）包装的分类

对进出口商品的包装方式可以进行如下的分类：

（1）散装。散装是指直接将货物置于舱体、车体或船体的一定部位内，不加任何其他包装。散装适用于大宗的不易碰损的商品，这些商品一般不容易包装或不值得包装，如煤炭、矿砂、油类等。散装要求有特定的运输工具、特定的港口装卸设备和特定的仓储条件。在具备一切条件的情况下，散装运输可以加快装卸速度，节省运费和包装费用，从而降低交易成本；反之，不具备条件而又要散装运输，则容易引起货损、货差。

（2）裸装。裸装是指将商品用铁丝、绳索等加以捆扎或以其自身捆扎成捆、堆或束，不加任何额外的包装物料。裸装适用于品质比较稳定、可以自成件数、能抵抗外界影响、难于包装或不需要包装的商品，如钢材、橡胶等。

（3）包装。包装是指针对货物的特性选择适当的物料、采用特定的方法对商品进行覆盖、包裹、捆绑等处理，以达到在流转过程中保护商品、在销售时宣传商品等目的。这是国际贸易中最常见的做法。

二、运输包装

运输包装是指为方便运输而进行的包装，也被称为大包装或外包装，它一般由许多小包装集合而成，不与商品直接接触。但也有一些运输包装，如装谷物的麻袋，是直接与商品接触的，甚至还随同商品一起卖给顾客，这类包装目前正逐渐减少。

运输包装在运输、装卸、储存过程中，首先可以起到保护商品的作用；其次还可以发挥方便运输、装卸、储存，提高物流效率以及传达信息、方便管理的作用。运输包装应具有一定的牢固性和方便运输的特性。此外，运输包装还要符合进口国家的有关规定和惯例。目前，有些国家为了提高装卸效率，对比较拥挤的港口，规定进口货物必须使用集合运输包装，否则不准进港卸货。还有些国家对包装材料、重量、危险品包装的防毒、防爆技术标准等方面均有严格规定。例如，美国、日本等国禁止用稻草、木屑等易生虫卵的材料做包装衬垫材料。经贸人员对此应有足够的了解。

（一）运输包装的种类

运输包装可以分为单件运输包装和集合运输包装两大类。前者是指在运输过程中作为一个计件单位的包装；后者是指将若干个单件包装组合成的一件大包装。

（1）单件运输包装。单件运输包装按造型可以分为箱、桶、袋、包、捆等，在现代运输包装容器中最常见的主要有瓦楞纸箱和木箱。瓦楞纸箱的应用范围非常广泛，出现在包括蔬菜水果、加工食品、针棉织品、化妆品、医药用品以及自行车、家用电器在内的许多商品的运输中。瓦楞纸箱富有弹性，具有良好的防震缓冲性能，且密封性好，能防尘，有助于保持产品的清洁卫生。此外，它自身重量轻，空箱能折叠，便于储存，也可节约运费；用后还可以回收利用，节省能源。

（2）集合运输包装。集合运输包装主要包括集装包、集装架、集装箱和托盘。其中最常用的是集装箱。集装箱是密封性良好的大型铁质包装箱，属于大型集合运输包装，具有独特的优点。首先，其强度足以防止流通中的冲击、震动乃至盗窃给商品造成的损失；其次，由于其密封性好，足以防止雨淋，所以货物即使经受长途运输和多次装卸也不易出现货损货差，还可以露天存放，因而节省了仓储费用；再次，其坚固耐用性可使货物的内包装简化，甚至不用，从而节省了包装费用；最后，其大型性有利于实现快速装卸，加速运输工具的周转，还可以简化理货和交接手续，降低了运输费用，缩短了货物送达时间。但应注意，作为运输工具，集装箱初期投资大，需配套设施，还需有效的管理，才能收到良好的效果。我国集装箱运输发展很快，每年以30%的幅度增长，除发展一般散货集装箱外，还为适应装载不同产品的需要，发展了多种专用集装箱，如保温、冷藏、罐装等专用集装箱。

（二）运输包装的标志

在进出口货物的交接、运输及商检等流传过程中，为了便于识别货物、核对单证，需要在商品的运输包装上刷制一定的标志。运输包装的标志按其作用的不同可以分为以下三种：

1. 运输标志

运输标志也称唛头，是指书写、压印或刷制在外包装上的由几何图形、文字和数字组成的符号。运输标志通常包括以下的内容：

（1）几何图形、文字、数字或英文字母。其中的英文字母一般是收货人或发货人的名称缩写或代号；几何图形一般有圆形、三角形、菱形、星形等。

（2）目的地名称。目的地名称一般不能用简称或代号，如果有重名，还应加列国家的名称，以免错运。

（3）件号或批号。件号或批号一般用 m/n 的形式表示，n 为该批货物的总件数，m 为该件货物在整批货物中的编号。

（4）体积和重量。

（5）原产地名称。这是指制造、生产、加工的国别。有些国家海关要求所有进口货物必须标明原产地名称，否则不准进口。

除此之外，有的运输标志还包括许可证号码、合同号码等。

随着国际贸易的发展，为适应国际货物流量的增加和国际多式联运的开展以及电子计算机在运输和单证流转方面的应用，联合国欧洲经济委员会简化国际贸易程序工作组在国际标准化组织和国际货物装卸协调协会的支持下，研究制定了一项“标准运输标志”，于1979年正式向各国推荐使用。该标准运输标志由四项内容按规定顺序排列而成。第一项是收货人或买方的名称字首或缩写。第二项是参考号码，这个号码必须是交易中最重要的号码，如运单号码、订单号码或发票号码等均可，由买卖双方共同协商确定；但它也要尽可能地简短，以避免混乱或写错。第三项是运输目的地，即货物的最终目的港或目的地的名称；如果需要转运，还要标明转运港或转运地点的名称，并在它前面加“VIA”一词，例如，“新德里 VIA 孟买”（目的地为新德里,经由孟买转运）。第四项是件数号码，即要标明货物的总件数和每一件货物的顺序号。这四项内容是货物安全运抵目的地交货所必需的。除此之外，为了某种需要，也可将商品的毛重、原产地或进口许可证号码等项内容标在运输包装上，但这些内容不是运输标志的一部分，必须把它们与运输标志清楚地分隔开来，字体要尽可能小，内容也要尽量简略。

下面【例 9-1】为复杂的运输标志；【例 9-2】为标准化的运输标志，可将两者进行对比。

【例9-1】 印度孟买 ASSOCIATED BUYING CORPORATION LIMITED

合同号码：1234

进口许可证号码：SA-100-77-357900

件数号码：1/25

目的港：印度孟买

净重：401kg

毛重：462kg

尺码：105cm×90cm×62cm

英国制造

【例9-2】 ABC

1234

孟买

1/25

制作运输标志时应注意，运输标志上的文字和图形要简明、清晰、易于辨认，文字的大小要符合运输部门的规定，在每件商品相对应的两个侧面上都要刷上相同的标志。同时，要注意不能在商品的运输包装上刷制带有广告性质的图形或文字。

2. 指示性标志

这是指在商品的储运过程中，根据商品的特性提出应注意的事项，并用醒目的图形和文字印刷在商品的外包装上。例如，在易碎商品的外包装上标以“小心轻放”、在受潮后易变质的商品的外包装上标以“防止潮湿”，并配以图形指示，故指示性标志又被称为安全标志或注意标志。

3. 警告性标志

这是指在易燃、易爆、有毒、有放射性等危险品的运输包装上，用醒目的图形或文字标明的规定用于各类危险品的标志，警告有关人员采取必要的防护措施，以保证人员与货物的共同安全。

使用警告性标志时应注意，在我国出口危险品的运输包装上要同时刷制两套危险品标志，一是由我国有关部门制定的《危险货物包装标志》中规定的危险品标志，这也是我国政府规定必须使用的；二是由国际海事组织规定的、已为很多国家所接受和执行的《国际海运危险品标志》中规定的危险品标志。这样既符合了我国的规定，又可防止在国外港口因标志不全而不能靠岸卸货。

三、销售包装

（一）销售包装概述

销售包装是直接接触商品、随商品进入零售市场、与消费者直接见面的包装，也称小包装或内包装。销售包装具有保护商品的作用，有时还具有美化、宣传商品及吸引消费者的作用。销售包装的直观感、新潮感、艺术感能引起消费者的购买欲望，增加消费者的购买信心。在欧美一些市场，商品包装是消费者判断是否购买此商品的重要因素。

我国某些出口商品的品质已达到国际水平，但由于销售包装较差而处于“一等商品、二等包装、只能卖三等价格”的局面。因此，只有改进和提高出口商品销售包装的质量和档次，才能顺利进入国际市场，使我国商品跻身于国际同价行列，从而增加出口创汇能力。

此外，出口商品的销售包装，一方面要适应进口国的消费习惯以及消费者在图案和色彩方面的爱好特点，如信奉伊斯兰教的国家的人禁止用猪或类似猪的动物作为销售包装上的图案，法国人讨厌墨绿色等。另一方面还要符合进口国在销售包装方面的规定，如加拿大政府规定，销往加拿大法语区的商品必须同时使用英、法两种文字。还有些国家对药品说明及某些商品标签的内容均有严格规定，并以此作为限制外国产品进口的一种手段。

销售包装种类繁多，有便于陈列展销的堆叠式包装、挂式包装、展开式包装；便于识别的透明包装、开窗包装和习惯包装；便于使用的携带式包装、易开包装、喷雾包装、配套包装、复用包装和礼品包装等。

（二）条形码、标签和销售包装附件

1. 条形码

条形码是由一组规则排列的条、空及相应字符组成的标记。它表示特定的信息，是专供机器识读的一种特殊符号。条形码是商品流通于国际市场的一种通用的国际语言，是商品身份证的国际统一编号。

随着国际上电子扫描自动化售货设备使用的日益广泛，条形码将成为销售包装上不可缺少的标记。目前，在所有发达国家和许多发展中国家，条形码已广泛用作商品标记。通过商品包装上的条形码标记，顾客可以了解商品的原产地、制造厂商、产品代码、计数码；售货员可以通过阅读器查找商品的单价、累计、结算、输出总金额；商场可以对该产品进行分类、汇总及更新库存，并对经营状况进行分析，从而及时把握市场动态、剔除滞销商品，确定合理库存和进货。总之，条形码在实现商业自动化过程中发挥了重要作用。随着欧洲物品编码协会（EAN）、美国统一代码委员会（UCC）

会员在世界范围内的迅速发展以及扫描商店的迅猛发展，生产经营出口商品的企业如不采用条形码，其商品将在国际市场上失去竞争力。

我国于1988年12月成立了中国物品编码中心，1991年4月8日中国物品编码中心代表我国正式加入国际物品编码协会，并自同年7月1日起正式履行该协会会员的权利和义务。生产和经营出口商品的企业需要使用条形码，可向中国物品编码中心提出申请，由该中心统一向国际物品编码协会申请办理注册手续。

在国际上广泛使用的EAN条码的标准型为13位码。其前3位为国别码，即生产地的标识；此号码由各国专属的条码机构向国际物品编码协会申请后确定。在前3位国别码中，690~695代表中国大陆，471代表中国台湾，489代表中国香港，958代表中国澳门。中间4位为制造厂商码，即生产厂家的标识，由厂家向当地条码机构申请取得。后5位为产品码，即商品属性、制造日期等的标识，有厂商自行设定。第13位码则为计算机检查码，用以检验前面的编码是否被正确读取。还有一种缩短性的8位码，前3位码为国别码，中间4位为产品码，第8位是检验码。

2. 标签

标签是用以说明商品的成分、品质特点、功能、使用方法及生产日期等项内容的小纸片或小布片。有些国家除对进口商品的包装标识有要求外，还要求必须附有标签。而且许多国家对食品、药品、服装等进口商品都制定有标签管理条例，对标签内容有具体要求，凡不符合这些规定的商品，禁止进入该国市场。例如，日本、美国都规定，销往该国的药品必须在标签上说明其成分、功能和服用方法；瑞士规定，销往该国的衬衫，必须有标明洗涤、熨烫图示的标签等。实际业务中应予以注意。

3. 销售包装附件

我们购物时常见的吊牌、丝带、花结和装饰衬垫等都是销售包装附件。依据商品的不同特点而使用不同的包装附件，可以美化商品，增加商品的吸引力。

四、中性包装和定牌

（一）中性包装

中性包装是指在商品的内外包装上不注明制造国别、产地、厂商和原有注册商标、牌号等有可能导致识别商品来源的内容。中性包装是国际贸易中的习惯做法和特定要求，其作用是有助于避开进口国家或地区的配额限制、关税壁垒和非关税壁垒等方面的一些歧视性、限制性乃至敌对性的贸易政策和贸易保护措施，从而扩大出口。通常的做法是，采用中性包装将商品出口到第三国，经过重新包装和整理后，再出口到对方国家。

中性包装可以分为定牌中性包装和无牌中性包装。定牌中性包装是指卖方按照合同中的规定，在商品的包装上使用买方指定的商标和牌号，但不注明原产地和制造厂商；无牌中性包装俗称“白牌”，是指在商品的包装上既无原有商标、原制造国别和厂商名称，也无买方的商标、牌号，需经买方重新包装后再销往最终的销售市场。

我国明确规定，在国内销售商品不得使用中性包装，在商品包装上未用中文标明商品名称、生产者和产地(重工业品未注明厂址)的，即被视为伪劣商品。《中华人民共和国产品质量法》中规定，产品或其包装上应当有中文标明的产品名称、生产厂厂名和厂址。在出口商品时，如果买方无特殊要求，也要在商品的包装上用中英文注明“中国制造”以及制造厂家和生产代号、商检代号等。

当然，我国出口商品时也可以接受中性包装业务。如果合同规定采用中性包装，生产厂家就必须严格按合同要求组织生产。对于无牌中性包装要做到：①无国别、无产地、无厂名、无商标、无牌号、无中文字样、无特定代号；②包装内不附带说明书、合格证、设备清单等中文资料；③不使用印有中文的书报、布料等作为包装填充材料。对于定牌中性包装，除按买方要求注明其指定的商标、牌号或商号名称与代号外，也应做到上述几点。此外，在洽谈定牌中性包装时还应注意：①要对买方提供的图案、文字内容逐项审查，不接受与我国精神文明标准不符的图案和文字；②如果使用买方指定的商标、牌号，则须在合同中明确规定，若日后因此而发生工业产权纠纷或出现侵权行为，由买方承担一切责任和费用。

（二）定牌

定牌是指卖方按买方要求在其出售的商品或包装上标明买方指定的商标或品牌，这种做法叫做定牌生产。

当前，世界许多国家的超级市场、大百货公司和专业商店，对其经营出售的商品，都要在商品或包装上标有商店使用的商标或品牌，以扩大本店知名度和显示商品的身价。许多国家的出口厂商，为了利用买主的经营能力及商业信誉和牌名声誉，以提高商品售价和扩大销路，也愿意接受定牌生产。

在我国出口贸易中，如果外商订货量较大，且需求比较稳定，为了适应买方销售的需求和有利于扩大出口，我们也可以接受定牌生产，具体做法有下列几种：

（1）在定牌生产的商品或/和包装上，只用外商所指定定牌生产的商品或/和包装，而不注明生产国别和出口厂商名称，这属于采用定牌中性包装的做法。

（2）在定牌生产的商品或/和包装上，标明我国的商品或品牌，同时也加注外国商号名称或表示其商号的标记。

（3）在定牌生产的商品或/和包装上，采用买方所指定的商品或品牌的同时，在其商标或品牌下标示“中国制造”字样。

五、包装条款的规定

在国际贸易中，由于包装条件涉及买卖双方的利益，故买卖双方洽商交易时，必须就包装条件谈妥，并在合同中具体订明。

包装条款一般包括包装材料、包装方式、包装标志和包装费用的负担等内容。例如:“木箱装，每箱30匹，每匹40码”；又如：“铁桶或纸板桶装，每桶60kg”。

为了订好包装条款，以利于合同的履行，在商定包装条款时，须注意下列事项：

(1) 考虑到商品特点和不同运输方式的要求。商品的特点、形状和使用的运输方式不同，对包装的要求也不相同。因此，在约定包装材料、包装方式、包装规格和包装标志时，必须从商品在储运和销售过程中的实际需要出发，使约定的包装科学、合理，并达到安全、适用和适销的要求。

(2) 包装的规定要明确、具体。约定包装时，应明确、具体，不宜笼统规定。例如，一般不宜采用“海运包装”和“习惯包装”之类的术语，因为此类术语含义模糊，无统一解释，容易引起争议。

(3) 明确包装由谁供应、包装费用由何方负担。包装由谁供应，一般有下列三种做法:

1) 由卖方供应包装，包装连同商品一起交付买方。

2) 由卖方供应包装，但在交货后，卖方将原包装收回。关于原包装返回给卖方的运费由何方承担，应作具体规定。

3) 买方供应包装和包装物料。采用此种做法时，应明确规定买方供应包装和包装物料的明确时间，以及由于包装或包装物料未能及时提供而影响发运时，买卖双方所负的责任。

关于包装费用一般包括在货价之内，不另计收；但也可不计在货价之内，而规定由买方另外支付。究竟由何方负担，应在包装条款中订明。

练习题

1. 选择题。

(1) 国内某公司要进口一套机电设备，一般应选用的表示品质的依据为(　　)。

A. 凭卖方样品买卖　　B. 凭买方样品买卖

C. 凭说明书买卖　　D. 凭商标和牌名买卖

(2) 卖方根据买方提供的样品加工复制出一个类似的样品提供买方确认，经确认的样品叫做(　　)。

A. 复样　　B. 回样　　C. 参考样品　　D. 卖方样品

(3) 在国际贸易中，对生丝、羊毛、棉花等有较强吸湿性的商品，其计重方法通常为按(　　)计算。

A. 毛重　　B. 净重　　C. 公量　　D. 理论重量

(4) 运输包装上的标志，按其作用或用途可分为(　　)。

A. 运输标志　　B. 指示性标志　　C. 警告性标志　　D. 装潢图案

(5) 直接接触商品并随商品进入零售网点与消费者见面的包装叫做(　　)。

A. 运输包装　　B. 销售包装　　C. 中性包装　　D. 定牌包装

(6) 定牌中性包装是指(　　)。

A. 有商标、牌名，无产地、厂名　　B. 无商标、牌名，无产地、厂名

C. 无商标、牌名，有产地、厂名　　D. 无商标、牌名，有产地、厂名

2. 国际货物买卖合同中的包装条款主要包括哪些内容？买卖双方在合同中商订包装条款应注意哪些问题？

3. 联合国欧洲经济委员会简化国际贸易程序工作组制定的标准运输标志包括哪些因素？

4. 英国轻工进出口公司与天津某自行车厂洽谈业务，打算从我国进口“飞鸽”牌自行车30000辆。但要求我方改用“钻石”牌商标，并在包装上不得注明“Made in China”字样。请问：我方是否可以接受？在处理此项业务时，应注意什么问题？

5. 国内某单位向美国出口一批大豆，合同规定水分最高15%，杂质不超过2.3%，在成交前我方曾向买方寄过样品，订约后我方又电告买方成交货物与样品相似，当货物运到美国后，买方提出货物与样品不符，并出示相应的检验证书，以此要求我方赔偿28000美元的损失。请问：在此情况下我方是否可以该项交易并非凭样品买卖而不予理赔？

第十章
商品的价格条件

第一节　贸　易　术　语

一、贸易术语的性质与作用

（一）贸易术语的性质

在国际贸易的交易磋商中，成交价格、交易双方的责任、各种费用和风险的划分、货物所有权的转移等必须明确规定。为了简化交易，节约磋商的时间和费用，交易双方在报价时通常使用贸易术语，即用一个简短的概念或三个大写的英文字母来说明价格的构成及买卖双方在交接货物中有关责任、费用和风险的划分，以确定买卖双方在交货和接货过程中应尽的义务。贸易术语同时也是进行出口价格核算的前提，使用贸易术语能够促进交易的顺利达成。

贸易术语是用来表示买卖双方各自承担义务的专门用语。每种贸易术语都有其特定的含义，采用某种专门的贸易术语，主要是为了确定交货条件，即说明买卖双方在交接货物方面彼此承担责任、费用和风险的划分。

同时，贸易术语也可用来表示价格构成因素，特别是货价中所包含的从属费用。例如，按 FOB 价成交与按 CIF 价成交，由于其价格构成因素不同，所以成交价应有区别。具体地说，前者不包括从装运港到目的港的运费和保险费，而后者则包括从装运港到目的港的运费和保险费，所以买卖双方确定成交价格时，FOB 价应比 CIF 价低。

不同的贸易术语，表明买卖双方各自承担不同的责任、费用和风险，而责任、费用和风险的大小，又影响成交商品的价格。一般来说，凡使用出口国国内交货的各种贸易术语，如工厂交货(EXW)和装运港船边交货(FAS)等，卖方承担的责任、费用和风险都比较小，所以商品的售价就低。反之，凡使用进口国国内交货的各种贸易术语，如目的地交货(DAP)和完税后交货(DDP)等，卖方承担的责任、费用和风险则比较大，这些因素，必然要反映到成交商品的价格上，所以，在进口国国内交货比在出口国国内交货的价格高，有时甚至高出很多。由于贸易术语体现出商品的价格构成，按不同的贸易术语成交，成交商品会表示出不同的价格，所以，有些人便把它当做单纯表示价格的用语，而称其为“价格术语”或“价格条件”。

综上所述，可见贸易术语具有两重性，即一方面表示交货条件，另一方面表示成交价格的构成因素，所以也有人称之为“价格—交货条件”。

（二）贸易术语的作用

贸易术语在国际贸易中起着积极的作用，主要表现在下列几个方面：

（1）有利于买卖双方洽商交易和订立合同。由于每种贸易术语都有其特定的含义，而且一些国际组织对各种贸易术语也作了统一的解释与规定。这些解释与规定，在国际上被广为接受，并成为惯常奉行的做法或行为模式。因此，买卖双方只需商定按何种贸易术语成交，即可明确彼此在交接货物方面所应承担的责任、费用和风险，这就简化了交易手续，缩短了洽商交易的时间，从而有利于买卖双方迅速达成交易和订立合同。

（2）有利于买卖双方核算价格和成本。因为贸易术语表示价格构成因素，所以买卖双方确定成交价格时，必须要考虑采用的贸易术语包含哪些费用，如运费、保险费、装卸费、关税、增值税和其他费用，这就有利于买卖双方进行比价和加强成本核算。

（3）有利于解决履行当中的争议。买卖双方商订合同时，如对合同条款考虑欠周，使某些事项规定不明确或不完备，致使履约当中产生的争议不能依据合同的规定解决，可以援引有关贸易术语的一般解释来处理。因为贸易术语的一般解释已成为国际惯例，并被国际贸易界从业人员和法律界人士所理解和接受，所以它成为国际贸易中公认的一种类似行为规范的准则。

二、有关贸易术语的国际贸易惯例

在国际贸易业务实践中，由于各国法律制度、贸易习惯做法不同，因此，国际上对各贸易术语的解释与运用互有差异，从而容易引起贸易纠纷。为了避免各国在对贸易术语的解释上出现分歧和引起争议，有些国际组织和商业团体便分别就某些贸易术语作出统一的解释与规定。其中主要包括：国际商会制定的《国际贸易术语解释通则》

(INCOTERMS)、国际法协会制定的《华沙—牛津规则》、美国一些商业团体制定的《美国对外贸易定义修订本》等。上述各项解释贸易术语的规则在国际贸易中运用范围较广，从而成为一般的国际贸易惯例。

国际贸易惯例是国际贸易法的渊源之一，在当前各国都在积极谋求国际贸易法律统一化的过程中，国际贸易惯例起着重要的作用，这种作用日益受到各国政府、贸易界和法律界的重视。例如，许多国家在立法中明文规定了国际贸易惯例的效力，同时在国际立法中，特别是在 1980 年制定、1988 年 1 月 1 日生效的《联合国国际货物销售合同公约》中得到充分的肯定。该公约明确规定：当事人在合同中没有排除适用的惯例，或双方采用和经常遵守的惯例，即使当事人未明确同意采用，也可作为当事人默示同意惯例，因而该惯例对双方当事人具有约束力。因此，为了合理地商订和履行合同以及正确运用国际贸易惯例，国际贸易从业人员及有关人士必须对国际上各种通行的有关贸易术语的国际惯例进行深入研究，以便在实际业务中权衡利弊，考虑取舍，对其作出适当的抉择和正确的解释。

目前，国际上有关贸易术语的国际惯例有三种。

(一)《1932 年华沙—牛津规则》

《1932 年华沙—牛津规则》是由国际法协会制定的解释有关 CIF 的贸易术语。19 世纪中叶，CIF 贸易术语已在国际贸易中被广泛采用，但由于各国对其解释不一，从而影响到 CIF 买卖合同的顺利履行。为了对 CIF 合同双方的权利和义务作出统一的规定和解释，国际法协会于 1928 年在波兰华沙制定了 CIF 买卖合同的统一规则，共计 22 条，称为《1928 年华沙规则》。此后，在 1930 年纽约会议、1931 年巴黎会议和 1932 年牛津会议上，又相继将此规则修订为 21 条，称之为《1932 年华沙—牛津规则》。

《1932 年华沙—牛津规则》对 CIF 合同的性质、特点及买卖双方的权利和义务都作了具体的规定和说明，为那些按 CIF 贸易术语成交的买卖双方提供了一套易于使用的统一规则。凡在 CIF 合同中订明采用《1932 年华沙—牛津规则》者，则合同当事人的权利和义务即应按此规则的规定办理。由于现代国际贸易惯例是建立在当事人“意思自治”的基础上，具有任意法的性质，因此，买卖双方在 CIF 合同中也可变更、修改规则中的任何条款或增添其他条款，当此规则的规定与 CIF 合同内容相抵触时，仍以合同规定为准。

《1932 年华沙—牛津规则》自公布后，一直沿用至今，并成为国际贸易中颇有影响的国际贸易惯例。

(二)《1941 年美国对外贸易定义修订本》

早在 1919 年，美国就有几个商业团体共同制定了有关对外贸易定义的统一解释，供从事对外贸易人员参考使用，后鉴于贸易和经营做法的演变，在 1940 年第 27 届美国对外贸易会议上，要求对原有定义进行修改。1941 年 7 月 30 日，美国商会、美国进口商会理事会和全世界对外贸易理事会所组成的联合委员会正式通过并采用了此项建议，并由美国对外贸易理事会发布此项定义，定名为《1941 年美国对外贸易定义修订本》。该定义对 Ex Point of Origin、FAS、FOB、C&F、CIF 和 Ex Dock 六种贸易术语作了解释。值得注意的是，该定义把 FOB 分为六种类型，其中只有第五种，即指定的装运港船上交货(FOB Vessel)才同国际贸易中一般通用的 FOB 含义大体相同，而其余五种 FOB 的含义则完全不同。为了具体说明买卖双方在各种贸易术语下承担的权利和义务，在此修订本所列各种贸易术语之后，一般附有注释，这些注释实际上是与贸易术语定义不可分割的组成部分。因此，为充分了解在各种贸易术语下买卖双方各自承担的权利和义务，不仅应考虑定义本身，还应明了附加的有关贸易术语的注释。《1941 年美国对外贸易定义修订本》中的贸易术语主要被美国、加拿大以及其他一些美洲国家所采用。

（三）《2010 年国际贸易术语解释通则》

《2010 年国际贸易术语解释通则》(《INCOTERMS 2010》)是由国际商会于 1936 年制定并经过六次修订形成的，于 2010 年 9 月发布，从 2011 年 1 月 1 日起正式生效。目前世界上多数国家，包括我国都使用这套通则。《INCOTERMS 2010》解释了 11 种贸易术语(见表 10-1)。

表 10-1 《INCOTERMS 2010》关于 11 种贸易术语的比较

贸易(价格)术语		交货地点	风险转移界限	责任		费用				适用的运输方式
				运输	投保	运费	保费	出口税	进口税	
工厂交货	EXW	商品产地	货交买方处置时起	买方	买方	买方	买方	买方	买方	任何方式
货交承运人	FCA	出口国地点	货交承运人处置时起	买方	买方	买方	买方	卖方	买方	任何方式
装运港船边交货	FAS	装运港口	货交船边后	买方	买方	买方	买方	卖方	买方	水上运输
装运港船上交货	FOB	装运港口	装运港船上	买方	买方	买方	买方	卖方	买方	水上运输
成本加运费	CFR	装运港口	装运港船上	卖方	买方	卖方	买方	卖方	买方	水上运输
成本加保险费和运费	CIF	装运港口	装运港船上	卖方	卖方	卖方	卖方	卖方	买方	水上运输

(续)

贸易(价格)术语		交货地点	风险转移界限	责任		费用				适用的运输方式
				运输	投保	运费	保费	出口税	进口税	
运费付至目的地	CPT	出口国地点	货交承运人时起	卖方	买方	卖方	买方	卖方	买方	任何方式
运费、保险费付至目的地	CIP	出口国地点	货交承运人时起	卖方	卖方	卖方	卖方	卖方	买方	任何方式
目的地或目的港的集散站交货	DAT	目的地或目的港的集散站	货交买方时起	卖方	卖方	卖方	卖方	卖方	买方	任何方式
目的地交货	DAP	进口国内	指定目的地货交买方为界	卖方	卖方	卖方	卖方	卖方	买方	任何方式
完税后交货	DDP	进口国内	指定目的地货交买方为界	卖方	卖方	卖方	卖方	卖方	卖方	任何方式

上述11种贸易术语，每一种都表示了不同的价格构成。买卖双方所承担的责任、风险不同，即选择不同的贸易术语，双方承担不同的义务。例如，选择EXW，卖方所承担的风险和责任最小，但价格也最低。而同样的商品选择D组的贸易术语报价，尽管可以提高报价，但卖方的责任要到目的地或目的港交货才终结，所承担的风险和责任最大。

按交货地点距卖方由近到远，卖方承担的责任由小到大，可把这11种术语分为E、F、C、D四组。

第一组为“E”组(EXW)。当卖方在自己的地点即货物的原产地为买方备妥货物并交给买方支配时，则采用此术语。

第二组为“F”组(FCA、FAS和FOB)。在主运费未付的情况下，当卖方将货物交给买方指定的承运人时即完成交货。在采用装运港或装运地交货而不需付主运费时采用这些术语。

第三组为“C”组(CFR、CIF、CPT和CIP)。在主运费已付的情况下，卖方须订立运输合同，但对货物灭失或损坏的风险以及装船或启运后发生意外所产生的额外费用不承担责任。当采用装运地交货且需要付主运费的情况下，采用这组术语。

第四组为“D”组(DAT、DAP和DDP)。它是指卖方须承担把货物交到目的地所需的全部费用和风险。当按目的地或目的港条件成交时可采用这组术语。

第二节　常用贸易术语

一、海洋运输中的三种基本贸易术语

我国企业在外贸实际业务中使用最普遍的是适合海运的 FOB、CFR 和 CIF 三种贸易术语。因为按这三种贸易条件成交，交货地都在装运港口，交货比较方便，而买卖双方也不须承担在对方国家产生的风险和费用。

（一）FOB

Free on Board(... named port of shipment)——指定装运港船上交货，当货物在指定装运港装上船时，卖方即完成交货。按该术语成交，由买方负责运输，派船到装运港接运货物，负责货物装上船以后的一切费用和风险。卖方应负责办理出口手续，包括领取出口许可证和其他官方证件，并负责货物装上船以前的一切费用和风险。

按《INCOTERMS 2010》的解释，FOB 条件下买卖双方的主要义务如表 10-2 所示。

表 10-2　FOB 条件下买卖双方主要义务的比较

买方的主要义务	卖方的主要义务
1. 付款 2. 办理进口手续 3. 办理租船订舱手续 4. 办理保险 5. 接受单据 6. 负责货物在装运港装上船后的一切费用和风险	1. 交货、发装船通知 2. 办理出口手续 3. 交单 4. 负责货物在装运港装上船为止的一切费用和风险
价格的构成 = 货价(FOB)	

说明：

（1）进出口手续。它是指进出口海关手续及进出口许可手续，即缴纳关税取得进口或出口许可证或其他官方批准证件等货物进出口所需的一切海关手续。

（2）租船订舱。它是指由何方负责办理运输手续、支付运费。FOB 条件下买方负责办理运输手续，支付运费。卖方在规定的装运期将货物交到买方指定的船上，并要立即向买方发出装船通知。

（3）风险划分。在 FOB 条件下，买卖双方所承担的风险和费用的划分点相一致。即以装运港船上为界，装上船以前的风险和费用由卖方承担，装上船以后的风险和费用由买方承担。

(4) 交单。它是指出口方提供有关装运单据或具有同等效力的电子数据资料。

根据《INCOTERMS 2010》的解释，选择 FOB 方式，应由买方负责运输。而在实践中，企业会遇到按 FOB 成交，但进口方委托出口方办理运输手续，这是否违背了 FOB 的规定？由此引起的纠纷如何处理？

【案例分析 10-1】 某公司以 FOB 条件出口一批服装，买方要求该出口公司代为租船，费用由买方负担。由于该公司在约定日期内无法租到合适的船，以致延误装运期，且买方不同意延长交货期，买方以此为由提出撤销合同。问买方的要求是否合理？

分析：买方的要求不合理。因为 FOB 条件下租船订舱本应是买方的义务，但同时规定，如果买方委托卖方办理，卖方可以接受委托，而在交易期内租不到船、订不到舱的风险以及由此引起的一些费用应由买方承担，故本案中买方不能撤销合同。

在实际业务中，使用 FOB 术语时应注意以下问题：

(1) FOB 下应注意船货衔接不当而引起的责任和费用问题。选择 FOB 是由买方租船订舱支付运费，并要将船名、船期及时通知卖方。但如果买方未能在规定的时间内派船，而卖方已本着合同的要求备好了货，那么卖方可以请求损害赔偿。如果买方指定了船只，而未能及时将船名、装运日期、装货泊位通知卖方，或者买方指派的船只未能按时到达，或不能承载货物，或提前终止装货，买方要承担由此产生的一切风险和费用。如果船只按时到港，而卖方未能及时装运，则卖方应承担由此产生的风险和费用，如空舱费、滞期费等。

(2)《1941 年美国对外贸易定义修订本》对 FOB 的不同解释。与国际商会《INCOTERMS 2010》对 FOB 解释不同的是，《1941 年美国对外贸易定义修订本》把 FOB 分为六种，其中只有第五种 FOB Vessel 与《INCOTERMS 2010》相似，但风险划分的界限不同。按《1941 年美国对外贸易定义修订本》的解释，FOB Vessel 风险划分的界限在装运港船上，而不是在船舷；另外，出口手续的办理也不同，《1941 年美国对外贸易定义修订本》认为，出口手续由买方办理，只有在买方请求并负担费用的情况下，卖方可以协助买方办理出口手续。因此，在从事与美国等北美国家的贸易时，要在合同中明确使用的 FOB 所适用的国际惯例。

(二) CIF

Cost、Insurance and Freight (... named port of destination)——成本加到目的港的保险费和运费，是指卖方必须在合同规定的装运期内，在装运港将合同规定的货物装上运往约定目的港的船上。卖方负责按惯常条件租船订舱，支付到目的港的运费；办理保险手续，并支付保险费；负责办理出口清关手续，提供各种出口证件及官方许可证件；承担货物装上船以前的一切费用和风险。买方负责办理进口手续，并承担货物装上船以后的一切损失和风险。CIF 也是国际贸易中常用的贸易术语之一。根据《INCO-

TERMS 2010》的规定，CIF 术语下买卖双方的主要义务如表 10-3 所示。

表 10-3 CIF 术语下买卖双方主要义务的比较

卖方的主要义务	买方的主要义务
1. 交货 2. 办理出口清关手续 3. 办理租船订舱 4. 办理保险 5. 交单 6. 承担货物装上船为止的一切损失和风险	1. 付款 2. 办理进口清关手续 3. 接受单据 4. 承担货物装上船后的一切损失和风险
价格构成 = FOB + F + I	

与 FOB 相比，按 CIF 术语报价，卖方的义务增加了两个：一是由卖方租船订舱，办理运输手续，支付运费；二是卖方办理保险手续，支付保险费。所以 CIF 价格比 FOB 价格要高出一部分，即从装运港到目的港的运费和保险费，其他内容与 FOB 完全相同。

在 CIF 条件下，卖方办理货物运输保险，是否要承担运输途中的风险呢？

许多出口企业的业务人员误认为 CIF 价格中包含了到目的港的全部费用，因而船到目的港后自己的责任才能解除。事实上，CIF 本意并不是这样，尽管卖方支付了到目的港的所有费用，但责任在装运港将货物装上船即告终结，卖方办理保险是为买方的利益办理，属于代办的性质。

【案例分析 10-2】 我国某公司按 CIF 条件进口一批粮食，货物抵达后发现在运输途中部分粮食受潮发霉，而卖方已如期向我方递交了合同规定的全套合格单据并要求我方支付货款。问我方公司能否以所交货物受潮而拒付货款并向卖方提出索赔？

分析：不能。按 CIF 贸易术语成交，风险的划分以装运港船上为界，货物在运输途中的风险及所造成的损失由买方承担。本案中，卖方提交的单据是合格的，证明按合同规定交货了，粮食受潮发生在运输途中，风险也转移给买方，买方只能向船方或保险公司要求索赔。尽管卖方办理了保险，但不承担运输途中的风险。

在实际外贸业务中，如一方提出的要求或要求在合同中作出的有些规定与 CIF 本身的含义不同，甚至改变了《INCOTERMS 2010》所规定的买卖双方应承担的义务，这时应如何对待呢？

【案例分析 10-3】 我国某进出口公司与英国 A 公司就出口某圣诞礼品的事宜进行磋商，经过多次磋商，交易条件基本确定，双方同意按 CIF 术语成交。由于英国 A 公司购买该商品要在圣诞节销售，所以在订立合同时 A 公司提出，保证在 10 月份之前将信用证开到卖方，同时要求卖方于10月份在上海港装运，并保证货物于11月底之前抵达伦敦。否则，买方有权撤销合同并要求损害赔偿。问：中方能否接受这种要求？为什么？

分析：不应接受。合同中双方约定按CIF术语成交，主运费已付的CIF是装运合同，按《INCOTERMS 2010》的解释，卖方在上海港交货后其风险和责任即解除。但合同中又同时规定卖方要保证货物于11月底之前到伦敦，这意味着如果货物在运输途中遭遇到风险而不能于11月底之前抵达，卖方就违反了合同。显然，这样的规定已违背了CIF的原意，这个合同已不是一个装运合同，而是一个到达合同(相当于DAP)。贸易术语是国际惯例，只要交易双方同意，可以在合同作出与此不同的规定，这时就应以合同条款为准。因此，在上述案例中，卖方不应接受买方的要求。

在进出口实际业务中，使用CIF时应注意以下问题：

（1）CIF是装运合同。尽管CIF包含了从装运港到目的港的运费和保险费，即卖方承担了船到目的港的所有费用，但卖方的责任和所承担的风险在装运港将货物装上船即告终结。即使合同中规定，卖方负担船到目的港将货物卸到岸上的费用，即通常所说的“CIF卸到岸上”，卖方也不保证其责任到目的港。如果在合同中规定卖方必须保证货物“××年××月”到达，对卖方则是很不利的。

（2）CIF合同中卖方办理海上运输保险是属于代办的性质。因为货物在装运港装上船后的风险是由买方承担，卖方办理海上运输保险，但不等于承担海上运输过程中的风险。至于投保的险别和投保金额世界各国并无统一、明确的规定。按惯例投保金额在合同金额的基础上加成10%。投保险别按《INCOTERMS 2010》的规定进行，如果合同中没有规定，卖方只负责投保最低险别。而在实际业务中，卖方常常投保基本险别中较高的险别，如一切险。

（3）CIF合同是典型的单据买卖。按CIF术语交易，卖方按合同规定将货物交到指定装运港船上，办理运输、保险等一切出口手续，即取得了全套交货单据。卖方向买方提交了约定的代表物权的装运单据及其他证明交货的单据即完成了交货义务，毋需保证到货。或者说卖方只要按合同规定提交了有关单据，买方就须按合同规定的条件支付货款，即使货物在卖方交单时已经灭失或受损，买方也应凭合格的单据付款。因此，CIF是典型的象征性交货、凭单据买卖。

（三）CFR

Cost and Freight(... named port of destination)——成本加到目的港的运费，按《INCOTERMS 2010》的解释，它是指卖方必须在合同规定的装运期内在装运港将货物装上船，支付将货物运到指定目的港所需的费用，并及时通知买方，即完成交货义务。卖方要自负费用和风险取得出口许可证和其他官方证件，并办理出口清关手续；负责租船订舱，支付货到目的港的运费，承担货物装上船以前的一切费用和风险。保险手续由买方办理。买方要办理进口手续，承担货物装上船以后的一切损失和风险。根据《INCOTERMS 2010》的解释，CFR 合同买卖双方的主要义务如表 10-4 所示。

表 10-4　CFR 买卖双方主要义务的比较

卖方的主要义务	买方的主要义务
1. 交货，发装船通知 2. 办理出口清关手续 3. 办理租船订舱 4. 交单 5. 承担货物装上船之前的一切损失和风险	1. 付款 2. 办理进口清关手续 3. 办理保险 4. 接受单据 5. 承担货物装上船之后的一切损失和风险
价格构成 = FOB + F	

从价格构成看，CFR 介于 FOB 与 CIF 之间。与 FOB 术语相比，CFR 条件下卖方要负责运输，支付到目的港的运费。但相对于 CIF，卖方不需办理保险手续，海上运输保险由买方自行投保。关于风险划分，进出口手续的办理三者完全相同。

按 CFR 术语成交，由于运输和保险分别由卖方和买方办理，所以，在实际业务中由于两者分离可能引起一些纠纷。

【案例分析 10-4】 我国某公司以 CFR 条件进口一批大豆，在约定日期未收到卖方的装船通知，却收到卖方要求该公司支付货款的单据。过后我方接到货物，经检验部分货物在运输途中因海上风险而丢失。问：该公司如何处理，为什么？

分析：CFR 合同下，根据《INCOTERMS 2010》的规定，卖方交货后应向买方发出装船通知，而且内容详尽，可满足买方在目的港收取货物采取必要措施(包括办理保险)的需要。在本案中，因为卖方发货后，未向买方发出装船通知，导致了买方漏保。因此，尽管货物装船后风险由买方承担，但本案中首先是卖方遗忘了向买方发出装船通知，而使买方未能办妥保险，所以卖方应承担违约责任。

在实际进出口业务中，使用 CFR 时应注意以下问题：

（1）在做 CFR 出口时，应事先与国外买方就如何发装船通知商定具体做法。或根据双方已经形成的习惯做法，或根据订约后装船前买方提出的具体要求，及时以电讯的方式向买方发出装船通知，如以传真的方式发出装船通知等。

（2）在做 CFR 进口时，为避免漏保，可以先与保险公司签订预约保险合同。

（3）防止 CFR 合同下欺诈的发生。主要在进口业务中，当按 CFR 术语进口时，由外商安排装运，有可能出现外商与船方勾结出具假提单，或伪造品质证明书或产地证书的情况。所以，在按 CFR 进口时，要充分了解出口方的资信，选择资信好的客商成交。

（四）FOB、CFR 和 CIF 三者的比较

FOB、CFR 和 CIF 三者的比较如表 10-5 所示。

表 10-5 FOB、CFR 和 CIF 三者的比较

项目	装上船后风险	手续		费用	
		订舱	保险	运费	保费
FOB	买方	买方	买方	买方	买方
CFR	买方	卖方	买方	卖方	买方
CIF	买方	卖方	卖方	卖方	卖方

二、一切运输方式中的三种基本贸易术语

（一）FCA

Free Carrier(... named place)——在指定地货交承运人，根据《INCOTERMS 2010》的规定，FCA 是指卖方只要在合同规定的时间、地点将货物交给买方指定的承运人，即完成交货任务。卖方负责办理出口清关手续，提供各种出口证件及官方许可证件；负责货交承运人以前的一切费用和风险；买方负责运输，即承运人由买方指定，并向承运人支付货到目的地的运费，办理保险，支付保险费，承担货交承运人以后的一切费用和风险。

FCA 条件下买卖双方的义务划分类似于 FOB，所不同的是 FCA 条件下交货地点是买方指定的承运人所在地，风险划分以货交承运人为界，承运人可以是各种运输的承运人，所以 FCA 适合于各种运输方式。

（二）CPT

Carriage Paid to(... named place)——运费付至指定目的地，根据《INCOTERMS 2010》的规定，CPT 是指卖方在合同规定的交货期内将合同货物交给承运人即完成交货。卖方负责运输，即承运人由卖方指定，并支付从装运地到目的地的运输费用，负责办理出口清关手续，提供各种出口证件及官方许可证件；买方办理保险，支付保险费，并承担货交承运人以后的一切费用和风险。

就买卖双方的义务划分，CPT 与 CFR 相似，但是 CPT 适合于各种运输方式，风险划分点以货交承运人为界。使用 CPT 应注意的问题可参照 CFR。

（三）CIP

Carriage and Insurance Paid to(... named place)——运费、保险费付至指定目的地，根据《INCOTERMS 2010》的规定，CIP 是指卖方除了承担在 CPT 术语下同样的义务外，

还须为货物办理运输险，并支付保险费，负责办理出口清关手续，提供各种出口证件及官方许可证件，承担货交承运人以前的一切费用和风险；买方负责办理进口手续，承担货交承运人以后的一切费用和风险。CIP术语也是适合于各种运输的一种贸易术语，除了交货地点、风险转移点与CIF不同处，其他方面与CIF相似。前面对CIF所作的说明同样适于CIP。

三、其他五种贸易术语

（一）EXW

Ex Work(... named place)，即工厂交货(……指定地点)。它是指当卖方在其所在地或其他指定的地点(如工厂或仓库)将货物交给买方处置时，即完成交货。按这一术语成交，买方自己办理出口清关手续，并安排运输工具到交货地点接收货物，并将货物装上运往目的地的运输工具。

该术语是卖方承当责任最小的术语。买方必须承担在卖方所在地受领货物后的全部费用和风险。EXW术语下买方办理货物出境所需的所有出口许可证或其他官方证件，但在买方要求下，并由买方承担风险和费用的情况下，卖方也可协助办理。

EXW术语适用于各种运输方式。

（二）FAS

Free alongside Ship(... named port of shipment)，即装运港船边交货(……指定装运港)，是指买方在指定的装运港将货物交到船边，即完成交货。买方必须承担自那时起货物灭失或损坏的一切风险。

按《1990年国际贸易术语解释通则》，FAS术语下卖方无义务办理出口清关手续。《INCOTERMS 2000》发布时对这一规定已作了修改，要求卖方办理出口清关手续。该术语仅适用于海运或内河运输。《INCOTERMS 2010》仍沿用这一规定。

（三）DAT

Delivered at Terminal(... named place)，即目的地或目的港的集散站交货(……指定地点)，是指当卖方在目的地或目的港的集散站卸货后，办妥货物出口清关手续而尚未办理进口清关手续时，将货物交给买方处置即完成交货。买方负责在交货地点受领货物，办理进口清关手续，并承担受领货物之后的一切风险及运输的责任和费用。

该术语适用于各种运输方式。

（四）DAP

Delivered at Place(... named place of destination)，即目的地交货(……指定目的港)，是指卖方在指定的目的地交货，只需做好卸货准备无需卸货即完成交货。卖方承担将货物运至双方约定的目的地的一切费用和风险(不包括关税、捐税及进口时应支付的其他费用，以及办理海关手续的费用和风险）。办理货物进口清关手续以及而引起的额外费用和风险由买方负担。

该术语适用于各种运输方式。

（五）DDP

Delivered Duty Paid（... named place of destination），即完税后交货（……指定目的地），是指卖方在指定的目的地，办理完进口清关手续，将在交货运输工具上尚未卸下的货物交与买方即完成交货。卖方必须承担将货物运至指定的目的地的一切风险和费用，包括关税、捐税和其他费用，并办理货物进口的清关手续。

按 DDP 贸易术语成交，卖方要负责将货物从启运地一直运到合同规定的进口国国内的指定地点，再把货物交给买方，才算完成交货。所以，DDP 是卖方承担最大责任的一种贸易术语。

若卖方希望买方承担进口的风险和费用，则应使用 DAP 术语。

该术语适用于各种运输方式。

综上所述，选用不同的贸易术语，进出口双方在交接货物过程中所承担的风险、费用及办理的手续是不同的。由于贸易双方都不愿承担在对方国家发生的费用和风险，所以 E 组和 D 组贸易术语很少被选用，而 F 组和 C 组中的 FOB、FCA、CFR、CPT、CIF 及 CIP 贸易术语，由于风险费用及手续划分较为合理均衡，在实践中被广泛使用。

四、贸易术语的选择

各种贸易术语都有其特定的含义，不同的贸易术语代表买卖双方所承担的责任、义务、风险不同，价格构成也不同。因此，在交易磋商中，贸易术语选择合适与否直接关系到买卖双方的经济利益。在实际业务中到底选用何种贸易术语，要视具体的交易情况而定。通常，我方出口时最好选用 CFR、CPT、CIF 或 CIP 术语，进口时最好选用 FOB 和 FCA 术语，因为这种选择意味着由我方负责办理运输或保险手续。这样选择一方面，有利于我国运输、保险业的发展；另一方面，出口企业一般可按船公司或保险公司的名义费率计算价格构成，并对外报价，实际支付费用时，往往可以获得相应的费率优惠，从而提高利润率。但在实践中还应结合付款条件、客户情况等选择合适的贸易术语。

在实际进出口业务中，选择贸易术语时应考虑以下方面的因素：

（1）选择各自都比较熟悉的贸易术语。对大多数企业而言，选择适于海运的 FOB、CFR、CIF 更好一些。

（2）考虑运输方式。如前述 FOB、CFR、CIF 术语仅适于水上运输，随着空运、集装箱运输和多式联运的发展，中小企业可适当选用 FCA、CPT、CIP 术语，这样使出口方交货后可尽早取得单据，缩短收汇时间。

（3）考虑运费因素。对于 CFR、CIF 术语，运费在价格中占较大的比重。因此，如果运价不稳定，出口时最好使用 FOB 术语。如选择 CFR 或 CIF 术语，报价时应考虑运费上涨因素。尤其是近几年来随着国际石油价格的波动，燃油价格波动也较大，使用 CFR 或 CIF 术语出口时应考虑这个因素。

（4）考虑外汇的增收节支和保险费。出口业务宜采用 CFR 或 CIF 术语，进口业务宜采用 FOB 术语。这样一方面为国家增加收入和节约外汇支出，促进本国运输和保险业的发展；另一方面，利用本国运输工具可减少欺诈，在本国保险公司办理保险也便于理赔。

（5）考虑付款方式。为了保证出口业务中安全收汇，进口业务中安全收货，选择贸易术语时还要考虑付款方式。出口业务最好选择 CFR 或 CIF 术语，防止少数不法商人与承运人勾结，承运人单方面向进口方放货，进口方不向银行付款赎单即可取得货物，最终拖延或不给出口方付款，导致出口方货款两空。因此，当进口方坚持用 FOB 术语时，一般在货物装船前，要先取得进口方的一部分订金，装船后凭提单副本要求进口方立即电汇货款。

第三节　进出口商品价格的计算

一、价格条款的构成

进出口业务的交易磋商中，价格条件是买卖双方磋商的最主要的交易条件之一。价格的高低直接关系到买卖双方的利益，在可能的情况下，卖方希望自己的商品物有所值。因此，为了争取最大的利润总是报价高一些。而买方考虑到自己的经济利益，要买到物美价廉的商品就要努力压低价格。所以，价格高低是买卖双方敏感的问题，也是磋商中比较棘手的问题之一，正确掌握进出口商品价格对提高外贸的经济效益具有重要的意义。

（一）进出口商品价格条款的表示方法

国际贸易中正确的价格条款应由四部分组成：计量单位，单位价格，计价货币和贸易术语。例如：“每公吨 7000 美元 CIF 纽约”，“每打 75 美元 FOB 上海”。

（二）计价货币的选择

在交易磋商中，双方可自愿选择使用何种货币计价和支付。通常情况下，计价货币和支付货币为同一种货币，但有时也不同，一般可使用：出口国货币、进口国货币或第三国货币。

对于交易双方中的任何一方，使用本国货币承担的汇率风险较小，如使用外国货币则要考虑汇率变动带来的风险。因此，在进出口业务中，买卖双方必须从降低外汇风险的角度考虑选择计价货币。为避免这种风险，实践中有以下几种方法可以选择：

（1）使用可自由兑换、汇率较稳定的货币，如美元、欧元。

（2）在出口业务中，尽可能使用在交货期内汇率比较稳定并有上升趋势的“硬币”。在进口业务中，则应争取使用在成交期间内汇率比较疲软也有下降趋势的货币，即“软币”。

（3）在出口业务中，如买方要求使用“软币”，可适当提高出口价格，把汇率下降的风险考虑进去。在进口业务中，如卖方坚持使用“硬币”，可适当地压低价格，以最大限度地减少汇率上浮带来的损失。

（4）订立汇率保值条款。在合同中确定计价货币与某种硬币(如美元)的汇率，如付款时该汇率发生变动，则按比例调整合同价格。

【案例分析10-5】 2010年10月，我国A外贸公司与日本B公司就某种服装的出口进行交易磋商。双方谈到合同中的计价货币时，A公司的业务人员按国际贸易的习惯做法，主张用美元计价和付款，但B公司代表要求用日元计价，按美元付款。A公司业务人员起初不同意，但在B公司业务代表的坚持下，同意B公司的做法，但合同中没有加订保值条款。合同规定交易期为2010年年底之前，付款方式为30天的远期L/C。由于本合同执行时间较长，在履行过程中，日元对美元的汇率发生了变化，到付款时日元对美元的汇率下降，使A公司少收近10万美元。

分析：合同中计价货币的选择直接影响到合同当事人的经济利益。在本案中，由于A公司对计价货币汇率的变化未作详细的预测，贸然接受B公司日元计价的要求，结果损失了近10万美元。由此可见，计价货币的选择非常重要。

二、价格的构成及其计算

交易磋商中价格是买卖双方谈判的焦点，也是磋商成功与否的关键。国际贸易中由于选用的贸易术语不同，所包含的费用和价格构成也不同，所以磋商中要做到正确合理地报价，必须掌握价格的构成。下面以出口为例，说明价格构成及出口报价核算。

出口商品的价格包括成本、佣金和利润三部分。

（一）成本

1. 出口总成本

在核算成本时，出口企业应把成本计算到出口启运前为止，这个成本就是出口总成本，它包括生产或购货成本，再加上货物启运前国内发生的一切费用，减出口退税

收入。用公式表示为

出口总成本 = 实际成本 + 国内费用 + 国际费用

= 生产成本或进货成本(增值税) - 出口退税收入 + 国内费用 + 国际费用

(1) 生产成本或进货成本。对于生产型出口企业,生产成本即制造或加工出口产品所需的各项费用之和。对于贸易型出口企业,向供货商购买出口商品的价格即为进货成本。无论是生产成本还是进货成本,都含有商品在国内已征过的增值税。

(2) 国内费用。它是指出口商品装上船为止所发生的一切费用。由于出口商品在国内所涉及的手续比较多,因而费用的构成也比较复杂,归纳起来,包括以下内容:内陆运费(主运费、过桥费、装卸费)、包装费(运输包装费、改换费、修整费)、仓储费(仓租费、保管费、整理费、翻包费)、损耗费(自然、人为损耗费)、检验及公证费用、装货及通关费用、出口捐税、邮电费、证明书费(如原产地证、领事发票等费用)、银行手续费(包括出口签证费、押汇手续费等)、银行押汇利息、佣金、经营管理费(手续费、招待费、交通费、差旅费等)和其他费用(固定资产折旧费用、工资、修理费用、福利等)。不同的交易国内费用构成不同。其中一部分费用对任何交易都会发生的,如内陆运费、银行手续费、出口清关费用、包装费、产地证明书费用等,并且这些费用是相对的。另外,对于邮电费、经营管理费等,企业可以本着增收节支的原则,尽可能控制这部分支出。

(3) 国际费用。如果按 CFR 报价,还包括海上运费;按 CIF 报价除包括海上运费外还包括保险费。

1) 运费。对于一些中小企业,大多经营的不是大宗商品或大型交易,通常每次发货用若干个集装箱,因此,主要采用班轮运输。在班轮运输中,集装箱货物按货量的大小分为拼箱货(LCL)和整箱货(FCL)。拼箱货和整箱货运费计算方法不同,拼箱货以每运费吨为计算运费单位,除按传统的件杂货等级费率收取基本运费外,再加收一定的附加费。整箱货按包箱费率计算运费。无论是拼箱货还是整箱货,船运公司根据货物的种类、等级、航线制定了不同规格集装箱的运价,出口企业可根据船运公司的报价,核算运费。

2) 保险费。海洋运输货物保险分为基本险和附加险,办理出口业务时可以选择,保险费也构成出口成本。

2. 实际成本

实际成本的计算公式为

实际成本 = 生产成本(或进货成本) - 出口退税收入

出口退税收入是指商品出口后国家按一定比例退还给出口企业商品在国内流通中所征收的增值税。因生产成本或进货成本中已含了增值税,所以实际成本应在生产成本或进货成本中把出口退税收入扣除。

因为增值税的征收或退还是以货物本身的不含税价格(货价)为基准的，所以

$$生产成本(或进货成本)=货价+增值税=货价+货价\times增值税率$$

$$货价=\frac{生产成本(或进货成本)}{1+增值税率}$$

$$出口退税收入=货价\times出口退税率$$

$$实际成本=货价\times(1+增值税率)-货价\times出口退税率=货价\times(1+增值税率-出口退税率)$$

$$=\frac{生产成本(或进货成本)\times(1+增值税率-出口退税率)}{1+增值税率}$$

【例10-1】 某公司出口文化衫，每打18.00美元CIF纽约，购货价格每打120元人民币，出口退税率为12%，试求文化衫的实际成本是多少？

解

$$实际成本=\frac{生产成本(或进货成本)\times(1+增值税率-出口退税率)}{1+增值税率}$$

$$=\frac{120(1+17\%-12\%)}{1+17\%}元=107.69元$$

(二) 佣金

如果出口商通过中间商达成交易，那么出口商要付给中间商报酬，佣金即中间商为买卖双方提供贸易机会而收取的报酬。在规定佣金的情况下，佣金的高低会影响买卖双方的实际利益，而且以什么价格为基数来计算佣金对双方的经济利益也会产生直接影响。在进出口实际业务中，佣金通常以发票金额为基准按一定的百分比计算，要注意的是发票金额是含佣金的金额，所以，佣金是从含佣价中提取的，这样才能保证出口商净收入不变。相关计算公式为

$$佣金=含佣价\times佣金率$$

$$净价=含佣价-含佣价\times佣金率$$

$$含佣价=\frac{净价}{1-佣金率}$$

【例10-2】 某出口商品每公吨净价1000美元CIF纽约，如要给中间商付3%的佣金，应如何报价？每公吨支付佣金多少？

解

$$含佣价(CIF3\%)=\frac{净价}{1-佣金率}=\frac{1000}{1-3\%}美元=1030.92美元$$

$$佣金=含佣价\times佣金率=1030.92美元/MT\times3\%=30.93美元/MT$$

(三) 利润

利润是指出口商报价时预期的利润，是出口报价的重要组成部分，它直接关系到

出口商的经济效益。因此，出口商对于预期利润的确定非常重要。通常利润率的高低由出口商品的种类、技术含量及市场需求等情况而定。

与成本、佣金以及其他费用的核算不同，利润的核算由出口商自行决定。出口商通常根据其商品的需求情况、竞争者定价、商品的质量及其经营意图等因素确定其利润率高低。

在实际业务中，有两种计算利润的基准，一种是以商品的成本作为计算利润的基数；另一种是以销售价格作为计算基数。

【例 10-3】 某出口商品，出口成本为 100 元，预计利润率为 15%，计算其销售价格和利润额。

解 （1）以成本为计算利润的基数：

$$销售价格=成本+利润=成本+成本\times 利润率=100\text{ 元}\times(1+15\%)=115\text{ 元}$$

$$利润=100\text{ 元}\times 15\%=15\text{ 元}$$

（2）以销售价格作为计算基数：

$$价格=成本+利润=成本+价格\times 利润率$$

$$价格=\frac{成本}{1-利润率}=\frac{100}{1-15\%}\text{元}=117.65\text{ 元}$$

$$利润=价格\times 利润率=117.65\text{ 元}\times 15\%=17.65\text{ 元}$$

三、出口商品经济效益的核算

前面已讲解了成本、佣金和利润的核算，下面主要对出口商品经济效益的核算作一说明。

出口商品经济效益核算即核算出口交易是盈利还是亏损。核算的原则是把出口销售收入与出口总成本进行比较，通常有三种核算指标。

（一）出口商品换汇成本

出口商品换汇成本的计算公式为

$$出口商品换汇成本=\frac{出口商品人民币总成本}{出口商品外汇净收入}$$

出口外汇净收入即 FOB 外汇收入。显然，出口企业的换汇成本越低效益越好。出口商品无论是按 CFR 还是 CIF 报价，外汇净收入应折算成 FOB 的收入，因为 CFR、CIF 中已含的运费、保险费不是出口企业的实际收入。

（二）出口商品盈亏率及出口商品盈亏额

出口商品盈亏率的计算公式为

$$出口商品盈亏率=\frac{汇率-换汇成本}{换汇成本}\times 100\%$$

如果换汇成本高于结算当日银行外汇的买入价，企业就亏损。如果换汇成本低于结算当日银行外汇的买入价，出口企业则是盈利的。另外，出口商品盈亏额的计算公式为

出口商品盈亏额＝出口商品销售人民币净收入－出口商品人民币总成本

出口商品销售人民币净收入是把出口商品的FOB外汇收入，按结汇当日银行外汇买入价折算成人民币的数额。出口商品盈亏额反映了出口企业具体盈亏的多少。

（三）出口创汇率

出口创汇率是指出口企业进口原料或半制品加工成制品出口的外汇净收入与进口原料或半制品的外汇成本的比率，其计算公式为

$$\text{出口创汇率}=\frac{\text{成品出口外汇净收入}-\text{原材料外汇成本}}{\text{原材料外汇成本}}\times 100\%$$

出口创汇率是衡量加工贸易出口时企业盈利情况的主要指标，出口创汇率越高，说明出口企业加工的国内增值越大，企业的盈利额越高。

练　习　题

1. 什么叫做贸易术语？为什么在国际贸易中要使用贸易术语？

2. 在国际贸易中如何选择贸易术语？

3. 简述FOB、CFR和CIF三种术语的异同，并在表10-6各栏中分别填入“买方”和“卖方”字样。

表10-6　FOB、CFR、CIF的异同

贸易术语	风　险	责　任				费　用	
	谁承担货装上船后的风险	谁办理租船订舱	谁办理保险	谁办理出口手续	谁办理进口手续	谁支付到目的港运费	谁支付保险费
FOB							
CFR							
CIF							

4. 如按CIF术语出口，载货船舶在航行途中触礁沉没，货物全部灭失，买方提出拒付货款，试问：卖方应如何处理？为什么？

5. 试述FCA、CPT、CIP术语之间的异同。

6. 我某出口企业按FCA Shanghai Airport条件向印度某客商出口一批手表，货价为5万美元，规定交货期为8月份，自上海空运至孟买。支付条件：买方凭由孟买××银行转交的航空公司空运到货通知即期全额电汇付款。我出口企业于8月31日将该批手

表运到上海虹桥机场交由航空公司收货并出具航空运单，并随即用电传向买方发出装运通知。航空公司于9月2日将该批手表空运到孟买，并将到货通知连同发票和航空运单送孟买××银行。该银行立即通知买方前来收取上述到货通知等单据并电汇付款。此时，国际市场手表价下跌，买方以我交货延期为由拒绝付款、提货。我出口企业则坚持对方必须立即付款、收货。双方争执不下，遂提请仲裁。假如你是仲裁员，你认为孰是孰非，应如何处理？说明理由。

7. 某外贸公司按CIF伦敦向英商出售一批核桃仁，由于该商品季节性较强，双方在合同中规定：买方须于9月底前将信用证开到，卖方保证运货船只不得迟于12月1日抵达目的港；如货轮迟于12月1日抵达目的港，买方有权取消合同；如货款已收，卖方须将货款退还买方。问：这一合同的性质是否还属于CIF合同？

第十一章 运输与保险

第一节 运输方式

国际货物的运输方式很多，其中包括海洋运输、铁路运输、航空运输、集装箱运输、国际多式联运、大陆桥运输、公路运输、内河运输、邮政运输、管道运输等。

一、海洋运输

海洋运输是指利用船舶在两个不同国家或地区港口之间通过一定航线和航区来进行的运输。在国际货物运输中，海洋运输是最主要的运输方式，其运量占国际货物运输总量的80%以上。海洋运输具有载运量大、可利用天然航道、所需动力和燃料消耗较低、运费低廉等优点。海洋运输的不足之处是：受气候和自然条件的影响较大，航期不易准确，而且风险较大，运输的速度也相对较慢。

按海洋运输船舶的经营方式的不同，国际海洋货物运输可分为班轮运输和租船运输。

（一）班轮运输

班轮运输又称定期运输，它是指在一定航线上，有一定的停靠港口，定期开航的船舶运输。

1. 班轮运输的特点

一般来讲，班轮运输有如下特点：

（1）船舶按照固定的船期表，沿着固定的航线和港口来往运输，并按相对固定的运费率收取运费。因此，它具有“四固定”的特点，即固定航线、固定费率、固定停靠港口、固定航行日期。

（2）由船方负责配载装卸，装卸费包括在运费中，发货方不再另付装卸费，船货双方也不再计算滞期费和速遣费，即所谓的“两管”。

（3）船货双方的权利、义务与责任豁免，以船方签发的提单条款为依据。

（4）班轮承运货物的品种、数量比较灵活，货运质量较有保证，而且一般采取在码头船舱交接货物，故为货主提供了较便利的条件。

2. 班轮运输的费用

班轮公司运输货物所收取的运送费用，是按照班轮公司运价表的规定计收的。不同的班轮公司有不同的班轮运价表，它一般包括货物分级表、各航线费率表、附加费率表、冷藏货及活牲畜费率表。目前，我国海洋班轮运输公司使用的是“等级运价表”，即将承运的货物分成若干等级(一般为20个等级)，每一个等级的货物有一个基本费率。

班轮运费包括基本运费和附加运费两部分。基本运费是指货物运往班轮航线上固定停靠的港口，按照运价表内货物划分的等级所收取的运费，是构成全程运费的主要部分。附加运费是指班轮公司除收取的基本运费之外收取的那部分运费，主要有超重附加费、超长附加费、直航附加费、转船附加费、港口拥挤费、港口附加费、燃油附加费、选港附加费和绕航附加费等。

基本运费按班轮运价表规定的计收标准收取。在班轮运价表中，不同的商品采取不同的运费计收标准。常用的有以下几种：

（1）按毛重计算。这即以重量吨计算，在运价表内用“W”表示。

（2）按体积计算。这即以尺码吨计算，1尺码吨一般以$1m^3$或40立方英尺㊀为计算单位，用“M”表示。

（3）按毛重或体积计算。按两者中收费高的计算，用“W/M”表示。

（4）按商品价格计收。这又称从价运费，即按FOB价格的一定百分比收取，用“A. V”或“ad. val”表示。

（5）按商品毛重、体积或从价计收，选择其中一种收费较高者计收运费，用“W/M or ad. val.”表示。

（6）按货物毛重或尺码选择其高者，再加上从价运费计算，用“W/M plus ad. val”表示。

（7）按货物的个数收取。例如，活牲畜和动物，按“每头”计收，车辆有时按“每辆”计收。起码运费按“每提单”计收等。

㊀ 1立方英尺$=0.0283168m^3$。

（8）由船方与发货方临时议价。它适用于粮食、豆类、矿石、煤炭等运量较大、货值较低、装卸容易、装卸速度快的大宗货物。议价货物的运费率一般较低。

在实际业务中，基本运费的计算标准选择“W/M”的方式为多。计算运费的重量吨和尺码吨统称为运费吨，又称计费吨。国际上一般都采用公制，重量单位为公吨，尺码单位为立方米。计算运费时 $1m^3$ 作为1尺码吨。

班轮运费的具体计算方法是：先根据货物的名称从货物分级表中查出有关货物的计费等级和计算标准，然后再从航线费率表中查出有关货物的基本费率，最后加上各种必须支付的附加费率，所得的总和就是有关货物的单位运费（每重量吨或每尺码吨的运费），再乘以计费重量吨或尺码吨，即得该批货物的运费总额。如果是从价运费，则按规定的百分率乘上 FOB 货值即可。

（二）租船运输

租船运输又称不定期船运输，它与班轮运输有很大区别。在租船运输业务中，没有预定的船期表，船舶经由航线和停靠的港口也不固定，须按租船双方签订的租船合同来安排，有关船舶的航线和停靠的港口、运输货物的种类以及航程等，都按承租人的要求，由船舶所有人确认而定，运费也由双方根据市场行情在租船合同中加以约定。租船运输通常适用于大宗货物的运输。

租船运输的方式可以分为定程租船和定期租船。

（1）定程租船。定程租船又称航次租船，是指由船舶所有人负责提供船舶，在指定港口之间进行一个或数个航次承运指定货物的租船运输。定程租船就其租赁方式可分为：单航次租船、来回航次租船、连续航次租船、包运合同等。

（2）定期租船。它是指由船舶所有人将船舶出租给承租人，供其使用一定时期的租船运输。

此外，还有一种特殊的租船形式，光船租船，即船舶所有人将船舶出租给承租人使用一个时期，但所提供的船舶是一艘空船，既无船长，又不配备船员。光船出租实际上属于单纯的财产租赁。近年来，国际上发展起一种介于定程租船和定期租船之间的租船方式，即航次租期，这是以完成一个航次运输为目的，按完成航次所花的时间，按约定的租金率计算租金的方式。

定程租船与定期租船的主要区别如表11-1所示。

表11-1 定程租船与定期租船的主要区别

比较项目	定程租船	定期租船
基础	以航程为基础	以期限为基础
经营管理	由船方负责船舶的经营管理	由租船方负责船舶的经营管理

（续）

比较项目	定程租船	定期租船
租船合同	程租船合同	期租船合同
是否须规定装卸时间和装卸率	由租船方负责，装卸时须规定装卸时间和装卸率，以计算滞期费和速遣费	船方和租船方之间不规定，实际上由租船方负责装卸，费用完全由租船方负担
费用计算	按装运货物的数量计算，或规定航次包租总金额	按每月每载重吨若干金额，或整船天若干金额
舱位	船舶的全部或部分舱位	船舶的全部舱位
装运的货物	在程租船合同中列明	在期租船合同中一般不列明
租船方	一般为外贸企业	一般为船运公司

定程租船费用包括定程租船运费和定程租船的装卸费，船方与租船方之间装卸费用的划分有以下五种情况：

（1）船方负担装卸费。这又称班轮条件，在此条件下，船货双方一般以船边划分费用，多用于木材和包装货物的运输。

（2）船方不负担装卸费。船方既不负担装货费，也不负担卸货费。这种条件一般适用于散装货。采用这一规定方法时，必要时还需要规定理舱费和平舱费由谁负担。

（3）船方不负担装卸、理舱和平舱费。

（4）船方管装不管卸。船方负担装货费，但不负担卸货费。

（5）船方管卸不管装。船方负担卸货费，而不负担装货费。

二、铁路运输

铁路运输是国际货物运输中仅次于海洋运输的一种主要运输方式。它具有运量大、不受气候条件的影响、安全可靠、运输准确、风险较小以及连续性强等优点，而且发货人和收货人可以在就近的始发站和目的站办理托运和提货手续。

（一）国际铁路货物联运

国际铁路货物联运是指两个或两个以上不同国家铁路当局联合起来完成一票货物的铁路运送。它使用一份统一的国际联运票据，由铁路部门经过两国或两个以上国家铁路的全程运输，是在一国铁路向另一国铁路移交货物时不需发货人、收获人参与的一种运输方式。国际铁路货物联运通常根据“国际货约”和“国际货协”进行。

“国际货约”是1890年欧洲各国在瑞士首都伯尔尼举行的各国铁路代表大会上制定的《国际铁路货物运送规则》、1938年修改时改称《国际铁路货物运送公约》的简称，又称《伯尔尼货运公约》，同年10月1日开始实行。参加该公约的国家有：德国、奥地利、比利时、丹麦、西班牙、芬兰、法国、希腊、意大利、列支敦士登、卢森堡、挪威、荷兰、葡萄牙、英国、瑞典、瑞士、土耳其、保加利亚、匈牙利、波兰、前捷克斯洛伐克和前南斯拉夫等。前苏联没有参加该公约，但与芬兰订有铁路货物联运协定。

"国际货协"是《国际铁路货物联运协定》的简称。我国与前苏联签订了中苏铁路联运协定，决定自1951年起开办联运。同年11月，前苏联与东欧七国签订并实行《国际铁路货物联运协定》。我国于1954年1月起也参加了该协定，接着蒙古、朝鲜、越南也参加了这一协定。当时参加"国际货协"的国家中，除了以上国家外，还有欧洲的罗马尼亚、保加利亚、匈牙利、原民主德国、波兰、阿尔巴尼亚、原捷克斯洛伐克等12个国家。

按照"国际货协"的有关规定，参加"国际货协"的国家之间的货物运送，发货人使用一张运单在发货站向铁路托运，即可由铁路以连带责任办理货物的全程运输，在最终到达站将货物交付收货人。与未参加"国际货协"的国家之间的国际铁路货物运输，一般是使用"国际货协"运单办理至参加"国际货协"的最后一个过境国的出口站，由该站站长办理转发至未参加"国际货协"国家的最后到达站；反向运输亦可。通过参加"国际货协"国家的港口向其他国家运送货物，使用"国际货协"运单将货物运至"国际货协"国家港口，由港口收转人办理转发至目的地的手续。

（二）对香港铁路运输

对香港铁路运输是由内地段运输和香港段运输两部分构成。它是一种特殊的租车方式的两票运输，具体做法是：从发货地至深圳北站的国内段运输，由发货人或发货地外运机构按照对香港运输计划的安排，填写国内铁路运单，先行运至深圳北站，收货人为中国对外贸易运输公司深圳分公司。中国对外贸易运输公司深圳分公司作为各外贸企业的代理，负责在深圳与铁路局办理货物运输单据的交接，并向深圳铁路局租车，然后向海关申报出口，经查验放行后，将货物运输至香港九龙港。火车过轨后，由深圳外运分公司在香港的代理人——香港中国旅行社，向香港九广铁路公司办理香港段铁路运输的托运、报关等工作，货车到达九龙目的站后，由香港中国旅行社将货物卸交给香港收货人。

对香港铁路的两段运输，分别由内地铁路部门和香港九龙铁路局签发国内铁路运单和九广铁路货物运单。上述运单是铁路部门承运货物的依据，也是发货人或外运机构与铁路部门之间的运输契约。

三、航空运输

航空运输是指利用飞机运送进出口货物。航空运输的特点是交货速度快，时间短，安全性能高，货物破损小，节省包装费、保险费等；航行便利，不受地面条件限制，可以通往世界各地。它适合于运送急需货物、鲜活商品、精密仪器及贵重商品等。

（一）国际航空运输方式

国际航空运输有班机运输、包机运输、集中托运和航空急件传送方式等。

（1）班机运输。班机是指在固定时间、固定航线、固定始发站和目的站运输的飞机。一般航空公司都使用客货混合型飞机，一些大的航空公司也开辟定期全货机航班。班机因有定时、定航线、定站等特点，因此适用于运送急需的货物、鲜活商品以及季节性商品等。

（2）包机运输。它是指包租整架飞机或由几个发货人(或航空货运代理公司)联合包租一架飞机来运送货物。因此，包机又分为整包机和部分包机两种形式，前者适用于运送数量较大的商品；后者适用于多个发货人，但货物到达站又是同一地点的货物运输。

（3）集中托运。它是指航空货运代理公司把若干批单独发运的货物组成一批向航空公司办理托运，填写一份总运单将货物发运到同一目的站，由航空货运代理公司在目的站的代理人负责收货、报关并将货物分别拨交予各收货人的一种运输方式。这种托运方式可争取到较低的运价，在航空运输中使用较为普遍。

（4）航空急件运送。它是目前国际航空运输中最快捷的运输方式。它不同于航空邮寄和航空货运，而是由一个专门经营此业务的机构与航空公司密切合作，设专人用最快的速度在货主、机场、收件人之间传送急件，特别适用于急需的药品、医疗器械、贵重物品、图样、货样及单证的传送，被称为“桌到桌运输”。

（二）航空运输的承运人

（1）航空运输公司。它是航空货物运输中的实际承运人，负责办理从启运机场至到达机场的运输，并对全程运输负责。

（2）航空货运代理公司。它是货主的代理，负责办理航空货物运输的订舱、在启运机场和到达机场的交接货与进出口报关等事项。航空货运代理公司也可以是航空公司的代理，办理接货并以航空承运人的身份签发航空运单，对运输过程负责。

（三）航空运价

航空运价是指从启运机场至到达机场的运价，不包括提货、报关、仓储等其他费用。航空运价仅适用于单一方向。航空运价一般是按照货物的实际重量(千克)和体积(以 $6000cm^3$ 或366立方英寸[㊀]体积折合1kg)两者之间较高者为准。针对航空运输货物的不

㊀ 1立方英寸 $=1.63871\times10^{-5}m^3$。

同性质与种类，航空公司规定有特种货物运价、货物的等级运价和一般货物运价等。

四、集装箱运输和国际多式联运

（一）集装箱运输

1. 集装箱及集装箱运输的含义

集装箱是一种容器，而且是能反复使用的运输辅助设备。其外形像一个箱子，又可将货物装入箱内，又称“货柜”或“货箱”。集装箱运输是以集装箱作为运输单位进行货物运输的一种现代化运输方式，它可用于海洋运输、铁路运输以及国际多式联运等。

国际标准化组织为统一集装箱的规格，推荐了三个系列13种规格的集装箱，而在国际航运上运用的主要为20英尺[㊀]和40英尺两种，及1A型8英尺×8英尺×40英尺，1AA型8.6英尺×8英尺×40英尺，1C型8英尺×8英尺×20英尺。为适应各类货物的需要，集装箱除了通用的干货集装箱外，还有罐式集装箱、冷藏集装箱、框架集装箱、平台集装箱、通风集装箱、牲畜集装箱、散装集装箱、挂式集装箱等类型。

2. 集装箱运输的优点

集装箱运输有以下优点：①有利于提高装卸效率和加速船舶的周转；②有利于提高运输质量和减少货损货差；③有利于节省各项费用和降低货运成本；④有利于简化货运手续和便利货物运输；⑤把传统单一运输串联为连贯的成组运输，从而促进了国际多式联运的发展。

3. 集装箱运输货物的交接

集装箱运输有整箱货和拼箱货之分。整箱货由发货方在工厂或仓库进行装箱。货物装箱后直接运交集装箱堆场等待装运，货到目的地(港)后，收货人可直接从目的地(港)集装箱堆场提走。拼箱货是指货物量不足一整箱，需由承运人在集装箱货运站负责将不同发货人的少量货物拼装在一个集装箱内，货到目的地(港)后，由承运人拆箱后分拨给各收货人。集装箱的交接有三种方式：①集装箱堆场到集装箱堆场；②集装箱货运站到货运站；③门到门。

4. 集装箱运输的费用

集装箱运输的费用构成和计算方法与传统的运输方式不同，它包括内陆或装运港市内运输费、拼箱服务费、堆场服务费、海运运费、集装箱以及设备使用费等。

（二）国际多式联运

国际多式联运是在集装箱运输的基础上产生和发展起来的。它一般是以集装箱为

㊀ 1英尺=0.3048m。

媒介，把各种单一的运输方式有机地结合起来，组成一种国际性的连贯运输。根据《联合国国际货物多式联运公约》所下的定义，国际多式联运是指按照多式联运合同，以至少两种不同的运输方式，由多式联运经营人将货物从一国境内接管货物的地点运至另一国境内指定交付货物的地点的一种运输方式。据此，构成国际多式联运应具备下列条件：

（1）必须有一个多式联运合同，合同中明确规定多式联运经营人和托运人之间的权利、义务、责任和豁免。

（2）必须使用一份包括全程的多式联运单据。

（3）必须至少有两种不同运输方式的连贯运输。

（4）必须是国际间的货物联运。

（5）由一个多式联运经营人对全程运输负责。

（6）按全程单一运费率计收运费。

多式联运合同是指多式联运经营人与托运人之间订立的凭以收取运费、负责完成或组织完成国际多式联运的合同。它明确规定了多式联运经营人和托运人之间的权利、义务、责任和豁免。多式联运经营人是指其本人或通过其代表订立多式联运合同的任何人，是事主，而不是发货人的代理人或代表，或参加多式联运的承运人的代理人或代表，并且负有履行合同的责任。多式联运单据是指证明多式联运合同以及证明多式联运经营人接管货物并按照合同条款交付货物的单据，根据发货人的要求，它可以做成可转让的，也可以做成不可转让的。

开展国际多式联运是实现门到门运输的有效途径，它有简化手续、加快货运速度、方便运输费用计算、缩短发货人收回货款时间等优点，而且还有助于货运质量的提高。货物的交接地点也可以做到门到门、门到港站、港站到港站、港站到门等。

五、大陆桥运输

大陆桥运输是指以陆地上铁路或公路运输系统为中间桥梁，把大陆两端的海洋连接起来的运输方式，从形式上看，是海—陆—海的连贯运输，一般以集装箱为中介。它具有集装箱运输和国际多式联运的优点，并且大陆桥运输更能体现利用成熟的海、陆运输条件，形成合理的运输路线，大大缩短营运时间，降低运营成本。

世界上现有的大陆桥有西伯利亚大陆桥、欧亚大陆桥、北美大陆桥等。

六、其他运输方式

在国际贸易中，除了使用海洋、铁路和航空运输外，还有使用公路、内河、邮政、管道等方式运输货物的。

(一) 公路运输

公路运输是一种现代化的运输方式，它与铁路运输同为陆上运输的基本运输方式。它不仅可以直接运进或运出对外贸易货物，而且也是车站、港口和机场集散进出口货物的重要手段。

公路运输机动灵活、简捷方便，可以深入到可通公路的各个地方，尤其是在实现门到门运输中，更离不开公路运输。但公路运输也有一定的缺陷，如载货量有限、运输成本较高、运输风险较大等。

(二) 内河运输

内河运输是水上运输的一个组成部分。它是连接内陆腹地和沿海地区的纽带，也是边疆地区与邻国边境河流的连接线，在进出口货物的运输和集散中起着重要的作用。

内河运输具有投资少、运量大、成本低的特点。

(三) 邮政运输

邮政运输是一种较简便的运输方式。国际上邮政部门之间签订有协定和公约，通过这些协定和公约，邮件的递送可互相以最快的方式传送，从而形成一个全球性的邮政运输网。

国际邮政运输具有国际多式联运和门到门运输的性质。托运人只需按邮政部门章程办理一次托运、一次付清足额邮资，取得邮政包裹收据，交货手续即告完成。邮件在国际间的传递由各国的邮政部门负责办理，邮件到达目的地后，收件人可凭邮局到件通知单向邮局提取货物。邮政运输手续简便，费用相对较低，适用于重量轻、体积小的货物的传递。

(四) 管道运输

管道运输是一种特殊的运输方式。它是货物在管道内借助于高压气泵的压力输往目的地的一种运输方式，主要适用于运输液体和气体货物。它具有固定投资大、建成后运输成本低的特点。

第二节　装运条款

在国际贸易实务中，货物的装运是极其重要的一个环节。对于某些贸易术语来说，装运就等于交货。例如，FOB 条件下，卖方只承担货到装运港船上的费用和风险。国际贸易买卖合同中，合理地规定装运条款，对于进出口双方都是极其重要的。合同中的装运条款一般包括运输方式、装运期、装运港和目的港、分批装运和转运、装运通知、滞期和速遣条款等内容。

一、装运期

装运期是指卖方在启运地点装运货物的期限。装运期是买卖合同中的主要条件，它的规定合理与否，关系到能否按时完成约定的装运任务，能否顺利地进行运输，以便按时交货。因此，合理制定合同中的装运期条款，具有十分重要的意义。

装运期的规定方法有以下几种：

（1）明确规定具体装运期限。这种方法又有两种规定方式：一是具体规定一段时间，如“2005 年 12 月装运”或“2005 年 10/11/12 月份装运”；二是规定最迟期限，如“2005 年 12 月 31 日以前装运”或“装运期最迟不得迟于 2005 年 12 月 31 日”。

（2）规定在收到信用证后若干天装运。这种规定方法，主要用于买方信誉较差，防止其不履约的情况，或卖方专为买方制造的特定商品，以及某些国家进口管制较严，卖方难以收汇等情况。规定方法是在合同中注明如下内容：“收到信用证后 60 天内装运”。

（3）笼统规定近期装运。采用这种规定方法时，不规定装运的具体期限，只用“立即装运”、“即刻装运”、“尽速装运”等词语来表示。笼统规定近期装运的方法无法明确责任，故国际商会修订的《跟单信用证统一惯例》规定，不应使用“迅速”、“立即”、“尽速”和类似的词语。如果使用了此类词语，银行将不予理会。因此，这种规定方式在国际贸易实务中较少运用。

二、装运港和目的港

装运港是指货物起始装运的港口。装运港是装运条款中非常重要的一项内容，它和目的港的选用，都与买卖双方所采用的贸易术语相关。一般来说，装运港是由卖方根据货源情况提出，经买方同意后确定。它可以只规定一个，也可根据情况规定两个以上或作笼统规定，如“装运港：上海”、“装运港：上海/天津”、“装运港：上海/天津/宁波”“装运港：中国口岸”。

在出口业务中，应该注意：应选择靠近货源地的港口为装运港，一般只规定一个。如货源分散在几个不同的地方，也可酌情规定几个装运港。具体装运港不能确定时，可笼统规定为“中国口岸”。笼统规定的办法对卖方有利，但有时会给买方造成一定的麻烦。因此，在进口业务中，装运港的规定应该明确具体，选择装卸条件好、费用低、适合船舶安全停靠的港口作为装运港，同时，要注意不能接受国家政策不允许往来的港口为装运港。

目的港是指货物最终卸下的港口。合同中应明确规定目的港，它一般是由买方根据需要提出，经卖方同意后确定。目的港可以只规定一个，也可根据情况规定两个以上或作笼统规定，如“目的港：伦敦”、“目的港：伦敦/利物浦”、“目的港：伦敦/利物浦/曼彻斯特”。

规定目的港时，一般要注意以下几点：

首先，目的港的规定必须明确、具体，避免使用“欧洲主要港口”、“非洲主要港口”等笼统的规定方法。

其次，目的港应该是可以安全停靠的港口。对于我国到目的港无直达班轮或航次很少的情况，合同中应规定允许转运的条款。必要时可以规定“选择港”。

最后，在规定目的港的时候，应注意重名的问题。例如，命名为维多利亚的城市，在全世界有12个之多。有时甚至在一个国家内有两个同名的城市。因此，对于有重名的城市，必须加注国名，甚至加注省名，以防发生错运货物的事故。

三、滞期和速遣条款

在规定的装卸期限内，如果承租人未能按时完成装卸任务，致使船舶连续在港内停泊，为了补偿由此而对出租人造成的船舶延迟开航的损失，自许可装卸时间终了时起，直到全部货物装卸完毕为止的滞期时间，承租人应向出租人支付一定金额的赔偿，此项金额称作“滞期费”。相反，在规定的装卸期内，如果承租人能提前完成装卸作业，那么出租人应按其节省的时间向承租人支付一定的金额，即“速遣费”。滞期费的数额一般低于船舶租金，速遣费通常为滞期费的一半。但是，能否收到滞期费和速遣费还须考虑承租人或出租人的资信情况。

四、分批装运和转运

分批装运和转运也是合同中较为重要的条款，它直接关系到买卖双方的利益。因此，在制定分批装运和转运的条款时，要非常慎重，争取订立对我方有利的条款。分批装运有以下几种规定方法：

（1）不准分运。这即货物必须一次全部装运。

（2）准许分运。这即允许卖方进行分批装运，只要卖方在规定装运期内完成合同规定的货物总数量的装运即可。这种规定方法对卖方有利，故我国在出口业务中办理运输时应争取采用此种装运方法。

（3）限时、限批、限量装运。这如在合同中规定“3~5月份，分三批，每月平均装运”。

转运是指货物从装运港或发货地到目的港或目的地的运输过程中，从一种运输工具卸下，再装上同一运输方式的另一运输工具，或在不同运输方式情况下，从一种方式的运输工具卸下，再装上另一种方式的运输工具的行为。《跟单信用证统一惯例》规定，除非信用证另有规定，可准许转运。为了明确责任和便于安排装运，买卖双方是否同意转运以及有关转运的办法和转运费的负担等问题，应在买卖合同中明确规定。

五、装运通知

装运通知是装运条款中不可缺少的一项重要内容。不论按哪种贸易术语成交，交易双方都要承担相互通知的义务。规定装运通知的目的在于明确买卖双方的责任，促使买卖双方互相配合，共同做好车、船、货的衔接，并便于办理货运保险。因此，及时发出装运通知，有利于合同的履行。

应当特别强调的是，买卖双方按 CFR 条件成交时，装运通知具有特别重要的意义，卖方应在货物装船后，立即向买主发出装运通知。

六、装卸时间和装卸率

（一）装卸时间

装卸时间是指装货和卸货的期限，装卸时间的规定方法很多，其中使用最普遍的是按连续 24 小时计算。这种计算方法用于昼夜作业的港口，它是指在好天气条件下，作业 24 小时算作 1 个工作日来表示装卸时间的办法。如中间有几小时坏天气不能作业，则应予以扣除，此外，星期日和节假日也应除外。关于利用星期日和节假日作业是否计入装卸时间，国际上有不同的规定。因此，在工作日条款之后应补充订明："星期日和节假日除外"，"不用不算，用了要算"或"不用不算，即使用了也不算"。

此外，也有的是以按照港口习惯速度装卸来表示装卸时间的做法。这种方法只能适用于装卸条件好、装卸效率高和装卸速度稳定的港口，采用这种方法时，星期日、节假日以及因坏天气而不能进行装卸作业的时间应不除外。

上述装卸时间的起算和止算，应当在合同中订明。关于装卸时间的起算，一般规定在收到船长递交的"装卸准备就绪书"，经过一定的规定时间后开始起算。关于装卸货物的止算时间，通常是指货物实际装卸完毕的时间。

（二）装卸率

买卖大宗商品时，交易双方在约定装卸时间的同时，还应约定装卸率。所谓装卸率，是指每日装卸货物的数量。装卸率的高低，关系到运费水平，从而在一定程度上影响货价，所以装卸率规定偏高或偏低都不合适，装卸率应根据货物品种和有关港口的装卸速度来确定。

七、运输提单

运输单据是承运人收到承运货物签发给出口商的证明文件，它是交接货物、处理索赔与理赔以及向银行结算货款或进行议付的重要单据。在国际货物运输中，运输单据的种类很多，其中包括海运提单、铁路运输单据、航空运单和邮包收据等。

（一）海运提单

海运提单是船方或其代理人在收到其承运的货物时签发给托运人的货物收据，也是承运人与托运人之间运输契约的证明，法律上它具有物权证书的效用。收货人在目的港提取货物时，必须提交正本海运提单。人们通常所说提单即为海运提单。

为了统一提单背面运输条款的内容，1921 年，欧美 26 个主要航运国家在海牙集会，签订了《海牙规则草案》。随后，于 1924 年正式签署《统一提单的若干法律规定的国际公约》，简称《海牙规则》。目前，有 80 多个国家接受了这个规则，一些航运公司根据这个规则制定了自己的提单条款。此后，各主要航运国家签订了《维斯比规则》，并于 1977 年 6 月 23 日正式生效。《维斯比规则》在保留《海牙规则》基本责任制度的基础上，对其进行了一些重要修改和补充。

1978 年，联合国国际贸易法委员会经过长期准备，在汉堡召开了由 78 个国家代表参加的联合国海上货物运载会议，正式通过了一项公约，定名为《1978 年联合国海上货物运输公约》，简称《汉堡规则》。《汉堡规则》对《海牙规则》作了本质上的修改和补充，考虑了航运业不发达国家的利益。由于三项国际公约制定的时间和产生的历史背景不同，故其内容有很大差异，各国和各船公司对这三项公约的态度也不一致。

1. 提单的性质和作用

提单的性质和作用，主要体现在以下三个方面：

（1）它是承运人或其代理人签发给托运人的货物收据，证实已按提单记载的事项收到货物。承运人应凭提单所列内容向收货人交货。

（2）它是代表货物所有权的凭证。提单是提取货物的凭证，能起到代替货物本身的作用。因此，提单可以用来向银行议付货款和向承运人提取货物，也可用来抵押或转让。

（3）它是承运人和托运人双方同意的运输契约的证明。运输契约是在装货前商定的，在装货后签发的。因此，提单本身并不是运输契约，而只是运输契约的证明。

2. 提单的分类

在国际贸易中使用的提单种类较多，从不同的角度可以有不同的分类方法。

（1）根据签发提单的时间是在货物装船之后还是装船之前，可以分为已装船提单和备运提单。前者是指轮船公司已将货物装上指定轮船后所签发的提单；后者是指轮船公司已收到托运货物等待装运期间所签发的提单。

（2）按提单有无不良批注可以分为清洁提单和不清洁提单。前者是指交运货物的外表状况良好，承运人未加有关货损或包装不良之类批注的提单。后者是指轮船公司在提单上对货物表面状况或包装加有不良或存在缺陷等批注的提单。例如，轮船公司在提单上写有“×件损坏”或“铁条松动”等批注。

(3) 按提单收货人抬头可以分为记名提单、不记名提单和指示提单。记名提单是指记载收货人具体姓名的提单。不记名提单是指不记载收货人的具体姓名而仅记载交付给提单持有人的提单。指示提单是在记载收货人姓名时，记载为“凭指示”或“凭××指示”的提单。

(4) 按运输方式可以分为直达提单、联运提单和转船提单。直达提单是指轮船在从装运港装货后，中途不经过换船而直接驶往目的港卸货的情况下所签发的提单。联运提单只指经过两种或两种以上的运输方式联运的货物，由第一程海运承运人所签发的，包括运输全程并在目的港或目的地凭以提货的提单。转船提单是指从装运港装货的轮船，不直接驶往目的地，需要在中途港换装另一只船运往目的地的情况下所签发的提单。

(5) 根据提单内容繁简分为全式提单和略式提单。前者是指提单背面列有承运人和托运人权利、义务的详细条款的提单。后者是指提单上略去背面条款，只列出正面内容的提单。

3. 提单的内容

提单的内容很广泛，包括正面的记载和背面的条款。各国国内法和有关的国际公约一般都认为，提单必须能够说明货物的托运人、承运人和收货人各自的职责，以及货物的外表、性质、数量或重量等具体事项。一般来说，提单正面的记录可概括为三部分内容：

(1) 托运人填写的部分内容，包括船名、船籍、装运港、目的港、托运人及收货人名称、被通知人名称及地址、货物名称、包装、标志、件数、重量或体积等。

(2) 承运人或其代理人填写的运费金额，注明运费是预付还是货到目的地后支付。

(3) 由承运人或其代理人签署的印刷体的契约文字，作为收到货物的凭证。同时，注明提单签发地点、签发提单正本的份数和签发日期等内容。

提单背面一般是印就的运输条款，作为明确承运人与托运人、承运人与收货人以及承运人与提单持有人之间的权利和义务的主要依据。提单中的运输条款，起初由各轮船公司自行规定，所以其内容并不一致。目前，西方国家的提单条款一般以《海牙规则》为依据，故各国提单上记载的条款大体相同。中国远洋运输(集团)总公司为了适应我国发展远洋运输业务的需要，采用了自制的提单，在提单背面统一印就运输条款。

4. 提单的签发和转让

签发提单的正常顺序是，由托运人在托运货物时提出书面托运单证，经承运人或其代理人同意后凭以装船。货物装船后取得收货单，由船长或其代理人凭收货单签发提单。通常正本提单签发一式多份。凭其中一份完成收货任务后，剩余的均作废。

提单可以买卖转让。但是，提单的转让必须具备下列两个条件：首先，转让的提单必须是指示提单或不记名提单，指明收货人的记名提单则不能转让；其次，转让提单必须用背书或交付的方式表明提单持有人转让货物所有权的意图。指示提单可以通过记名背书或空白背书转让，提单的背书转让毋需通知承运人。不记名提单可以仅以交付提单的方式进行转让。

（二）其他运输单据

（1）航空运单。它是承运人与托运人之间签订的运输契约，也是承运人或其代理人签发的货物收据。航空运单还可作为核收运费的依据和海关查验放行的基本单据。但航空运单不是代表航空公司的提货通知单，收货人提货凭航空公司发出的通知单。航空运单不具有物权凭证的性质，不能转让。航空运单正本一式三份，分三种不同颜色：蓝色的交托运人，绿色的承运人留存，粉红色的随货同行，在目的地交收货人。副本至少六份，有需要还可增加份数，分别发给代理人、目的港以及第一、二、三承运人和用作提货收据。副本除用作提货收据的为黄色，其余均为白色。在航空运单的“收货人”栏内，必须详细填写收货人的全称和地址，而不能做成指示性抬头。

（2）铁路运输单据。它是铁路和货主之间缔结的运输契约。铁路运输可分为国际铁路货物联运和国内铁路货物运输两种方式，国内铁路货物运输和国际铁路货物联运使用的运单，其格式和内容有所不同。国际铁路货物联运使用国际铁路联运运单，国内铁路货物运输使用国内铁路运单。通过铁路对港、澳出口的货物，由于国内铁路运单不能作为对外结汇的凭证，故使用承运货物收据这种特定性质和格式的单据。

（3）邮包收据。它是邮包运输的主要单据，它既是邮局收到寄件人的邮包后所签发的凭证，也是收件人凭以提取邮件的凭证，当邮包发生损坏或丢失时，它还可以作为索赔和理赔的依据。但邮包收据不是物权凭证。

（4）多式联运单据。它是由多式联运经营人签发，用以证明多式联运合同以及证明多式联运经营人接管货物并负责按合同条款交付货物的单据。多式联运经营人必须对运输全过程负责，无论货物在何种运输方式下发生属于承运人责任范围内的灭失或损害，多式联运经营人都必须对托运人负赔偿责任。多式联运单据与海运中的联运提单有相似之处，但其性质与联运提单有别。多式联运单据既可用于海运与其他运输方式的联运，也可用于不包括海运的其他运输方式的联运；而海运联运提单仅限于在由海运与其他运输方式组成的联合运输时使用。

第三节　运输保险

国际货物运输保险是以运输过程中的各种货物作为保险标的，被保险人向保险人按一定金额投保一定的险别，并交纳保险费，保险人承保后，如果保险标的在运输过程中发生承保责任范围内的损失，应按规定给予被保险人经济补偿的一种财产保险。

国际货物运输保险因运输方式不同可分为海洋运输货物保险、陆上运输货物保险、航空运输货物保险和邮包运输货物保险。在各种运输货物保险中，起源最早的是海洋运输货物保险。

一、海洋运输货物保险

海运货物保险承保的范围，包括海上风险、海上损失与海上费用以及外来原因所引起的风险损失。国际保险市场对上述各种风险与损失都有特定的解释。正确理解海运货物承保的范围和各种风险与损失的含义，对合理选择投保险别和正确处理保险索赔具有重要意义。

（一）海上风险

海上风险又叫做海难，一般是指船舶或货物在海上航行中发生的或附随海上运输所发生的风险。海上货物运输保险中的风险分为一般海上风险和外来风险两大类。

（1）一般海上风险。一般海上风险包括自然灾害和意外事故。自然灾害是指由于自然界的变化产生的破坏力量所造成的灾害及其他人力不可抗拒的灾害，包括恶劣气候、雷电、海啸、洪水、火山爆发等。意外事故一般是指人或物体遭受到外来的、突然的、非意料之中的事故，包括火灾、爆炸、搁浅、触礁、沉没、碰撞、倾覆等造成货物的损失。需要指出的是，按照国际保险市场的一般解释，海上风险并非局限于海上发生的灾害和事故，那些与海上航行有关的发生在陆上或海陆、海河或与驳船相连接之处的灾害和事故，如地震、洪水、火灾、爆炸、海轮与驳船或码头碰撞，也属于海上风险。

（2）外来风险。它是指海上风险以外的其他原因所造成的风险。类似货物的自然损耗和本质缺陷等属于必然发生的损失，不包括在外来风险之内。即外来风险必须是意外的，事先难以预料的而不是必然发生的外来因素。外来风险可分为一般外来风险和特殊外来风险。前者是指偷窃、短少和提货不着、渗漏、短量、碰损、破碎、钩损、淡水雨淋、锈损、玷污、受潮受热、串味等造成的风险。后者是指军事、政治、国家政策法令以及行政措施等外来风险，包括战争、罢工、敌对行动、交货不到、拒收等。

（二）海上损失

海上损失是指被保险货物在海运过程中，由于海上风险所造成的损失或灭失，简称海损。就货物损失的程度而言，海损可分为全部损失和部分损失。

1. 全部损失

全部损失简称“全损”，是指运输过程中的整批货物或不可分割的一批货物全部损失。全损分为实际全损和推定全损。前者又称绝对全损，是指保险货物完全灭失；或者完全丧失商业价值，失去原有用途；或者因丧失无法挽回，如船舶失踪(两个月以上)或船舶被海盗劫持等。后者是指被保险的货物的实际全损已经不可避免，或者恢复、修复受损货物以及运送货物到原定目的地所花费的费用超过该货物运往目的地的价值。

凡有下列情况之一者即为推定全损：

（1）被保险货物遭受严重损害，完全灭失已不可避免。

（2）被保险货物受损后，修理费用估计要超过货物修复后的价值。

（3）被保险货物遭受严重损害后，继续运抵目的地的运费已超过残存货物的价值。

（4）被保险货物遭受保险责任范围内的事故，使被保险人失去被保险货物所有权，而收回这一所有权所需花费的费用，将超过收回后被保险货物的价值。

2. 部分损失

部分损失又称分损，是指被保险货物的损失没有达到全部损失的程度。按照损失的性质，部分损失可以分为共同海损和单独海损。共同海损是指载货的船舶在航行中遭遇自然灾害或意外事故，威胁到船、货等各方的共同安全，船方为了解除共同危险或使航程得以继续进行，有意识地采取合理措施所作出的一些特殊牺牲和支出的额外费用。例如，载货船舶因狂风巨浪搁浅在暗礁上，船长为了使船、货摆脱威胁，指挥将船上一部分货物抛入海中，以减轻船的负荷，从而转危为安，这种货物损失就是共同海损。此外，还有一些特殊情况，例如船舶在逆风恶浪中航行，原备用燃料消耗殆尽，或者大部分船员传染疾病而无法工作，致使船舶无法继续航行等，也属于共同海损。单独海损是指在海运中，由于保单承保风险直接导致的船舶或货物本身的损失。即单独海损是仅涉及船舶或货物所有人单方面的利益的损失。

构成共同海损的条件是：

（1）船方在采取紧急措施时，必须确有危及船货共同安全的危险存在。如果判断失误，采取了某些措施，或因可以预测的常见事故造成的损失，就不能构成共同海损。

（2）船方采取的措施，必须是为了解除船、货共同危险，有意而合理采取的措施。所谓“有意”，是指共同海损的发生必须是人为的、有意识行为的结果，而不是一种意外的损失。例如船长明知抛货或雇佣拖船会对货物造成损失或支付额外费用，但为了船、货的共同安全仍然决定这样做。所谓“合理”，是指措施必须符合当时情况，既是有效的，又是节约的，因而符合船、货等利害双方的利益。例如抛货时，通常先抛重量大、价值低而又容易抛弃的货物。

(3) 共同海损的牺牲是特殊性质的，支出的费用是额外支付。也就是说，共同海损的牺牲不是海上危险直接导致的损失，而是人为造成的特殊损失，其支付的费用应是船舶正常运营支出以外的费用。

共同海损和单独海损的主要区别是：

(1) 造成海损的原因不同。单独海损是承保风险所直接导致的船、货损失。共同海损则不是承保风险所直接导致的损失，而是为了解除或减轻共同危险人为地造成的一种损失。

(2) 承担损失的责任不同。单独海损的损失一般由受损方自行承担；而共同海损的损失，则应由受益的各方按照受益大小的比例共同分摊，即在发生共同海损后，凡属于共同海损范围内的牺牲和费用，均可通过共同海损理算，由有关获救受益方根据获救价值按比例分摊，这种分摊称为共同海损分摊。

（三）海上费用

海上费用是指海上风险所造成的费用损失，包括施救费用和救助费用。

施救费用又称单独海损费用，是指被保险货物遭受保险责任范围内达到自然灾害和意外事故时，被保险人或其代理人或其受雇人为抢救被保险货物，防止损失继续扩大所支付的费用。保险人对这种费用予以赔偿。一般而言，施救费用不包括共同海损及由保险人和被保险人以外的第三者救助而产生的费用。

救助费用是指被保险货物遭受承保责任范围内的灾害事故时，除保险人和被保险人以外的第三者采取救助措施，获救成功，而向救助的第三者支付的报酬。保险人赔偿时，必须要求救助成功。国际上，一般称为“无效果—无报酬”。

二、《伦敦保险业协会货物保险条款》

在国际保险义务中，英国所制定的保险法、保险条款、保险单等对世界各国影响很大。目前世界上有很多国家在海上保险义务中直接采用经英国国会确认的、由英国伦敦保险业协会制定的《伦敦保险业协会货物保险条款》(ICC)，或者在制定本国保险条款时参考或部分采用了上述条款。在我国按 CIF 或 CIP 条件成交的出口交易中，国外商人有时要求按 ICC 投保，我出口企业和保险公司一般均可接受。

《伦敦保险业协会货物保险条款》最早制定于 1912 年。为了适应不同时期国际贸易、航运、法律等方面的变化和发展，该条款已先后多次补充和修改。最近一次修改于 1982 年 1 月 1 日完成，并于 1983 年 4 月 1 日起正式实行。

（一）险别与结构

《伦敦保险业协会货物保险条款》包括协会货物条款(A)(ICC(A))、协会货物条款(B)(ICC(B))、协会货物条款(C)(ICC(C))、协会战争险条款(货物)、协会罢工险条款(货物)和恶意损害险条款。

在上述六种险别条款中，其结构特点如下：

(1) 上述ICC(A)、ICC(B)、ICC(C)三种险别都有完整的结构，对承保风险及除外责任均有明确的规定，因而都可以单独投保。上述战争险和罢工险也具有独立完整的结构，如征得保险公司同意，必要时也可作为独立的险别投保。唯独上述恶意损害险属于附加险别。

(2) 除恶意损害险外，其他五种险别的内容和结构基本相似，都包括八项内容：承保风险、除外责任、保险期限、索赔、保险利益、减少损失、防止延迟、法律与惯例。

(3) 除恶意损害险以外，其他五种险别的索赔、保险利益、减少损失、防止延迟、法律与惯例完全相同。

（二）ICC(A)、ICC(B)和ICC(C)的责任范围与除外责任

1. ICC(A)的责任范围和除外责任

ICC(A)的承保责任范围为“一切风险减除外责任”，即保险人对除外责任的风险不予负责外，对其他风险均予负责。

ICC(A)的除外责任如下：

(1) 一般除外责任。它包括：被保险人故意的不法行为所造成的损失或费用；保险标的的自然渗漏、自然损耗、自然磨损、包装不当或准备不足造成的损失或费用；保险标的的内在缺陷或特性所造成的损失或费用；直接由于延迟所引起的损失或费用；船舶所有人、经营人、租船人的经营破产或不履行债务所造成的损失或费用；由于使用任何原子或热核武器所造成的损失或费用。

(2) 不适航和不适货除外责任。它是指被保险人在保险标的装船时，如已经知道船舶不适航，以及船舶、装运工具、集装箱等不适货，保险人不负赔偿责任。

(3) 战争险除外责任。它是指由于战争、内战、敌对行为等所造成的损失或费用，包括：由于捕获、拘留、扣留等(海盗行为除外)所造成的损失或费用，由于漂流水雷、鱼雷等所造成的损失或费用。

(4) 罢工险除外责任。它是指由于罢工、被迫停工所造成的损失或费用，包括：由于罢工者、被迫停工工人等造成的损失或费用；任何由于恐怖主义者或出于政治动机的人所致的损失或费用。

但ICC(A)的除外责任中不包括“海盗行为”和“恶意损害险”。

2. ICC(B)的责任范围和除外责任

根据ICC条款的规定，ICC(B)和ICC(C)的承保责任范围采用“列明风险”的方法，即在条款的首部开宗明义地把保险人所承保的风险一一列出。凡属于列出的就是承保的，没有列出的，不论何种情况均不负责。ICC(B)的承保风险范围包括：①火灾、爆炸；②船舶或驳船触礁、搁浅、沉没或者倾覆；③陆上运输工具倾覆或出轨；④船舶、驳船或运输工具同水以外的任何外界物体碰撞；⑤在避难港卸货；⑥地震、火山爆发、雷电；⑦共同海损牺牲；⑧抛货；⑨浪击落海；⑩海水、湖水或河水进入船舶、驳船、运输工具、集装箱、大型海运箱或存储处所；⑪货物在装卸时落海或跌落造成的整件全损。

ICC(B)的除外责任是ICC(A)的除外责任再加上“恶意损害险”和“海盗行为”。

3. ICC(C)的责任范围和除外责任

ICC(C)的承保责任范围比ICC(A)和ICC(B)的要小得多，它只承保“重大意外事故”，而不承保“自然灾害及非重大意外事故”。ICC(C)的承保责任范围是：①火灾、爆炸；②船舶或驳船触礁、搁浅、沉没或倾覆；③陆上运输工具倾覆或出轨；④船舶、驳船或运输工具同水以外的任何外界物体碰撞；⑤在避难港卸货；⑥共同海损牺牲；⑦抛货。

ICC(C)的除外责任与ICC(B)完全相同。

恶意损害险是新增加的附加险别，承保被保险人以外的其他人(如船长、船员等)的故意破坏行为所致被保险货物的灭失或损害。但是，如果是出于政治动机的人的行为，不属于恶意损害险承保范围，而应属于罢工险的承保范围。

ICC条款的三种险别的责任起讫均为“仓至仓”条款。

三、我国海运货物保险条款

为了适应国际货物海运保险的需要，中国人民财产保险股份有限公司根据我国保险的实际情况并参照国际保险市场的习惯做法，分别制定了各种保险条款，总称为“中国保险条款”(CIC)，其中包括《海洋运输货物保险条款》、《海洋运输货物战争险条款》以及其他专门条款。投保人可根据货物特点和航线与港口的实际情况自行选择投保适当的险别。

(一) 保险险别

1. 基本险

基本险又称主险，是可以单独投保的险别，它包括平安险、水渍险和一切险。

平安险意即“单独海损不赔”。平安险的承保责任范围如下：

(1) 被保险的货物在运输途中由于恶劣气候、雷电、海啸、地震、洪水等自然灾害造成整批货物的全部损失或推定全损。若被保险的货物用驳船运往或运离海轮时，则每一驳船所装的货物可视作一个整批。

（2）由于运输工具遭到搁浅、触礁、沉没、碰撞、与流冰或其他物体碰撞以及失火、爆炸等意外事故所造成的货物全部或部分损失。

（3）在运输工具已经发生搁浅、触礁、沉没、焚毁等意外事故的情况下，货物在此前后又在海上遭受恶劣气候、雷电、海啸等自然灾害所造成的部分损失。

（4）在装卸或转船时由于一件或数件甚至整批货物落海所造成的全部或部分损失。

（5）被保险人对遭受承保责任内的危险货物采取抢救、防止或减少货损的措施所支付的合理费用，但不可以超过该批被毁货物的保险金额。

（6）运输工具遭遇海难后，在避难港由于卸货引起的损失，以及在中途港或避难港由于卸货、存仓和运送货物所产生的特殊费用。

（7）共同海损的牺牲、分摊和救助费用。

（8）运输契约中如订有“船舶互撞责任”条款，则根据该条款规定应由货方偿还船方的损失。

上述责任范围表明，在投保平安险的情况下，保险人对由于自然灾害所造成的单独海损不负赔偿责任，而对于因意外事故所造成的单独海损则要负赔偿责任。此外，如在运输过程中运输工具发生搁浅、触礁、沉没、焚毁等意外事故，则不论在事故发生之前或发生之后由于自然灾害所造成的单独海损，保险人也要负赔偿责任。

水渍险意即负责单独海损赔偿，它的承保责任范围是：投保水渍险后，保险人除了负责平安险所承保的全部责任外，还负责被保险货物在运输途中，由于恶劣气候、雷电、海啸、地震、洪水等自然灾害所造成的部分损失的赔偿。

一切险的责任范围除包括平安险、水渍险的各项保险责任外，还对被保险货物在运输过程中由于外来原因造成偷窃、提货不着、淡水雨淋、短量、包装破损、混杂玷污、渗漏、碰损破碎、串味、受潮受热、钩损、锈损等全部或部分损失负赔偿责任。

一切险的责任范围是三种基本险别中最大的，它除包括平安险、水渍险的责任范围外，还包括被保险货物在运输过程中，由于一般外来风险所造成的全部或部分损失，因此，一切险是平安险、水渍险加一般附加险的总和。需要指出的是，一切险并非保险人对一切风险损失均负赔偿责任，它只对水渍险和一般外来原因引起的可能发生的风险损失负责，而对货物的内在缺陷、自然损耗和由于特殊外来原因，如战争、罢工等引起的风险损失，概不负赔偿责任。

2. 附加险

附加险是不能单独投保的险别，必须依附于主险项下，即只有投保基本险中的一种之后，才可加保附加险。附加险分为一般附加险、特殊附加险和其他特殊附加险。在海运保险业务中，进出口商除了投保货物的基本险外，还可以根据货物的特点和实际需要，再选择若干适当的附加险别。

一般附加险不能作为一个单独的项目投保，而只能在投保平安险或水渍险的基础上，根据货物的特点和实际需要加保一种或若干种一般附加险。如加保所有的一般附加险，这就叫做投保一切险。可见一般附加险被包括在一切险的承保责任范围内。因此，在投保一切险时，不需要再加保一般附加险。一般附加险共有11种：偷窃提货不着险；淡水雨淋险；渗漏险；短量险；钩损险；玷污险；破碎险；碰损险；锈损险；串味险；受潮受热险。

特殊附加险主要是指战争险和罢工险。凡是加保战争险，保险人则按战争险条款的责任范围，对由于战争和其他各种敌对行为所造成的损失负赔偿责任，按CIC的规定，战争险别不能作为一个单独的项目投保，而只能在投保基本险别后加保。

根据国际保险市场的习惯做法，一般将罢工险与战争险同时承保。如投保了战争险又需加保罢工险时，仅需在保单中附上罢工险条款即可，保险人不再另行收费。

其他特殊附加险包括交货不到险、进口关税险、舱面险、拒收险、黄曲霉素险、港澳存仓火险等。

（二）除外责任

除外责任是指保险人明确规定不予赔偿的损失和费用范围。根据中国人民财产保险股份有限公司《海洋运输货物保险条款》的规定，对下列各项损失和费用，概不负赔偿责任：

(1) 被保险人的故意行为或过失所造成的损失。

(2) 发货人的责任所引起的损失。

(3) 保险责任开始，保险货物已存在的品质不良或数量短差。

(4) 保险货物的自然损耗、本质缺陷、市价跌落以及运输延迟所引起的损失和费用。

(5) 战争险和罢工险条款承保的责任范围和除外责任。

（三）责任起讫

责任起讫又称保险期间或保险期限，是指保险人承担责任的起讫时限。

1. 基本险的责任起讫

平安险、水渍险和一切险的承保责任起讫是采用国际保险业惯用的“仓至仓”条款。它规定保险责任自被保险货物运离保险单所载明的启运地发货人仓库时开始生效，包括正常运输过程中的海上运输和陆上运输，直至该项货物到达保险单所载明的目的地收货人仓库为止。如果被保险货物从海轮卸下后存放在码头仓库、露天或海关仓库，而没有运到收货人仓库，保险责任继续有效，但最长负责至卸离海轮60天为限。如果被保险货物在目的地以前的某仓库发生分配、分派的情况，则该仓库就作为被保险人的最后仓库，保险责任也以该货物运抵该仓库时终止。被保险人可以要求扩展保险期限，需加收一定的保险费。

2. 战争险的责任起讫

战争险不采用“仓至仓”条款，而是以“水面危险”为限。即自保险单载明的启运港装上海轮或驳船时开始生效，直至到达保险单所载明的目的港卸离海轮或驳船时为止。如果货物不卸离海轮或驳船，则保险责任最长延迟至货物到达目的港之当日午夜起15天为止。

四、陆上运输货物保险

陆上运输货物保险主要承保以火车、汽车等陆上运输工具进行货物运输的保险。根据原中国人民保险公司1981年月1日修订的《陆上运输货物保险条款》的规定，陆运货物保险的基本险别有陆运险和陆运一切险，还有陆上运输冷藏货物险。

陆运险的承保责任范围与《海洋运输货物保险条款》中的水渍险相似。保险人负责赔偿被保险货物在运输途中遭受暴风、雷电、洪水、地震等自然灾害，或由于运输工具遭受碰撞、倾覆、出轨，或在驳运过程中因驳运工具遭受搁浅、触礁、沉没、碰撞，或由于遭受隧道塌陷、崖崩或失火、爆炸等意外事故所造成的全部或部分损失。此外，被保险人对遭受承保责任范围内危险的货物采取抢救、防止或减少货损的措施而支付的合理费用，保险人也负责赔偿，但以不超过该批货物的保险金额为限。

陆运一切险的承保责任范围与海运货物保险中的一切险相似。保险人除承担上述陆运险的赔偿责任外，还负责被保险货物在运输途中由于外来原因，如短少、短量、偷窃、渗漏、碰损、钩损等所造成的全部或部分损失的赔偿。

陆运货物在投保上述基本险之一的基础上可以加保附加险。例如，投保陆运险，则可酌情加保一般附加险和战争险等特殊附加险；投保陆运一切险，就只能加保战争险，而不能再加保一般附加险。陆运货物在加保战争险的前提下，再加保罢工险，不另收保险费。陆运战争险的责任起讫，是以货物置于运输工具时为限。

陆运险与陆运一切险的除外责任与海运货物保险的除外责任相同。

陆运货物保险采用“仓至仓”条款。保险人负责自被保险货物运离保险单所载明的启运地仓库或存储处所开始运输时生效，包括正常运输过程中的陆上和与其有关的水上驳运在内，直至该项货物运达保险单所载目的地收货人的最后仓库或存储处所或被保险人用作分配、分派的其他存储处所为止。如未运抵上述仓库或存储处所，则以被保险货物运抵最后卸载的车站满60天为止。

陆运货物保险的索赔时效为：从被保险货物在最后目的地车站全部卸离车辆后起算，最多不超过2年。

五、航空运输货物保险

根据原中国人民保险公司1981年1月1日修订的《航空运输货物保险条款》的规定，航空运输货物保险的基本险别为航空运输险和航空运输一切险。

航空运输险的承保责任范围与《海洋运输货物保险条款》中的水渍险相似。保险人负责赔偿被保险货物在运输过程中遭受雷电、火灾、爆炸或由于飞机遭受恶劣气候或其他危难事故而被抛弃，或由于飞机遭受碰撞、倾覆、坠落或失踪等自然灾害和意外事故所造成的全部和部分损失。

航空运输一切险的承保责任范围除包括上述航空运输险的全部责任外，保险人还负责赔偿被保险货物由于一般外来原因所造成的全部或部分损失。

上述两种基本险都可以单独投保，在投保其中之一的基础上，经投保人与保险人协商可以加保战争险等附加险，加保时须另付保险费。在加保战争险的前提下，再加保罢工险，则不另收保险费。

航空运输险和航空运输一切险的除外责任与海洋运输货物险的除外责任基本相同。

航空运输险与航空运输一切险的责任起讫也采用“仓至仓”条款，即自被保险货物经航空公司收讫并签发航空运单时开始生效，在正常运输过程中继续有效，直到该货物运抵目的地交到收货人仓库或存储处所或被保险人用作分配、分派或非正常运输的其他存储处所为止。如被保险货物未运抵上述仓库或存储处所，则以被保险货物在最后卸载地卸离飞机后满30天为止。

航空运输货物战争险的责任期限，是自货物装上飞机时开始至卸离保险单所载明的目的地的飞机时为止。

六、邮包运输货物保险

根据原中国人民保险公司1981年1月1日修改的《邮包运输保险条款》的规定，邮包运输保险的基本险别分为邮包险和邮包一切险两种，此外还有邮包战争险。

邮包险的承保责任范围是保险人负责赔偿被保险邮包在运输途中由于恶劣气候、雷电、海啸、地震、洪水等自然灾害，或由于运输工具搁浅、触礁、沉没、碰撞、出轨、倾覆、坠落、失踪，或由于失火、爆炸等意外事故所造成的全部或部分损失。另外，还负责被保险人对遭受承保责任范围危险的货物采取抢救、防止或减少货损的措施而支付的合理的费用，但以不超过该批被救货物的保险金额为限。

邮包一切险的承保责任范围除包括上述邮包险的全部责任外，还负责被保险邮包在运输途中由于一般外来原因所导致的全部或部分损失。

但是，承保这两种险别下，保险人对因战争、敌对行为、武装冲突或罢工所造成的损失，直接由于运输延迟或被保险物品本质上的缺陷或自然损耗所造成的损失，意即属于寄件人责任和被保险邮包在保险责任开始前已存在的品质不良或数量短差所造成的损失，被保险人的故意行为或过失所造成的损失，不负赔偿责任。

邮包险和邮包一切险的保险责任是自被保险邮包运离保险单所载明的启运地点寄件人的处所运往邮局时开始生效，直至该被保险邮包运达保险单所载明的目的地邮局，自邮局签发到货通知单当日午夜起算，满 15 天终止。但在此期限内，邮包一经递交至收件人的处所时，保险责任即行终止。

七、保险金额的确定和保险费的计算

在国际货物买卖过程中，由哪一方负责办理投保，应根据买卖双方商订的价格条件来确定。按 FOB 条件和 CFR 条件成交，保险即应由买方办理。如按 CIF 条件成交，保险就应由卖方办理。我国出口货物一般采取逐笔投保的办法。例如按 FOB 或 CFR 术语成交的出口货物，卖方无办理投保的义务，但卖方在履行交货之前，货物自仓库到装船这一段时间内，仍承担货物可能遭受意外损失的风险，需要自行安排这段时间内的保险事宜。按 CIF 或 CIP 等术语成交的出口货物，卖方负有办理保险的责任，一般应在货物从装运仓库运往码头或车站之前办妥投保手续。我国进口货物大多采用预约保险的办法，各专业进出口公司或其收货代理人同保险公司事先签有预约保险合同。签订合同后，保险公司负有自动承保的责任。

投保金额是保险费的依据，又是货物发生损失后计算赔偿的依据。

1. 保险金额

按照国际保险市场的习惯做法，出口货物的保险金额一般按 CIF 货价另加 10% 计算，这增加的 10% 叫做保险加成费率，也就是买方进行这笔交易所付的费用和预期利润。保险金额的计算公式为

$$保险金额 = CIF货值 \times (1 + 加成费率)$$

2. 保险费

投保人按约定方式交纳保险费是保险合同生效的条件。保险费率是由保险公司根据一定时期、不同种类的货物的赔付率，按不同险别和目的地确定的。保险费则根据保险费率表按保险金计算，其计算公式为

$$保险费 = 保险金额 \times 保险费率$$

在我国出口业务中，CFR 和 CIF 是两种常用的术语。鉴于保险费是按 CIF 货值为

基础的保险额计算的，两种术语价格的换算公式为

$$CFR = CIF \times [1 - 保险费率 \times (1 + 加成费率)]$$

$$CIF = \frac{CFR}{1 - 保险费率 \times (1 + 加成费率)}$$

在进口业务中，按双方签订的预约保险合同承担，保险金额按进口货物的 CIF 货值计算，不另加减，保费率按“特约费率表”规定的平均费率计算。如果属 FOB 进口货物，则按平均运费率换算为 CFR 货值后再计算保险金额，其计算公式分别为

$$FOB下进口货物的保险金额 = \frac{FOB \times (1 + 平均运费率)}{1 - 平均保险费率}$$

$$CFR下进口货物的保险金额 = \frac{CFR}{1 - 平均保险费率}$$

【例 11-1】 某公司出口一批纺织品到欧洲某港口，原订单价为 CFR 欧洲港口，每打 105 美元，保险费率为 8‰，按加成 10% 为保险金额。问：(1) CIF 的报价为多少？(2) 保险金额为多少？

解 (1) $CIF = \frac{CFR}{1 - 保险费率 \times (1 + 加成费率)}$

$= \frac{105}{1 - 8‰ \times (1 + 10\%)}$ 美元

$= 105.93$ 美元

(2) 保险金额 $= CIF \times (1 + 加成费率) = 105.93 \times (1 + 10\%)$ 美元 $= 116$ 美元

八、保险单据

保险单据是保险人签发的一种文件，它包含保险人与被保险人之间订立的保险契约，是保险人对被保险人的承保证明。保险单据可以转让，它是被保险人向银行进行押汇的证件之一。在国际贸易业务中，常用的保险单据主要有保险单、保险凭证和联合凭证等。在此以海上保险单据为例来阐述。

海上保险单据按不同的方法可以分为以下几种类型：

(1) 定值保险单和不定值保险单。前者是指载明经双方约定的保险标的价值的保险单。后者则是不约定保险标的价值的保险单。定值保险单中所载明的标的价值通常按货物在启运地的价格加上运杂费和保险费，再加上一定比例的预期利润进行计算。例如，以货物的发票价值另加 10% 的预期利润作为保险价值。采用不定值保险单时，买方的预期利润则未包括在保险价值之内。

(2) 航程保险单与定期保险单。前者是指规定保险标的从一个地方到另一个地方的特定航程为保险期限的保险单，一张保险单可以包括多次航程的保险，但每次航行

都必须对保险的起讫时间作出规定。它主要适用于不定期航行的船舶保险或货物运输保险。后者则是指规定对保险标的实行固定的一段时期的保险的保险单，通常定期为1年。它多适用于船舶和运费保险。

(3) 预约保险单与流动保险单。前者又称开口保险单，具有如下特点：①保险期限是长期的，任何一方在取消保险之前，保险单载明的保险期限内长期有效；②保险单中不规定保险金额，每批货物装船后，以被保险人申报的货物价值作为保险金额；③保险人在被保险人申报每批出运的货物后，均签发保险凭证，作为办理结汇和要求赔偿的依据。后者则是对一定期限内陆续装船出运的货物进行总保险的合同文件。它只载明保险的风险范围、保险费率、保险期限和保险标的的总价值等，而将船名和其他细节留待被保险人以后申报。它的期限通常为1年。保险期满后累计申报的价值已达到保险总价值，该流动保险单自动失效。

目前，中国人民财产保险股份有限公司使用的海上货物运输的保险单据主要有以下几种：

(1) 保险单。保险单俗称大保单，它是保险人和被保险人之间成立保险合同关系的正式凭证。因险别的内容和形式有所不同，海上保险单最常用的形式有船舶保险单、货物保险单、运费保险单、船舶所有人责任保险单等。其内容除载明被保险人、保险标的（如是货物应填明数量及标志）、运输工具、险别、起讫地点、保险期限、保险价值和保险金额等项目外，还附有关保险人责任范围以及保险人和被保险人的权利和义务等方面的详细条款。如当事人双方对保险单上所规定的权利和义务需要增补或删减时，可在保险单上增加条款或加注字句。保险单是被保险人向保险人索赔或对保险人上诉的正式文件，也是保险人理赔的主要依据。保险单可转让，通常是被保险人向银行进行押汇的单证之一。在CIF合同中，保险单是卖方必须向买方提供的单据。

(2) 保险凭证。保险凭证俗称小保单，它是保险人签发给被保险人，证明货物已经投保和保险合同已经生效的文件。凭证上无保险条款，表明按照本保险人的正式保险单上所载的条款办理。保险凭证具有与保险单同等的效力，但在信用证规定提交保险单时，一般不能用保险凭证。

(3) 联合凭证。它是一种简化的保险凭证，仅将险别和保险金额加注在对外贸易进出口公司的发票上，其他项目以发票所列为准。联合凭证虽然内容比较简单，但其具有与保险凭证相同的效用。货物在保险期间内发生的损失，按该保险类别的有关条款办理。目前，联合凭证只适用于对我国香港、澳门及新加坡和马来西亚等国的海上货物运输的保险。

练　习　题

1. 简述共同海损与单独海损的区别。

2. 东华公司按照 CFR 条件、即期不可撤销信用证以集装箱装运出口成衣，350 箱，装运条件是 CY TO CY。货物交运后，东华公司取得“清洁已装船提单”，提单上表明：“Shipper's load and count.” 在信用证规定的有效期内，东华公司及时办理了议付结汇手续。20 天后，接对方来函称：经有关船方、海关、保险公司、公证行会同对到货开箱检验，发现其中有 20 箱包装严重破损，每箱均有短少，共缺成衣 512 件。各有关方均证明集装箱外表完好无损，为此，对方要求东华公司赔偿其货物短缺的损失，并承担全部检验费共 2500 美元。问：对方的要求是否合适？为什么？

3. 我某公司与美国某客商以 FOB 条件出口大枣 5000 箱，5 月份装运，合同、信用证均规定不允许分批装运。我方于 5 月 10 日将 3000 箱货物装上“喜庆号”轮，取得 5 月 10 日的海运提单；又于 5 月 15 日将 2000 箱装上“飞雁号”轮，取得 5 月 15 日的海运提单，两轮的货物在新加坡转船，均由“顺风号”轮运往旧金山港。试分析：我方的做法是否合适？将导致什么后果？为什么？

4. 某公司向香港客户报水果罐头 200 箱，每箱 132.6 港元 CIF 香港，客户要求改报 CFR 香港 5% 佣金价。假定保险费相当于 CIF 价的 2%，在保持原报价不变的情况下，试求：(1)CFR 含 5% 佣金价的香港报价应报多少？(2)出口 200 箱应给客户多少佣金？(3)某公司出口 200 箱可收回多少外汇？

5. 我方出口某商品，原报价为$350/桶 CIF New York，现外商要求价格改报为 CFR 含 5% 佣金价。已知保险费率为 0.6%，试求我方应将价格改报为多少？

6. 我方出口商品共 100 箱，每箱体积为 30cm×60cm×50cm，毛重为 40kg，查运费表得知该货为 9 级，计费标准为 W/M，基本运费为每运费吨 109 港元，另收燃油附加费 20%，港口拥挤费 20%，货币贬值附加费 10%。试计算：该批货物的运费是多少港元？

7. 根据图 11-1，回答下列问题：

(1) 什么是托运单？

(2) 托运人是谁？收货人是谁？

(3) 在托运单的收货人一栏中是否能填写“TO ORDER”或“TO ORDER OF SHIPPER”等字样？为什么？

(4) 机场名称不明时，如何填写目的机场一栏？

(5) 货物的声明价值表明了什么？若该栏空着未填又表明什么？

(6) 一票货物包括多种物品时，货物的品名应该如何填写？

托运人姓名及地址 SHIPPER'S NAME AND ADDRESS CHINAAINDUSTRYACORP., BEIJING P.R.CHINA TEL:86(010)×××× FAX:86(010)××××	托运人账号 SHIPPER'S ACCOUNT NUMBER	供承运人用 FOR CARRIAGE USE ONLY 班机/日期 航班/日期 FLIGHT/DAY FLIGHT/DAY CA921/30 JUL, 2002
收货人姓名及地址 CONSIGNEE'S NAME AND ADDRESS NEWYORKASPORTAIMPORTERS, NEWYORK, U.S.A TEL:××××	收货人账号 CONSIGNEE ACCOUNT	已预留吨位 BOOKED 运费 CHARGES CHARGES PREPAID
代理人的名称和城市 Issuing Carriers Agent Name and City KUNDAAIR FRIGHT CO., LTD		ALSO notify
始发站 AIRPORT OF DEPARTURE CAPITAL INTERNATIONAL AIRPORT		
到达站 AIRPORT OF DESTINATION JOHN KENNEDY AIRPORT (JFK)		
托运人声明价值 SHIPPER'S DECLARED	保险金额 AMOUNT OF INSURANCE	所附文件 DOCUMENT TO ACCOMPANY AIR WAYBILL 1 COMMERCIAL INVOICE
供运输用 FOR CARRIAGE	供海关用 FOR CUSTOMS NCV	
处理情况（包括包装方式、货物标志及号码） HANDING INFORMATION (INCL METHOD OF PACKING IDENTIFYING AND NUMBERS) KEEP UPSIDE		

件数 NO. OF PACKAGES	实际毛重 ACTUAL GROSS WEIGHT (kgs.)	运价种类 RATE CLASS	收费重量 CHARGEABLE WEIGHT	费率 RATE/CHARGE	货物品名及数量（包括体积或尺寸）NATUER AND QUANTITY OF GOODS (INCL. DIMENSION OF VOLUME)
4	53.8				MERCHINERY DIMS: (70×47×35)

图 11-1 国际货物托运单（SHIPPER'S LETTER OF INSTRUCTION）

第十二章 国际结算

国际结算是国际间办理货币收付以结清不同国家或地区当事人之间由于国际经济交易所引起的债权债务关系的活动。从银行的角度来看，国际结算表现为单据复核传递和账款划拨的过程；而从进出口商的角度来看，便是货币收付和账款结清的过程。由于引起跨国货币收付的原因很多，国际结算的内容也就变得丰富、复杂。

国际结算是与货物交易关系平行的一个环节，对于国际贸易业务的最终完成起到了举足轻重的推动作用。

第一节 汇 票

票据是国际贸易结算中最为常见和最为重要的工具，汇票是其中最早的成员，本票和支票是在汇票的基础上衍生出来的。在国际贸易结算中，汇票使用的范围和频率远远超过本票和支票。

一、汇票的定义

关于汇票的含义，各国票据法的描述存在一些差异。在《英国票据法》中，汇票被定义为“一人向另一人签发的，要求即期、定期或在可以确定的将来时间向特定的人或其指定的人或来人，无条件地支付一定金额的命令”。《日内瓦统一法》则通过列出必要项目的方法来说明汇票的内涵。我国《票据法》对汇票的定义是：“汇票是出票人签发的，委托付款人在见票时或者在指定日期无条件支付确定的金额给收款人或者持票人的票据。”

尽管各国票据法在表述汇票定义的角度和方法上不尽相同，但总的来看，对汇票定义核心内容的规定是一致的。

二、汇票的必要项目

各国票据法均强调了汇票的要式性这一特征，即汇票应当具备必要的形式和内容。

（一）“汇票”字样

注明“汇票”字样的目的在于与其他票据加以区别，我国《票据法》和《日内瓦统一法》均规定此为必须记载事项，《英国票据法》则不作强制要求，实务中一般都在票据表面作出说明，如“Exchange for USD 5000. 00”。

（二）无条件支付命令

汇票上的这一记载也是区别汇票与本票的重要标准，具体包括三层含义：①汇票所代表的是一种付款命令；②支付命令必须是无条件的，凡是附带有条件的支付命令均违背了汇票定义，将使汇票无效；③必须是书面的，《英国票据法》规定非书面不可，《日内瓦统一法》不强调，如“Pay to A Co. or order the sum of five thousand US Dollars”。

（三）一定金额的货币

汇票是一种金钱证券，其支付的标的是金钱，因此，汇票票面所记载的金额必须是确定的，即指任何人都可以根据其表面文句记载计算出相应的金额。有些汇票可能还会附带利息或汇率条款，但利息或汇率并非是汇票有效的必要记载项目。

当汇票上的金额分别以文字和数字来加以记载但两者金额不符时，按照《日内瓦统一法》和《英国票据法》的规定，以文字记载的金额为准。我国《票据法》规定，确定的金额是汇票的绝对应载事项，并且小写汇票无效。

（四）付款期限

付款期限又称付款时间或付款到期日，是付款人履行付款义务的日期。付款期限的规定有即期付款、远期付款两类。

（1）即期付款。持票人提示汇票的当天即为到期日。用于即期付款的汇票称为即期汇票，无须承兑。若汇票没有明确表示付款期限者，根据《日内瓦统一法》和《英国票据法》的规定，即视为见票即付汇票。

（2）远期付款。用作远期付款的汇票称为远期汇票。付款期限一般为30天、60天或90天。远期付款汇票又可进一步细分为以下三种：

1）见票后若干天/月付款汇票。此种汇票须由持票人向付款人提示要求承兑，以便从承兑日起算，确定付款到期日并明确承兑人的付款责任，如“Payable at 30 days after sight”。

2）出票后若干天/月付款汇票。此种汇票须由持票人向付款人提示要求承兑，以明确承兑人的付款责任，如“Payable at 60 days after the date”。这种汇票在实务中演绎出了一种以提单出单日后若干天作为付款到期日的做法。

3）汇票注明确定的日期作为付款到期日。此种汇票又称为定期付款汇票，通常仍须提示并要求承兑，以明确承兑人的付款责任，如“On 6th Nov. 2005 fixed pay to…”。

（五）付款人名称和付款地点

付款人也称受票人，它是接受支付命令的当事人，但不一定是汇票最终的付款人，它可以选择拒付，也可以指定其他人担当付款人付款。因此汇票上记载的付款人应确定，以便持票人向其提示要求承兑或付款。在一般情况下，付款人和出票人应是两个不同的当事人，当汇票付款人是出票人自己时，这种汇票称为对己汇票。

付款地点是持票人提示票据请求付款的地点。根据国际私法的行为地原则，在付款地发生的票据行为，包括到期日的算法都适用付款地法律。因此，付款地点必须记载清楚，特别是当付款人为银行时，还需在银行名称后面加载营业地址。

（六）出票地点和日期

出票地点通常和出票日期连在一起写在汇票的右上方，出票地点涉及出票行为的法律适用，对于国际汇票尤其具有重要意义。我国《票据法》规定：汇票上未记载出票地时，出票人的营业场所、住所或者经常居住地为出票地。

汇票的出票日期具有三个方面的重要作用：①决定汇票的有效期；②决定汇票的到期日；③决定出票人的行为能力。《日内瓦统一法》将出票日期列入汇票的必要项目。《英国票据法》则认为，即使没有出票日期，汇票仍然成立；但在汇票交付后，收款人应补上出票日期。我国《票据法》规定，汇票上未记载出票日期时，则汇票无效。

（七）出票人名称及其签字

票据必须经出票人签字方能成立，这是国际上公认的准则。出票人在汇票上签字后，即承担了汇票的付款责任。如果签字是伪造的，或是未经授权的人签字，则视为无效。出票人如果是代理其委托人签字，该委托人不论是公司、商号或个人，都应在签字前面加注有关字样以作说明，如在代理签字人前面加“For, On behalf of”或“For and on behalf of”，或“Per Pro”。

（八）收款人名称

收款人是汇票上记明的债权人，汇票上收款人的记载通常称为汇票的“抬头”，汇票的不同“抬头”写法，直接影响着汇票的可流通性。在实务中，汇票的收款人往往只写其名称，并不强求写明地址。汇票抬头通常有以下三种写法：

（1）限制性抬头。汇票做成此种抬头后便不得转让给他人，如“Pay to John Brown only”、“Pay to John Brown not transferable”、“Pay to John Brown”，并在汇票表面注明

"not transferable"。

(2) 指示性抬头。指示性抬头又称记名抬头，指示性抬头汇票可用背书和交付的方法进行转让，如"Pay to the order of John Brown"、"Pay to John Brown or order" 等。

(3) 来人抬头。该种汇票的抬头做法毋需持票人背书，仅凭交付即可转让，如"Pay to bearer"、"Pay to John Brown or bearer"。《英国票据法》允许以来人作为汇票的收款人，但《日内瓦统一法》不允许汇票做成来人抬头。

汇票除了必须记载上述必要项目之外，还可以有选择地记载票据法所允许的其他项目，诸如：预备付款人、担当付款人、付款货币和分期付款、免作退票通知或放弃拒绝证书、免于追索、出票条款、成套汇票等。

三、汇票的票据行为

票据行为是指票据流通过程中用于确定权利和义务或行使权利或履行义务的行为。票据行为有狭义与广义之分。狭义的票据行为是以承担票据上的债务为目的所做的必要形式的法律行为，包括出票、背书、承兑、参加承兑和保证等。其中出票是主票据行为，其他行为都是以出票所设立的票据为基础而衍生出来的，因此称为附属票据行为。广义的票据行为还包括票据处理中有专门定义的行为，如提示、付款、参加付款、退票、行使追索权等。

(一) 出票

出票即开立汇票，它包括两个动作：一是写成汇票并在汇票上签字；二是将汇票交付收款人。在出票人完成了出票行为之后，他就成为汇票的主债务人，对汇票负有担保承兑和付款的责任。如果汇票遭退票，出票人就得受持票人的追索，并由自己来清偿债务。

(二) 背书

背书是以票据权利转让给他人为目的的一种行为，即通过在汇票背面签署有关文句将票据权利由背书人转移至被背书人。背书人转让出票据权利后，将向后手担保前手背书的真实性、票据的有效性以及承兑和付款的责任。汇票可以经过连续背书多次转让，也可进行回头背书。

根据背书内容的不同记载，背书可以分以下三种类型：

(1) 特别背书。特别背书又称记名背书，背书人除要在汇票背面签字外，还需写明被背书人的名称。

(2) 空白背书。空白背书又称不记名背书，即背书人只在汇票背面签名，而不载明被背书人的名称。

(3) 限制性背书。它是指背书指示中带有限制性规定，其目的是禁止汇票的继续转让流通或表明其他目的。凡做成上述限制性背书的汇票，被背书人不得将汇票再行流通或转让，而只能凭票取款。

（三）提示

提示是持票人将汇票提交付款人要求承兑或付款的行为。持票人要实现其票据权利，必须向付款人提示汇票。汇票的提示可分为两种情况：一是远期汇票向付款人提示要求承兑，即承兑提示；二是即期汇票或已承兑的远期汇票向付款人或承兑人提示要求付款，即付款提示。无论是承兑提示还是付款提示，都应在规定地点、合理时间内提示。

即期汇票只需提示一次，即作付款提示。远期汇票有两次提示，即第一次作承兑提示，第二次作付款提示，只有如此持票人才能取得票据权利。

（四）承兑

承兑是指远期汇票的付款人明确表示同意按出票人的指示，于汇票到期日付款给持票人的行为。通常情况下，须先由承兑人在票面上写成“承兑”字样并签字、注明日期，而后再将承兑后的票据交付给持票人。按照惯例，交付可以是实际的交付，即在承兑后将汇票交给持票人；也可以是推定的交付，即只要付款人通知持票人在某日已作承兑，就算交付。

承兑人对汇票完成承兑动作后就成为汇票的主债务人，持票人凭承兑后的汇票拥有对承兑人的付款请求权和追索权。

（五）付款

付款是持票人在到期日提示汇票，经付款人或承兑人正当地付款之后，汇票即被解除效力的行为。其中，汇票“付款到期日”的确定依据是：即期汇票的提示日即为付款到期日，见票后远期汇票和出票后远期汇票则分别从承兑日和出票日推算到期日。

关于“正当付款”，通常需要具备以下四个方面的条件：

（1）汇票须由付款人或承兑人支付，而不是由出票人或背书人支付。

（2）将汇票款项支付给持票人。

（3）根据《日内瓦统一法》之规定，付款人应鉴定背书的连续性，而《英国票据法》在此基础上还要求付款人认定背书的真实性。

（4）付款行为应是善意的，即付款人付款行为的作出是在营业时间内并按照正常的业务规范来进行的。

在执行付款的具体时间的规定方面，两大票据法还存在着一些差异，《日内瓦统一法》规定为当日即付款无优惠日；《英国票据法》规定为习惯时间内，即24小时之内。

（六）拒付/退票

拒付是指持票人依票据法规定作有效提示时，遭到付款人或承兑人拒绝的行为。

拒付包括拒绝承兑和拒绝付款两种情况，拒付可以是实际的，也可以是推定的。实际拒付是指持票人正式提示时，付款人或承兑人明确地拒绝付款或拒绝承兑。推定拒付是指付款人纯属虚构，或承兑人无法找到，或者其已死亡，或宣告破产，或被依法停业。

当发生拒付时，为使汇票债务人及早知道拒付的事实，并做好被追索的准备，要求持票人作出退票通知，并及时向其前手发出。对于未能及时向前手发出退票通知时是否仍然保留对前手的追索权，则要根据各票据法的规定来作出判断。《英国票据法》规定持票人若不作出退票通知并及时发出，则丧失追索权；《日内瓦统一法》规定，不及时通知退票并不丧失追索权，但要负担因未及时通知而造成的前手的损失；我国《票据法》规定，未按规定期限向前手发出通知时，持票人仍可以行使追索权。

（七）追索权

追索权是指在汇票遭到拒付后，持票人有对其前手提出偿还汇票金额及费用的请求的权利。行使汇票追索权时，需按照债务顺序由后手向前手作出。

四、汇票的种类

（1）根据汇票付款期限的不同，可分为即期汇票与远期汇票。即期汇票是指要求见票即付的汇票，或者是没有规定付款期限的汇票。远期汇票是指约定在将来的或可确定的时间进行支付的汇票，这种汇票通常要先做承兑提示以明确当事人的责任。

（2）根据出票人的不同，可分为银行汇票与商业汇票。银行汇票是指由银行签发并由银行作为付款人的汇票，多见于汇付业务中。商业汇票是指银行以外的法人和其他经济组织签发的汇票，其付款人可以是银行也可以是非银行，在以托收、信用证为结算方式的贸易业务中被广泛运用。

（3）根据承兑人的不同，可分为银行承兑汇票与商业承兑汇票。银行承兑汇票是指以银行信用为基础，由银行对汇票作出承兑的汇票。商业承兑汇票是指由工商企业或个人承兑的汇票，以承兑人的商业信用为基础。

（4）根据汇票支付所用货币的不同，可分为本币汇票与外币汇票。本币汇票是指由本国货币表示金额的汇票。外币汇票是指由外国货币表示金额的汇票。

（5）根据汇票是否附属单据，可分为光票与跟单汇票。光票是指不附有商业单据（如发票、运输单据等）的汇票，由于光票缺乏物权的配合，只代表单纯的资金请求权，所以，光票很少用于国际贸易结算中。跟单汇票是指附有商业单据的汇票，汇票通常是商业汇票。跟单汇票将资金请求权与物权结合在一起，持票人既获得票据当事人的信用保证，又取得了所附货运单据代表的物权的保障，因而，跟单汇票成为当今进出口贸易结算的主要工具。

国际结算中，除了汇票这一种最为常用的结算工具外，还有本票和支票等。

本票也称期票，《英国票据法》将其定义为："一人向另一人签发的，保证即期或定期或在可以确定的将来时间，对某人或其指定人或持票来人支付一定金额的无条件的书面承诺。"我国《票据法》对本票的定义是："本票是出票人签发的，承诺自己在见票时无条件支付确定的金额给收款人或者持票人的票据。本法所称本票，是指银行本票。"

本票与汇票在基本内容上有许多相似之处。本票除了写明"本票"字样外，根据《日内瓦统一法》的规定，还需记载无条件支付承诺、收款人或其指定人、付款期限、付款地点、出票日期和地点、一定金额、出票人签字等。签发本票的当事人可以是企业或个人，也可以是银行。本票也有出票、背书、保证、付款和追索等票据行为，其做法和规定也与汇票基本相似。

支票是银行存款户对其开立账户的银行签发的，授权该银行对某人或其指定人或持票来人即期支付一定金额的无条件书面支付命令。《英国票据法》将其定义为：支票是以银行为付款人的即期汇票。我国《票据法》关于支票的定义是：支票是出票人签发的，委托办理支票存款业务的银行或者其他金融机构在见票时无条件支付确定的金额给收款人或者持票人的票据。

支票的基本内容与汇票有更多的相同之处。除了需要在票据上注明"支票"字样外，还包括无条件支付命令、付款银行名称和地点、出票人名称和签字、出票日期和地点(如未载明出票地点,则出票人名字旁的地点视为出票地)、"即期"字样(如未写明"即期",则仍视为见票即付)、一定金额、收款人或其指定人等项目。同时，关于汇票的出票、背书、付款、追索权以及拒绝付款证书等票据行为也同样适用于支票。此外，在一些国家中，支票还有划线和保付做法。

第二节　汇　付

一、汇付方式的基本业务程序

汇付也称汇款，通常涉及四个基本当事人，即汇款人、汇出行、汇入行和收款人。汇款人即付款人，通常是贸易活动的进口方或其他经贸往来中的债务人。汇出行是接受汇款人委托或申请后汇出款项的银行，通常是进口方或其他经贸往来中的债务人所在地的银行。汇入行又称解付行，是接受汇出行委托并向收款人解付汇款的银行，在通常情况下，汇入行既是汇出行的代理行，又是收款人即出口商所在地的银行。收款人通常是贸易活动的出口方或其他经贸往来中的债权人。

采用汇付方式结算货款时，汇款人首先要向汇出行出具汇款申请书，载明收款人的名称和地址、汇款金额、具体汇款方式等，同时交付所汇款项和汇费。汇出行在接受委托后即按照申请书列明的内容缮制汇款委托书，指示汇入行将汇款解付给收款人。汇入行在收到汇款委托书和进行核对之后，将所属款项通知并解付给收款人。

根据发出汇款委托书的途径不同，汇付方式可具体划分为电汇、信汇和票汇三种方法。

（一）电汇

电汇(T/T)是指汇款人委托汇出行采用电报、电传、环球银行金融电信协会(SWIFT)[㊀]等电讯手段向汇入行发出委托书，并指示汇入行将款项解付给指定的收款人。汇入行在收到电汇委托书并经核对密押或“电汇证实书”无误后即通知指定收款人取款。汇入行解付汇款后，向汇出行收回垫款或邮寄付讫借记通知进行转账业务处理(见图12-1)。电汇的汇款速度相对较快，但费用也较高。

（二）信汇

信汇(M/T)业务的基本程序与电汇相似(见图12-1)，两者的差异在于汇出行通过邮寄航空信件方式将信汇委托书发送至汇入行。汇入行在收到汇出行委托书后，经核对汇出行的签字或印鉴，将款项付给指定收款人，并对所付款项进行银行间的转账业务处理。信汇的费用较为低廉，但汇款速度相对迟缓。

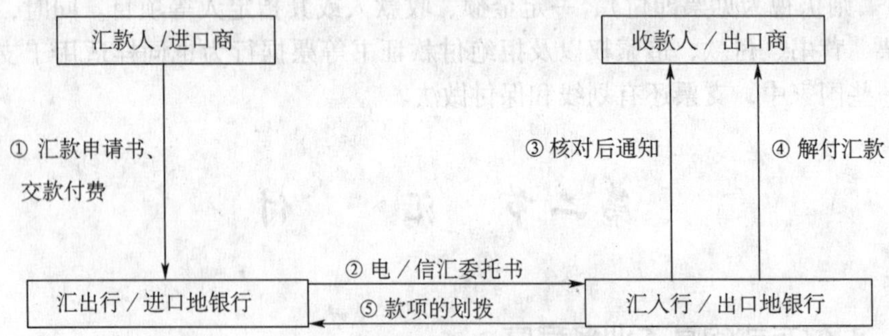

图12-1 电汇和信汇的业务程序

（三）票汇

票汇(D/D)是以银行即期汇票作为支付工具的一种汇款方式。即应汇款人的申请，

㊀ 在第四节“信用证”中将介绍相关内容。

汇出行开立银行即期汇票并交与汇款人，由汇款人自行将银行即期汇票交给收款人，同时汇出行将票根作为通知和核对的依据寄往汇入行，收款人凭票向汇入行作付款提示，汇入行在核对汇票和票根后进行解付(见图 12-2)。相对于电汇、信汇而言，票汇的速度更为缓慢。

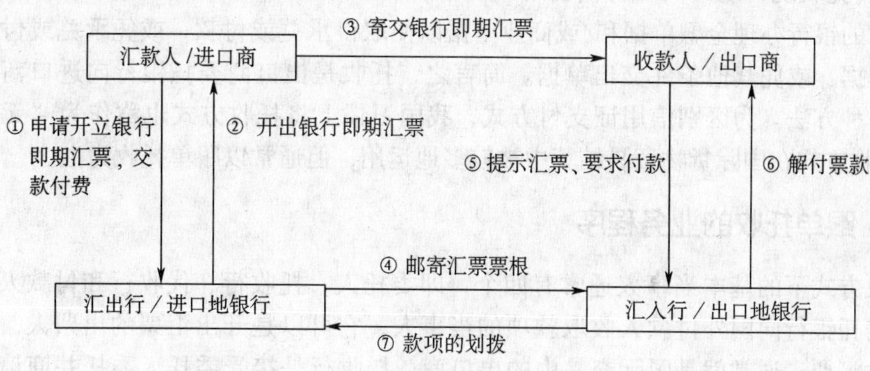

图 12-2 票汇的业务程序

二、汇款方式在国际贸易中的运用

在国际贸易结算中，汇付方式的应用主要表现在两个方面。一是货款的结算，具体包括货款预付和货到付款；二是用于贸易派生费用诸如运输费、保险费佣金以及货款余额、定金等方面的结算。

从上述汇付的业务程序来看，尽管有两个当事银行介入了汇付业务，但汇款人与银行之间以及两个当事银行之间都是一种委托关系，银行只提供服务而不提供信用，因此，汇付方式并没有建立在银行信用基础之上。在汇付方式下，买卖双方完全是凭着对另一方的信任，向对方提供信用保证和资金融通，可见，汇付具有商业信用的性质，提供信用的一方所承担的风险较大。所以在外贸实践中，除对企业信用极为可靠的客户采用预付货款以及交货后付款、随订单付现，即进行赊账交易外，汇付方式更多地被应用于定金、货款尾数以及佣金、费用等方面支付。

在预付货款的出口业务中，为防止国外不法商人伪造票据、或因出票行破产倒闭等原因而蒙受损失，出口商应会同本方银行对对方开来的汇票进行审查，并在收妥货款后方可对外发运货物。而对于进口商而言，同样出于减少风险的考虑，可使用凭单付汇的做法，即由进口商先通过当地银行将货款以汇付方式汇付给出口地汇入行，并指示汇入行凭出口商提供的指定单据和装运凭证解付汇款。

第三节 托　　收

按照《托收统一规则》(国际商会第522号出版物)第2条的规定，托收是指由接到委托指示的银行办理金融单据和/或商业单据以便取得承兑或付款，或凭承兑或付款交出商业单据，或凭其他条件交出单据。简言之，托收是出口商委托银行向进口商收取货款的一种方法。为区别信用证支付方式，我国习惯上将托收方式也称作为“无证托收”。托收方式在国际货物贸易结算中被较多地运用，但通常以跟单托收为主。

一、跟单托收的业务程序

托收方式下的基本当事人通常有四个，即委托人、托收行、代收行和付款人。委托人是委托银行向国外付款人收取款项的当事人，它可以是开出汇票的出票人，也可以不开立汇票，通常就是国际交易中的出口商。托收行是接受委托人委托并商请国外银行向国外付款人代为收款的银行，通常为出口地银行。代收行是托收行的代理人，是按照托收行委托代向付款人收取款项的银行，通常为进口地银行。付款人即汇票的受票人，通常为国际交易的进口商。

此外，托收业务中还可能会出现提示行和需要时的代理人这两个当事方。提示行是指向付款人提示汇票和/或单据并收取款项的银行，需要时的代理人是由委托人指定的在付款地代为照料货物存仓、转售、运回或改变交单条件等事宜的代理人，该代理人的具体权限将在托收申请书和托收委托书中由委托人作出明确和充分的指示。否则，银行可对需要时的代理人发出的任何指示不予理会。

国际贸易中的托收业务可分为光票托收和跟单托收两种。光票托收是指金融单据不附带商业单据的托收，即仅把金融单据委托给银行代为收款。跟单托收是指金融单据附带商业单据的托收，或者是只需商业单据而不用金融单据的托收。

按交付货运单据条件的不同，跟单托收又可进一步分为付款交单和承兑交单两种。

(1) 付款交单(D/P)。它是指卖方的交单须以买方的付款为条件，即出口商将汇票与货运单据一并交给银行托收时，指示代收行在进口商付清货款之后才能交出货运单据。如果进口商拒付，那么，因代收行不释放单据而无法提取单据项下的货物。付款交单按支付时间不同又可具体分为即期付款交单和远期付款交单两种。即期付款交单是指在出口商通过银行向进口商提示汇票和货运单据，进口商于见票或见单时必须立即付款，并在付清货款后方可获取货运单据。远期付款交单是指出口商通过银行向进口商提示汇票和货运单据时，进口商并不需要立即付款，而是先对汇票作出承兑，而后在汇票到期日由代收行作再次提示时进行付款，进口商在付款之后才能从代收行处取得单据，此前，汇票和货运单据一直由代收行代为保管。

（2）承兑交单(D/A)。它是指代收行的交单以进口商的承兑为条件，即当进口商对代收行提示的远期汇票作出承兑后，就可以从代收行处取得全部货运单据，获取货物所有权。至于货款的支付要待承兑所确定的汇票到期日到来时才进行。

由此，不难发现即期付款交单、远期付款交单和承兑交单三者之间的差异。一是释放单据的条件不同。即期付款交单、远期付款交单两种方式均在进口商支付货款后释放单据，而承兑交单方式在进口商作出承兑动作后即可释放单据。二是业务处理的程序不同。即期付款交单不需要进口商作出承兑，远期付款交单、承兑交单都需要进口商作出承兑。三是引发的风险程度不同。相对而言，承兑交单方式风险最高，且不容易控制，远期付款交单的风险位居其次，即期付款交单的风险最小。

托收是一种逆汇支付方式，跟单托收的业务程序如图 12-3 所示。

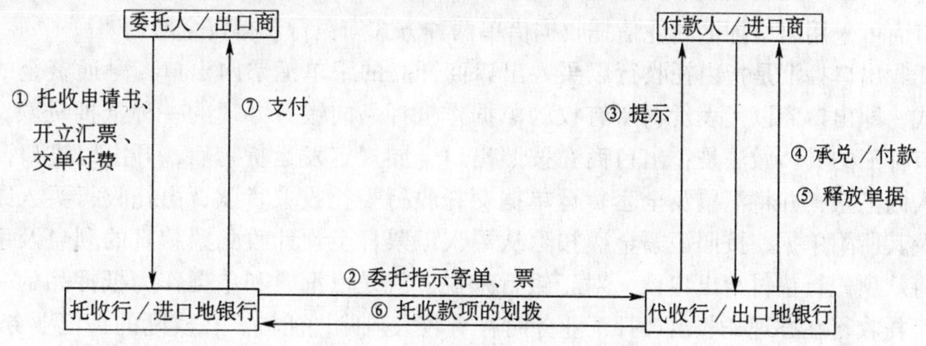

图 12-3 跟单托收的业务程序

跟单托收业务程序的说明：

“①”——出口商按合同规定发货后取得货运单据，填写托收申请书，将汇票及发票等商业单据一并送交托收行，委托托收行代收货款。同时，向托收行支付代收手续费和其他有关费用(除托收委托书特别注明外,一般应由发出托收的一方负担)。

“②”——托收行根据出口商的指示缮制托收委托书，将其同汇票、单据等一起寄交代收行，要求代收行按照委托书的指示代收货款。

“③”——代收行收到汇票和单据后，应及时向进口商作付款或承兑提示。

“④⑤”——在代收行作出提示后，如为即期付款交单，进口商应立即付清货款，并取得全套货运单据；如为远期付款交单，进口商应立即对汇票作出承兑，并暂由代收行保管汇票及单据，待汇票到期再作付款提示，并在进口商付清货款后交出全套单据。如为承兑交单，则在进口商完成承兑后，代收行交出全套单据，待汇票到期时再作付款提示，要求进口商付款。

"⑥"——代收行收到货款后，即将货款拨付给托收行。

"⑦"——托收行收到代收行拨交货款后即转交出口商。

二、跟单托收方式在国际贸易中的运用

按照《托收统一规则》，银行在托收业务中扮演的是委托人的代理人角色，托收行与委托人之间以及托收行与代收行之间均是一种委托代理关系，它们既无保证付款人必然付款的责任，也无审核货运单据是否齐全、是否符合买卖合同的义务。在进口商拒绝付款赎单时，代收行也无代为提货、办理进口手续和存仓保管的义务，除非事先经托收行授权。因此，托收方式与汇付方式一样，也属商业信用性质。出口商是否能够正常获取货款，完全取决于进口商的信用，这也是托收风险的根本原因所在。

在实践中，光票托收一般被运用于货款尾数、小额货款、贸易从属费用和索赔款项的清算，跟单托收则比较广泛地运用在国际贸易货款的结算。在跟单托收方式下，进出口商可采用出口押汇和凭信托收据借单两种方式向银行获得资金融通。

托收出口押汇是指由托收行以买入出口商开立的跟单汇票向出口商融通资金的一种方式，即出口商以代表货物所有权的单据作抵押品向银行办理的一种抵押贷款。托收出口押汇的具体做法是：出口商在按照出口合同规定发运货物后，开出以进口商为付款人的汇票，并将汇票及全套货运单据交托收行委托收取货款，由托收行买入跟单汇票及其所附单据，按照汇票金额扣除从买入汇票日至预计收到票款日的利息及手续费，将款项先行垫付给出口商。对于银行来说，就是以汇票和单据作为抵押品的一种放款。托收行在办理托收出口押汇业务时存有较大风险，所以，在实际的押汇业务中，托收行既要考虑进出口商的资信状况、托收交单条件，也要考虑出口商品的种类、价值高低、行情走势和进口地区的政治经济情况，此外还往往对贷款的比例进行严格控制，如按汇票金额一半或70%来贷放。

凭信托收据借单又称进口押汇，即在托收业务中由进口商凭信托收据向代收行预借单据，从而可提前提取货物，抓住有利行市销售货物。其具体做法是：在付款交单的托收条件下，由进口商在对汇票作出承兑的同时，向代收行出具书面信用担保文件即信托收据，凭此借出货运单据后提取货物。其中，信托收据所表明的是出据人愿意以代收行的受托人身份代为提货、报关、存仓、保险、出售，同时承认货物的所有权仍属银行，货物售出后所得的货款在汇票到期日偿还代收行，而后收回信托收据。显然，代收行在办理这种借单业务时，承担了汇票到期而不能收到货款的风险，因此，必须全面严格审查进口商的资信及其提供的担保或抵押品。不过，当凭信托收据借单提货是经出口商授权时，则进口商到期不付款的风险概由出口商独自承担，与托收行、代收行均无关。

三、托收风险的防范

无论是付款交单还是承兑交单，对于出口商来说都存在很大的风险，甚至可能会遭受钱货两空的重大损失。所以，将托收方式用于出口贸易结算时，为确保收汇安全，应特别注意以下几个方面的问题：

（1）认真开展进口商的资信情况、经营能力、经营作风以及所在国家贸易政策的调查和考察。优先采用付款交单条件，严格控制承兑交单条件的使用，除非进口商的资信特别良好，收汇确有把握，否则，原则上不能接受进口商的承兑交单要求。对于贸易管制和外汇管制较为严格的进口商所在国家，在使用托收方式时尤其要特别谨慎。出口商在发货前，应要求进口商寄交进口许可证、进口配额证明、外汇额度证明等，否则不予发运。

（2）争取以 CIF 或 CIP 条件成交。为防止货、款两空，出口商应该对货物的交付进行全程监管。为此，在订立国际货物买卖合同时，原则上应由我方办理保险，或在进口商办理保险时由出口商另行加保“卖方利益险”，这样，即使货物遇险，或买方不付款赎单，出口商还可向保险公司进行索赔。

（3）慎重选择国外代收行。考虑到银行自身的信用以及银行间的信息、资金渠道的通畅性，在一般情况下，国外代收行应由国内托收行来选定，而不能由进口商指定。如果必须由进口商来指定代收行，那也应事先征得托收行的同意，以避免托收业务中的诸多被动和不便局面。

（4）注意一些国家和地区对托收业务程序和规则理解及应用上的特殊性。有些国家的银行在收到载有远期付款交单条件的托收委托书时，习惯上的处理方法是在付款人承兑汇票后随即将单据交付给付款人，即把远期付款交单改作为承兑交单处理。因为在这些国家的银行看来，付款人一旦在汇票上完成承兑手续，就成为汇票的主债务人，承担到期付款的责任。显然，这种业务处理过程中的习惯做法与托收委托书的指示完全相悖，很容易引发纠纷与争议。为此，《托收统一规则》第 7 条中特别指出：“托收不应含有凭付款交付商业单据的远期汇票。”其用意就是劝阻出口商采用远期付款交单方式清算货款，如出口商执意要采用，则后果自负。因此，要尽量避免采用远期付款交单方式托收货款。

（5）严格制作托收单据。按照合同规定的时间、地点装运货物并制作相应的单据，以防止被进口商找到拒付货款的借口。同时，为了在进口商拒绝付款赎单时能及时、灵活地处理货物，在填写运输单据时一般应做成空白抬头，利于货物的转售；如需做成代收行抬头时，应先与银行联系并经认可后办理。“被通知人”一栏，必须详列进口人的名称和地址，以便承运人在运抵货物时能及时通知。

此外，作为出口企业，应对托收业务制定健全的管理制度和信誉档案制度，强化事前检查和过程管理，做好催收和其他善后工作，发现问题要及时采取措施，避免或减少可能发生的损失。

第四节 信 用 证

根据2007年7月1日生效的《跟单信用证统一惯例》(国际商会第600号出版物,以下简称《跟单信用证统一惯例600》)的规定，信用证(L/C)“是指一项不可撤销的安排，无论其名称或描述如何，该项安排构成开证行对相符交单予以交付的确定承诺”。即信用证是指开证银行应申请人的要求并按其指示，向第三者开具的载有一定金额，在一定期限内凭符合规定的单据付款的书面保证文件。目前，信用证已成为国际贸易结算中最为重要、使用最为广泛的一种结算方式。

一、信用证的当事人及内容

根据《跟单信用证统一惯例600》，信用证有三个基本当事人，即开证申请人、开证行和受益人。如果信用证是由开证行为其本身的业务需要主动开立的，这类信用证的基本当事人中就不存在开证申请人，而只有开证行和受益人。但在实务中，可能还会出现通知行、付款行、议付行、承兑行、偿付行、保兑行和转让行等。当然，这些当事人并非必须同时出现在一份信用证中，而是根据信用证的类型和业务要求而定。

(1) 开证申请人。它是指向银行提出申请开立信用证的人，一般为进口商，即国际货物买卖合同中的买方。开证申请人为信用证交易的发起人，应根据国际货物买卖合同条款的要求，指示有关银行开出信用证，并向开证行提交开证担保和开证手续费等。对开证行提示的信用证项下单据应及时付款赎单，但对不符合信用证条款的单据可拒绝赎单。

(2) 开证行。它是指接受开证申请人的要求和指示或根据其自身的需要开立信用证的银行，一般是进口地的银行。开证申请人与开证行的权利和义务以开证申请书为依据，开证行应根据开证申请书的条款正确、完整、及时地信开或电开信用证，信用证一经开出，开证行负有第一性付款责任。

(3) 受益人。它是指信用证上所指定的有权使用该证和享受权益的当事人，一般为出口商，即国际货物买卖合同中的卖方。受益人通常也是信用证的通知对象，在收到信用证后，应及时与合同核对，如发现信用证条款与合同不符，必须及时提出修改或拒绝接受。一旦接受信用证，就有备货、发货、备齐单据并在信用证规定期限内提交单据的义务。受益人获得议付款后，由于议付行不获偿付而向受益人追索时，受益人应退回货款。

(4) 通知行。它是指受开证行委托将信用证通知或转递给受益人的银行，一般是出口地的银行，而且通常是开证行的代理行。当通知行收到开证行信开或电开的信用证时，应当对印鉴或密押进行核对，谨慎地审核所通知信用证的真实性，并按照要求缮制通知书，及时、正确地通知受益人。当无法核查信用证的真实性时，可毫不迟延地告知开证行，并待查明核对无误后再通知受益人。或者根据《跟单信用证统一惯例600》，如果通知行决定将不能确定真实性的信用证通知受益人，它必须让受益人知道该信用证真实性不确定的事实。

(5) 议付行。议付行又称押汇银行、购票银行或贴现银行，系指根据开证行的授权买入或贴现受益人提交的符合信用证规定的汇票及/或单据的银行。议付行对受益人的付款，实务中称为押汇或议付。开证行可以在信用证中指定议付行(限制性议付)，也可以在信用证中不具体指定议付行公开议付。在不指定议付行的情况下，所有银行均是有权议付的银行。议付行审单无误，即可垫付汇票和/或单据的款项，在扣减垫付利息和银行费用后将净款付给受益人。在信用证业务中，议付行向受益人单据议付后即成为汇票的善意持票人，它对受益人的议付款项有追索权。

(6) 付款行。它是指开证行授权进行信用证项下付款或承兑的银行。付款行通常是汇票的受票人，故亦称受票行。开证行一般兼为付款行，但付款行也可以是接受开证行委托的代为付款的另一家银行。付款行根据符合信用证条款的单据付款，一经付款即为终局性，即使事后发现有误，对受款人也无追索权。

(7) 偿付行。信用证的偿付行又称信用证清算银行，是指受开证行的指示或授权，对有关代付行或议付行的索偿予以付款的银行。偿付行接受开证行的委托或授权，凭代付行或议付行的索偿电报进行偿付。由于偿付行并不接受和审查单据，不负单证不符之责，因此，偿付并未构成开证行的终局性付款，开证行在见单后发现单证不符时，可直接向寄单的议付行、代付行追索业已付讫的款项。

(8) 保兑行。它是指应开证行请求在信用证上加具保兑的银行，通常由通知行兼任，但也可是其他银行。保兑行具有与开证行相同的责任和地位。保兑行一旦在信用证上加具保兑批注后，即对受益人独立负责，承担必须付款或议付的责任。在已经付款或议付之后，不论开证行倒闭或无理拒付，都不能向受益人追索。根据《跟单信用证统一惯例600》，被邀请对信用证加保兑的银行可以不保兑此信用证，但它必须不延迟地通知开证行。

(9) 承兑行。承兑行是指对承兑信用证项下的单据，经审单确认与信用证规定相符时，在汇票正面签字承诺到期付款的银行。承兑行可以是开证行本身，也可以是通知行或其他指定的银行。倘若承兑行在承兑汇票后倒闭或丧失付款能力，则由开证行承担最后付款责任。

（10）转让行。转让行是指在可转让信用证项下，应第一受益人的委托，将可转让信用证转开给信用证的另一受让人(即第二受益人)的银行。转让行一般为通知行，也可以是议付行、付款行或保兑行。第二受益人受让信用证后，不能再将可转让信用证转让给其他人使用，但允许回转给信用证的第一受益人，即信用证的原受益人。转让行通常在有中间商介入的信用证交易中出现。

信用证的具体内容随不同交易的需要而定，其格式也因开证行的习惯而不尽相同。就总体而言，信用证的内容构成通常包括国际货物买卖合同的有关条款与要求受益人提交的单据以及银行的保证条款。具体可归纳为以下几个主要方面：

（1）信用证自身的总体说明。这方面内容主要有：①当事人(开证申请人、开证行、受益人、通知行等)的名称地址；②信用证的种类(是否可撤销或保兑、可否转让)；③信用证的编号、开证日期、到期日和到期地点等。

（2）信用证的支付方式和汇票条款。这方面内容主要有：①是即期付款、延期付款、承兑还是议付；②信用证金额与币种(信用证金额是开证行付款责任的最高限额，有的信用证还规定有一定比率的上下浮动幅度)；③交单议付的期限；④汇票的种类、出票人、受票人、付款期限、出票条款及出票日期等。

（3）关于货物的描述。这方面内容包括货物的名称、规格、数量、价格条件、包装及标记等。

（4）关于运输和保险的规定。这方面内容主要有：①装运港或启运地、卸货港或目的地、装运期限、可否分批装运、可否转运以及如何分批装运、转运的规定；②保险要求(保险手续办理及所需投保的金额和险别)等。

（5）单据条款。通常要求提交商业发票、运输单据和保险单据，此外，还有包装单据、原产地证书、检验证书等。

（6）特殊条款。特殊条款视具体交易的需要而异，常见的有：①要求通知行加保兑；②限制由某银行议付；③限装某船或不许装某船；④不准在某港停靠或不准选取某条航线；⑤俟具备规定条件信用证方始生效等。

除此以外，信用证通常还有开证银行的责任条款、根据《跟单信用证统一惯例600》开立的文句、开证行签字和密押等。

二、信用证的性质和作用

较之汇款、托收两种结算方式，信用证结算方式有着自身特有的性质和鲜明的特征。

（1）信用证支付方式是一种银行信用，开证行担负第一性付款责任。与汇款、托收结算方式下基于商业信用的情况不同，在信用证结算方式条件下，开证行以自己的信用作出付款保证。而且，它不同于一般担保业务中保证人只负第二性的责任，即并非在进口商不付款的情况下才代为付款，开证行始终担负第一性付款责任。所谓第一性付款责任，是指信用证的开证行是第一付款责任人，出口商依据信用证条款出运货物后，凭有关合格的单据就能取得银行的付款，而无须担心进口商是否履行其付款责任。从这一意义上讲，开证行的资信是出口商外运货物后是否能如期收回货款的主要因素。

（2）信用证生效之后便是一种独立于国际货物买卖合同之外的自足文件。国际货物买卖合同是以货物及其交付为对象和内容，分别规定了买卖双方在交付货物中各自承担的义务。在信用证结算业务中，尽管国际货物买卖合同是进口商申请开立信用证的重要依据，但信用证一经开出，就成为一个独立的、自足的文件，即使信用证内提及该合同，银行当事方也与该合同无关，更不受其约束。有关当事人也必须按信用证指示办理有关事项，才能获得信用证项下的应有权益。信用证交易已与国际货物买卖合同交易相分离，这就是信用证独立性的体现。

（3）信用证结算业务是一种单据买卖业务。在信用证业务中，银行及有关各方处理的仅仅是单据，而不是与之相关的商品。受益人必须提供符合信用证要求的全套合格单据，这也是开证行承担信用证项下付款责任的唯一先决条件。即根据信用证的条款，按照所收单据的表面状况进行审查，只要单据能满足“单证相符、单单一致”的“严格相符”要求，开证行就不得以任何借口推卸其付款责任。《跟单信用证统一惯例600》第34条指出：“银行对任何单据的格式、完整性、准确性、真实性、伪造或法律效力、或单据上规定的或附加的一般或特殊条件，一概不负责；银行对于任何单据所代表的货物，服务或其他履约行为的描述、数量、重量、品质、状态、包装、交货、价值或其存在与否，或货物的发货人、承运人、运输商、收货人或保险人或其他任何人的诚信与否、作为或不作为、清偿能力、履约或资信情况，也不负责。”反之，只要单据表面上存在不符点，银行就有权拒付。可见，开证行对受益人负责付款并不是没有限度和条件的。

由上述信用证的性质可知，信用证方式在国际贸易结算中可以起到以下两个方面的主要作用：

（1）安全保证作用。由于银行信用一般优于商业信用，通过信用证方式就可缓解买卖双方互不信任的矛盾。那些本来彼此不熟悉或并不很了解的买卖双方，以及资信一般的中小企业，只要采用信用证方式结算货款，就能更好地控制结算风险。

（2）资金融通作用。在信用证业务中，银行不仅提供信用和服务，而且还可以通过打包贷款、出口押汇即议付向受益人融通资金，也可以通过凭信托收据借单(进口押汇)向开证申请人提供资金融通。

三、信用证的业务程序

信用证的支付程序随信用证类型的不同而略有差异，但就其基本流程而言，大体要经过申请、开证、通知、议付、索偿、付款、赎单等环节。下面以最为常见的即期不可撤销的跟单议付信用证为例，简要说明其业务程序以及各环节的操作要点(见图12-4)。

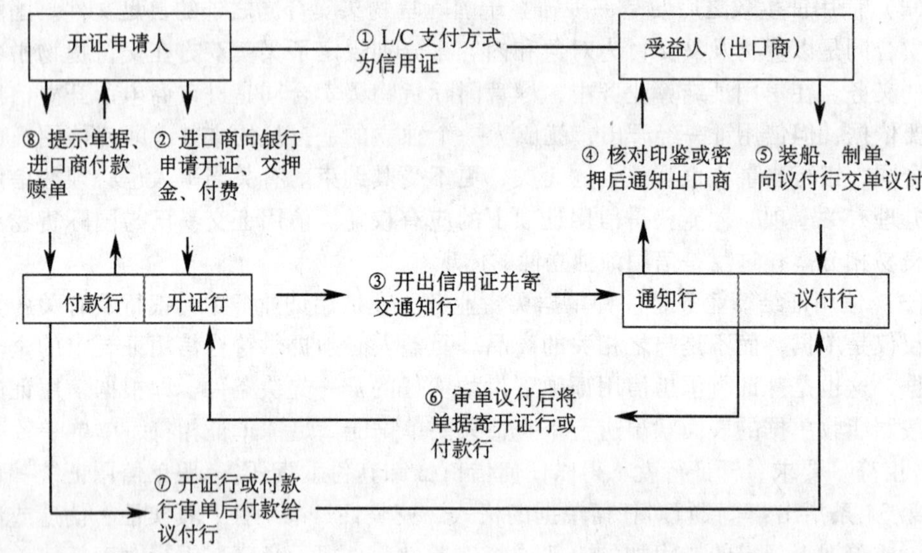

图12-4 信用证支付的一般业务程序

信用证业务程序的说明：

“①”——买卖双方订立以信用证为支付方式的国际货物买卖合同。虽然信用证开立后便独立于合同而存在，但它是申请人申请开证和受益人审证的重要依据。

“②”——开证申请人申请开证。进口商必须在合同规定的期限内向当地信誉良好的银行申请开立信用证，提交内容完整、明确的开证申请书，提供符合要求的有关担保，由开证行进行审查。

“③”——开证行按照开证申请书的指示开具信用证。经开证行对开证申请和担保等全面审查并同意后，缮制信用证文本，并以信函、电传电报、SWIFT等方式将信用证传送至通知行。

“④”——通知行转递或通知信用证。通知行收到开证行信开或电开的信用证后，审慎地鉴别信用证表面真伪，即对信开信用证核对印鉴，对电开信用证核对密押，并在缮制信用证通知书后，按开证行指示通知受益人。

"⑤"——受益人审证、发货、制单。受益人接到信用证通知书后，以合同为基础对信用证进行审核，如发现来证与合同不符或有其他不符点甚至存有"软条款"时，应及时一次性地向开证申请人提出修改信用证的要求。经审核无误或已改证后，受益人便可按照信用证要求装运货物，在取得检验证明和货运单据、保险单据等之后，按信用证单据条款要求缮制有关单据，并在信用证规定的交单议付期内向议付行提示合格有效单据要求议付，议付行在审核合格后买入单据，扣除贴息和银行手续费后将余额垫付给受益人。

"⑥"——议付行向开证行或付款行寄单索偿。议付行凭与信用证相符的单据向受益人垫付货款后，即向开证行或付款行寄单并要求付款。如果开证行指定了偿付行，则在向开证行寄单的同时，向偿付行发出索汇函。

"⑦"——开证行或付款行审核单据后即向议付行付款。接到议付行寄来的单据后，开证行或付款行应立即审核单据，并在最多为收单翌日起 5 个工作日内付款。但如果开证行验单中发现不符点，而且是实质性的，就可以拒绝接受单据和拒绝付款，也可以征求开证申请人意见后定夺。

"⑧"——开证行通知开证申请人付款赎单。申请人在接到开证行的赎单通知后，必须立即到开证行付款赎单，当然在赎单之前他要审查单据，如果发现不符点，也可以提出拒付。不过，实务中有时尽管存在不符点，但申请人也愿接受单据。申请人赎单后就可以安排提货、验货、仓储、运输、索赔等事宜。至此，一笔以信用证为结算方式的交易即告以终了。

四、信用证的种类

根据信用证的用途、性质、付款期限、流通方式、可否转让、可否反复使用及可否用于特殊贸易结算等情况，可以将其分为若干类型。

（一）光票信用证和跟单信用证

按支付时的随附单据不同，可将信用证分为光票信用证和跟单信用证。

（1）光票信用证。它是指开证行仅凭汇票进行付款的信用证。受益人议付时只需签发一张汇票，而不需提供任何商业单据或货运单据。光票信用证通常仅被用于总、分公司间货款清偿和贸易从属费用的结算。

（2）跟单信用证。它是指凭跟单汇票付款或仅凭单据付款的信用证，其中的单据指的是运输单据以及商业发票、保险单据、商检证书、产地证书、包装单据等。跟单信用证在国际贸易中得以广泛使用。

（二）可撤销信用证和不可撤销信用证

按性质的不同，可将信用证分为可撤销信用证和不可撤销信用证。

（1）可撤销信用证。它是指开证行对所开信用证不必征得受益人的同意可随时撤销或修改的信用证，通常在信用证表面标记“RE L/C”，或在对受益人的通知中声明银行保留修改及取消权，如“WE UNDERTAKE TO HONOUR YOUR DRAFTS DRAWN AND NEGOTIATED IN CONFIRMITY WITH THE TERMS OF THIS CREDIT PROVIDED SUCH NEGOTIATION HAS BEEN MADE PRIOR TO RECEIPT BY YOU OF NOTICE OF CANCELLATION”。不过，撤销或修改通知应在通知行没有接受受益人单据之前送达通知行，否则，开证行仍应对已经议付的单据负有偿付的责任。由于开证行可以单方面撤销信用证，对于受益人来说不是一个确定的付款承诺，一般不予接受。

（2）不可撤销信用证。它是指信用证一经开出，在未征得受益人同意的条件下，不能单方面撤销或修改，通常在信用证表面标记“IRRE L/C”，或在信用证文本中明确记载相应的保证条款，如“WE HEREBY AGREE WITH THE DRAWERS，ENDORSERS AND BONA-FIDE HOLDERS OF THE DRAFTS DRAWN UNDER AND IN COMPLIANCE WITH THE TERMS OF THIS CREDIT THAT SUCH DRAFTS SHALL BE DULY HONOURED ON DUE PRESENTATION AND DELIVERY OF DOCUMENTS AS HEREIN SPECIFIED”。在开证行确定的付款保证下，只要受益人提供与信用证条款相符的单据，开证行就必须履行其付款义务。由于不可撤销信用证的付款责任有较为充分的保障，所以在国际贸易中使用最多。

根据《跟单信用证统一惯例600》的规定，一项信用证是不可撤销的，即使未如此标明。但在实务中还会出现一种表面上为不可撤销信用证而实际上为可撤销信用证的情形，即信用证业务中的常说的“软条款”，在我国也叫做“陷阱条款”。它是指在不可撤销的信用证中加列一种条款，结果使开证申请人实际上控制了整笔交易，受益人处于受制于人的地位，信用证项下开证行的付款承诺不确定、不可靠，开证行可随时利用这种条款单方面解除其保证付款责任，是一种变相的可撤销信用证，极易造成单证不符而遭开证行拒付。信用证的“软条款”类型主要有四种：①暂不生效信用证，如“本证暂不生效，待进口许可证签发后通知生效”，或“待货样经开证申请人确认后再通知信用证生效”；②船名、目的港、启运港或验货人、装船日期须待开证申请人同意，以开证行修改书形式另行通知；③开证申请人出具品质证书，收货收据或由其签发装运指示，其签字须由开证行核实或与开证行存档之鉴相符；④由受益人出具的商业发票、品质确认书须由开证申请人或指定的人签字或会签，其签字字迹须与标本一致或与开证行存档之笔迹相符等。

（三）保兑信用证和不保兑信用证

按是否有另一家银行加以保证兑付，可将信用证分为保兑信用证和不保兑信用证。

（1）保兑信用证。它是指开证行邀请另一家银行对其开出的信用证承担保证兑付的义务的信用证。保兑行在信用证上加具保兑批注后，如“WE HEREBY ADDED OUR CONFIRMATION TO THIS CREDIT”，就不能擅自修改或撤销保兑。信用证经保兑后，保兑行和付款行都将负担第一性付款责任，由此，受益人的收款也就有了双重保障。就一般而言，保兑信用证通常只针对信誉极差的开证行开立。

（2）不保兑信用证。它是指没有另一家银行作出保证兑付批注的信用证。不保兑信用证不作上述批注，有时还会在信用证通知书中注明“THIS IS MERELY ADVISE OF CREDIT ISSUED BY THE ABOVE MENTIONED BANK WHICH CONVEYS NO ENGAGEMENT ON THE PART OF THIS BANK”。

（四）预支信用证、即期付款信用证、远期信用证和延期付款信用证

按受益人收到货款的时间先后，可将信用证分为预支信用证、即期付款信用证、远期信用证和延期付款信用证。

（1）预支信用证。它是指允许受益人在收到信用证后按照预支条款确定的支付比例先行收款的信用证，如“THE NEGOTIATING BANK IS AUTHORIZED TO 60% OF THIS CREDIT AMOUNT TO BENEFICIARY”，也叫做红条款信用证、绿条款信用证、打包放款信用证。预支信用证由开证行授权通知行或保兑行在受益人交单前向其支付全部或部分货款，这样，银行不但提供了信用保证，而且还提供了资金融通。我国在补偿贸易中有时采用这种信用证。

（2）即期付款信用证。它是指开证行或指定付款行收到符合信用证条款的即期汇票和/或单据后立即履行付款义务的信用证，如信用证的支付条款记载为“AVAILABLE WITH US AT SIGHT IN(PLACE)AGAINST PRESENTATION OF THE FOLLOWING DOCUMENTS”。在即期付款信用证支付方式下，开证行或保兑行或指定付款行将承担即期付款的责任。

（3）远期信用证。它是指银行见票后并不马上付款，而是先进行汇票承兑，等汇票到期后才付款的信用证。远期信用证通常可有两种具体类型，即承兑信用证和远期议付信用证。此外，当信用证规定受益人开立远期汇票的贴息和费用由进口商负担时，出口商依然可以即期收到全额的货款，该信用证就成为一种“买方远期信用证”，在我国又称为“假远期信用证”，如信用证支付条款记载为“THE USANCE DRAFT IS PAYABLE ON A SIGHT BASIS, DISCOUNT CHARGE AND ACCEPTANCE COMMISSION ARE FOR BUYER'S ACCOUNT”。

（4）延期付款信用证。延期付款信用证又称迟期付款信用证，或称无承兑远期信

用证，是指仅凭受益人提交的单据(不要汇票)，经审核单证相符确定银行承担延期付款责任起，延长一段时间至付款到期日付款的信用证。它的业务与承兑交单相仿，即由银行在收到单据后交给开证申请人，在到期日才进行付款。《跟单信用证统一惯例600》第2条规定："如果信用证为延期付款信用证，则承诺延期付款并在承诺到期日付款"。确定付款到期日的方法有三种：①交单日后若干天；②运输单据显示的装运日期后若干天；③固定的将来日期。但由于这种信用证不使用汇票，因此也毋需开证行承兑汇票，如信用证支付条款记载为"DOCUMENTS TO BE PRESENTED WITHIN ××× DAYS AFTER THE DATE OF ISSUING OF THE SHIPPING DOCUMENTS, BUT WITHIN THE VALIDITY OF THE CREDIT"。

(五) 承兑信用证和议付信用证

根据付款方式的不同，可将信用证分为即期付款信用证、承兑信用证、议付信用证和延期付款信用证。即期付款信用证和延期付款信用证已作介绍，此处不再赘述。

(1) 承兑信用证。它是指受益人向指定承兑的银行开具远期汇票并提示时，由该指定银行即行承兑并于汇票到期日付款的信用证，是需要受益人提供汇票的一种远期信用证，如信用证支付条款记载为"DOCUMENTS MUST BE PRESENTED FOR ACCEPTANCE WITHIN ××× DAYS FROM THE DATE OF B/L"。

(2) 议付信用证。它是指开证行邀请其他银行买入汇票及/或单据的信用证。通常在单据符合信用证条件下，议付行扣除利息和手续费后将票款付给受益人。议付行与付款行的主要区别是：议付行在开证行拒付或单据在邮程中丢失时有权向受益人追索已议付的款项及利息损失，而付款行(以及开证行、保兑行)一经付款，即再无权向收款人追索。根据议付行是否被限定，议付信用证可进一步分为公开议付信用证和限制议付信用证。前者由任何一家银行议付，如"AVAILABLE WITH/BY ANY BANK"；后者由指定银行议付，如"NEGOTIATION RESTRICTED TO(SPECIFIC)BANK"。

(六) 可转让信用证和不可转让信用证

按是否可以转让给其他受益人使用，可将信用证分为可转让信用证和不可转让信用证。

(1) 可转让信用证。它是指受益人(第一受益人)有权将信用证的全部或部分金额转让给第三者(即第二受益人)使用的信用证，通常出现在由中间商介入的贸易活动中。按《跟单信用证统一惯例600》第38条规定，只有明确注明"可转让"的信用证方能转让，使用"可分割"、"可分开"、"可让渡"、"可转移"等词语时不能使信用证可转让，银行也将不予理会。可转让信用证只能转让一次，但允许第二受益人将信用证重新转让给第一受益人。如果信用证允许分批装运/支款，在累计不超过信用证金额的前提下，可以分成几个部分分别转让，即可同时转让给几个第二受益人，各项转让金额的总和将视为信用证的一次转让。信用证只能按原信用证规定条款办理转让，但信用证的金额和单价、到期日、运输单据出单日期后必须交单的最后期限(即交单日)、装运期间等项可以减少、提前或缩短。保险加保比例可以增加到原信用证要求保足的金额。如果发生第二受益人不能交货、或交货不符合国际货物合同规定、单据不符合国际货物买卖合同的要求时，第一受益人仍要承担合同规定的卖方责任。在信用证被转让后，第一受益人有权要求第二受益人将单据交给转让银行，以便把自己开立的按原信用证的单价及金额所制作的汇票、发票替换第二受益人开立的汇票、发票，从而获取差额。转让行在转让信用证时也要收取一定的转让手续费。

（2）不可转让信用证。它是指不能转让给其他人使用的信用证。凡在信用证上没有注明“可转让”字样，均视为不可转让信用证。

（七）对开信用证和对背信用证

按信用证之间的相互关系可将其分为对开信用证和对背信用证。

（1）对开信用证。它是指第一张信用证的受益人和开证申请人分别是第二张回头信用证的开证申请人和受益人，第一张信用证的开证行和通知行分别是回头信用证的通知行和开证行。两证金额可以相等，也可以不等。两证可以同时生效，也可以先后生效。这是易货交易或来料来件加工装配业务中采用的一种结算方式。为表明两证之间的关系，一般需加列如下条款：“THIS IS A RECIPROCAL CREDIT AGAINST(银行名称)BANK CREDIT NO.（信用证号码）FAVOURING(受益人名称)COVERING SHIPMENT OF(货物名称或代号)。”

（2）对背信用证。它是指原信用证受益人要求原信用证的通知行或其他银行以原信用证为基础和担保，另行开立的一张内容相似的新信用证。新信用证在装运期、到期日、金额和单价等可较原信用证规定提前或减少，但货物的质量、数量必须与原信用证一致。新信用证的受益人如要求修改内容，须征得原信用证开证申请人和开证行的同意。对背信用证通常是在中间商介入贸易或两国不能直接进行交易而需通过第三国商人沟通贸易时开立的。对背信用证的开证行除了要以原信用证用作开新信用证的抵押外，一般还要求开证人交纳一定数额的押金或担保品。

（八）循环信用证

循环信用证是指受益人在一定时间内使用信用证规定金额后，能够重新恢复信用证原金额并再度使用，周而复始，直至达到该证规定次数或累计总金额使用完毕为止的信用证，具体循环方式由信用证中的循环条款来确定。循环信用证一般适用于大宗单一的货物交易，或者可定期分批均衡供应、分批支款的长期合同。对进口商来说，可节省逐笔开证的手续和费用，减少押金；对出口商来说，可省略了逐批催证和审证手续的麻烦。循环信用证循环的方式通常有以下三种：

（1）自动循环。这即受益人在规定时期内装运货物议付后，毋需等待开证行通知即可自动恢复到原金额供再次使用的信用证，如循环条款规定为“THE TOTAL AMOUNT OF THIS CREDIT SHALL BE RESTORED AUTOMATICALLY AFTER DATE OF NEGOTIATION”。

（2）半自动循环。这即受益人每次装货议付后的若干天内，开证行未提出不能恢复原金额的通知，即自动恢复到原金额，如循环条款规定为“SHOULD THE NEGOTIATION BANK NOT BE ADVISED OF STOPPING RENEWAL WITHIN EVEN DAYS AFTER EACH NEGOTIATION，THE UNUSED BALANCE OF THIS CREDIT SHALL BE INCREASED TO THE ORIGINAL AMOUNT”。

（3）非自动循环。这即受益人每次装货议付后，需经开证行通知，才能恢复原金额使用，如循环条款规定为“THE AMOUNT SHALL BE REINSTATED AFTER EACH NEGOTIATION ONLY UPON RECEIPT OF ISSUING BANK'S NOTICE STATING THAT THE CREDIT MIGHT BE RENEWD”。

此外，按照信用证循环的依据和未用完金额的处理方法，循环信用证还有金额可累积使用和金额不可累积使用以及按时间循环和按金额循环之分。

（九）备用信用证

备用信用证又称履约信用证、担保信用证或保证信用证。备用信用证就是开证行应开证申请人的请求，向受益人开立的，以自身的银行信用担保开证申请人履行债务的保证付款凭证。备用信用证与保函的作用实质上是相同的，是债务人违反约定时才使用的，正因为如此才被称作为备用信用证。

从备用信用证的产生来看，由于美国和日本的法令只允许担保公司做担保业务，禁止商业银行承做担保业务，因此，美国和日本的银行就采用了开立备用信用证方法来代替开立银行保函。

备用信用证与一般的跟单信用证一样，银行都承担第一性付款责任，都适用《跟单信用证统一惯例600》规定。但是两者之间还有一定区别。两者的区别主要有以下几点：

（1）跟单信用证通常只用于货物买卖中货款的支付；而备用信用证不仅适用于货物买卖中货款的支付，还适用于投标担保、还款担保等。

（2）在备用信用证情况下，付款行是凭受益人出具的证明开证人已经违约的证明书承担付款责任；而在跟单信用证情况下，付款行是凭受益人提交符合信用证要求的货物单据付款。

（3）备用信用证具有“备而不用”的特点，因为只要开证申请人没有违约，备用信用证就不会使用；而跟单信用证是在受益人履约的情况下，开证行就会付款。

（十）SWIFT 信用证

“SWIFT”是环球银行金融电信协会(Society for World-wide Interbank Financial Telecommunication)的简称。该组织于 1973 年在比利时成立，专门从事传递各国之间的非公开性的国际间的金融电信业务，其中包括外汇买卖、证券交易、开立信用证、办理信用证项下的汇票业务和托收等，同时还兼理国际间的账务清算和银行间的资金调拨。该组织的总部设在布鲁塞尔，并在荷兰阿姆斯特丹和美国纽约分别设立交换中心，为各参加国开设集线中心，为国际金融业务提供快捷、准确、优良的服务。目前，已有 1000 多家分设在包括我国在内的不同国家和地区的银行参加该协会并采用该协会电信业务的信息网络系统，使用时必须依照《SWIFT 使用手册》规定的标准，否则会被自动拒绝。

凡依据国际商会所制定的电信信用证格式设计，利用 SWIFT 网络系统设计的特殊格式，通过 SWIFT 网络系统传递的信用证的信息，即通过 SWIFT 开立或通知的信用证称为 SWIFT 信用证，也称为“环银电协信用证”。

开立 SWIFT 信用证必须遵守《SWIFT 使用手册》的规定，使用《SWIFT 使用手册》规定的代号，而且必须按《跟单信用证统一惯例 600》的规定，在信用证中可以省去银行的承诺条款，但不能因此免去银行所应承担的义务。

采用 SWIFT 开证后，信用证格式更具标准化、固定化和统一性，传递速度更加快捷，成本也较低，因此，其在实践中越来越为银行和贸易商所接受。目前开立 SWIFT 信用证的格式代号为 MT700 和 MT701。

五、信用证支付方式的不足和风险

采用信用证方式结算时，银行信用的介入和对付款的担保使受益人的收款有了更为充分的保障，也为进出口商提供了融资便利，双方的资金负担较平衡，减少了资金的占用，加速了资金周转。特别是在出口商不很了解进口商时，或在进口国有外汇管制时，信用证的优越性更为显著。但信用证结算方式手续复杂，环节较多，较为费时，费用也较高，审单等环节还需要较强的技术性，增加了业务的成本。而且，稍有不慎产生疏漏、差错，就会造成损失。所以，信用证方式在国际贸易结算中也并不是完美无缺的。

同时，由于信用证是具有自足性的文件，银行只处理有关的单据，容易产生欺诈行为。这些风险有：①受益人伪造相符单据或制作根本没有货物的假单来欺骗进口商；②开证行和开证申请人合伙开出带有“软条款”的信用证来欺诈受益人；③买方不按时开证、不按合同规定条件开证或故意设下陷阱使卖方无法履行合同，或履行交货、交单后因不符信用证规定被拒付而使卖方遭受损失等。

第五节 保 函

在国际贸易活动中，当一方担心对方不履行合同义务而造成自身损失时，可要求对方通过银行开具银行保函。银行保函属银行信用，不仅适用于货物买卖，也适用于工程承包、融资等有关国际经济合作的业务。

一、银行保函的基本内容

银行保函(L/G)又称银行保证书，是银行向受益人开立的保证文件。由银行作为保证人，以第三者的身份保证委托人如未对受益人履行某项义务时，担保银行承担保证书中所规定的付款责任。在银行保函中，涉及的基本当事人有委托人、保证人、受益人。委托人即银行保函的申请人，是与受益人订立合同的另一方当事人或债务人，开立保函时需向银行提交申请并提供一定的担保。保证人也称作担保人，即开立保函的银行或其他金融机构。保证人根据委托人的申请向受益人开立银行保函，担保在银行保函规定的付款条件满足时即行向受益人付款。受益人即与委托人订立合同的债权人，在委托人未履行合同时可通过保函取得货款或赔款。

银行保函除了以上三个基本当事人以外，有时还可能有转递行、保兑行和转开行等当事人。转递行是根据保证人的请求将保函转递给受益人的银行，转递行只负责核对保证书的签字或密押，不负其他经济责任。保兑行是在保函上加具保兑的银行，保兑行只有在保证人不按保函规定履行赔付义务时才向受益人赔付，经保兑后的保函使受益人得到双重担保。转开行是接受保证人的请求，向受益人开出保函的银行，发生不符合保函规定的情形时，受益人只能向转开行要求付款或赔偿。

银行保函的内容随具体交易的不同而异，在形式和条款方面也无固定格式。但就其基本方面而言，一般包括以下项目：

(1) 基本栏目。这包括：①保函的编号和开立日期；②各当事人的名称、地址和所在国家或地区；③有关工程项目或其他标的的名称；④有关合同或标书的编号和签约日期等。

(2) 责任条款。这即开立保函的银行在保函中承诺的责任条款，它构成了银行保函最为主要的内容，具体包括保证金额、有效期、索偿方式。保证金额是出具保函的银行所承担责任的最高金额。可以是一个具体金额，也可以是有关合同金额的某个百分率。如果保证人可以按委托人履行合同的程度减免责任，则必须作出具体说明。有效期即最迟的索赔期限，既可以是一个具体的日期，也可以是在有关某一行为或某一事件发生后的一个时期到期。索偿方式是指受益人在何种情况下方可向保证人提出索赔。银行保函通常按不同情况规定不同的索偿条件，按照《见索即偿保函统一规则》(国际商会第 458 号出版物)，受益人索偿时需递交一份声明书。

二、银行保函的种类

(一) 赔付保函和付款保函

按保证人所承担义务性质的不同，可将银行保函分为赔付保函与付款保函。赔付保函是指在申请人不履行保函所规定的合同项下义务时，由保证人赔偿受益人的损失。付款保函是指在申请人不履行或无力履行付款义务时，由保证人向受益人偿付款项。

(二) 投标保函、履约保函、还款保函和反担保函

按用途或担保内容的不同，可将银行保函分为投标保函、履约保函、还款保函、反担保函等。

(1) 投标保函。它是指保证人应投标人的申请向招标人发出的保证书，保证投标人在开标前不中途撤销投标或片面修改投标条件，中标后不拒绝签约，中标后不拒绝交付履约保证金，否则，银行负责赔偿招标人一定金额的损失。投标保函主要用于国际投标与招标业务，通常也是招标人对招标人参加投标提出的条件之一。

(2) 履约保函。它是指银行应申请人的请求向受益人开立的保证申请人履行某项合同项下义务的书面保证文件。在保证书有效期内如发生申请人违反合同的情况，银行将根据受益人的要求向受益人赔偿保证书规定的金额。履约保函应用范围较为广泛，除用于一般的货物进出口交易外，还可适用于“三来一补”贸易、技术贸易、对外承包工程等业务。用于国际货物买卖中的履约保函又可具体分为进口保函和出口保函两种。

(3) 还款保函。还款保函也称为预付款保函，是指银行应交易合同中的一方当事人的请求，开立的以另一方当事人为受益人的保函，在申请人没有履行合同中规定的义务时，银行将保证偿还受益人预付或已付给申请人的金额。还款保函具体包括：进出口贸易中的预付定金保函、国际工程承包中的项目预付款保函、技术贸易中带有预付性质的分期付款业务中的保函、国际融资项目中的保函。

(4) 反担保函。它是指由申请人在银行开具保函前先出具保函给银行，其作用是当银行保函项下发生赔偿时，银行可凭反担保函及时从申请人处获得相应的补偿。

三、银行保函的业务程序

银行保函的业务程序如图 12-5 所示。

银行保函业务程序的说明：

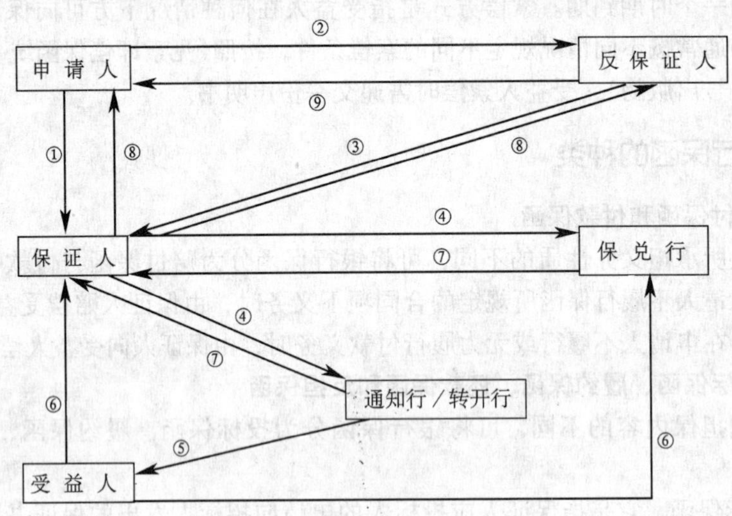

图 12-5 银行保函的业务程序

"①"——申请人向保证人提出开立保函的申请。

"②"——申请人寻找反保证人。

"③"——反保证人向保证人提供反担保。

"④"——需要时保证人邀请保兑行对保函进行担保，并交通知行或转开行通知/转开保函。

"⑤"——通知行或转开行将保函通知/转开给受益人。

"⑥"——申请人违约时，受益人向保证人索偿，若保证人不赔，可向保兑行索偿。

"⑦"——保兑行或转开行赔付后，向保证人索偿。

"⑧"——保证人赔付后向申请人索偿，若申请人不赔，可向反保证人请求索偿。

"⑨"——反保证人赔付后向申请人索偿，申请人赔付。

四、银行保函和信用证的差异

虽然银行保函和信用证同属银行信用，但两者也存在着较为明显的区别，主要表现在以下四个方面：

（1）保证人付款责任和请求付款程序上的差异。信用证的开证行承担的是第一性的付款责任，受益人或其指定人要求付款时应该向开证行或其指定银行交单，而不是向开证申请人交单。而在使用银行保函时，先由委托人向受益人付款或履行合同义务，只有在委托人不付款或不履行合同义务时，受益人才可凭保函向担保行要求付款。因此，担保行的付款责任是第二性的。当受益人索偿时，担保行通常要经过调查，证实委托人确未付款或履行合同义务后才予支付。但是，近年流行的见索即偿保函在第一次索偿时，担保行就必须按银行保函规定的条件支付款项。受益人只要按保证书规定提出要求付款并提交规定的声明或凭证即可。所以，开立这种保函的银行也将担当起第一性的付款责任，与信用证开证行的付款责任几乎相同了。

（2）使用的前提条件存在差异。信用证是于正常履行国际货物买卖合同的情况下使用的，只要交易正常进行，信用证项下的款项支付是必然要发生的。银行保函却不然，当交易正常进行，有关方均按合同规定严格履行各自义务，保函就毋需使用，只有在委托人违反合同或不履行合同义务又未按合同规定向债权人赔偿时，受益人才会凭保函向担保行索偿，可见，并非是每笔交易都需要发挥保函作用的。

（3）付款依据的差异。信用证只凭符合信用证条款规定的单据进行付款，而与凭以订立的合同无关。但在银行保函下，当受益人凭银行保函向担保行索偿时，须经调查证实委托人违反合同而又不予赔偿，且必须提供相应的声明和凭证。

（4）适用的国际惯例不同。银行保函适用于国际商会专门制定的《见索即偿保函统一规则》，而信用证则适用于国际商会颁布的《跟单信用证统一惯例600》。

练 习 题

1. 汇票的必要项目和主要票据行为有哪些？

2. 简要说明电汇的业务程序。

3. 托收业务中的付款交单和承兑交单有何不同？

4. 请扼要描述信用证结算方式的业务程序。

5. 什么是银行保函？它与信用证有什么不同？

6. 挪威A银行开出购买我方尺码为10的工作手套(WORKING GLOVES,SIZE 10)的7636号不可撤销信用证，总额13500.00美元，数量为9000副，5月份装运，在提单日后10天内向议付行议付。而原合同规定的货物名称为“GLOVES”，尺码为“SIZE 10-1/2”。制单时，为了能使单据全面确切地反映交易的真实情况，我方业务员将所有单据的品名都记载为“WORKING GLOVES”，规格记载为“SIZE 10-1/2”。结果，开证行以单据与信用证之间的不符和单据与合同之间的不符为由拒绝付款赎单。问：开证行的拒付理由成立吗？为什么？

7. 某公司对外出口总量为210MT的花生仁，单价为每公吨160美元CIF利物浦，信用证禁止分批装运。在信用证开到后，该公司即着手安排装运。考虑到库存数量不足，该公司先在天津港装运155MT，而后又在威海港续装了46MT，分别取得了海运清洁提单。货抵目的港后，对方经商品检验后来电：所交货物数量短缺，而且出口方还进行了分批装运，并以上述出口方的违约行为要求一律按降价40%处理。请问：对方提出的要求合理吗？为什么？

8. 某年英国S. P. 公司通过伦敦银行向我方贸易公司开来一份不可撤销信用证，有效期为3月15日，在中国到期，最迟装运期为2月28日，向中国人民财产保险股份有限公司投保，保险单一式两份，此外，还有一附加条款："运输船名需获申请人同意，并由开证行以信用证修改书形式通知受益人"。问：该附加条款对信用证的性质产生什么影响？请简要说明理由。

第十三章
出口单证操作

第一节 审证与改证

一、审证

审证是指出口企业收到信用证后，对信用证性质、内容以及是否与合同一致等项目进行审核，是信用证付款方式下的一个重要环节。因此，审证是信用证方式付款下，卖方要做的一项非常重要的工作，它直接关系到卖方发货后能否安全收到货款。

为了便于出口方履行信用证下的交货义务，及时发现信用证中存在的问题，审证时可把审核要点编制成一张表格，然后逐项审核，发现与合同不符之处或不能接受的条款，特别标出并与买方商议修改。审核信用证明细表如图 13-1 所示。

需要注意的是，并不是所有来证中上述项目都有，出口方审证时，把信用证中要求的各项内容填入上表，对照合同和《跟单信用证统一惯例 600》逐项审核。审证时需要注意以下几个要点：

(1) 信用证的性质一定是不可撤销的。收到信用证要看来证有无“可撤销”字样，如果来证标明“可撤销”，这类信用证不能接受。因为根据《跟单信用证统一惯例 600》规定，如果信用证是可撤销的，在受益人向议付行提交单据议付前，银行可以不通过受益人随时修改和撤销信用证，这样这张信用证对受益人就无任何保障而言了。实践中，如果企业收到的信用证没有标明“可撤销”或“不可撤销”，就认为是不可撤销信用证。

(2) 信用证金额和支付货币必须与合同相一致。信用证总金额应是合同总金额，支付货币也应与合同中的支付货币一样。此外，如果合同中数量条款用了“溢短装”条款或“约”量，信用证中付款金额也应有相应的增减幅度或约数。

(3) 信用证对交易标的和交货条件的描述应与合同条款相符。信用证对交货的品质、数量、包装、装运港、目的港、是否允许分批和转运的规定应与合同条款一致。如果信用证有特殊的规定或有附加条件，要充分考虑能否接收，否则要让进口方修改。例如，信用证中规定可以转船，但同时指定船名或船公司，这时要与货运代理人联系以决定能否接收。

<table>
<tr><th colspan="2">对 L/C 本身的审核</th><th colspan="2">专 项 审 核</th></tr>
<tr><td>信用证号码</td><td></td><td>L/C 金额支付货币</td><td></td></tr>
<tr><td rowspan="3">开证行名称和地址</td><td rowspan="3"></td><td rowspan="3">交易标的物</td><td>品质</td></tr>
<tr><td>数量</td></tr>
<tr><td>包装、唛头</td></tr>
<tr><td rowspan="2">歧视性或错误的政治性条款</td><td>有</td><td rowspan="2">装运期</td><td rowspan="2"></td></tr>
<tr><td>无</td></tr>
<tr><td>开证日期</td><td></td><td>启运地</td><td></td></tr>
<tr><td>索汇方式</td><td></td><td>目的地</td><td></td></tr>
<tr><td>有效期</td><td></td><td>可否分批</td><td></td></tr>
<tr><td>到期地点</td><td></td><td>可否转运</td><td></td></tr>
<tr><td rowspan="2">信用证的性质</td><td rowspan="2"></td><td>交单期</td><td></td></tr>
<tr><td>汇票付款期限</td><td></td></tr>
<tr><td rowspan="3">特殊条款</td><td rowspan="3"></td><td rowspan="3">保险条款</td><td>保险、险别</td></tr>
<tr><td>投保金额</td></tr>
<tr><td>赔付地点</td></tr>
</table>

<table>
<tr><th colspan="16">L/C 对单据的要求</th></tr>
<tr><td>单据的种类</td><td>商业发票</td><td>提单正本及副本</td><td>海关发票</td><td>领事发票</td><td>重量单</td><td>保险单</td><td>产地证</td><td>普惠制产地证</td><td>出口许可证</td><td>投保通知</td><td>寄投保通知邮据</td><td>寄单邮据</td><td>寄样邮据</td><td>装船证书</td><td>商检证书</td></tr>
<tr><td>份数</td><td></td><td></td><td></td><td></td><td></td><td></td><td></td><td></td><td></td><td></td><td></td><td></td><td></td><td></td><td></td></tr>
</table>

图 13-1 审核信用证明细表样本

（4）信用证的有效期、交单期与装运期应相适应。信用证中的这三个日期有密切的关系。装运期首先应与合同规定的装运期相一致；其次，装运期应在有效期之前。在进出口实践中，也有信用证规定的装运期与有效期同一天到期，这种情况下，出口方要根据备货的情况和船期情况决定能否在有效期前一段时间交货，留出充分的制单时间。交单期是指出口方交货后向银行交单议付的日期。如果信用证规定交单期，它应该在装运期之后，有效期之前；如果没有规定交单期，根据《跟单信用证统一惯例600》的规定，出口方应在信用证的有效期内、交货单据签发后21天内向银行交单。

（5）信用证的到期地点应在出口国。到期地点是指信用证项下出口方向银行交单议付日到期的地点，即议付到期日是在何地。在外贸实践中，议付到期日通常在出口国，这样对出口方比较有利，因为出口方只要在议付日之前在本国向银行交单就可以了。否则，如果到期日在进口国，出口方必须保证在有效期内将单据寄到进口国，这样出口方承担的风险就比较大。所以，如果来证规定到期地点在进口国，一定要求对方修改。

（6）信用证对单据的规定不应有不合理或不适当的要求。信用证付款方式下，银行是凭单付款，因而银行开出的信用证中对受益人（出口方）要提交哪些单据以及各种单据的份数、单据的填制都有要求。但是，如果有些要求不合理或出口方很难做到，应及时提出要求对方修改，否则会因单证不符而遭银行拒付。例如，有些信用证要求出口方（受益人）提供客检证明，出口方应慎重考虑。

（7）对于信用证中的特殊要求条款应仔细审核。信用证中加列的特殊条款是指信用证中各种“保留”、“限制”性条款，往往出现在信用证的空白处，以“Special conditions”或“Additional conditions”表现出来。例如指定船运公司、船级、船龄等，或不准在某个港口转船等，应酌情掌握可否接受。以下情况在贸易实践中曾多次出现：

1）船舶限制条款。有些地区往往在信用证中规定限制装运船龄的条款。如来证规定：“The Bill of Lading or Shipping Agent's Certificate must certify that the carrying steamer is not over 15 years of age.”对于此类情况，如果在装运期内确实有直达该目的港不超过15年船龄的船只，则可以考虑接受。如果没有直达船，一般外轮代理公司对二程船能否确定为15年以下船龄的船只没有足够的把握，因而外轮代理公司不会在提单上加以证明，此时，应慎重考虑是否能够接受，以及如何修改信用证。有的来证要求装××国××船只，如“Shipment must be made by APL or USA vessel.”这样的条款是不能轻易接受的，在有限的船期内是否能租到这样的船只或船位是很难保证的，况且按国际惯例CIF或CFR合同，发货人（出口方）有权选择合适的船只装运。

2）信用证规定如转船必须在提单上注明二程船名。例如，来证中有如下说明：“In case transshipment to be effected, port of transshipment and the second carrying vessel's name should be indicated on the relative Bill of Lading.” 实际上在装运港装船时，对于转船虽然预先有安排，但二程船公司对于具体船名有时临时改变，因而外国代理公司一般不同意在提单上预先标明二程船名。所以此类条款最好不接受或修改为在转船通知单上详细通知二程船名。

3）信用证规定不许转船。对于此条款，要看具体目的港而决定能否接受。凡是没有直达船的港口或两三个月以上才会有一个航次的港口，都应考虑允许转船。只有确定在装运期限内有到目的港的船只，才可接受不允许转船。

4）一般信用证关于银行费用的规定。受益人审证时通常关注的内容是：开证人、品名、金额、装效期、目的港等，往往忽视了有些相关费用的划分等内容。开证行开立信用证时，开证申请人须填写信用证申请书。在填写中，他会对信用证操作中各个环节产生的费用作明确的指示。《跟单信用证统一惯例600》除了对转让信用证的银行费用有规定外，对其他各种类型的信用证均未作任何明确的费用上的规定。因此，开证申请人往往会按照自己的意图来填写各种费用由谁来支付的指示。最基本的费用划分情况(不包括转让信用证)分列如表13-1所示。表中是最合理也是最容易区分的一种信用证费用划分情况，即除不符点费外，在开证行发生的费用由开证申请人支付，而在议付行发生的费用由受益人支付。但目前随着国际贸易的竞争日趋激烈，中小企业出口的产品多数属于买方市场。因此，开证申请人往往把信用证中的费用项目增加，同时把在开证行操作中产生的费用明确列出要受益人支付。这种条款的变化导致受益人的银行费用明显增加。假如一份信用证项下的货物是分多次装运，则出口方在该证项下的相关费用每次议付都要支付，从而增加了成本。因此，审证时要密切关注信用证中有关银行费用的规定。

表13-1 信用证结算方式中相关费用的划分

	开证费	偿付费	电　传	不符点费	通知费	电　传	议付费
开证人	负担	负担	负担				
受益人				负担	负担	负担	负担

根据《跟单信用证统一惯例600》的规定，由于开证行指示通知行和议付行为其提供服务，或开证行又受开证申请人的指示而进行信用证业务活动时，则开证申请人应负担由此引起的费用。因此，信用证关于银行费用通常规定：“你方所有的银行费用由开证申请人负担。”但个别信用证却规定：“银行费用由受益人负担。”

5）信用证规定要求提供领事发票。对于此条款，要视装运口岸是否有该国领事馆而决定能否接受。如果出口口岸没有该国领事馆，可以在单据上声明本地没有领事馆，不办理签证。否则，就要到有领事馆的城市办理，这样会增加出口方的费用。

（8）注意信用证中的“软条款”。这部分内容是对信用证的一个补充，但同时又隐藏着一些陷阱，开证申请人或开证行为了自身的利益，附加一些条款，以减轻其应承担的责任范围，或为其不履约作好铺垫。因而，出口方拿到信用证后，一定要仔细审核这部分内容，如有不合理之处，不能接受。例如，买方擅自在信用证中加列如下文句：“一份正本提单应径自寄往申请人。”此类条款的信用证，实际上受益人将失去银行付款的保障，因为在一些国家进口商凭一份正本提单即可提货。常见信用证“软条款”中的危险单据包括：买方签署的收款证明、运输行代买方收到货物的证明、由买方会签的商检证书等。

二、改证

改证即受益人对开证行开来的信用证中的一些条款不能接受，而要求进口方对信用证进行修改的行为。通常，修改信用证的程序如下：

受益人提出修改要求 $\xrightarrow{①}$ 开证申请人 $\xrightarrow{②}$ 开证行 $\xrightarrow{③}$ 通知行 $\xrightarrow{④}$ 受益人

说明如下：

“①”——受益人对信用证无法履行或不能保证履行的条款向进口方提出修改要求，对要修改的内容一次提出，并以电讯的方式通知进口方。受益人提出修改信用证时应规定一个修改通知书到达的期限。

“②”——进口方即开证申请人接到修改申请后，把修改后的条款通知开证行。

“③”——开证行寄修改通知书给通知行。

“④”——通知行转交修改通知书给受益人。

实践中通常用下述表达方式向开证申请人发出要求修改信用证的函电：

Dear Sirs,

We have today received LC/AC-3 covering the shipment of 2000 tons. After we have checked the L/C carefully, we request you to make the following amendments:

a. The quantity should read: 2000 metric tons(5% more or less at Seller's option).

b. Partial shipment and transshipment allowed.

c. The last shipment date to be extended to end November and the validity of the credit to December 15th.

Please confirm the amendments by teles, so that we may arrange shipment accordingly.

Yours faithfully,

【案例分析 13-1】 浙江某外贸公司与印度某客商签订了一笔纺织品出口合同，信用证方式付款。在装运日前 10 天对方开来了信用证，其中有一条款要求商检证书应于货物装运前开立并由开证申请人授权的签字人签字，并且其签字应与某银行存档之签字相符。因为印度客商在我国上海有常驻代表，根据以往的业务经验，代表签字就应该没有问题了。所以该外贸公司对这一条款未加过多的考虑。发货后该外贸公司向银行交单议付，议付行寄单到开证行遭到了开证行的拒付，理由是客商检验签字与银行留样不符。后来该外贸公司多次与印度客户协商，说明所交货物与信用证要求一致，请求客户向开证行付款赎单，经反复磋商客户才答应付款。结果导致了该外贸公司收款延误了两个多月，并因为不符点而被银行扣了部分货款。

分析：上述条款在信用证中经常出现，类似的还有要求客检证明并且签字要经开证行检验等。这种条款有三种潜在的风险：一是装船前客户不派代表来检验（如他已取得了出口方的质保金,而实际上根本不想履约）；二是客商检验签字与开证银行保留的不是同一人签字，从而形成单证不符；三是进口方如经营不佳，资金周转困难，可以以此为由拖延付款。本案后经查实，该印度客商资金实力一般，由于资金问题到期不能付款，所以要求银行以此为由拖欠出口方的货款。因此，在实际业务中，收到国外来证时，要警惕各种条款，对于一些难以做到的或不合理的要求，一定要对方修改，以防其利用这种“合法手段”不付款或拖延付款，而使自己陷入被动局面。

就上述案例而言，出口方接到这种含有不合理条款的信用证，应要求对方尽快修改。

第二节　制单与审单

一、制单

制单是指出口企业交货后制作的各种交货单据。在信用证付款方式下，出口企业根据信用证的规定制作各种单据，并在信用证的有效期内交银行办理议付。外贸实践中，企业通常在载货船舶起航后、收到提单前这段时间开始准备议付材料，如商业发票、装箱单、产地证等，并可先交银行预审。

制单是出口合同履行的一个重要环节，即使完全按合同和信用证规定履行了交货，但如果单据有差错，也会影响企业安全收汇。所以制单工作要做到：①单据齐全，即单据的种类和每种单据的份数符合信用证的要求，制单时可参阅图13-1，明确信用证要求的单据种类和份数；②单据的内容要正确，即单据的内容与信用证规定一致，做到“单单一致”、“单证一致”；③交单要及时，即在信用证的有效期内及时交单，以便议付行及早寄单。如发现问题，可以在有效期内尽快改正，以便企业安全、及时收汇。

一些外贸企业初次利用信用证付款方式收款，制单工作可能不熟练，经验不足，在这种情况下，企业可以在运输单据签发前，先制作好其他的单据送交银行预审，如银行审单时发现差错，在议付前企业可以及时修改，提单正本出单后再一起送银行议付，这样有利于企业安全收汇。

出口结算中的单据可分为基本单据和附属单据。基本单据是每笔合同必须要求的单据，如商业发票、提单、保险单、汇票等。附属单据视具体交易的要求而定，因进口国规定、产品性质、运输方式的不同，要求也不一样，附属单据有装箱单、原产地证书、海关发票等。

（一）商业发票

商业发票简称发票，它是出口方开立的交易商品的价目清单和对整个交易及货物有关内容的全面说明，是卖方向买方索取货款的凭证，是出口单据中最重要的单据之一，其他单据的制作都以它为中心和依据。

1. 商业发票在交易中的作用

（1）凭它可以核对卖方的交货情况是否符合合同规定。发票载有货物名称、数量、价格、包装等交易商品各项目的全面情况，它表明了以价格为中心的合同主体内容，进口方可凭此对货物验收和核对，以检查出口方履约的情况。

（2）它是买卖双方记账和核算的依据。商业发票是出口方记账、收汇和统计的依据，同时也是进口方结算记账的凭证。

（3）它是进口方报关和进口国海关计征关税、海关统计的依据。发票中载明的有关货物的说明、货物价值是进口、出口两国海关统计和计征进口关税或出口关税税款的依据，也是出口国海关放行、进口国海关清关提货的凭证之一。

（4）在信用证要求不出具汇票的情况下，它代替汇票，开证行根据它的金额付款，同时也是进口方付款的依据。

2. 信用证中关于商业发票的名称和其他要求

（1）信用证中关于商业发票名称的几种规定。发票、商业发票、装运发票、贸易发票，无论以上述何种名称出现都是指商业发票。

（2）信用证中关于商业发票的一般要求。一式两份签字发票，标明信用证号码和合同号码。

（3）信用证中关于商业发票份数的要求。发票份数应符合信用证的规定，如信用证中对份数没有规定，至少需提交两份。

（4）信用证条款关于“唛头”惯常的规定。包装上须明显地刷上唛头，提单及发票上均应标明此项唛头。

（5）信用证条款关于“货物内容”惯常的规定。发票上应证明付运货物与所签发的发票的内容相符。

（6）关于数量增减幅度的规定。《跟单信用证统一惯例600》第30条规定："a. 信用证表示的数量是长度、重量或容积时，在货物金额不超过信用证总金额时，其数量增减幅度为信用证数量的5%，即使不允许分批装运；b. 当数量前有'大约'等字样时，允许较有关数量不超过10%的增减幅度；c. 信用证表示的数量是包装单位数目或个体数目时，不允许有任何增减幅度。"

（7）商业发票开立日期的规定。《跟单信用证统一惯例600》第14条规定：可以早于信用证的开立日期，但不得迟于信用证的交单期限。

（8）其他特别条款。产地：每件商品或每个包装单位须标明不会脱落或不能更改的产地国国名。单据：所有发票正副本，均须由供货人手签，所有单据上应标明成本、保险费和运费。

3. 商业发票的形式及制作说明

在国际贸易中，商业发票没有固定统一的格式。尽管各企业开立的发票格式有所不同，但内容基本是一致的，如图13-2所示。

缮制发票时需注意的几个要点如下：

（1）发票抬头人的填写。发票的收货人即发票的抬头，《跟单信用证统一惯例600》第18条a款ii. 规定：除非信用证另有规定，商业发票必须做成以申请人的名称为抬头。在实际业务中，只有少数信用证规定发票的抬头人。如信用证中指定抬头人，则按信用证中的规定填写；如没有规定，一般应填写来证的开证人或申请人或付款人。注意：必须详细填写公司的名称和地址。

（2）对货物的描述。对货物的描述必须与信用证要求完全一致。发票是交易商品的总清单，对商品的品名、规格、数量、包装等各项目内容的描述与信用证要一一对应。对于信用证中没有规定的内容，发票上应尽量少作说明。如果信用证中没有规定详细品质或规格，必要时可按合同加注一些说明，但不能与信用证内容有抵触，以防国外银行故意挑剔或拒付。

（3）对于以重量计量的货物，必须说明其毛重、净重，并与装箱单、提单等其他单据上的重量一致。

（4）贸易术语、单价、总额与合同要保持一致。单价与总额以及贸易术语是发票的主要内容，必须计算准确，不能有任何疏漏。发票金额不能超过信用证最高付款金额，否则开证行可以拒付。

（5）发票上是否要填写唛头视信用证要求而定。如果信用证有对唛头的要求，就应严格按信用证要求填写。如果信用证对唛头没作规定，则可以参照合同缮制。若合同中也没有唛头时，则填"N/M"（无唛头）。

<table>
<tr><td colspan="2" rowspan="2">Issuer:</td><td colspan="3">**浙江对外贸易进出口公司**
ZHEJIANG FOREIGN TRADE IMP. AND EXP. CORPORATION
09 Tianmushan Road, Hangzhou, China</td></tr>
<tr><td colspan="3">**商业发票**
COMMERCIAL INVOICE</td></tr>
<tr><td colspan="2">To:</td><td>NO.</td><td colspan="2">DATE</td></tr>
<tr><td colspan="2" rowspan="2">Transport details:

From:
To:
By Vessel</td><td>Terms of Payment</td><td colspan="2">L/C NO.</td></tr>
<tr><td colspan="3">Country of Origin
CHINA</td></tr>
<tr><td>Marks & Nos.</td><td>Description of Goods</td><td>Quantity</td><td>Unit Price</td><td>Amount</td></tr>
<tr><td></td><td></td><td></td><td></td><td></td></tr>
</table>

图 13-2　商业发票样本

(6) 如果交易涉及佣金或折扣，信用证和合同中的单价是含佣价，信用证也规定商业发票金额要扣除相应佣金，在发票上就要具体地表示出佣金或折扣及净值。例如，信用证规定“商业发票应扣除5%的佣金”或有其他类似条款的话，据此，商业发票总金额应表示出扣除佣金，同时在扣除后计算出其净额。另外，还有一些信用证并没有明确规定这样的扣佣条款，但信用证的总金额中已扣除了佣金，则商业发票仍要扣除佣金。如果交易商品有不同规格的，而每种规格单价又不同，缮制发票时必须清楚地将每一种规格的单价、总额列出再累计出发票总金额。

(7) 根据《跟单信用证统一惯例600》第18条规定：“发票无须签字”，但须表明是受益人出具的发票。在实际业务中，有时信用证要求提交的商业发票需要签署或手签，这时商业发票必须要盖出口方单位的图章或手签。

(8) 发票通常无正副本之分，实践中常根据信用证要求多制作一份，以供议付使用。如信用证要求正副本，则正本发票上应表示出“ORIGIAL”字样。

【案例分析13-2】 某出口公司有一批棉布运往欧洲。国外提供的信用证所列规格为94″×100″。出口方在缮制商业发票时，误将94″打成92″，出运后交单，议付行亦未发现。单证寄到国外开证行后，遭到拒付。经与进口人电传往返交涉，未能解决。出口公司随后补寄更正商业发票给开证行，但开证行称信用证有效期已过，不能付款。不得已将货退回，损失了往返两程的外汇运费。经了解，买方在收到该批船样时，认为布料手感不够柔软，不易销售。早有毁约意图，正苦于没有借口。恰巧商业发票上出现一字之差，给买方以可乘之机，因此买方坚持拒付，造成退货。

分析：商业发票是出口方出具的，详细描述了其所交货物的情况。因此，如果货物的规格等主要质量指标与信用证规定不符，则构成实质性的不符点，银行可以拒付。而本例中尽管卖方实际交货符合信用证规定，但银行只管单据而不管货物的实际情况，恰恰买方又不想要货，因而错打了规格给买方留下了把柄。由此看来，商业发票的缮制非常重要，否则会给卖方带来不必要的损失。

(二) 提单

提单是结汇时提交的重要单据之一。因为提单是物权凭证，是出口方收取货款的最基本的单据，所以提单的缮制非常重要。

1. 信用证中关于提单的要求

信用证中关于提单的一般要求为：①必须是全套的、清洁的、已装船提单；②必须是空白抬头、空白背书；③必须写明运费预付/已付，被通知人为×××。

信用证中关于提单的其他要求现举例如下：①“联运提单不予接受”；②“提单不是以第三者为托运人”；③“略式提单不予接受”；④“过时的、加上条款的、集装箱或略式提单不予接受”；⑤“最好在香港转船，最好装HAPAG-LLOYD或MAERSK轮船公司的13条集装箱船，不允许装波兰的船只”。信用证中申请人提出上述要求常常是为了能及时提货，减少货物因多次转运造成残损，有时不接受略式提单、联运提单和第三者提单等。在实际业务中，受益人可根据具体情况考虑能否接受上述条款。

2. 提单的内容及格式

提单样本如图13-3所示。

3. 提单的缮制要点

（1）托运人一般为信用证中的受益人。如果开证人为了贸易上的需要，要求做第三者提单，也可照办。

（2）提单的“收货人”这一栏通常要做成“凭指示”的形式，具体有“凭发货人指示”、“凭××银行指示”及“凭指示”以便受益人或银行背书转让。例如，信用证要求Full set of B/L made out to our order，查开证行名称为B Bank，则提单“收货人”一栏中填“to order of B Bank”或填“to B Bank's order”。注意：信用证上规定的地名是简称，而提单上写的是全称，也是不符点。

（3）提单上的被通知人。被通知人是指被承运人通知的人。被通知人的填写必须详细、正确，以保证货物抵达目的港时能被及时通知办理提货手续。因为提单绝大多数是指示提单，收货人一栏内没有具体的收货人的名称和地址，因此收货人必须委托其他人(即被通知人)通知提货。被通知人仅仅起通知提货的作用，并不能提货。通常为收货人的代理人或买方或与买方有密切联系的第三方。例如，我国企业从事进口业务时，一般指明我国的外运公司或其代理公司为被通知人。在实际业务中，如果信用证规定了被通知人，则按信用证的规定填写。如果信用证没有规定，提单中此栏可不填。但如果确实需要货主提货通知，又不能违背单证相符，正本提单此栏不填，交银行议付用，在副本提单上填写实际被通知人(开证申请人)并交给运输方通知提货。在实践中，无论信用证中有无规定被通知人，为了船到目的港后收货人能及时报关提货，交给承运人随船带去的提单副本必须写明进口方详细的名称和地址。

（4）船名均按配舱回单填写。没有航次的可不填航次；货装直达船的填直达船名；需要转船的视信用证规定决定是否填二程船的船名；采用集装箱联合运输的，要注明海运船名和另一种运输工具的名称。注意：在信用证条款中明确表示注明二程船名的条款下，才应填写二程船船名。

（5）运费率或运费。一般不直接填写在提单上，此栏根据贸易术语填“Freight Prepaid”、“Freight Paid”（CIF或CFR合同)或“Freight to Collect”（FOB合同)。

（6）装运港、卸货港和交货地的填写要与信用证规定一致。对于装运港，信用证中有时规定得很笼统或规定几个装运港，如“CHINA PORT”、“SHANG HAI/NING BO”，制单时在该范围内应按实际情况填写具体的港口名称。若信用证规定中含有行政区名，

Shipper	B/L NO. *CARRIER* 承运人 **中远集装箱运输有限公司** COSCO CONTAINER LINES **Port-to-Port or Combined Transport** BILL OF LADING ORIGINAL RECEIVED apparent good order and condition except as otherwise noted the total number of containers or other packages or units enumerated below(*) for transportation from the place of receipt to the place of delivery subject to the terms hereof. (Terms of Bill of Lading continued on the back hereof)
Consignee	
Notify party	

Pre-carriage by	Place of Receipt	**Ocean Vessel Voy. No.**	**No. of Original B/L**
Port of loading	**Port of Discharge**	**Port of delivery**	

Marks & Nos.	**No. & kind of pkgs**	**Description of goods**	**Gross weight**	**Measurement**
According to the declaration of the merchant				

Freight details, charges, etc.	For delivery of goods please apply to:
LADEN ON BOARD THE DATE **Vessel:** **By:**	**Place and date of issue:** **Signed by**

图 13-3 提单样本

则应要把行政区名填上。对于卸货港，在直达运输的情况下填目的港，在转船情况下加注填转运港。例如，从上海到伦敦在香港转运，则填写："FROM SHANGHAI TO LONDON WITH TRANSSHIPMENT AT HONGKONG"。如果到目的港后再转运到内陆地，则也要在目的港后加注"IN TRANSIT TO..."。如信用证中没有明确规定目的港，如"ONE MAIN INDIA PORT AT BUYER'S OPTION"，则提单就按信用证这种写法填。交货地是货物最终到达的目的地，因此此栏填最终目的地的名称，如果目的地就是目的港，则此栏不填。美国一些信用证规定目的港后有"OCP"字样，应照加。OCP 即 Overland Common Points，一般叫做"内陆转运地区"，包括北达科他州(North Dakota)、南达科他州(South Dakota)、内布拉斯加州(Nebraska)、科罗拉多州(Colorado)、新墨西哥州(New Mexico)起以东各州都属于 OCP 地区范围内。例如 San Francisco OCP，意指"货到旧金山港后再转运至内陆"；San Francisco OCP Coos Bay，意指"货到旧金山港后再转运至柯斯湾"。新加坡一些信用证规定"Singapore PSA"，PSA 意指 Port of Singapore Authority，即要求在新加坡当局码头卸货。该码头费用低廉，但船舶拥挤，一般船只不愿意停泊该码头，除非承运人同意。

(7) 正本提单的份数。《跟单信用证统一惯例 600》第 20 条规定，提单可以是一套单独一份的正本单据。但如果签发给发货人的正本超过一份，则应该包括全套正本。出口商应按信用证规定来要求承运人签发正副本提单份数。

(8) 提单的签发日期与实际的装船日的关系。提单的签发日期不应迟于货物装运期，对已装船提单其签发日与装船日一样。但实践中，提单的签发日与实际的装船日有时不一样，如果签发的提单是备运提单，则提单签发日不能被视为装船日，而是承运人收到货物的时间，真正的装船日应以提单上日后所批注的装船日为准。如签发的提单上有"预期船"，则提单的签发日也不能被认为装船日，实际的装船日也应以提单上日后所批注的装船日为准，即实际装船后在提单上加注"ON BOARD PER OCEAN VESSEL ××× AT ×× ON DATE ××"。

(9) 标志和号码。标志和号码俗称唛头。提单上的唛头应与发票等其他单据以及实际货物保持一致。如信用证上有具体规定，缮制唛头应以信用证规定的为准。如果信用证上没有具体规定，则以合同为准。散装货物没有唛头，可以表示"No mark"或"N/M"。

(10) 件数和包装种类。包装种类一定要与信用证一致。

(11) 商品名称。商品名称应按信用证规定的品名以及其他单据如发票品名来填写。注意：首先，避免不必要的描述，更不能画蛇添足地增加内容；其次，如果品名繁多、复杂，可用统称表示，但不得与信用证中货物的描述有抵触；最后，如果信用证规定以法语或其他语种表示品名时，亦应按其语种表示。

（12）毛重（公斤）与尺码。这应与发票或包装单相符。如裸装货物，应在具体的净重数量前加“Net weight”或“N. W.”。

（13）提单的签发和日期。提单必须由承运人或船长或其代理人签发，并应明确表明签发人身份。一般表示方法有：“CARRIER”，“CAPTAIN”，或“AS AGENT FOR THE CARRIER：×××”等。提单是结汇的必需单据，特别是在跟单信用证结汇时，银行要求所提供的单证必须一致，因此提单上所签的日期必须与信用证或合同上所要求的最后装船期一致或先于装船期。如果卖方估计货物无法在信用证装船期前装上船，应尽早通知买方，要求修改信用证，而不应利用“倒签提单”、“预借提单”等欺诈行为取得货款。

（三）保险单

保险单是保险公司和投保人之间订立的保险合同的正式凭证。保险单可作为投保人办理保险索赔和保险公司办理保险理赔的书面依据，在CIF合同中，保险单还是出口商向银行办理出口押汇时必须提交的单据之一。保险单样本如图13-4所示。

在用信用证结算的合同中，保险单的填写以信用证中的保险条款为依据，投保险别、投保金额、赔付地点、保险单的份数等要与信用证要求相一致。实践中缮制保险单的要点如下：

（1）被保险人的填写。通常被保险人应是投保人。在CIF合同、信用证付款方式下，如无特殊规定被保险人就是受益人，托收付款方式下被保险人是委托人。但在实践中有的信用证对被保险人有特殊的规定，被保险人的填写就应按信用证的要求进行，从而保障出口方能顺利结汇。例如：信用证规定“INSURANCE POLICY MADE OUT TO THE APPLICANT”，则“被保险人”这栏该填开证申请人的名称；有时信用证还规定，“ISURANCE POLCY MADE OUT TO ORDER”，则“被保险人”栏内就填“TO ORDER”，这种保单可背书转让；如果信用证规定被保险人是第三者名称，即“INSURANCE POLICY MADE OUT TO THIRD PARTY”，则“被保险人”栏内填写“TO WHOM IT MAY CONCERN”。

需要注意的是，在CIF合同中，即使被保险人是受益人，但在实际发生货损时，索赔的权益是买方。所以，在这种情况下，卖方要在保单背面进行背书，将索赔权益转让给保险单的持有人，同时保单的受让人承担被保险人的义务。

（2）保险金额。保险金额即投保金额，通常按CIF价值或发票金额加成10%投保。需要注意的是保险金额使用的货币要与信用证使用的货币相一致，大小写保持一致，保险金额尾数进位取整。

（3）赔付地点。应按合同或信用证规定来填写，一般为目的地。如果信用证未作明确规定，赔付地点是目的港。如果买方指定理赔代理人，代理人必须是在目的港或

中保财产保险有限公司

The People Insurance (Property) Company of China, Ltd.

发票号码 **保险单号次**

Invoice No. **Policy No.**

海 洋 货 物 运 输 保 险 单

MARINE CARGO TRANSPORTATION INSURANCE POLICY

被保险人:

Insured:

中保财产保险有限公司（以下简称本公司）根据被保险人的要求，及其所缴付约定的保险费，按照本保险单承担险别和背面所载条款与下列特别条款承保下列货物运输保险，特签发本保险单。

This policy of Insurance witnesses that The People Insurance (Property) Company of China, Ltd. (hereinafter called the Company) at the request of the Insured and in consideration of the agreed premium paid by the Insured, undertakes to insure the under mentioned goods in transportation subject to the conditions of this Policy as per the Clauses printed overleaf and other special clauses attached hereon.

保险货物项目 Description of goods	包装单位数量 Packing unit quantity	保险金额 Amount Insured

承 保 险 别 **货 物 标 记**

Conditions: **Marks of goods**

总保险金额:

Total Amount Insured:

保险费 **装载运输工具** **开航日期**

Premium **As arranged** **Per conveyance S. S.** **Slg on or abt.**

启运港 **目的港**

From **To**

所保货物，如发生本保险单项下可能引起索赔的损失或损坏，应立即通知本公司下属代理人查勘。如有索赔，应向本公司提交保险单正本（本保险单共有 2 份正本）及有关文件。如一份正本已用于索赔，其余正本则自动失效。

In the event of damage which may result in a claim under this Policy, immediate notice be given to the Company Agent as mentioned hereunder. Claims, if any, one of the Original Policy which has been issued in **TWO** Original(s) together with the relevant documents shall be surrendered to be Company, if one of the Original Policy has been accomplished, the others to be void.

赔款偿付地点 **中保财产保险有限公司杭州分公司**

Claim payable at **The People Insurance (Property) Company of China, Ltd.**

日期 Date **在 at** HANGZHOU **Hangzhou Branch**

地址: 中国浙江杭州中山北路×××号

Address: No. ××× North Zhongshan Road, Hangzhou, Zhejiang, China

图 13-4 保险单样本

目的地所属国家内。

（4）正本保险单份数。根据《跟单信用证统一惯例600》第28条（b）款规定“如果保险单据表明其以多份正本出具，所有正本均须提交。”实践中，可根据信用证或合同规定如使用一份以上，则每份正本上分别印上“第一正本”、“第二正本”及“第三正本”，使用时要全部提交银行，以免货物出险时不同的持单人都向保险公司索赔。如果信用证中没有特别说明保单的份数时，通常出口方提交一套完整的保单，即一份正本ORIGINAL，一份复联本DUPLICATE。

（5）保险单的出单日和出单地点。因为保险公司提供“仓到仓”的服务，保险手续都是在货物离开出口仓库前办理。所以，保单的出单日应填写货物离开出口方仓库的日期，且不能迟于提单的出单日、发运日或承运人接受监管日。出单地点为保险公司所在地。

（6）货名、唛头和号码。保险货物的名称应与发票上的货名相同。如果货名太多，允许填写统称。唛头和号码应与发票和提单一致，也可填上“根据号码为×××的发票”。

（7）装载工具、开船日次和起讫地点。装载工具填写装载船名。如是二程运输，应分别填一程和二程船名，如以陆运或空运则填车名、车皮号或运单号、航班号。开航日期通常填提单的签发日。实践中，经常是投保在货物装运之前，这时如不知提单的具体出单日，开航日期可填提单出单日前后5天内任一天的日期。起讫地点应与提单上的启运地和目的地名称相一致，如要转运，再填上转运港名称。

（8）保险公司出具保单后，出口企业应再次审核保单，审核保单中投保险别、赔付地点、装卸港口、唛头、运输工具等内容是否与信用证一致，是否与提单、商业发票相符，以保证向银行交单时满足单单相符、单证相符。

（四）装箱单

装箱单是用以说明每件商品包装内货物的名称、规格、数量、唛头、箱号、件数、重量等货物详细情况的单据。在外贸实践中，对于机器零件、五金产品、服装、纺织品、工艺品和不定量包装的商品的交易通常要提交装箱单，以作为进口商收到货物时核对商品品种、规格的主要依据和海关对某种特定商品包装进行检查的重要依据。装箱单样本如图13-5所示。

制作装箱单时要注意装箱单要能满足客户对商品包装情况的要求。在信用证付款方式下还要符合信用证的规定。如果来证中仅要求提供装箱单，无其他任何特殊规定，那么只对货物的包装情况作一般简要说明即可。如果信用证条款要求提供“详细装箱单”，这时就要详细描述每件包装的具体内容，包括商品的货号、规格，各种规格的搭配，毛重、净重、尺码等。在实际业务中，制单人员要根据工厂的装箱单缮制出口装

<table>
<tr><td colspan="3">Issuer:</td><td colspan="3">**浙江对外贸易进出口公司**
ZHEJIANG FOREIGN TRADE IMP. AND EXP. CORPORATION
09 Tianmushan Road, Hangzhou, China</td></tr>
<tr><td colspan="3">To:</td><td colspan="3">**装箱单**
PACKING LIST</td></tr>
<tr><td colspan="3"></td><td>NO.</td><td colspan="2">DATE</td></tr>
<tr><td colspan="6">Transport details:
From: To: By vessel</td></tr>
<tr><td>Marks & Nos.</td><td>No. & kind of pkgs, Description of Goods</td><td>Gross Wt. Kilos</td><td>Net Wt. Kilos</td><td colspan="2">Measurement. M^3</td></tr>
<tr><td></td><td></td><td></td><td></td><td colspan="2"></td></tr>
</table>

图 13-5 装箱单样本

箱单，要注意的是装箱单上不需要标明收货人、价格和装运情况。

（五）原产地证书

在当代各种贸易中，大多数国家都对来自不同国家的货物征收不同税率。因此，判定进口货物的原产地归属成为了实施差别关税政策的重要依据。原产地证书就是货物原产地的证明文件，简称为产地证。

产地证主要有以下作用：①作为进口国实行国别贸易政策的通关证件；②作为进口国给予优惠关税待遇的进口计税凭证；③作为出口国享受配额待遇的通关凭证。

产地证主要有普惠制产地证和一般产地证两类。

1. 普惠制产地证

它是在普通优惠制关税待遇下产生的。在国际贸易中，为了确保发展中国家能享受到普惠制的好处，实行原产地规则，即从受惠国向给惠国输出的商品必须符合原产地规则的要求才能享受普惠制待遇。原产地规则的要求中重要的一条是受惠国的出口商要提供普惠制产地证明。

普惠制产地证由联合国贸易与发展会议规定统一格式，称为格式 A。普惠制产地证的签发机构必须经过受惠国政府指定，其名称、地址、授权印鉴都必须在给惠国登记，并在联合国贸易与发展会议秘书处备案。

在我国，普惠制产地证的签发机构是各地的出入境检验检疫局。出口商须向各地出入境检验检疫局购买，需要时由出口商缮打，连同一份申请书和商业发票送出入境检验检疫局，经出入境检验检疫局核对签章后即成为有效单据。一套格式 A 中有两份副本和一份正本，副本仅供参考和留存之用，正本是可以议付的单据。

由于大多数给惠国当局凭格式 A 产地证给予减、免税待遇，要有效地享受普惠制，首先必须认真填好格式 A 产地证。其要点如下：

（1）发货人(出口商的业务名称、地址、国别)。本栏应填入出口商的名称和详细地址，包括城市、街道名、门牌号。地址后必须标示国名。信用证项下的证书，发货人名称必须与信用证受益人一致。

（2）收货人(收货人的名称、地址、国别)。本栏应填入实际给惠国的最终收货人名称、地址和国别，即信用证上规定的提单通知人或特别注明的收货人。如最终收货人不明确，可填发票抬头人。注意这里的收货人不能是中间商。如果货是发到欧盟国家，本栏允许留空不填。

（3）运输方式和路线。本栏应填入要求填列运输方式(海运、陆运、空运等)，并标示装运地和到货地，但须与信用证规定的条款一致。如系转运商品，应加注转运地点。如转运地不明确时，则只标明“With transshipment”即可。但是，由于取得优惠资格的商品必须由受惠国直接运到给惠国，而不得在中途转卖或被更换、再加工，这是受惠国享受普惠制待遇的重要条件之一，所以出口商在安排享受普惠制待遇出口货物的运输时，应注意尽量争取直接运输，以免造成中途更换的嫌疑。

（4）供官方使用。此栏由签证当局根据需要填写。一般要求发货人在货物装运前向出入境检验检疫局申请签证，如果在装运货物后申请签证，出入境检验检疫局在本栏加盖“(后发)红色印章”。但日本海关一般不接受这种“后发证书”。如果原证书因遗失或损坏向出入境检验检疫局申请补发证书时，或原证书有误需要重新出具以替换原证书时，出入境检验检疫局也在本栏加注“本证书为×年×月×日所发的第×××× 号证书的复本，原证书作废”，并加盖“(复本)红色印章”。

（5）项目号。在收货人运输条件相同的情况下，如同批货物有若干品种，应分别填写“1”、“2”、“3”等，如为单项商品只填写“1”。

（6）运输标志及包件号码。运输标志即唛头，应与发票和提单的唛头一致。如无唛头则填“N/M”，不能留空。

（7）包件数量、种类和商品名称。商品名称要与发票一致。即使信用证规定统称，亦应加注具体品名。件数要求除阿拉伯数字外，再加以大写英语数字对照。本栏内容填写完毕后再加上结束符号，以防他人伪造填写内容。如果信用证要求加注附加内容，如信用证号、合同号等，要在结束符号以下填注。如果唛头太多，在上一栏填不下，也可在此栏结束符号下填写。

（8）原产地标准。这是产地证的核心部分，海关审查的重点。因此，对出口商品是否含进口成分，是否经过相当程度的加工并已实质性地改变成另一商品，应慎重填写。如完全自产，无进口成分，填写“P”；如虽含有进口成分，但经出口国充分制作加工符合原产地标准的产品，再输往他国，可填写“G”；其他填“F”。

（9）毛重或其他数量。此项应以货物的正常计量单位填写，如“只”、“件”、“双”、“台”、“打”等。以重量计算的货物应填写毛重。只有净重的，如散装货物，则填净重，但要注明“N. W.”。

（10）发票号码及日期。这一栏应按发票填写，为避免月份、日期的误解，月份用英文缩写而不要用阿拉伯数字。这一栏是必填不可的，绝对不能留空，否则出入境检验检疫局不会签证。有些中间商在开信用证时，在信用证特别条款中规定：“一切单据除汇票和发票外，不表示信用证号码及发票号码”，其目的是收到出口商的单据时，将出口商的发票换为自己的发票议付。如果出口商在其他单据上填入出口商的发票号码，与中间商的发票不一致，中间商则无法议付。但如果信用证要求普惠制产地证，出口商必须填写自己的发票号码，因此，如遇到有上述特别条款的信用证，出口商在未装运前必须洽商对方改证，否则就会遭受损失。

（11）签证当局证明。由出入境检验检疫局签章，并由被授权签字人手签。签发日期不得早于发票日期和申请日期，但必须早于货物装运日期。盖章与手签两者不能重叠或覆盖。出入境检验检疫局签章只签正本。

（12）出口商声述。本栏应填三个项目：①生产国别，应是受惠国，一般已事先印妥；②进口国别，填收货人所在国，应是给惠国，如货运欧盟；③出口商申请日期、地点及签章，申请日期应早于签发日期和提单日期。正副本都必须签章。

2. 一般产地证

向给惠国以外的国家出口商品，出口商只需提供一般产地证。如果信用证未规定产地证的签发人时，出口商甚至可以提供由自己签发的产地证。但大多数信用证都要求产地证由有权机构出具，如出入境检验检疫局或商会，以维护其准确性和权威性。

（六）海关发票

海关发票是根据进口国海关规定的特定格式，由出口方填制的一种发票。它是进口商凭以向海关办理进口报关、纳税等结算手续所用的一种特殊发票。进口国海关根据海关发票核查进口商品的价值和产地，以确定商品是否可以进口、是否可以享受优惠税率。此外，还可据以确定出口国是否存在低价倾销。海关发票对于进口商而言是一种重要的单据，但被出口商看做是一种贸易障碍。在实际业务中，并不是与世界上所有国家的交易都要提供海关发票。目前要求提供海关发票的国家主要有美国、加拿大、澳大利亚、新西兰、牙买加、加勒比共同体和共同市场国家及一些非洲国家等。

各国的海关发票格式不尽相同，但内容基本一致，缮制海关发票时应注意以下几点：

（1）商品的描述，装运情况，出口方、进口方或实际购买人的名称、地址、单价、总值、价格术语、支付方式等内容的填写应与其他单据保持一致，信用证方式下应与信用证要求保持一致。

（2）生产国别如实填写，如果原产国不是一个国家，还应填上其他生产国国名。

（3）主管当局现行管理条例(进口国海关和税务机关对该货进口的有关规定)，如适用，则按要求填写，否则，填“N/A”（NOT APPLICABLE）。

（4）此外，在信用证付款方式下，注意不同信用证对海关发票名称规定不一样，常见的有五种表示方式：①CUSTOMS INVOICES；②INVOICE AND COMBINED CERTIFICATE OF VALUE AND ORIGIN；③APPROPRIATE CERTIFIED CUSTOMS INVOICES；④SIGNED CERTIFICATE OF VALUE AND ORIGIN IN APPROPRIATE FORM；⑤SPECIAL CUSTOMS INVOICE。

二、审单

（一）《跟单信用证统一惯例600》的相关规定

《跟单信用证统一惯例600》第14条a款规定：“银行必须合理小心地审核信用证规定的一切单据，以确定是否表面与信用证条款相符合。本惯例所体现的国际标准银行实务是确定信用证所规定的单据表面与信用证条款相符的依据。单据之间表面互不一致，即被视为表面与信用证条款不符。”第34条规定：“银行对于任何单据的形式、完整性、准确性、真伪性或法律效力，或对于单据上规定的或附加的一般性/或特殊性条件，概不负责。”据此，银行审单的原则是“单证一致”和“单单一致”。单证一致、单单一致都是从单据表面审查，至于单据的真伪、法律效力和单据内容的准确性，银行不负任何责任。

《跟单信用证统一惯例600》还规定，信用证受益人必须“向指定银行交单”，即向开证行授权接受单据的银行(议付行、保兑行等)而不是直接向开证行交单。议付行议付后向开证行索汇，开证行凭单付款，所以议付行和开证行都必须合理而小心地审单。

关于银行审单的时间，《跟单信用证统一惯例600》第14条b款专门对此作了规定："开证行、保兑行(如有)，或代其行事的指定银行，应有各自的合理时间——不得超过从其收到单据的翌日起算5个银行工作日——来审核单据，以决定接受或拒绝接受单据，并相应地通知寄送单据的一方。"这一期限内，开证申请人可以同开证行商量处理在审核单据中发现的问题。

(二) 银行审单时几个比较重要的问题

(1) 有关信用证有效期、装运期和交单期的规定。一般信用证都明确规定具体到期日，但也有些信用证规定有效期为多少天，如一个月、六个月等。如果信用证用这种方法表示有效期，而没有说明时间从哪一天算起，则开证日期作为起算的第一天。凡要求提交运输单据的信用证，受益人交单议付有效期受三个期限的约束：既要在信用证有效期内，又必须在交单期限内，还必须在《跟单信用证统一惯例600》规定的"装运日后21天之内"。超过其中一个限期，银行拒收。如果交单议付有效期最后的当天适逢银行的节假日，允许顺延至该银行开始营业的第一天。但装运期不得按此顺延。如果信用证上使用"prompt"、"immediately"、"as soon as possible"之类的词语来限定装运期，银行将不予理会。如果使用"about"之类词语限定装运日期，银行将视为在所述日期前后各5天内装运。判断实际装运期是否符合信用证的规定，一般是以运输单据签发日期为准。过期装运属于单证不符。

(2) 有关溢短装的规定。受益人在发货时可否溢短装的问题，涉及信用证金额、单价的增减范围。《跟单信用证统一惯例600》对此有明确规定。如果有关信用证金额、数量、单价的表示，使用了about，approximately，circa这类表示"大概"之意的词语，则应理解为有关金额、数量、单价的增减范围可在10%的幅度。如果信用证规定数量和金额可以增减一定幅度，受益人发货时，数量可以按规定幅度增减，银行付款也应按比例多付或少付。如果信用证上只规定数量可以增减，而金额不能增加，开证行不对信用证金额超支部分付款。如果受益人少装当然应少收款，但受益人多装时只能向议付行和开证行收取信用证原定的金额，其超出部分只能委托议付行向进口商托收。如果信用证既未允许也未禁止数量可以增减的，视为货物数量可以有5%的增减，但是支取金额绝对不能超过信用证金额。

(3) 有关运输船名、航线和装、卸货港的规定。运输船名、航线和装、卸货港在提单中占有重要地位，银行应审查提单上所表示的内容是否符合信用证的要求。如审查印有"预期船只"字样的提单上是否有实际船名和实际装货港，审查卸货港和目的港是否填写得当，审查港口后面有无附加内容，如"Free Zone"或"OCP"字样等。

若信用证对运输公司、船只船龄有特定要求，审查提单上的承运人及船只船龄是否与信用证规定一致。审查运输航线是否符合信用证要求，各单据之间表示的运输路线是否一致。如果信用证上有选港条款，审查提单是否标出具体的港口。

（4）有关转运的规定。若信用证上列明装运港为“Chinese ports”，这表示货物可以分几个港口装运，对受益人比较方便，尤其在货源不足的情况下，需要在其他港口补足货量时，发运人可以在其中一个港口装一部分货，然后在其他港再补充。若信用证规定装运港为“Chinese port”，这只表示在我国的某一个港口装运，如果同一提单上表明是在我国几个港口装运，则属于单证不符。

（5）有关分批装运的规定等。

第三节　交单与结汇

一、交单

交单是指出口商在规定时间内向指定银行提交信用证规定的全套出口单据，这些单据经过银行审核，银行即可根据信用证规定的付款条件办理结汇。

出口商交单的方式有两种。

（1）两次交单。两次交单即在运输单据签发之前先将其他备齐的单据交银行预审，并在全部单据备齐后向银行交单，银行将补交的单据并入第一次提交的单据中。银行预审时如发现问题，出口商可及时更正，有利于安全收汇。

（2）一次交单。出口商将全套单据备齐后一次性提交银行，若银行发现不符点则退单给出口商修改，这样可能会延长交单时间，影响收汇。

二、结汇

结汇是指银行收到出口商交来的单据，对这些单据进行审核，审核无误后，银行将外汇货款按当日汇率结算成本币支付给出口商。目前，我国出口商大多使用议付信用证。议付信用证下，议付行审核无误后，立即将单据寄给开证行或其指定的付款行索偿，并按约定的方式给出口商付款。议付信用证下出口企业的结汇有三种方式。

（1）收妥结汇。收妥结汇是指议付行收到受益人提交的交货单据，经审核确认与信用证条款的规定相符后，将单据寄给国外付款行索汇，待付款行将外汇划拨给议付行后，议付行才按当日外汇牌价结算成人民币交付给受益人。这种结汇方式也称“先收后结”。

（2）定期结汇。定期结汇是指议付行在收到受益人提交的单据，经审核无误后，将单据寄给国外银行索取外汇，并预先给出口企业确定一个固定的结汇期限，到期将外汇货款结算成人民币交付给受益人。

（3）买单结汇。买单结汇又称出口押汇，是指议付行在审单无误的情况下，按信用证条款买入出口商的汇票和单据，按照汇票金额扣除从议付日到估计收到货款之日的利息，将余款按当天的牌价折算成人民币付给出口商。议付行向受益人垫付资金买入跟单汇票后，即成汇票的善意持有人，可凭跟单汇票向付款行索取货款。所以买单结汇实际上是出口方银行对出口商的资金融通，使出口商在交单议付时即可收到货款，从而加快资金周转，有利于出口商扩大出口业务。

三、单证不符的补救措施

在信用证付款方式下，银行只有在审核单据和信用证完全相符时才给予付款。但在实际外贸业务中，一些中小企业由于业务员或单证员对此不够重视，或对信用证业务知识不甚了解，会出现各种单证不符的情况。单证不符轻则被银行扣款，重者银行拒付。因此，实践中一旦发生单证不符，如有充足的时间改单或改证，则尽量修改。如果没有时间修改，或一些单据无法修改，则可根据实际情况采取以下措施补救，以最大限度地减少损失。

（1）如果不符点不严重，出口企业应尽快联系开证申请人(进口方)，在征得开证申请人同意的前提下，由出口商出具保证书，请求议付行“凭保议付”，如出口商信誉较好，议付行可在保留追索权的情况下凭受益人出具的自身担保或其他人为其出具的还款担保函付款、承兑或议付，并向开证行索汇。担保函中说明不符点的内容，声明如国外开证行拒付，由受益人承担自己的责任，同时申请进口人立即授权开证付款，并保证由此引起的后果，均由担保函出具人承担。议付行应在向开证行寄单时说明不符点，称为“表提”。如果开证行拒受不符单据并拒付时，担保函出具人应偿还基于担保函所做出的付款及其有关费用、利息。

（2）如果交易额比较大，不符点情况又比较复杂，出口地银行可以电报、电传或SWIFT 方式通知开证行，请其与开证申请人联系是否接受不符点，并取得开证申请人授权。如开证申请人不接受或议付行不办理不符点单据的议付，出口地银行将全套单据退回给出口商，出口商只能做跟证托收；如果开证申请人同意接受不符点，开证行也表示可以议付，议付行按正常的单证相符的方式议付并向开证行寄单索汇。

（3）如果交易金额不大，客户资信可靠，也可采用表提方式即由银行将单据随寄单通知书一起直接寄给开证行，开证行经开证申请人同意后，按寄单通知书的指示办理付款。如开证申请人不接受不符点，则进出口双方协商解决。

（4）如果单据经开证行审核发现不符点，并确属出口方责任，除采取上述措施外，同时还应做一些货物转卖、转运等其他补救措施的准备。

四、打包贷款

打包贷款是指出口地银行为支持出口商按期履行合同义务、出运货物而向出口商提供的以正本信用证为抵押的贷款。因为最初这种贷款是专门提供费用给受益人包装货物的，所以称作打包贷款。它是银行对出口商提供的一种短期融资，主要用于对生产或收购商品开支及其他从属费用的资金融通，融资比例通常不超过信用证金额的80%，银行根据资金情况和客户情况而定，期限从信用证抵押之日到出口商提供货运单据并向开证行寄单收回贷款之日。提供贷款的银行承担议付义务，收回信用证项下贷款后，将贷款收回。对中小企业而言，在实际出口业务中，可通过这种方式取得银行的融资，以解决出口备货所需的资金问题。

练 习 题

1. 对于采用CIF条件和议付信用证支付方式的出口合同，出口方在履行时一般要经过哪些环节？

2. 审核信用证的依据是什么？为什么说审证是出口环节中的一个极其重要的环节？审证时通常应审核哪些内容？

3. 何谓信用证中的到期日、交单期和装运期？这三者的关系如何？在实际工作中应如何掌握？到期地点与到期日又有什么关系？

4. 所谓单证“相符”的原则，是指收益人提交的单据必须做到什么？

5. 什么是空白抬头和空白背书的海运提单？如信用证对提单规定：“made out to order of shipper and endorsed to Bank of America NT&SA”。请问提单的抬头人如何写？

第十四章
检验、索赔、不可抗力与仲裁

第一节　商　品　检　验

一、商品检验的意义和内容

（一）商品检验的意义

国际货物买卖中的商品检验是指商品检验机构（以下简称“商检机构”）对商品的品质、数量（重量）、包装、安全性能、卫生指标、残损情况、货物装运技术条件等进行检验和鉴定，从而确定货物的品质、数量（重量）和包装等是否与合同条款相一致，是否符合交易双方国家有关法律和法规的规定。

在国际贸易中，买卖双方处于不同的国家，彼此相距遥远，难以在成交时当面验看货物，因此经常会在交货的品质或数量（重量）等问题上产生争议。加之国际货物买卖要经过许多环节，执行合同期间可能会受到各种人为的或自然的因素影响，而使商品的品质、数量（重量）、包装等发生变化，这又容易引发交易双方在责任归属问题上的争议。针对这种情况，商检机构以公正的第三方的身份对货物进行检验或鉴定，并出具商检证书，作为买卖双方交接货物、结算货款和向有关方面进行索赔的依据，从而达到使交易顺利进行的目的。可见，商品检验是国际贸易中一个相当重要的环节。

从另一个角度出发，商品检验关系到出口国是否能保持良好的信誉，能否使本国出口贸易持续发展，并对国民经济的长期稳定发展起到推动作用；关系到进口国的社会福利、经济利益是否会受到保障；更关系到进出口双方的经济利益。因此，许多国家的法律和有关国际公约都对进出口商品的检验问题作出了明确规定。

《中华人民共和国进出口商品检验法》（以下简称《商检法》）规定，列入《商检机构实施检验的进出口商品种类表》（以下简称《种类表》）的进出口商品和其他法律、行政法规规定须经商检机构检验的进出口商品，必须经过商检机构或国家商检部门、商检机构指定的检验部门检验。凡列入《种类表》的进出口商品，除非经国家商检部门审查批准免于检验的，进口商品未经检验或经检验不合格的，不准销售、使用；出口商品未经检验合格的，不准出口。

除我国《商检法》外，其他国家的法律及包括《联合国国际货物销售合同公约》（以下简称《公约》）在内的有关国际公约也都就商品检验问题作了规定。依据这些规定，买方"收到"货物与"接受"货物是两个不同的概念，除非买卖双方另有规定，买方收到货物之后、接受货物之前，应享有对所购货物进行检验的权利。但买方对货物的检验权并不是强制性的，若买方没有利用合理的机会检验货物，就意味着他自动放弃了检验货物的权利。

（二）商品检验的内容

商品检验应针对商品不同方面的状况进行，以下几种检验在进出口商品检验中比较常见。

（1）品质检验。品质检验的主要内容是对商品的外观、化学成分、物理性能等进行检验。一般采用仪器检验和感官检验两种方法。仪器检验是利用各种有关仪器和机械设备对商品进行物理检验、化学分析和微生物检验等；而感官检验则是通过耳、鼻、眼、口、手对商品进行鉴定。

（2）数量（重量）检验。商品数量（重量）检验是使用合同规定的计量单位和计量方法对商品的数量（重量）进行鉴定，以确定其是否符合合同规定。因数量（重量）检验的各种方法都有一定的局限性，在实际业务中允许有一定的合理误差。

（3）包装检验。包装检验主要是对商品包装的牢固性和完整性进行检验，看其是否适合商品的性质和特点，是否适于货物流转过程中的装卸、搬运，是否符合国际货物买卖合同及其他有关规定，是否有合乎标准或合同规定的内包装和衬垫物料或填充物料。在对包装进行检验时，还要对包装标示的各项内容进行核对，看其是否与合同规定相符。

（4）卫生检验。对进出口贸易中与人类生命健康密切相关的肉、蛋、奶制品及水果等都必须进行卫生检验，对发现细菌或寄生虫的产品一律不准出口或进口。

（5）安全性能检验。安全性能检验是根据国家规定和贸易合同、标准以及有关进口国的法令要求，对进出口商品有关安全性能方面的项目进行的检验，以保障生产使用和人身财产的安全，防止发生破坏生态平衡的事故。

（6）残损检验。进口商品残损检验主要是对受损货物的残损部分予以鉴定，了解致残原因以及对商品使用价值的影响，估定损失程度，并出具证明，作为向有关方面索赔的依据。商品的残损主要是指商品的残破、短缺、生锈、发霉、虫蛀、油浸、变质、受潮、水渍、腐烂等情况。进口商品残损检验的依据主要包括发票、装箱单、保险单、重量单、提单、商务记录及外轮理货报告等有效单证或资料。

除上述检验内容外，进出口商品检验还包括船舱检验、监视装载、签封样品、签发产地证书和价值证书、委托检验等项内容。

二、商检机构

（一）国际上的商检机构

在进出口货物的检验过程中，商检机构作为公正的第三方对商品进行各方面的检验和鉴定，并出具真实、公正、具有权威性的检验证书。凡是开展进出口贸易的国家或地区，一般都设有商检机构。虽然它们的名称各异，但按其性质划分，一般包括以下几种情况：

（1）官方商检机构。这一类机构由政府出资设立，依据国家有关法律、法规对进出口商品进行强制性检验、检疫和监督管理。如美国食品药物管理局（FDA）、美国粮谷检验署、法国国家实验室检测中心、日本通商产业省检验所等都是世界著名的商检机构。

（2）半官方商检机构。这类机构就其性质而言应属于民间机构，但它们却由政府授权，代表政府进行某项商品检验或某一方面的检验管理工作。例如，在国际上具有相当知名度的美国担保人实验室就属于这种情况，各国出口到美国的与防盗信号、化学危险品以及与电器、供暖、防水等有关的产品都要在通过其检验，并贴上“UL”标志后，才能在美国市场销售。

（3）非官方机构。这类机构由私人开设，具有专业检验、鉴定技术能力，并被当地法律所认可，如同业公会、协会开办的公证行、检验公司等。这类机构中有些机构历史悠久，在全球具有较高的权威性，如英国劳氏公证行、中国香港天祥公证行；还有些更是发展为规模庞大、具有垄断性的全球性机构，如瑞士通用公证行（SGS）等。

（二）我国的商检机构

新中国成立后，建立了中华人民共和国进出口商品检验局（简称国家商检局），并在各省、自治区、直辖市及进出口口岸、进出口商品集散地设立了分支机构，对一般的进出口商品进行检验。与此同时，各专业部门的商检机构也根据专业特点和分工承担有关进出口商品的检验工作。例如，农业部的中华人民共和国动植物检疫总所及其所属各省、自治区、直辖市和陆、海、空港口的检疫局；交通部的中华人民共和国船舶检验局和各地的分局；卫生部的中华人民共和国卫生检疫总所、中华人民共和国药品检验总所、食品卫生检疫总所等。

改革开放后，为适应我国对外贸易迅速发展的需要，1980 年又成立了中国进出口商品检验总公司，并在各省、自治区、直辖市开办了分公司，以非官方身份独立开展进出口商品的检验、鉴定业务，签发相应的证书，并对进出口双方当事人提供咨询服务，为促进我国对外贸易的发展作出了贡献。

1998 年 7 月，原国家商检局、原卫生部卫生检疫局、原农业部动植物检疫局共同组建了中华人民共和国出入境检验检疫局(CIQ)，简称“国家出入境检验检疫局”或“中国出入境检验检疫局”，对我国出入境商品检验进行统一管理。它的成立，标志着我国进出口商品检验工作又进入了一个新的时期。

2001 年，原国家出入境检验检疫局和国家质量技术监督局合并，成立国家质量监督检验检疫总局(以下简称国家质检总局)。

根据我国《商检法》的规定，国家商检机构应承担以下几方面责任：

(1) 对进出口商品实施法定检验。法定检验是指国家质检总局及其指定的检验机构，根据我国有关法律、行政法规的规定，对规定的进出口商品和有关的检验事项实施强制性检验，未经检验或检验不合格的商品，一律不准进口或出口。目前国家质检总局实施法定检验的范围包括：①对列入《种类表》中的进出口商品进行检验；②对出口食品进行卫生检验；③对出口危险货物包装容器进行性能鉴定和使用鉴定；④对装运出口易腐烂变质食品、冷冻品的船舱、集装箱等运载工具进行适载检验；⑤对有关国际条约规定须经商检机构检验的进出口商品进行检验；⑥对其他法律、行政法规规定必须经商检机构检验的进出口商品进行检验。

(2) 对进出口商品的质量和检验工作进行监督管理。国家质检总局是我国主管出入境卫生检疫、动植物检疫和商品检验的行政执法机构，它与其设在各地的分支机构负责实施以下监管工作：①对所有进出口商品的收货人、发货人和生产、经营、储运单位，以及国家质检总局和地方检验检疫机构制定或认可的检验人员的检验工作进行监督管理；②对进出口商品的质量进行认证；③对涉及安全、卫生等的重要进出口商品及其生产企业实行进口安全质量许可制度和出口质量许可制度；④对出口食品及其生产企业实行卫生注册登记制度；⑤应出口商品生产企业的申请或国外客户的要求，对出口商品生产企业的质量体系进行评审；⑥对不属于法定检验范围的其他进出口商品进行抽查检验。

(3) 办理进出口商品的公证鉴定。除对部分商品实施法定检验外，对不属于法定检验范围的进出口商品，进出口商也可以根据国际货物买卖合同，在规定范围内向国家质检总局提出检验申请，并要求出具商检证书。国家质检总局公证鉴定业务的范围包括：①进出口商品的质量、数量(重量)、包装鉴定；②车辆、船舶、集装箱等运输工具的清洁、密固、冷藏效能等装运技术条件鉴定；③舱口检视、监视装卸载，验残、海损货物鉴定；④鉴封样品，货载衡量，签发产地证书、价值证书以及其他公证鉴定业务。

三、检验时间和地点

检验时间和地点不仅仅涉及交易当事人在何时、何地对货物进行检验，而且通过对检验时间和地点的规定，可以确定何方享有对货物的检验权，也就是说谁拥有对货物的品质、数量(重量)、包装等诸方面内容进行最后评判的权利。在实际业务中，对检验时间和地点的规定方法主要有四种。

(一) 在出口国检验

从总体上看，在出口国检验属于货物在装运前的检验，它又包括了在产地(工厂)检验和在装运港(地)检验两种做法。

(1) 在产地(工厂)检验。这是指货物在产地启运或工厂出厂前，由产地或工厂的检验部门，有时还要会同买方的验收人员对货物进行检验和验收，由合同规定的商检机构出具商检证书，作为卖方交货的品质、数量(重量)等内容的最后依据。卖方只承担货物启运或出厂前的责任，对于日后货物在流转过程中可能发生的一切问题不承担任何责任。这是在国际贸易，特别是大型机械设备的交易中常见的做法。这类货物在发货前一般都会在生产厂家进行安装测试，一旦发现问题，由供货商立即解决。

(2) 在装运港(地)检验。这种规定商检时间和地点的方法习惯上称为“离岸品质和离岸重量”，是指买卖双方在合同中规定，货物在装运港或装运地装运前，由双方约定的商检机构对商品的品质和重量进行检验，并出具相应的商检证书，作为证明卖方所交货物的品质、重量与合同规定相符的最后依据。

采用以上两种方法规定检验时间和地点时，即使买方在货到目的港(地)，经检验发现货物的品质、数量(重量)、包装等方面不符合合同规定，也不能就此向卖方提出异议，除非买方能证明这种不符是由于卖方违约或是由于货物存在内在缺陷造成的。可见，这类规定方法否定了买方对货物的复检权利，对买方极为不利。

(二) 在进口国检验

在进口国检验是指货物在目的港(地)卸载后进行检验，它也可以分为两种情况：

(1) 在目的港(地)检验。这种规定检验时间和地点的方法经常被称为“到岸品质和到岸重量”，是指买卖双方在合同中约定，货到目的港(地)卸货后，由双方约定的目的港(地)商检机构对货物的品质、重量(数量)、包装等进行检验，并出具相应的商检证书，作为决定货物品质和重量的最后依据。按这种做法，买方可以凭上述检验证书就到货品质或重量向卖方提出索赔或按双方事先的约定处理。

（2）在进口方营业处所或最终用户所在地检验。有些货物因不便拆开密封包装，或因需要一定的检验条件和设备而无法在进口目的港（地）卸货后进行检验，为此，可在进口方营业处所或最终用户所在地由合同规定的商检机构进行检验，并以该机构出具的商检证书作为判断卖方交货品质、数量（重量）等是否符合合同规定的最终依据。

采用这两种方式约定检验时间与地点时，卖方必须保证货物到达目的港（地）时的品质、数量（重量）、包装等与合同规定相符。如果由于卖方责任致使货到时出现品质、数量（质量）、包装等方面与合同不符的情况，进口方可以凭双方约定的商检机构出具的商检证书向卖方索赔。显然，这类规定方法对买方有利，而对卖方不利。

（三）出口国检验与进口国复验

实行出口国检验与进口国复验时，卖方在货物装运时，要委托合同约定的、装运港（地）的商检机构检验货物并出具商检证书，作为向当地银行议付货款的单据之一，但不作为卖方交货品质和数量（重量）等与合同规定相符的最后依据。待货到目的港（地）后，再由双方约定的、目的港（地）的商检机构对货物进行复验，如果发现货物的品质或数量（重量）等与合同不符，并确属卖方责任时，买方可以凭对商品进行复验的商检机构出具的商检证书向卖方提出异议。这种规定方式比较公平合理，在国际贸易中被广泛采用，我国进出口业务中也多用此种规定方式来约定检验地点和时间。

（四）装运港（地）检验重量与目的港（地）检验品质

在大宗商品的交易中，为调和买卖双方在商品检验时间与地点问题上的矛盾，有时也规定在出口国检验重量，在进口国检验品质，这种方法称为“离岸重量和到岸品质”。在这种方法下，以装运港商检机构验货后出具的重量检验证书为卖方交货重量的最后依据，而以目的港商检机构验货后出具的品质检验证书为卖方交货品质的最后依据。若货到目的港（地）后，经检验发现由于卖方责任致使货物品质与合同规定不符，则买方可凭商检证书向卖方索赔；但若是货物重量出现不符，则买方不得向卖方提出异议。

应注意的是，对进出口商品检验时间与地点的规定，与交易中所采用的贸易术语有密切联系。例如，在采用E组或D组术语时，卖方要将货物实际交付给买方，这时商品检验应在买卖双方交接货物的时间和地点进行；若检验合格，买方就接受货物，卖方也就不再对货物承担责任。但若采用F组或C组术语，卖方对买方是象征性交货，货物风险转移给买方时，买方并未收到货物，也就无法对货物进行检验；在这种情形下，出口国检验与进口国复验便是对双方最合理的规定方法。

四、检验标准和检验方法

（一）检验标准

检验标准是指判断进出口商品的某些指标是否合格所依据的标准。出口商品与进口商品检验标准的确定原则有所区别。

出口商品检验依据的确定原则是：凡国际货物买卖合同中对品质、包装条件有具体规定的，以合同规定为检验标准；凡合同规定按某项标准检验的，即以该项标准为检验依据；若合同中未规定检验标准或规定不明确的，以国家标准作为检验标准，无国家标准的，以专业标准为检验标准，无专业标准的，以企业标准为检验标准；目前尚无标准的，一般参照同类商品的标准，或由国内生产部门与商检机构共同研究后决定。如果国外买方要求按对方或第三国的标准实施检验时，亦须与有关部门研究后再定。

进口商品检验依据的确定原则是：凡合同对检验项目的指标有具体规定的，以合同规定为检验标准；凡合同规定有检验参照标准的，以该标准为检验标准；合同中未规定或规定不明确的，首先以生产国现行标准作为检验标准，无该项标准的，以国际通用标准作为检验标准，这两项标准都没有的，以进口国的标准作为检验标准。此外，卖方提供的品质证书、使用说明书也可作为检验标准。

在实际业务中应注意，合同中规定的作为检验依据的各种标准，应符合国家有关法律、行政法规的规定，否则，该项合同内容无效。

（二）检验方法

对进出口商品的检验方法也应在合同中具体约定。因为同一种商品如果用不同的方法检验，其检验结果可能相差较大，所以为避免日后双方因此而产生纠纷，最好在合同中规定检验方法。合同中没有规定检验方法的，出口商品按我国商检部门规定的方法检验；进口商品按国际贸易习惯通用的方法检验。

五、复验地点和时间

在国际贸易中，一般都承认买方的复检权，因此应在合同中对复验期限、复验地点、复验机构、复验费用负担等内容作出具体规定。其中，复验地点应根据商品的性质而定，可以在目的港(地)，也可以在最终用户所在地；复验机构应得到卖方的认可并在合同中作出规定；复验方法应与卖方的检验方法相一致，以免因此而产生检验结果上的差异；复验费用需在合同中明确规定由何方负担。

应注意的是，合同规定的复验期限实际上就是买方的索赔期限。买方只能在规定的复验期内对商品进行复验并提出索赔，否则就将失去索赔的权利。对此，《公约》第

39条规定："(1)买方对货物不符合同，必须在发现或理应发现不符情形后一段合理时间内通知卖方，说明不符合同情形的性质，否则就丧失声称货物不符合同的权利。(2)无论如何，如果买方不在实际收到货物之日起两年内将货物不符合同情形通知卖方，他就丧失声称货物不符合同的权利，除非这一时限与合同规定的保证期限不符。"复验期限的长短应根据商品的特点而定，易腐烂、变质的商品，其复验期限的规定宜短；品质比较稳定的产品，复验期限可规定得稍长些；而机器设备一类的商品，因需安装调试才能使其达到一定的技术指标，其复验期限应更长些。

六、商检证书

(一) 商检证书的作用

商检证书是商检机构对商品进行检验、鉴定后出具的证明文件，它是国际货物买卖中的重要单据之一，可以起到以下作用：

(1) 它可以证明卖方所交货物的品质、重量(数量)、包装以及卫生条件等是否符合合同的规定。如果商检证书中所记载的检验结果与信用证的规定不符，银行有权拒绝议付货款。

(2) 它是卖方向银行议付货款的单据之一。如果不能提交或不能提交合格的检验证书，卖方就无法从银行取得议付货款。

(3) 它是海关通关验放货物的有效证件。按国家法律及有关行政法规的有关规定，在向海关报关时，一般都必须提供有关的商检证书，否则海关不予通关。

(4) 它是买方对货物品质、重量(数量)、包装等条件提出异议、拒收货物或对外索赔的依据。

(二) 商检证书的种类

商检证书的种类由商品检验的内容决定。根据商品检验内容的不同，常见的商检证书可分为以下几种：

(1) 品质检验证书。这是运用合同规定的各种检验方法，对报验商品的质量、规格、等级进行检验后出具的书面证明文件。

(2) 重量检验证书。这是利用合同规定的各种方法对商品的重量予以鉴定后出具的书面证明。

(3) 数量证明书。这是证明商品的实际数量的书面证明文件。

(4) 卫生证明书。这是对出口的食用动物产品，如罐头食品、蛋制品、乳制品、冷冻鱼虾等商品实施卫生检验后出具的，证明货物已经检验和检疫合格，可供食用的书面文件。

(5) 兽医检验证书。这是对动物商品进行检验，表明其未受任何传染病感染的书面证明。皮、毛、绒及冻畜肉等货物都须进行此项检验。

(6) 消毒检验证书。这是证明某些出口的动物产品已经过消毒处理，符合安全、卫生要求的书面文件。在猪鬃、马尾、皮张、羽绒、羽毛等商品的贸易中，经常会要求这种检验证书。

(7) 熏蒸检验证书。这是证明谷物、油籽、豆类、皮张等出口商品及包装用木材与植物性填充物等，已经过熏蒸杀虫，达到出口要求的书面报告，其中还要记录熏蒸使用的药物种类和熏蒸时间。

(8) 原产地检验证书。这是对出口产品的原产地的书面证明，包括一般的原产地证书、普惠制产地证书、野生动物产地证书等几种。

(9) 价值检验证书。这是证明出口商品的价格真实、可靠的书面证明，可以作为进口国进行外汇管理和对进口商品征收关税的依据。

(10) 验残检验证书。这是证明进口商品的残损情况、判断残损原因、估定残损价值的书面文件，供有关当事人对外索赔时使用。

(11) 验舱证书。有时要对准备装货的船舱的现状和设备条件进行检验，如冷藏舱室检验、油轮密固检验、干货舱清洁法检验、油舱清洁法检验等，如果检验认为符合运载契约和商检机构规定的技术要求，则签发此种证书。

(12) 货载衡量单。商检机构有时根据承运人或托运人的申请，对进出口船运货物的尺码吨位和重量吨位进行衡量，并签发此种证书。

在实际的进出口业务中，由于交易的商品不同，所需提供的商检证书的种类也不相同，买卖双方应对此在合同中作出具体约定。此外，提供证书的种类还要符合与合同相关的国家的法律、法规及对外贸易政策的规定。例如，我国规定，对动物产品除出具品质检验证书、重量检验证书外，还需提供兽医检验证书；而对食用动物产品，除出具品质检验证书、重量检验证书外，还需提供卫生证明书。另外还应注意，商检证书的有效期一般为两个月，鲜果、蛋类为两个星期。如果因特殊原因，在取得商检证书后未能按时将货物装船出运，则商检证书逾期后，应向商检机构申请展期，必要时还需重新检验。

七、进出口商品的检验程序及免检

（一）进出口商品检验的一般程序

各个国家进出口商品的检验工作都是按一定程序进行的。以我国为例，进出口商品检验要经过以下基本步骤完成。

(1) 申请检验。若申请对出口商品进行检验，出口商一般应在货物发运前7~10天(鲜活品为3~7天，而如果商检机构不在出口商所在地，则要在货物发运前10~15

天)填写“出口检验申请单”，写明申请检验或鉴定的内容，并要提供合同、信用证、往来函电等相关文件。若申请对进口商品进行检验，进口商应于最迟不少于对外索赔期1/3的时间内，填写“进口检验申请单”，说明申请检验或鉴定的内容，并要提交合同、商业发票、货运单据、品质证书、装箱单、外运通知单、接用货部门已验收记录等资料；如果已发现货物有残损、缺少现象，还要附上理货公司与轮船大副共同签署的货物残损报告单及其他相关证明材料。商检机构收到进出口商品的报验申请后，要对申请单中所填内容逐项审核，与各种附带文件相核对。一旦审核通过，便对报验申请单登记、编号，并将全套单证交检验部门安排检验。

(2) 实施检验。实施检验是指商检机构采取随机抽样的方法，在整批商品中抽取一定数量的有代表性的样品，按国家规定或合同规定的技术标准，对样品的有关特性进行检查、试验、测量或计量的过程。进出口商品的检验包括商检自检与共同检验两种方式。商检自检是指商检机构在受理了进出口商品的检验申请后，自行派出检验技术人员对商品进行抽样、检验，出具商检证书。共同检验则是指商检机构在受理了进出口商品的检验申请后，与有关单位商定，由双方各派人员共同检验，并出具商检证书；或商检机构与有关单位就检验内容进行分工，各承担某一部分的检查项目，最后共同出具商检证书。

(3) 签发证书。出口商品通过检验后，商检机构可按合同、信用证或进口方的要求，签发商检证书。若合同、信用证、进口方未要求正式的商检证书，商检机构签发“商检放行单”或在“出口货物报关单”上加盖放行章即可。进口商品通过检验后，商检机构可根据需要签发“检验情况通知单”或相关商检证书。但若是收货、用货单位验收进口商品时发现问题，向商检机构申请复验，而复验不合格时，商检机构必须签发正式的商检证书，作为进口方对外索赔的依据。

另外应注意，相当一部分发展中国家出于全面监管本国进口商品的目的，规定凡对该国出口的商品，都要在出口国进行装运前检验，并由SGS出具检验证书。但根据我国法律规定，外国公证鉴定机构不得在华设立办事处或分公司，因此在国外信用证要求由SGS或其代理在装运港(地)出具清洁检验报告时，我出口方可请国外客户向当地的SGS机构提出申请，然后由SGS将客户申请电告我国商检机构，由我国商检机构代SGS对商品进行检验，并出具检验报告。

(二) 进出口商品的免检

我国《商检法》及《中华人民共和国进出口商品检验法实施条例》规定，对列入《种类表》的进出口商品和其他法律、法规要求须经商检机构检验的进出口商品，由收货人、发货人申请，并经国家质检总局审批通过，可享受免检待遇。申请免检必须具备以下条件：

(1) 该商品的生产企业已获得中国出口商品质量保证体系的认证，或经我国认可的外国有关组织进行考核并获得质量保证体系认证。

(2) 该商品质量长期稳定，连续3年出厂合格率及商检机构检验合格率为100%。

(3) 该商品的用户对该商品的质量没有异议。

但要注意，凡涉及安全、卫生和某些特殊要求的商品都不能申请免检。这主要包括粮油食品、玩具、化妆品、电器以及被列入《进口商品质量许可证制度实施细则》管理的商品，合同要求按商检证书所列成分和含量计价结汇的商品，品质易发生变化的商品或散装货物。

八、合同中的检验条款

国际货物买卖合同中的货物检验条款一般包括有关检验权的规定、检验或复验的时间和地点、商检机构、商检证书等内容。

在出口贸易中，一般采用在出口国检验、进口国复验的办法。现举合同中检验条款实例如下："买卖双方同意以装运港中国国家质量监督检验检疫总局签发的品质和数量(重量)检验证书作为信用证项下议付单据的一部分。买方有权对货物的品质、数量(重量)进行复验，复验费由卖方负责。如发现品质/或数量(重量)与合同不符，买方有权向卖方索赔，并提供经卖方同意的公证机构出具的检验报告。索赔期限为货物到达目的港后××天内。"

第二节　索　赔

国际贸易涉及面广，情况复杂多变，在履约过程中，一个环节出问题，就可能影响合同的履行。加之市场情况千变万化，如出现对合同当事人不利的变化，就可能导致合同当事人一方违约或毁约，而给另一方当事人造成损害，从而引起争议。受损方为了维护自身权益，需对违约方提出索赔。违约方对受损方的索赔进行处理，称为理赔。由此可见，索赔和理赔是一个问题的两个方面，即对受损方而言是索赔，对违约方而言是理赔。在国际贸易中，索赔情况时有发生，特别是在市场剧烈震动、价格瞬息万变的时候，更是频繁出现。索赔事件多发生在交货期、交货品质和数量等问题上。一般来说，买方向卖方提出索赔的情况较多，当然，买方不按期接运货物或无理拒收货物和拒付货款的情况也时有发生，因此也有卖方向买方索赔的情况。

一、违约

违约是指合同一方当事人没有履行或没有完全履行合同规定的义务的行为。例如，在合同成立后，卖方出现不按合同规定的时间和地点交付货物，或交付了不符合合同规定的货物；或者买方不按合同规定的时间支付货款等事宜，都属于违约行为。除合同或法律上规定的属于不可抗力的原因造成者外，违约方都要承担违约的责任。另一方当事人也就有权依据合同或有关法律规定向违约方提出违约救济。

各国法律对构成违约的条件和形式的规定不同，下面将简要介绍。

（一）构成违约的条件

（1）大陆法的规定。大陆法在处理买卖合同这类民事责任时，是以过失责任作为一项基本原则。也就是说买卖合同当事人出现不能或不能完全履行合同义务时，只有当存在可以归咎于他人的过失时，才能构成违约，从而承担违约责任。

（2）英美法的规定。英美法认为，一切合同都是“担保”，只要债务人不能达到担保的结果，就构成违约，应当赔偿损失。在英国《1893年货物买卖法》和《美国统一商法典》中，关于构成违约的条件并未详细写明，但从司法实践中看，处理违约并不是以当事人有无过失作为构成违约的必要条件，通常只要当事人未履行合同规定的义务，均被视为违约。

（3）《公约》的规定。《公约》也未明确规定违约必须以当事人有无过失为条件。从《公约》第25条来看，只要当事人违反合同的行为的结果使另一方蒙受损害，就构成违约，当事人要承担违约的责任。

（二）违约的形式

（1）大陆法的规定。大陆法基本上将违约的形式概括为不履行债务和延迟履行债务两种情况。不履行债务也称为给付不能，是指债务人由于种种原因，不能履行其合同义务。延迟履行债务也称给付延迟，是指债务人履行期已届满，而且是可能履行的，但债务人没有按期履行合同。违约方是否要承担违约责任，则要看是否有归责于它的过失。有过失，违约方才承担违约责任。

（2）英国法律的规定。英国《1893年货物买卖法》将违约形式划分为违反要件和违反担保两种。违反要件是指合同当事人违反合同中重要的、带有根本性的条款。按英国法律，国际货物买卖合同中关于履约的时间、货物的品质和数量等条款都属于合同的主要条款。违反担保是指当事人违反合同中次要的、从属于合同的条款。

（3）美国法律的规定。美国法律已放弃使用“要件”和“担保”这两个概念来划分，而是从违约的性质和带来的结果上来划分违约的情况。美国把违约分为两类：轻微的违约和重大的违约。所谓轻微的违约，是指债务人在履约中尽管存在一些缺陷，但债权人已经从合同履行中得到该交易的主要利益。例如履行的时间略有延迟，交付的货物和品质与合同略有出入等，都属于轻微的违约之列。当一方轻微违约时，受损方可以要求赔偿损失，但不能拒绝履行合同的义务或解除合同。所谓重大违约，是指由于债务人没有履行合同或履行合同有缺陷，致使债权人不能得到该项交易的主要利益。发生重大违约，受损方可以解除合同，同时还可以要求赔偿全部损失。

(4)《公约》的规定。《公约》将违约划分为根本性违约和非根本性违约。所谓根本性违约，按《公约》第 25 条规定，是指："一方当事人违反合同的结果，如使另一方当事人蒙受损害，以至于实际上剥夺了他根据合同有权期待得到的东西，即为根本性违约，除非违反合同的一方并不预知而且同样一个通情达理的人也没有理由预知会发生这种结果。"不构成根本性违约的情况，均视为非根本性违约。由此可见，《公约》规定根本性违约的基本标准是"实际上剥夺了他根据合同有权期待得到的东西"。这种规定避免了对各种违约情况作出武断的划分，只能视具体情况而定。从法律结果上看，《公约》认为，只有构成根本性违约，受损方才可以解除合同，否则只能请求损失赔偿。

二、合同中的索赔条款

在我国进出口业务中，履行出口合同时，多系外方向我方索赔；履行进口合同时，则由我方向外方索赔的情况较多。为了便于处理这类问题，买卖双方在合同中一般都应订立索赔条款。索赔条款一般有两种规定方式，一种是异议与索赔条款，另一种是罚金条款。一般在货物买卖合同中，多数只订明异议与索赔条款。而在大宗商品和机械设备合同中，除了订明异议与索赔条款，往往还需另订罚金条款。

(一) 异议与索赔条款

异议与索赔条款的内容主要包括索赔的依据、索赔的期限、索赔的办法等。

(1) 索赔的依据。在索赔条款中，一般都规定提出索赔应出具的证据和出证机构，如双方约定："货到目的港卸货后，若发现品质、数量或重量与合同规定不符，除应由保险公司或船公司负责外，买方于货到目的港若干天内凭双方约定的某商检机构出具的检验证明向买方提出索赔。"

(2) 索赔的期限。受损方向违约方提出索赔的期限，应在合同中订明，如超出约定时限索赔，违约方可不予受理。因此，索赔期限的长短应规定合适。在规定索赔期限时，应考虑不同商品的特性和检验条件。对于有质量保证期限的产品，合同中还应加订保证期。此外，在规定索赔期限时，还应对索赔期限的起算时间一并作出具体规定，通常有下列几种起算方法：①货到目的港后 × × 天起算；②货到目的港卸离海轮后 × × 天起算；③货到买方营业处所或用户所在地后 × × 天起算；④货物检验后 × × 天起算。

异议与索赔条款对双方都有约束力，不论何方违约，受损害方都有权提出索赔。鉴于索赔是一项复杂而又重要的工作，故处理索赔时，应弄清事实，分清责任，并区别不同情况，有理有据地提出索赔。至于索赔金额因订约时难以预卜，只能到时候本着实事求是的原则酌情处理，故在合同中不作具体规定。

（二）罚金或违约金条款

此条款一般适用于卖方延期交货或买方延期接运货物、拖延开立信用证、拖欠货款等场合。在国际货物买卖合同中规定罚金或违约金条款，是促使合同当事人履行合同义务的重要措施，能起到避免和减少违约行为发生的预防性作用；在发生违约行为的情况下，能对违约方起到一定的惩罚作用，对受损方的损失起到补偿作用。可见，约定此条款，采取违约责任原则，对合同当事人和全社会都是有益的。

罚金或违约金与赔偿损失虽有相似之处，但仍存在差异。前者不以造成损失为前提条件，即使违约的结果是并未发生任何实际损害，也不影响对违约方追究违约金责任，违约金数额与实际损失是否存在及损失大小没关系，法庭和仲裁庭也不要求请求人就损失举证，故前者在追索程序上比后者简便得多。

违约金的数额一般由合同当事人约定，我国现行《合同法》中也没有对违约金数额作出规定，而以约定为主。按违约金是否具有惩罚性，分为惩罚性违约金和补偿性违约金。世界大多数国家都以违约金的补偿性为原则，以惩罚性为例外。根据我国《合同法》的规定，在确定违约金数额时，双方当事人应预先估计因违约可能发生的损害赔偿，确定一个合适的违约金比例。在此需要着重指出的是，在约定违约金的情况下，即使一方违约未给另一方造成损失，违约方也应支付约定的违约金。为了体现公平合理原则，如一方违约给对方造成的损失大于约定的违约金，受损方可以请求法庭或仲裁庭予以增加；反之，若违约金过分高于实际造成的损失，当事人也可请求法庭或仲裁庭予以适当减少。这样做既体现了违约金的补偿性，也在一定程度上体现了它的惩罚性。当违约方支付了约定的违约金后，并不能免除其履行合同的义务。

三、索赔、理赔应注意的事项

索赔、理赔是一项政策性、技术性很强的工作，也是一项维持国家权益和信誉的重要涉外工作，要做好这项工作，必须认真调查研究发生的每一事件，弄清事实，在贯彻我国对外贸易方针政策的前提下，利用国际惯例和有关法律，实事求是地予以合理解决。

（一）索赔应注意的事项

进口工作中的对外索赔，按照目前的做法，属于船方责任的，由有关运输公司代办；属于卖方责任的和属于保险公司责任的，由各进出口公司自行办理。如向卖方提出索赔，应注意以下问题：

(1) 按照合同的规定提供必要的索赔证件，其中包括商检机构出具的商检证书，商检证书内容要与合同的检验条款要求相一致。

(2) 正确决定索赔金额。如合同预先约定损害赔偿的金额，则按约定的金额提赔；如未预先约定，则按实际所受损失情况确定适当的金额。退货时的提赔金额，除货价外，还应包括运费、保险费、仓储费、利息以及运输公司和银行的手续费等。倘因品质差而要求减价，则提赔金额应是品质差价。如果卖方委托我方整修，则提赔金额应包括合理的材料费和加工费。

(3) 在规定的有效期内向卖方提出索赔。如果估计检验工作不能在有效期内完成，则应及时向国外要求延长索赔期并取得对方同意，以免影响我方行使索赔权。提赔函的内容应包括：①到货与合同不符的情况；②索赔的理由和证据；③索赔的项目、金额和解决的办法；④附寄提赔证件的名称和份数等。

为了做好索赔工作，应做好索赔方案。方案应列明索赔案情和证件、索赔项目和金额、索赔的理由、索赔的措施等。如情况变更，应对索赔方案及时作出修改。在索赔工作结案后，应做好登记并总结经验教训。

（二）理赔应注意的事项

在出口理赔工作中应注意下列问题：

(1) 认真审查买方提出的索赔要求。审查其理由是否充分、出证机构是否合法、证据与索赔要求是否一致、索赔是否在有效期内提出等。

(2) 如属于船方或保险公司的责任范围应分别转请有关公司处理。如确属我方的责任，在合理确定对方损失后，应实事求是地予以赔偿。对于不该赔的也要根据事实向对方说明理由。如果外商强词夺理提出不合理的要求，则要根据掌握的可靠资料予以驳斥。

总之，索赔和理赔工作均应认真对待，及时处理，注意策略，做到有理、有利、有节。

第三节　不可抗力

一、不可抗力概述

（一）不可抗力的含义

不可抗力即人力不可抗拒，它是指在国际货物买卖合同签订之后，不是由于合同任何一方当事人的过失或疏忽，而是由于发生了当事人既不能预见和预防，又无法避免和克服的事件，以致不能履行或不能如期履行合同，遭受意外事件的一方可以免除履行合同的责任或延期履行合同。

目前，国际条约和国际惯例对不可抗力还没有一个统一的定义，各国国内法的解释差别也比较大。例如，英美法称之为“合同落空”，是指合同签订后，不是由于合同当事人的过失，发生了当事人意想不到的事件，使订约的目的受到根本挫折，发生事件的一方可免除责任；大陆法称之为“情势变迁”或“契约失效”，是指前述意外事件的发生使合同不可能再履行或需要对合同原有的法律效力作相应的变更；《公约》则称之为“履行合同的障碍”，规定若是在合同签订之后发生了合同当事人订约时无法预见和事后不能控制的障碍，以致不能履行合同义务，可免除责任。尽管各国法律和各种国际公约、国际惯例对不可抗力的名称与解释存在差别，但却都承认构成这类事件需要具备以下四个条件：

（1）这种事件是在订立合同之后发生的。

（2）这种事件是当事人在订立合同时不能预见的。

（3）这种事件不是当事人所能控制的，而且它是无法避免、无法预防的。

（4）这种事件不是任何一方当事人的疏忽或过失造成的。

（二）不可抗力事件的范围

不可抗力事件的范围一般包括两类。一类是自然原因引起的，如水灾、旱灾、雪灾、飓风、雷电、火灾、地震、海啸、暴风雨、冰封等；另一类是政治或社会原因引起的，如战争、罢工、骚乱、政府封锁与禁运、贸易政策调整等。

在实际业务中，由于不可抗力是一项免责条款，买卖双方通常通过扩大不可抗力事件的范围来减少自己的合同义务，所以确定不可抗力事件的范围是一个相当复杂的问题，进出口双方非常容易在这个问题上产生异议。一般而言，对自然原因引起的不可抗力事件，交易双方比较容易达成共识；但对社会原因引起的不可抗力，各国的法律解释相差比较大，买卖双方的争议更是经常出现，只能由交易双方根据合同中的不可抗力条款，视事件的具体情况协商解决。

二、不可抗力事件的法律后果

对不可抗力事件法律后果的规定，各国也有分歧。所谓不可抗力事件的法律后果，是指当不可抗力事件出现时，合同是否即告解除，或者视不同情况，可以解除合同，也可以只是推迟履行合同。对此，英美法系认为，一旦出现“合同落空”，合同即告终结，从而就自动地解除了当事人的履约义务。而有些国家法律则认为，出现不可抗力事件不一定使合同全部解除，而应根据不可抗力事件的原因、性质、规模、对履约的实际影响区别对待。

我国对不可抗力事件规定了三种可能产生的法律后果：①如果发生不可抗力事件，致使合同义务不能全部履行，当事人可解除合同，并免除全部责任；②如果发生不可抗力事件，致使合同的部分义务不能履行，则当事人可免除部分义务；③如果发生不可抗力事件，不是导致合同不能履行，而只是不能按约定的时间履行，则当事人可以延迟履行合同，并在该事件的后果影响持续的时间内，免除其延迟履行的责任。

除规定了不可抗力事件可能产生的几种法律后果外，我国还规定在不可抗力事件中要求免责的一方应承担的两项义务。一是应当及时通知另一方，以减轻可能给另一方造成的损失。如果由于没有及时通知而给另一方造成损失，怠于通知的一方应对此承担责任。二是应在合理的时间内向另一方提供有关机构出具的证明，以证明不可抗力事件的发生。在我国，出具不可抗力证明的机构包括公证机构、中国国际贸易促进委员会等。

三、合同中的不可抗力条款

（一）不可抗力条款的规定方法

国际货物买卖合同中的不可抗力条款，一般要包括不可抗力事件的范围、不可抗力事件的后果、发生不可抗力事件后通知对方的期限和方式、不可抗力的证明文件及出具证明的机构等项内容。不可抗力条款通常有三种规定方式。

(1) 列举式。列举式即以一一列举的方式，详细列明不可抗力事件的范围。这种规定方式虽然具有明确的优点，但灵活性较差，很容易造成遗漏，一旦发生了规定范围以外的意外事件，就无法援引。

(2) 概括式。概括式即对不可抗力事件范围只作笼统规定，而不具体规定哪些事件属于不可抗力事件的范围。如在合同中规定："如果由于不可抗力的原因，致使卖方不能全部或部分装运或延迟装运合同货物，卖方对于这种不能装运或迟缓装运本合同货物不负有责任。"这种规定方法过于含糊，买卖双方容易因解释上的差异而产生纠纷。

(3) 综合式。这种规定方式一方面要列出比较常见的不可抗力事件；另一方面还要再加上"以及双方同意的其他不可抗力事件"一类的补充说明。这种规定方法比较明确、具体，又考虑到履行合同中可能发生的一些意想不到的事件，具有一定的灵活性。在我国进出口业务中，多采用这种规定方法。

（二）规定不可抗力条款时应注意的问题

(1) 要规定不可抗力事件发生后，遭受不可抗力的一方当事人将不可抗力事件通知给对方的期限和通知方式。如果遭受不可抗力的当事人未能在规定期限内、以规定方式向对方发出发生不可抗力事件的通知，则他要对对方因此而受到的损失承担赔偿责任。另外，对方当事人在收到不可抗力通知时也应该及时回复。如果认为所发生的事件不属于不可抗力，或认为对方对该事件提出的解决方案不妥，要及时向对方提出异议。

（2）要规定遭受不可抗力的一方提供不可抗力的证明文件，并要对该证明文件的出具机构作出规定。在国外，不可抗力证明文件的出具机构往往是发生不可抗力事件地区合法的公证机构，或是当地的商会；在我国，则由中国国际贸易促进委员会或其设在口岸的分会出具。

（3）要对不可抗力事件的法律后果，即在什么情况下才可以撤销合同，在什么情况下只能部分撤销合同或延期履行合同，作出明确规定。

第四节　仲　裁

一、仲裁的含义

仲裁是指买卖双方在争议发生之前或发生之后，签订书面协议，自愿将彼此之间的争议交由双方都同意的第三者进行裁决。仲裁裁决一般都是终局性的，对双方均有约束力，双方都必须执行。如果败诉一方不自觉执行这种裁决，胜诉一方有权向法院提出申请，要求予以强制执行。

仲裁是国际货物买卖的交易双方解决争议的一种方式。买卖双方在执行合同的过程中发生的纠纷，首先是通过协商或调解的方式进行解决，一旦友好协商无法解决，就会提交仲裁解决。显然，仲裁并非解决交易双方争议的最好方式，但与通过司法诉讼解决争议相比，仍具有气氛比较友好、程序比较简单、所需时间较少、费用比较低廉的优势，而仲裁的裁决又是终局性的，可以在法院的支持下得到执行，因此许多当事人都愿意通过仲裁来解决彼此之间的争议。

二、仲裁协议

从仲裁的定义中就可以看出，交易双方将彼此间的争议提交仲裁的条件就是要签订一份仲裁协议。在仲裁协议中要对仲裁地点、仲裁机构和仲裁程序规则进行选择，也对仲裁费用的负担作出规定，还要对仲裁裁决的效力进行强调。

（一）仲裁协议的形式

仲裁协议是指在争议发生之前或发生之后，双方当事人订立的自愿将双方发生的争议提交仲裁解决的书面文件。仲裁协议包括合同中的仲裁条款和双方签订的将已发生的争议提交仲裁的协议。"合同中的仲裁条款"是买卖双方在争议发生前约定的书面仲裁协议，表示双方愿意将未来彼此间可能发生的争议提交仲裁机构解决。"双方签订的将已发生的争议提交的协议"是在争议发生之后，由双方当事人共同签署的、将已发生的争议提交仲裁解决的书面协议。虽然这两种协议表现形式不同，签订时间也不同，但它们的效力与作用是相同的。

（二）仲裁协议的作用

根据大多数国家的法律，仲裁协议具有约束当事人以仲裁方式解决争议、排除法院对争议案件的司法管辖权、使仲裁机构获得对争议案件的管辖权的作用。双方当事人均受仲裁协议的约束，不得向法院起诉。如果合同一方当事人违反协议向法院提出司法诉讼，另一方当事人可以以仲裁协议为依据，声明法院无权管辖，请求停止诉讼的进行。法院接到这种声明，就不得再对有关的争议案件进行司法审理。因此，从另一个角度可以说，仲裁协议是仲裁机构受理争议案件的法律依据。

三、仲裁条款的规定

仲裁条款的规定应当明确合理，不能过于简单，其具体内容一般包括仲裁地点、仲裁机构、仲裁规则、仲裁裁决的效力、仲裁费用的负担等。

（一）仲裁地点

在何处仲裁，往往是交易双方磋商仲裁条款时都极为关心的一个十分重要的问题。这是因为仲裁地点与仲裁所适用的仲裁程序法以及合同所适用的实体法关系甚为密切。按照有关国家法律的解释，凡属程序方面的问题，除非仲裁协议另有规定，一般都适用审判地法律，即在哪个国家仲裁，就往往适用哪个国家的仲裁法规。至于确定合同当事人义务的实体法，如合同中未规定，一般由仲裁庭根据仲裁地点所在国的法律冲突规则予以确定。由此可见，仲裁地点不同，使用的法律可能不同，对买卖双方的权利、义务的解释就会有差别，其结果也会不同。因此交易双方对仲裁地点的确定都很关注，都力争在自己比较了解和信任的地方，尤其是力争在本国仲裁。在我国进出口合同中，关于仲裁地点有下列三种规定：①多数合同规定在中国仲裁；②有时规定在被申请人所在国仲裁；③规定在双方同意的第三国仲裁。选用第三种方法时，应选择允许争议案的受理双方都不是本国公民的仲裁机构，而且该机构应具备一定的业务能力，且态度公正。

（二）仲裁机构

国际贸易中的仲裁，可由双方当事人约定在常设的仲裁机构进行，也可以由双方共同指定仲裁员组成临时仲裁庭进行仲裁。

目前世界上有许多国家和一些国际组织都设有专门从事商事纠纷的常设仲裁机构。我国常设的仲裁机构主要是中国国际经济贸易仲裁委员会和中国海事仲裁委员会。根据业务发展的需要，中国国际经济贸易仲裁委员会又分别在深圳、上海、重庆设立了分会。北京总会及其在深圳、上海、重庆设立的分会是一个统一的整体，总会和分会使用相同的仲裁规则和仲裁员名册，在整体上享有一个仲裁管辖权。此外，在中国一些省市还相继设立了一些地区性的仲裁机构。我国在订立进出口合同中的仲裁条款时，一般都订明在中国国际经济贸易仲裁委员会仲裁。

在外贸业务中经常遇到的外国仲裁常设机构有：英国伦敦仲裁院、瑞典斯德哥尔摩商会仲裁院、瑞士苏黎世商会仲裁院、日本国际商事仲裁协会、美国仲裁协会、意大利仲裁协会等。俄罗斯和东欧各国商会中均设有对外贸易委员会。国际组织的仲裁机构有设在巴黎的国际商会仲裁院等。其中有许多仲裁机构与我国已有业务上的联系，并在仲裁业务中进行合作。

鉴于国际上仲裁机构众多，甚至一个国家或地区内就有若干个仲裁机构。因此，当事人双方选择哪个国家或地区审理争议案件，应在合同的仲裁条款中具体说明。

临时仲裁庭是专为审理争议案件而由双方当事人指定的仲裁员组织起来的，案件处理完毕后即自动解散，因此在采取临时仲裁庭解决争议时，双方当事人需要在仲裁条款中就双方制定仲裁庭的办法、组成仲裁庭的成员、人数、是否需要首席仲裁员等问题作出明确规定。

（三）仲裁规则

各国仲裁机构都有自己的仲裁规则，但所采用的仲裁规则与仲裁地点并不完全一致。按照国际仲裁的一般做法，原则上采用仲裁所在地的仲裁规则，但在法律上也允许根据双方当事人的约定，采用仲裁地以外的其他国家（地区）仲裁机构的仲裁规则。在我国仲裁，双方当事人通常约定适用《中国国际经济贸易仲裁委员会仲裁规则》。我国现行仲裁规则规定："凡当事人同意将争议提交仲裁委员会仲裁的，均视为同意按照该仲裁规则进行仲裁。"但是，如果当事人约定使用其他仲裁规则，并争得仲裁委员会同意，原则上也可适用其他仲裁规则。

（四）仲裁裁决的效力

仲裁裁决的效力主要是指由仲裁庭作出的裁决对双方当事人是否具有约束力，是否为终局性的，能否向法院起诉要求变更裁决。在我国，凡由中国国际经济贸易仲裁委员会作出的裁决一般是终局性的，对双方当事人都有约束力，必须依照执行，任何一方都不许向法院起诉要求变更。在其他国家，一般也不允许当事人对仲裁裁决不服而上诉法院。即使向法院提起诉讼，法院一般也只是审查程序，而不审查实体，即审查仲裁裁决在法律手续上是否完备，而不审查裁决本身是否正确。如果法院查出仲裁程序上有问题，则有权宣布仲裁无效。由于仲裁的采用以当事人双方的自愿为基础，因此对于仲裁的裁决理应承认和执行。目前，从国际仲裁实践看，当事人不服诉诸法院只是一种例外，而且仅限于有关程序方面的问题，至于裁决本身是不得上诉的。如败诉方不执行裁决，胜诉方有权向有关法院起诉，请求法院强制执行。

为了强调和明确仲裁裁决的效力，以利执行裁决，在订立仲裁条款时，通常都规定仲裁裁决是终局性的，对双方当事人都有约束力。

（五）仲裁费用的承担

通常在仲裁条款中明确规定仲裁费用由谁负担。一般规定由败诉方承担，也有规定由仲裁庭酌情决定。

四、我国通常采用的仲裁条款格式

我国根据独立自主、平等互利的原则，并参照国际上的习惯做法，在总结实践经验的基础上，一般采用下列三种仲裁条款格式：

（1）在我国仲裁的条款格式。“凡因本合同引起的或与本合同有关的任何争议，双方应通过友好协商的办法解决；如果协商不能解决，均应提交中国国际经济贸易仲裁委员会，按照申请仲裁时该会现行有效的仲裁规则进行仲裁。仲裁裁决是终局性的，对双方都有约束力。”

（2）在被申请人所在国仲裁的条款格式。“凡因本合同引起的或与本合同有关的任何争议，双方应通过友好协商的办法解决；如果协商不能解决，应提交仲裁，仲裁在被申请人所在国进行。在中国，由中国国际经济贸易仲裁委员会根据申请仲裁时该仲裁规则进行仲裁。如在××国(被申请人所在国名称)，由××国××地仲裁机构(被申请人所在国的仲裁机构的名称)根据该组织的仲裁程序规则进行仲裁。现行有效的仲裁裁决是终局性的，对双方都有约束力。”

（3）在第三国仲裁的条款格式。“凡因本合同引起的或与本合同有关的任何争议，双方应通过友好协商的办法解决；如果协商不能解决，应按××国××地仲裁机构根据该仲裁机构现行有效的仲裁规则进行仲裁。仲裁裁决是终局性的，对双方都有约束力。”

练　习　题

1. 在下列各题中选择正确的答案。

（1）在进出口合同的商检条款中，关于检验时间和地点的规定使用最多的为(　　)。

A. 在出口国检验　　B. 在进口国检验

C. 出口地检验与进口地复验　　D. 出口地检验重量，进口地检验品质

(2) 我国进出口商品检验的范围主要包括(　　)。

A. 现行《种类表》规定的商品

B. 我国《食品卫生法》和《进出境动植物检疫法》规定的商品

C. 船舱和集装箱检验

D. 海运出口危险品的包装检验

E. 国际货物买卖合同规定由商检部门实施检验的商品

(3) 进口的货物，如发生残损或到货数量少于提单所载数量，而运输单据是清洁的，则应向(　)提出索赔。

A. 卖方　　B. 承运人　　C. 保险人　　D. 银行

(4) 下列说法正确的是(　　)。

A. 仲裁协议只能在争议发生之后达成

B. 仲裁裁决的结果是终局性的

C. 买卖双方为解决争议而提请仲裁时，必须向仲裁机构递交仲裁协议

D. 仲裁协议必须在争议发生前达成

E. 买卖双方一经签订仲裁协议之后，一般就排除了法院对该争议案的管辖权

(5) 不可抗力事件是指当事人在订立合同时(　　)。

A. 不能预见的事件

B. 不能避免的事件

C. 可以预防的事件

D. 援引不可抗力条款的法律后果只能展延交货日期

E. 援引不可抗力条款的法律后果是撤销合同或推迟合同的履行

2. 商检证书的作用主要有哪些?

3. 在进口业务中，办理对外索赔时应注意哪些事项?

4. 仲裁协议有哪些作用?

5. 某合同商品检验条款中规定以装船地商检报告为准。但在目的港交付货物时却发现品质与约定规格不符。买方经当地商检机构检验并凭其出具的检验证书向卖方索赔，卖方却以上述商检条款拒赔。卖方拒赔是否合理?

6. 2009年6月，我国某粮油进出口公司(以下简称我方公司)与美国A公司成交油炸花生米200MT、每公吨CIF纽约400美元，交货期为2009年9~12月。合同规定，双方发生争议时先协商解决，如协商不能解决，提交仲裁机构解决，仲裁地点为中国，仲裁机构为中国国际经济贸易仲裁委员会。我方公司签订合同后，开始组织货源，但由于供应货的加工厂加工能力所限，致使货源不足，我方公司当年只交了50MT，其余150MT经双方协商同意延长至下一年度内交货。2010年，我国部分花生产地发生自然

灾害，花生减产，又加上供应货的加工厂停止生产这种产品，我方公司无力组织货源，于是于2010年9月26日函电A公司，以“不可抗力”为理由，要求免除交货责任。试分析我方公司的要求是否合理。

第十五章 贸易谈判与订立贸易合同

第一节 贸易谈判

贸易谈判即交易磋商，是指买卖双方就某项商品的交易条件进行协商以求取得一致意见、达成交易的整个过程。它是国际贸易业务过程中必不可少的环节，也是签订国际货物买卖合同的必经阶段和法定程序。贸易谈判以成立合同为目的，一旦双方对各项交易条件协商一致，合同即告成立，交易双方都要受合同的约束。贸易谈判的结果决定着合同条款的具体内容，包括商品的品质、规格、数量、包装、价格、装运、保险、支付、商检、异议与索赔、仲裁、不可抗力等内容，从而决定着合同双方当事人的权利与义务。因此，贸易谈判是国际贸易业务中的一个重要的环节，是买卖双方完成交易的一个核心环节。

一、贸易谈判的形式

贸易谈判方式可以是口头的，也可以是书面的，或者两者结合使用，或者采用一些新型的谈判方式。

(1) 口头谈判方式。它是指买卖双方面对面直接进行业务协商，或通过电话协商。面对面磋商的情况包括大笔交易的当面谈判、邀请国外客户来访洽谈或参加各种商品交易会时与国外客户进行的面对面的谈判。电话谈判由于其形式与面对面谈判类似，也属于口头谈判形式。

(2) 书面谈判方式。它是指买卖双方通过交换信件、电报或电传、传真等传统的书面通信方式进行业务洽商。

(3) 网络谈判方式。这即通过电子数据交换在计算机网络(包括 Internet 和 EDI 等电子传输网络)中谈判，其优点在于数据的传输速度比较快，传输格式也比较标准化，但是，也存在着技术和相关法律方面的不足。

(4) 行为谈判方式。这如在拍卖场进行拍卖或购进等。

目前，大多数企业使用传真和电子邮件进行洽谈。但应注意，传真件会褪色，不能长期保存，而且容易作伪。传真件是否可作为法律上有效的书面文件，当前各国法律存在着不同的规定。至于电子邮件可否作为有效书面文件，其法律性质迄今在国际范围内也有待明确。因此，如通过交换传真或电子邮件达成交易，有关当事人必须以信函补寄正本文件或另行签订合同书，以掌握合同成立的可靠依据，避免日后关于合同争议的发生。

二、贸易谈判的内容

贸易谈判的内容一般分为两个部分。一部分是带有变动性的主要交易条件，包括货物品质、数量、包装、价格、交货和支付条件六项内容，每笔交易不尽相同。另一部分是相对固定的交易条件，称为一般交易条件，如检验、索赔、不可抗力和仲裁条款等内容。

货物的品质等前六项是贸易谈判的主要内容，买卖双方欲达成交易、订立合同，必须至少就这六项交易条件进行磋商并取得一致意见，这六项条件是成立国际货物买卖合同必不可少的交易条件。至于其他交易条件，特别是检验、索赔、不可抗力和仲裁，虽非成立合同所必不可缺少的内容，但是为了提高合同质量，防止和减少争议的发生以及便于解决可能发生的争议，买卖双方在贸易谈判中也不容忽视。

为了简化贸易谈判内容，加速谈判的过程，并节省谈判的费用，精明的进出口商往往在正式进行谈判交易之前，先与对方就“一般交易条件”达成协议。所谓“一般交易条件”是指由出口商为出售或进口商为购买货物而拟订的对每笔交易都适用的一套共性的交易条件。一般交易条件的内容虽各有不同，但通常包括以下几方面：

(1) 有关预防和处理争议的条件，如有关交易商品检验时间地点、索赔、不可抗力和仲裁的有关规定。

(2) 有关主要交易条件的补充说明，如质量机动幅度条款、数量机动幅度条款、是否允许分批装运或转运有关条款、适用的保险条款、信用证开立的时间和到期日、到期地点的规定等。

(3) 有时对个别的主要交易条件的规定也体现在一般交易条件之中，但一般要求这些主要交易条件具有一定的通用性，如通常采用的包装方法、支付方式采用凭即期不可撤销信用证支付的规定等。

为了日常国际贸易业务发生的便利，一般交易条件大都印刷在由进出口商自行设计和印制的销售合同或购货合同格式的背面或格式的正下面。因此，一般交易条件也称格式条款。我国进出口商通常在与国外客商建立业务关系之初，将印有一般交易条件的销售合同（确认书）或购货合同（确认书）格式或单独印制的文件送交有关客户，供其参考，并需要国外客户书面确认同意在今后交易中采取我方的一般交易条件。值得注意的是，一般交易条件只有在实际交易前事先得到对方的确认，才能对双方日后订立的合同具有约束力。而且，在每次具体交易中，买卖双方也可根据交易的实际需要，提出与一般交易条件不同的条件。在此情况下，双方在具体交易中洽商同意的条件，其效力将超越一般交易条件中所规定的条件。例如，一般交易条件中原规定支付方式为“凭不可撤销即期信用证”，经双方洽商后支付方式为“即期付款交单托收”，则合同条款以后者为准。这一点几乎在所有的国家都成立。合同的书写条款可改变或否定印刷条款。我国《合同法》第41条也对此作出了非常明确的规定：格式条款与非格式条款不一致的，应采用非格式条款。这也进一步反映了非格式条款效力的优先性。

三、贸易谈判的一般程序

贸易谈判的一般程序由四个部分组成：询盘、发盘、还盘和接受。但是，并非所有的交易程序都必须经过这四个阶段，询盘与还盘在交易中不是必要的程序，发盘与接受则是必不可少的过程。

（一）询盘

询盘又称询价，是指交易的一方准备购买或出售某种商品，向对方询问买卖该商品的有关交易条件。询盘的内容可涉及价格、规格、品质、数量、包装、装运以及索取样品等，而大多数情况下只是询问价格。所以，业务上常把询盘称作询价。

在国际贸易业务中，有时一方发出的询盘表达了与对方进行交易的愿望，希望对方接到询盘后及时发出有效的发盘，以便考虑接受与否。有的询盘只是想探询一下市价，询问的对象也不限于一人，发出询盘的一方希望对方开出估价单。这种估价单不具备发盘的条件，所报出的价格也仅供参考。

询盘从发出的对象上可分为买方询盘和卖方询盘两种形式。买方询盘习惯上也被称为“邀请发盘”，如“有兴趣东北大豆，11月份装运，请发盘”。卖方询盘习惯上也被称为“邀请发盘”，如“可供中国松香WW级，8、9月份装船，请发盘”。

因为询盘行为本身并不构成任何法律后果，询盘人也不必为此承受任何法律责任，所以，可以同时向多家客户发出同一个询盘，以便了解国外行情，并利用供货商之间的竞争，争取有利的进出口条件。

在询盘的过程中应该注意以下几个问题：

（1）询盘往往是一笔交易的起点，且是进行调查研究、试探市场动态的一种手段，故不应忽视。在实际业务过程中，可以通过各种询盘活动了解市场供求状况和价格走势。

（2）在实际业务中对询盘的运用也要有所注意，虽然询盘行为不构成法律责任，但不能滥发询盘，以免引起对方厂商的厌恶，影响企业在国际市场的信誉。

（二）发盘

1. 发盘的概念

发盘也称发价，在法律上称为要约，是指一方当事人(发盘人)向另一方当事人(受盘人)提出各项交易条件并且愿意按这些条件与受盘人达成交易、订立合同的意思表示。在实际业务中，发盘通常由交易一方在收到另一方的询盘后提出，也可在没有对方询盘情况下直接主动提出。发盘可以由买方提出，也可以由卖方提出；可以是书面的，也可以是口头的。

发盘人发出发盘后不能随意反悔，一旦受盘人接受发盘，发盘人就必须按发盘条件与对方达成交易并履行合同(发盘)义务。因此，与询盘相比，发盘更容易得到受盘人的重视，有利于双方迅速达成交易，但它也因此缺乏必要的灵活性。发盘时必须对发盘价格、条件进行认真的核算、分析，确保发盘内容的准确。如果市场情况估计有误，发盘内容不当，发盘人就会陷入被动。

根据《公约》规定，一项有效的发盘必须具备以下条件：

（1）发盘应向一个或一个以上特定的人提出，即发盘中要指明特定的受盘人的名称。出口商向国外广泛散发商品目录、价格表等，一般不构成发盘。

（2）发盘内容必须十分确定。《公约》规定，一个发盘如果写明货物并且明示或暗示地规定数量和价格或规定确定数量和价格的方法即为“十分确定”。当然，这是对合同内容的最低要求，一项合同要得以履行，还要对商品品质以及交货和支付的时间和地点等予以确定。在实践中，一个有效的发盘必须是内容完整的、明确的和无保留的。一方面要表达各项主要交易条件，另一方面要解释确切，不会引起对方当事人对权利义务的误解。

（3）发盘人必须有一旦发盘被接受即受约束的意思，即明确表明订约意旨。这种表示，通常用“发盘”、“报价”、“递盘”等字样。

（4）发盘必须传递至受盘人时才予以生效。

2. 发盘的撰写

发盘因撰写情况或背景不同，在内容、要求上也有所不同。但从总的情况看，其结构一般包括下列内容：

(1) 感谢对方来函，明确答复对方来函询问事项，如“Thank you for your inquiry for...”

(2) 阐明交易的条件(品名、规格、数量、包装、价格、装运、支付、保险等)，如“For the Butterfly Brand sewing machine, the best price is USD79. 00 per set FOB Tianjin.”

(3) 声明发盘有效期或约束条件，如“In reply we would like to offer, subject to your reply reaching us before...”

(4) 鼓励对方订货，如“We hope that you place a trial order with us.”

3. 发盘的生效

《公约》规定，发盘在“到达受盘人时生效”。《国际商事合同通则》对此也与《公约》作出了相同的规定。同时，对于怎样才能算“到达”，则作出了更为明确具体的规定，即发盘地到受盘人的营业地或通信地址时，方算“到达”。《公约》的这一规定，来源于大陆法系的到达主义，即一个信息要发生效率，必须到达对方当事人，这对于发盘人来讲具有非常重要的意义。因为它明确了受盘人接受发盘的时间范围，同时也明确了发盘人受发盘约束的时间界限。一旦发盘生效后，在其有效期限内受盘人接受都会宣告合同的成立。

如果发盘通过电子商务来完成，依据《联合国国际贸易法委员会电子商务示范法》，受盘人指定特定系统接受发盘时，以该发盘进入该特定系统的时间作为到达时间。未指定特定系统的，以该项发盘进入受盘人的任何系统的最早时间作为到达时间。

4. 发盘的撤回

它是指发盘人在发出发盘之后，在其尚未到达受盘人之前，即在发盘尚未生效之前，将发盘收回，使其不发生效力。由于发盘没有生效，因此发盘原则上可以撤回。对此《公约》规定：“一项发盘，即使一项不可撤销的发盘都可以撤回，只要撤回的通知在发盘到达受盘人之前或与其同时到达受盘人。”在业务中如果发现发出的发盘有误，即可按《公约》的精神采取措施以更快的通信联络方式将发盘撤回(发盘尚未到达受盘人)。发盘能够得以撤回的一个重要的理论依据是发盘要到达受盘人才能生效，在生效之前可以撤回。

5. 发盘的撤销

它是指发盘人在其发盘已经到达受盘人之后，即在发盘已经生效的情况下，将发盘取消，废除发盘的效力。在发盘撤销这个问题上，英美法系国家和大陆法系国家存在着原则上的分歧。《公约》为协调解决两大法系在这一问题上的矛盾，一方面规定发盘可以撤销，另一方面对撤销发盘进行了限制。《公约》第16条第1款规定：“在合同成立之前，发盘可以撤销，但撤销通知必须于受盘人作出接受之前送达受盘人”。而《公约》第16条第2款则规定：“下列两种情况下，发盘一旦生效，即不得撤销：第一，发盘中已经载明了接受的期限，或以其他方式表示它是不可撤销的。如果规定了有效期限，则表明了在该期限内发盘人不会反悔，发盘人和受盘人同时都应受到这个有效期限的约束。第二，受盘人有理由信赖该发盘是不可撤销的，并已经本着对该项发盘的信赖行事。"《公约》的这些规定主要是为了维护受盘人的利益，保障交易的安全。我国是《公约》的缔约国，我国企业在同营业地处于其他缔约国的企业进行交易时，一般均适用《公约》。因此，我们必须对《公约》的上述规定予以特别的重视和了解。

6. 发盘的有效期

每一项发盘都有一个有效期，即可供受盘人作出接受与否选择的期限，发盘人只在有效期内才受到约束。由于国际市场行情变化多端，所以有效期是对发盘人因此而承受的风险的一种保障。发盘人可在发盘中明确规定有效期，按照前文的说明，该类发盘具有不可撤销性（在《公约》体系下）。同时，发盘人也可不作明确规定，根据国际惯例，应理解为合理时间内有效。但合理时间究竟有多长，并无统一规定，要根据具体情况、具体货物品种判断，也无统一的判断标准。所以，为了避免纠纷，最好作出明确规定。口头发盘若无约定，则为当场有效。

规定有效期的方法通常有两种。一种是限定一个日期，在此日期前有效。另一种是规定一个时间段，如"Reply here 5/7 our time"。

7. 发盘的终止

它是指发盘法律效力的消失，具有两个方面的含义。首先，发盘人不再受发盘的约束。其次，受盘人失去了接受该项发盘的权利。根据《公约》的规定，一项发盘，即使该发盘是不可撤销的，于拒绝通知送达发盘人时终止。怎样能够形成拒绝，《公约》未作具体规定。但在实际业务中，一般认为对发盘作实质性的修改就为拒绝。如将"100件，10件一包纸盒包装"改为"100件，5件一包纸盒包装"，即为实质性修改。

发盘终止有以下四种情况：

（1）因受盘人拒绝而失效。发盘一经拒绝，当即失效，因为拒绝本身就意味着对发盘的否定。

（2）因发盘人撤销自己的发盘而失效。在《公约》体系下，有些情况发盘人可以撤销自己的发盘，发盘法律效力丧失。

（3）因规定的接受期限已满而失效。发盘明确规定有效期的，有效期一旦届满，发盘失效。

（4）因"合理期限"已过而失效。

在交易中，不论哪种原因导致发盘终止，此后发盘人均不再受其发盘的约束。

（三）还盘

还盘是指受盘人在接到发盘后，不同意或不完全同意发盘人在发盘中提出的条件，为进一步磋商交易对发盘提出修改意见。还盘可以用口头方式也可用书面方式。

还盘是对发盘的一种拒绝，还盘一经作出，原发盘即失去效力，发盘人不再受其约束。一项还盘等于受盘人向原发盘人提出的一项新的发盘。还盘作出后，还盘的一方与原发盘人在地位上发生改变，还盘人由原来的受盘人变成新发盘的发盘人，而原发盘人则变成了新发盘的受盘人。新受盘人有权针对还盘内容进行考虑，接受、拒绝或者再还盘。

在贸易谈判中，一方在发盘中提出的条件与对方能够接受的条件不完全吻合的情况经常发生，特别是在大宗交易中，很少有一方一发盘即被对方无条件全部接受的情况。因此，虽然从法律上讲，还盘并非交易磋商的必经环节，但在实际业务中，还盘的情况还是很多。有时一项交易须经过还盘、再还盘等多次讨价还价，才能完成。

还盘时需要注意以下问题：

（1）还盘可以明确使用“还盘”字样，也可不使用，只是在内容中表示对发盘的修改。

（2）还盘可以针对价格，也可以针对交易商品的品质、数量、装运、支付等。

（3）还盘时，一般只针对原发盘提出不同意见和需要修改的部分，已同意的内容在还盘中可以省略。

（四）接受

所谓接受，是指受盘人在发盘的有效期内，无条件地同意发盘中所提出的各项交易条件，愿意按这些条件和对方达成交易的一种意思表示。接受和发盘一样，既属于商业行为，也属于法律行为。对有关接受问题，《公约》也作了较明确的规定。《公约》第19条第1款规定：对发价表示接受时，如载有添加、限制或其他更改，应视为对发盘的拒绝并构成反要约。《公约》第19条第2款规定：对发盘表示接受但载有添加或不同条件的答复，如所载的添加或不同条件在实质上并不变更该项发盘的条件，则除发盘人在不过分延迟的期间内以口头或书面方式提出异议外，仍可作为接受，合同仍可有效成立。《公约》第19条第3款规定：凡在接受中对下列事项作了添加或变更，均认为在实质上变更了发盘的条件：①货物的价格；②付款；③货物的质量与数量；④交货的时间与地点；⑤当事人的赔偿责任范围；⑥解决争议的方法。

根据《公约》的规定，发盘人在收到受盘人发来的有条件的接受后，须首先断定其添加或修改的性质。如果这种添加或修改是“实质性”的，则应将其按还盘处理，即使发盘人没有提出异议，合同也不成立。但如果这种添加或修改是“非实质性”的，如果发盘人不及时提出反对，则对方的接受有效，双方合同成立。对此必须清醒地理解和把握。

1. 有效接受的构成条件

根据《公约》规定，构成有效的接受要具备以下四个条件：

（1）接受必须是由受盘人作出，其他人对发盘表示同意，不能构成接受。这一条件与发盘的第一个条件相呼应。发盘必须向特定的人发出，即表示发盘人愿意按发盘的条件与受盘人订立合同，但并不表示他愿意按这些条件与任何人订立合同。因此，接受也只能由受盘人作出，才具有效力。

（2）接受必须由受盘人以某种方式向发盘人表示出来。如果受盘人在思想上愿意接受对方的发盘，但默不作声或不作出任何其他行动表示其对发盘的同意，则在法律上并不构成有效的接受。《公约》对此的规定是："缄默或不行动本身不等于接受"。表示接受的方法有很多，可以是口头的或书面的声明。另外，还可以用行为表示接受。但是，为避免贸易中的争议，我国规定，"行为"本身并不能形成接受，接受必须表示出来。

（3）接受的内容要与发盘的内容相符。接受的内容必须是无条件的，且必须是对发盘的实质性内容的同意。如果要达成交易，订立合同，根据传统的法律规则，受盘人应当无条件地全部同意发盘的条件。首先，不能提出限制条件，如"接受你方×月×日发盘，但以我方最终获得进口配额为条件"等是不可以的。其次，接受表示不能对发盘的内容作实质性的添加或修改。根据《公约》规定，凡是接受中对货物品质、数量、价格、交货时间和地点、付款、索赔责任范围或解决争端的方法等添加或提出不同意见，均视为实质性地变更发盘的内容。对这些内容作了任何增加、限制或修改都将影响接受的法律效力，不能成为有效的接受，而属于还盘的范畴。

（4）接受的通知要在发盘的有效期内送达发盘人才能生效。发盘中通常都规定了有效期，这一期限有双重意义：一方面它约束发盘人，使发盘人承担义务，在有效期内不能任意撤销或修改发盘的内容，过期则不再受其约束；另一方面，也是约束受盘人，只有在有效期内作出接受，才有法律效力。

2. 接受生效的时间

在接受生效的时间问题上，英美法系与大陆法系存在着严重的分歧。英美法系采用"投邮生效"的原则，即接受通知一经投邮或交给电报局发出，则立即生效。大陆法系采用"到达生效"的原则，即接受通知必须送达发盘人时才能生效。《公约》第 18 条第 2 款明确规定，接受通知送达发盘人时生效。如接受通知未在发盘规定的时限内送达发盘人，或者发盘没有规定时限，且在合理时间内未曾送达发盘人，则该项接受称作逾期接受。按各国法律规定，逾期接受不是有效的接受。

此外，接受还可以在受盘人采取某种行为时生效。《公约》第 18 条第 3 款规定，如根据发盘或依照当事人业已确定的习惯做法或惯例，受盘人可以作出某种行为来表示接受的，则无须向发盘人发出接受通知。

3. 逾期接受

在国际贸易中，由于各种原因，受盘人的接受通知有时晚于发盘人规定的有效期送达，这在法律上称为“迟到的接受”。这种迟到的接受不具法律效力，发盘人不受其约束。但也有例外的情况，《公约》第21条规定过期的接受在下列两种情况下仍具有效力：①如果发盘人毫不迟延地用口头或书面的形式将此种意思通知受盘人；②如果载有逾期接受的信件或其他书面文件表明，它在传递正常的情况下是能够及时送达发盘人的，那么这项逾期接受仍具有接受的效力，除非发盘人毫不迟延地用口头或书面方式通知受盘人，他认为发盘已经失效。

4. 接受的撤回或修改

在接受的撤回或修改问题上，《公约》采取了大陆法系“到达生效”的原则。第22条规定：“如果撤回通知于接受原发盘应生效之前或同时送达发盘人，接受得予撤回。”由于接受在送达发盘人时才产生法律效力，故撤回或修改接受的通知只要先于原接受通知或与原接受通知同时送达发盘人，则接受可以撤回或修改。如接受已送达发盘人，即接受一旦生效，合同即告成立，就不得撤回接受或修改其内容，因为这样做无异于撤销或修改合同。

5. 接受应注意的问题

在国际贸易中，表示接受的可以是买方，也可以是卖方。如果表示接受，一般应注意以下几个问题：

（1）接受时应对洽商的函电或谈判记录进行认真核对，经核对认为对方提出的各项交易条件确已明确、肯定、无保留条件时，再予接受。

（2）接受可以简单表示，如“你10日电接受”；也可详细表示，即将洽商的主要交易条件再重述一下，表示接受。一般地讲，对一般交易的接受，可采用简单形式表示。但接受电报、电传或信函中须注明对方来电、信函的日期或文号。对大宗交易或交易洽商过程比较复杂的接受，为慎重起见，应采用详细叙述主要交易条件的形式。或者有时由于交易磋商延续时间较长，双方交换的函电较多时，受盘人可在表示接受时，将双方最后商定的各项交易条件一一列出。

（3）表示接受应在对方报价规定的有效期之内进行，并严格遵守有关时间的计算规定。

（4）表示接受前，详细分析对方报价，准确识别对方函件性质是发盘还是询盘，以免使自己被动或失去成交的机会。

第二节　贸易合同的订立

在交易磋商中，当一方的发盘经另一方接受后，合同即告订立。我国《合同法》明确规定，依法成立的合同，自成立时生效，对当事人具有法律约束力，并受法律保护。

一、合同有效成立的条件

贸易的一方明确表示接受另一方的交易条件，在法律上构成了合同的要件。具体地说，构成一项有效的买卖合同应必备五个方面的条件。

（一）当事人应是具有法律行为能力的人

签订买卖合同的当事人，无论是自然人还是法人，都必须具有完全的民事行为能力。按照各国法律的一般规定，自然人签订合同的行为能力，是指精神正常的成年人才能订立合同，未成年人、精神病人订立合同是受到限制的。关于法人签订合同的行为能力，各国法律一般认为，必须通过其代理人，在该法人的经营范围之内签订合同，超越经营范围或超越代理权范围的合同不能发生法律效力。根据我国法律的规定，除对未成年人、精神病人签订合同的能力加以限制外，还对某些合同的签约主体作出了一定的限制，如规定只有取得对外贸易经营权的企业或其他经济组织才能签订国际货物买卖合同，没有该项经营权的企业如若要签订国际货物买卖合同，必须委托有该项权力的企业来代理签约。

（二）当事人在自愿基础上表示真实的意思

各国法律都规定，当事人订立合同的意思表示必须真实，如果意思表示存在瑕疵，通常情况下合同不能有效成立。我国《合同法》规定，因重大误解订立的合同，或者一方以欺诈、胁迫的手段或者乘人之危，使对方在违背真实意愿的情况下订立的合同，受损方有权请求人民法院或者仲裁机构变更或者撤销该合同。可见，法律上所讲的意思表示真实，是指当事人在意思表示时，必须是自由的，而不能是迫于他人的欺诈、胁迫或者基于错误的认识而作出的。关于如何才能构成上述情况，各国法律和司法实践上存在一定的差异性。

1. 错误

它是指当事人的认识与客观存在的事实不一致，以致订立合同的意思表示有错误，且这种当事人的认识所依据的事实是订约时已存在。因此，这种事实既不能是以后发生的事实，也不是猜测性的事实。如果犯错误的当事人知道错误发生所基于的事实真相就不会订立合同。

但是，关于此问题，各国所掌握的原则并不完全相同。因为一方面这些错误受案件的具体情况影响较大，另一方面法官本身拥有较大的裁量权。例如，错误包含对法律理解的错误，过去美国法院认为，法律并非事实，每个人都应知法。因此，对法律认识的错误不能成为主张合同无效的理由。但是，现在多数国家法院认为，合同成立是现存法律事实的组成部分，因此，对法律认识的错误也能成为免除合同义务的理由。

2. 欺诈

它是指一方当事人为了从另一方那里谋求利益，故意捏造事实或者隐瞒真相，诱使另一方当事人产生错误，并作出不真实的意思表示的一种行为。对于因欺诈而产生的合同，各国均不予以保护。例如法国法律就规定，当事人一方实施欺诈，他方当事人缔结契约者，此种欺诈构成契约无效的原意。欺诈不得推定，而应加以证明。总体来说，构成欺诈应该具备以下几个条件：

（1）要有欺骗性行为。欺骗性行为主要体现为两个方面：一是捏造事实，包括进行欺诈性陈述和欺诈性的做法；二是故意隐瞒事实真相，对本应按通常的商业习惯或标准向对方披露的情况不作预先的披露。

（2）实施欺诈行为的目的是诱使他人犯错误，并因此获取利益。可见，欺诈是一种故意行为，以欺骗对方从而为自己图谋利益为目的。

（3）欺诈的性质必须是严重的。一般来说，其欺诈行为必须足以导致对方当事人在选择订约时违背了公平交易的合理商业标准或商业习惯。

（三）合同必须有对价或约因

英、美国家法律认为，对价是指当事人为了取得合同利益所付出的代价。法国法律认为，约因是指当事人签订合同所追求的直接目的。按照这些相关法律的规定，合同只有在有对价或约因时，才是法律上有效的合同，无对价或约因的合同不受法律保护。

（四）合同的标的和内容必须合法

合同的标的和内容必须合法，这是许多国家国内法对合约订立的基本要求。一般情况下，它包含三个方面的含义：

（1）合同不违法。它是指合同的内容，包括合同中约定的当事人的权利、义务及标的本身，不能违反国家法律强制性规定。如我国法律就规定，危害国家安全或者社会公共利益的产品禁止进口。

（2）不得违反公共政策，损害社会公共利益。不得违反公共政策或公共秩序与善良风俗是西方国家民商法中的一项一般原则，也是合同有效成立必须具备的条件之一，它与违法是不同的概念。法国法律规定，个人不得以特别约定违反有关公共秩序和善良风俗的法律。之后，各国法律也作了类似的规定。但是，各国法律对公共秩序和善良风俗的具体含义并未作出规定。只有一些学者解释说，它既指道德规范，也指强制性规范。有的学者还进一步解释说，某些基本的道德规范之所以应当被强制性地遵守，其原因并不在于为了实现该种道德本身，而在于为了实现该种道德所具有的社会价值，以及它带给社会的某种秩序。

（3）合同内容应当遵循公平原则。根据公平交易原则，当事人在合同中确定双方各自的权利、义务时，应该是对等、互利和均衡合理的，不应有明显的不合理性，使另一方获得过分的、极不公平的利益。如果在订立合同时存在这种情况，各国法律都给予救济。

（五）必须符合法律规定的形式

世界上大多数国家只对少数合同才要求必须按法律规定的特定形式订立，而对大多数合同一般不从法律上规定应当采取的形式。我国不同，我国在参加《公约》时，对《公约》关于"销售合同无须以书面订立或书面证明，可以采用任何形式订立"的规定提出了保留条件，也就是说，我国对外订立、修改或终止合同，必须采取书面形式，其中包括电报、电传等形式。

二、合同成立的时间和地点

根据《公约》第23条规定，合同于按照《公约》规定对发盘的接受生效时订立，即一个确定的发盘被有效接受时合同即告订立。所以，接受生效的时间就是订立合同的时间。同时，《公约》第18条将接受的方式区分为两种情况，一种是以送达通知表示接受；另一种是以作出某种具体的行为表示接受。所以，确定订立合同的时间，也可以细分为如下两种情况：

（1）如果受盘人发出接受通知，则此项接受发盘的声明的通知到达发盘人时合同视为成立。

（2）如根据发盘本身，或依照当事人已经存在的商业惯例或习惯做法，受盘人可以通过作出某种具体行为来表示同意发盘，则合同于该行为作出时告以成立。但是，在以行为作出接受的情况下，须向发盘人发出通知，则以此项行为的通知送达发盘人时视为合同成立。

由于我国规定，接受必须是以通知的方式送达发盘人，而不能直接采取某种行为，所以，我国《合同法》对此项事宜还作出了进一步规定。当事人采用合同书形式订立合同的，在双方当事人签字或盖章时合同成立。当事人采用信件、数据电文等形式订立合同的，可以在合同成立之前要求签订确认书，签订确认书时合同成立。

我国《合同法》还规定，接受生效的地点为合同成立的地点。除当事人另有约定外，采用数据电文形式订立合同的，收件人的主营业地为合同成立的地点。没有主营业地的，其经常居住地为合同成立的地点。当事人如采用合同书形式订立合同，双方当事人签字或者盖章的地点是合同成立的地点。

三、合同的形式

《公约》规定，销售合同无须以书面订立或书面证明，在形式上也不受任何其他条件的限制，销售合同可以用包括人证在内的任何方式证明。

我国《合同法》规定，当事人订立合同，有书面形式、口头形式和其他形式。书面形式是指合同书、信件和数据电文(包括电报、电传、传真、电子数据交换和电子邮件)等可以有形地表现所载内容的形式。此外，法律、行政法规规定采用书面形式以及当事人约定采用书面形式的，应当采用书面形式。因此，我国进出口商对外订立的买卖合同，最好采用书面形式。

签订书面合同具有以下三方面的意义：

(1) 作为合同成立的证据。根据法律要求，合同是否成立，必须要有证明。通过口头磋商达成的交易，举证一般难以做到。一旦双方发生争议，需要提交仲裁或采用诉讼时，如果没有充足的证据，则很难得到法律保护。

(2) 有时可作为合同生效的条件。交易双方在发盘或接受时，如声明以签订一定格式的书面合同为准，则在正式签订书面合同时合同方为成立。

(3) 作为合同履行的依据。书面合同中明确规定了买卖双方的权利和义务，作为合同履行的依据。

在我国对外贸易实际业务中，主要使用合同和确认书两种形式，经买卖双方签署的合同和确认书，都是法律上有效的文件，对买卖双方具有同等的约束力。

四、书面合同的内容

在实践中，国际货物买卖合同的内容通常包括约首、本文和约尾三个部分。

(一) 约首

合同中的约首部分主要包括以下内容：

(1) 合同名称。合同的名称应正确体现合同的内容，进口方制作的合同通常称为购货合同。出口方制作的合同通称售货合同或售货确认书。

(2) 订约日期和地点。订约日期应为接受生效日期。根据我国《合同法》规定，接受通知到达发盘人时生效。如合同未另行规定生效条款，订约日期即为合同的生效日期。订约地点有时可决定合同适用的法律。有的国家规定国际货物买卖合同适用缔结地的法律，有的国家规定适用与合同有最密切联系的国家的法律，而合同的订约地点是确定是否有密切联系的重要因素。根据我国《合同法》的规定，接受生效的地点为合同成立的地点。因此，如是由我方发出接受通知的，应争取在合同中约定适用的法律。

(3) 当事人名称、地址。当事人的全名和详细地址应在合同中正确载明，这样做除了可以识别当事人外，在发生纠纷时，还可作为决定诉讼管辖的重要依据，也便于在必要的时候进行联系。

(4) 前文。前文措辞必须与合同名称一致。如采用合同书形式，则前文应使用第三人称语气，例如：“本合同由××与××订立”或类似词句。

合同的成立、履行及解释依据哪一国法律，对双方当事人都十分重要。按包括我国在内的多数国家法律，当事人可以选择处理合同争议所适用的法律，并在合同中加以规定，如订明：“本合同的订立、履行及解释适用中国法律”。

（二）本文

本文是合同的主体，包括各项交易条件。具体内容如下：

（1）商品名称和品质条款。在国际货物买卖合同中，商品名称条款的规定应明确、具体，适合商品的特点。在采用外文名称时，应做到译名准确，与原名意思保持一致，避免含混不清。合同中商品的品质条款应列明商品的等级、标准、规格和商标等内容，如果是凭样品买卖，则要列明样品的编号或寄送日期。例如：“上海牌婴儿奶粉，货号666大白兔糖，规格12盒×12袋×12粒。”

（2）商品的数量条款。交易双方在数量条款中，一般订明买卖的具体数量和计量单位，按重量计量的商品还应包括重量的规定方法。例如：“1000MT，允许有5%的溢短装。”

（3）商品的包装条款。它主要是对包装材料、包装方式的规定，如麻袋、纸箱等，通常还要说明包装的数量以及如何包装。例如：“单层新麻袋，每袋净重约50kg，双层线机器封口。”

（4）商品的价格条款。它主要包括单价和总值两项内容，单价由计价货币、单价、计量单位和贸易术语构成。例如：“每吨1470美元，FOB，大连。”

（5）商品的装运条款。它应包括装运时间、装运港（地）、目的港（地）和分批装运或转运等内容。例如：“2009年10月/11月/12月份装运，允许分批和转运。装运港：大连；目的港：伦敦。”

（6）商品的支付条款。国际货物买卖合同中的支付条款要明确规定结算方式，主要有汇付、托收和信用证等。汇付方式通常用于预付货款和赊账交易。为明确责任，在合同中应当规定汇付的时间、具体的汇付方法和金额等。例如：“买方收到本合同所列单据后，应于30天内电汇付款。”凡以托收支付方式结算货款的交易，在合同的支付条款中，必须明确规定交单条件、付款责任、承兑责任和付款期限等内容。例如：“买方对卖方开具的见票后15天付款的跟单汇票，于提示时予以承兑，并于汇票到期日即预付款，承兑后交单。”凡以信用证支付方式结算货款的交易，在合同中应明确规定开立信用证的时间、信用证的种类、信用证议付的时间和地点等内容。例如：“买方应通过卖方所接受的银行于装运月份前30天开出不可撤销的即期信用证，于装运日后20天在中国银行议付。”

（7）货运保险条款。这一条款须明确规定由谁办理保险，确定投保险别和保险金额，并注明以何种保险条款为依据以及该条款的生效日期。例如："保险由卖方按发票金额的110%投保一切险和战争险，以原中国人民保险公司1981年1月1日的有关海洋运输货物保险条款为准。"

（8）商品检验检疫条款。它一般包括检验权的规定、检验或复验的时间和地点，商检机构、检验项目和检验证书等内容。例如："买卖双方同意以装运港（地）国家质检总局签发的质量和重量检验证书作为信用证项下议付的单据之一。买方有权对货物的质量和重量进行复验，复验费由买方负担。如发现质量或重量与合同规定不符时，买方有权向卖方索赔，并提供经卖方同意的公证机构出具的检验报告。索赔期限为货物到达目的港（地）后180天内。"

（9）不可抗力条款。它主要规定不可抗力的范围，不可抗力处理的原则和方法，还应包括不可抗力事故发生后通知对方的期限、方法以及出具证明机构等内容。例如："因不可抗力事件，使卖方不能在合同规定期限内交货或不能交货，卖方不负其责任，但卖方必须立即以电报通知买方。如买方提出要求，卖方应以挂号函向买方提供由中国国际贸易促进委员会或有关机构出具的发生事件的证明文件。"

（10）索赔条款。合同中的索赔条款一般规定索赔的时效和责任的界定。例如："倘若买方提出索赔，凡属品质异议，须于货到目的地口岸之日起30天内提出；凡属数量异议，须于货到目的地口岸之日起15天内提出。对货物所提出的任何异议，属于保险公司、轮船公司、其他有关运输机构或邮递机构负责的，售方不负任何责任。"

（11）仲裁条款。它的内容一般包括仲裁地点、仲裁机构、仲裁规则和裁决的效力。在规定仲裁地点时，我方一般首先争取规定在我国仲裁。例如："凡因本合同引起的或与本合同有关的任何争议，均应提交中国国际经济贸易仲裁委员会，并按照申请仲裁时现行有效的仲裁规则进行仲裁。仲裁裁决是终局的，对双方均有约束力。"

（三）约尾

约尾通常包括合同使用的文字及其效力、合同的份数、附件及其效力、订约双方当事人的签字等项内容。

练习题

1. 交易磋商的形式有哪些？
2. 交易磋商一般要经过哪些环节？其中，哪些是必要环节？
3. 构成一项法律上有效的发盘应具备哪些条件？
4. 简述发盘的撤回与撤销。
5. 简述发盘的终止。
6. 没有具体规定有效期的发盘，可否为对方接受而订立合同？为什么？

7. 构成一项法律上有效的接受必须具备哪些条件?

8. 简述逾期接受的法律效力。

9. 接受通知到达发盘人后，可否撤销？为什么？接受在何种情况下可以被撤回?

10. 某工艺品公司与国外洽谈一笔玉雕交易，经过双方对交易条件往返磋商之后，已就价格、数量、交货期等达成协议，工艺品公司于是在8月6日致电对方："确认售与你方玉雕1件……请先电汇1万美元。"对方于8月9日复电："确认你方电报，我购玉雕1件，条件按你方电报规定，已汇交你方银行1万美元，该款在交货前由银行代你方保管……"问：这笔交易是否达成？为什么?

第十六章 进出口合同的履行

买卖双方经过交易磋商签订合同后，双方就必须履行合同规定的义务。我国《合同法》第 8 条规定：“依法成立的合同，对当事人具有法律约束力。当事人应当按照约定履行自己的义务，不得擅自变更或者解除合同。”因此，履行合同既是一种经济行为，又是一种法律行为，也是买卖双方的共同责任。因而，合同一经签订，企业应本着重合同、守信用的原则，按照合同所规定的内容认真履行自己的义务，以实现其经济目的。

第一节 出口合同的履行

相对于进口业务而言，履行出口合同的工作环节繁多，并且需要运输、银行、商检等有关部门的配合和协作，手续也比较繁杂。在实践中，由于每笔合同所采用的贸易术语、交货方式、付款方式等交易条件不同，出口工作的具体操作也有所差异。本节主要讨论按 CIF 贸易术语成交、信用证付款的合同的出口业务的具体做法，如图 16-1 所示。

一、备货

备货是指卖方根据合同规定的品质、数量、包装等交易条件准备货物，并保证在合同规定的交货期内保质、保量地完成交货。备货是卖方履行合同的基本义务。

（一）备货工作的具体内容

出口企业的性质不同，备货工作的内容有一些差异。目前，外贸企业一种是生产

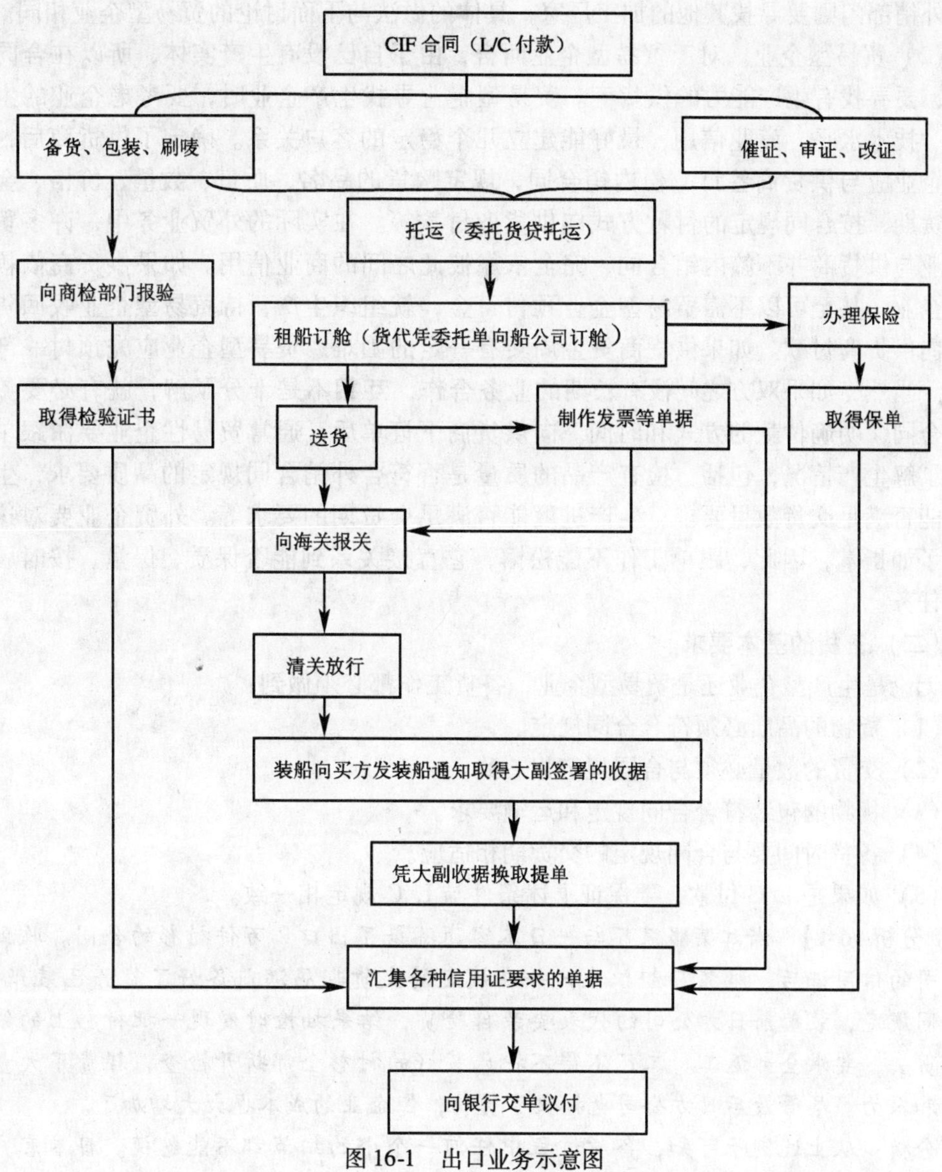

图 16-1　出口业务示意图

型企业，另一种是贸易性企业。现就不同性质的外贸企业备货的工作内容进行介绍。

（1）生产型企业。合同订立后，工厂外销部门的业务员与生产部门沟通，向生产部门下单，生产车间要根据合同要求的品质、规格、数量、包装安排生产计划，组织原料采购等，业务员要经常到车间了解生产情况，如果交易的商品是本企业无法生产的，外销部门则要寻找其他的加工厂家，具体的做法与下面讨论的贸易型企业相同。

（2）贸易型企业。对于贸易型企业而言，由于自己没有生产实体，所以在合同订立后，要寻找有生产能力的供货商。贸易型企业寻找生产企业时，要考虑企业的生产能力、技术水平、商业信用，最好能建立几个稳定的客户关系。确定了供货商后，贸易型企业应与供货商签订一份内销合同，规定购货的品名、质量、数量、价格、金额及交货期，按合同规定的付款方式向供货商付款等。在实际的外贸业务中，许多贸易型企业与供货商并不签内销合同，完全依靠彼此之间的商业信用。如果供货商依赖贸易型企业，甚至可以不需贸易型企业预付订金，就组织生产，待贸易型企业收回货款后再向供货商付款。如果供货商资金周转有一定的困难，贸易型企业应先预付一部分货款。当然，如果双方之间没有长期的业务合作，互相不是十分了解，就有必要签订内销合同，明确付款的方式和时间。向供货商下订单后，通常贸易性企业要派跟单员跟踪了解生产情况，包括：检查产品的质量是否符合外销合同规定的品质要求，生产能力能否满足交货数量要求，生产进度能否满足交货期的要求等。外贸企业要对这些情况了如指掌，因此，跟单工作不能松懈，它直接关系到能否保质、保量、按时履行交货任务。

（二）备货的基本要求

无论是生产型企业还是贸易型企业，备货工作都必须做到：

（1）货物的品质必须符合合同规定。

（2）交货的数量必须与合同规定相一致。

（3）货物的包装符合合同规定和运输要求。

（4）备货时间要与合同规定的交货期相适应。

（5）如果是L/C付款，要保证上述条件与L/C规定相一致。

【案例分析16-1】 浙江某服装厂与一日本客商签署了出口2万件衬衫的合同。收到日方公司的信用证后，服装厂组织生产并在规定的交货期届满前备好了货并已装纸箱。按合同规定，装船前日方公司的代表要亲自验货，结果抽检时发现一批衬衫上的线头没有剪去，要求全部返工。工厂不得不把已装好的衬衫全部拆开检查，耗费了大量的时间和人力。尽管最后日方公司也接收了货物，但企业的成本也大大增加了。

分析：从上述例子可知，备货过程中任何一个小的细节都不能忽视。日本客户非常重视产品质量，通常都要在装船前亲自验货。如果服装厂质量意识比较强，就不会导致因为“线头”问题而返工。因此，备货时要严格按合同的要求进行生产。

（三）备货时应注意的问题

备货时应注意以下问题：

（1）在规定的装运时间内备妥货物。有的生产企业盲目地接订单，生产进度与交货期不能相适应，结果到了交货期生产任务不能完成而延迟交货，出口方不得不花大量的精力再与外商协商，严重的会引起对方的索赔。许多中小企业不重视交货期的问题，由此引起的纠纷比较多。

（2）备货过程中外贸业务员要检查产品的质量情况，发现质量问题及时解决，以免交货后引起质量纠纷。

（3）凡属法定检验的出口商品，或合同、信用证中约定由某个检验部门检验的商品，应按规定及时报验，并取得要求的检验证明。

（4）向生产部门下单时，同时告知其唛头，以便工厂及时刷制唛头。

（5）对于资信一般的客户或初次交易的客户，最好收到对方银行开过来的信用证之后再向生产部门下订单，以防止对方不履行合同而造成产品积压。

二、落实信用证

出口方按合同规定备货的同时，也要密切关注进口方履行合同的情况。在信用证付款的条件下，要关注信用证是否及时开到。如果在合同签订后，信用证按时开到，出口方在取得银行担保付款的前提下，就可以着手备货，出口方甚至可以利用信用证到银行融资，解决备货所需的部分资金。但在实际外贸业务中，常常出现信用证不能及时开到，或开到的信用证与合同内容有不符之处，这时出口方不能盲目地按合同备货。因此，出口方在备货的同时要落实信用证，处理好“货”与“证”的关系。落实信用证包括催证、审证、改证三个环节。

（一）催证

催证即催开信用证，是指出口方通过信件、电报或其他电信工具催促进口方及时办理开立信用证手续并送达，以便及时做好备货工作并及时交货。在信用证付款的合同中，按时开立信用证本应是买方履行合同的基本义务，如果合同中规定了开证时间而买方没有如期开证，买方应承担违约责任，但这样卖方比较被动。所以卖方应结合备货的具体情况，在适当的时候提醒和催促买方开证。

在实际业务中，并不是每笔信用证支付的业务都要催证，在下列几种情况下需要催证：

（1）合同规定了最迟开证日期，而买方没有按时开出，卖方要及时催证。

（2）合同没有明确规定开证日期，按惯例一般应在一个合理的时间内，如装运日前的15天将信用证开到卖方，如客户资信一般或初次交易的客户应在装运日前30天或45天开到。在合理时间内信用证没有开到，卖方也应催证。

（3）如果发现客户资信不佳，或市场行情变化，即使没到开证期，也可以催促卖方开证。

(4) 如果船期发生变化，需要提前装运的，也可与买方商议请求提前开证。

在催证函中应包括以下内容：①陈述合同规定的开证时间；②陈述备货与装运所需时间；③陈述责任：如对方不及时开证，将视为撕毁合同，我方将要求赔偿。例如，“The covering letter of credit is expected to reach here before ××, since the stipulated month of shipment is ××. Considering to prepare for the shipment timely, we are looking forward to your immediate covering letter of credit.”

(二) 审证

审证是出口企业收到信用证后，对信用证性质、内容等项目进行审核。在实际业务中，审证分为两部分，一是通知行审核，二是出口企业审核，两者审核的重点不同。银行审核主要是审核开证行的资信，辨别信用证的真伪，对信用证的政策性和政治性进行审核，如不允许来证中有歧视性或错误的或政治性条款，以及审核信用证是否有明确的保证付款的责任等。出口企业审证主要是审核信用证的性质、信用证的种类、信用证的内容与合同是否相一致等项目。如果信用证中有不能接受的条款，应及时要求进口方修改。

(三) 改证

改证即修改信用证，是指对已开出的信用证的某些条款通过银行修改的行为。改证有两种原因，一种情况是开证申请人提出的，另一种情况是受益人提出的。对于不可撤销的信用证，任何一方提出的修改必须都要经各当事人同意方有效。

从出口方的角度看，对信用证中无法履行或不能保证履行的条款，要向进口方提出修改要求，进口方即开证申请人接到修改申请后，把修改后的条款通知开证行，开证行发出修改通知书，但必须经原通知行传递才有效。修改条款是原信用证的一个补充，一起作为银行付款的依据。

三、出口报验

出口报验是指出口方向商检机构申报检验的行为。商检机构经过抽验，检验合格后，向出口方颁发证明商品合格的检验证书。并不是任何交易的商品都要进行商检，进出口商品是否需要商检可根据我国《出入境检验检疫机构实施检验检疫的进出境商品目录》的规定，对规定要检验的商品报验。对于不属于法定检验范围的出口商品，可以由生产、经营单位或委托其他检验机构检验，国家商检机构对其进行定期或不定期的抽查，抽查不合格的，不准出口。报验的商品，由商检机构或指定的检验机构进行检验。检验的依据是法律法规规定的标准或其他必须执行的检验标准(如进口国法律法规规定的标准)或合同规定的检验标准。当合同的约定和法定标准不同时，以高标准为准。经检验合格，由商检机构签发检验证书，或在“出口货物报关单”上加盖检验印章。

值得注意的是，检验证书的出证日期应早于提单日，但也不能过早。证书的有效期一般为两个月(鲜活产品仅为两个星期)，即发货人应在签发证书之日起60天内(鲜活产品两个星期)报运出口，逾期报运出口的，应重新申报检验。

报验工作主要有三个步骤：申请、检验和出证。申请报验时，出口方(如果是外贸公司,可以直接委托工厂报验)要填写“出口商品检验申请书”，并提交如下资料：①出口合同；②商业发票；③装箱单；④出口货物明细单；⑤报关单或其他报关凭证等。如是凭样品成交的还要提供样品。商检部门根据报验人提供的资料，对报验商品抽样检查，依据国家法律法规或进口国规定的标准，检验商品的质量、规格、数量、重量、包装、安全、卫生等内容。经检验合格的，由商检机构签发“检验证书”或在“出口货物报关单”上加盖检验印章。对于检验不合格的，商检机构签发“不合格通知单”。根据不合格的原因，商检机构可以酌情同意申请人申请复验(复验原则上仅限一次)，或由申请报验的单位重新加工整理后申请复验。复验时，应随附加工整理情况报告和“不合格通知单”，经复验合格，检验机构签发检验证书，证明商品合格。

“出境货物报检单”如图16-2所示。

四、出口货物的托运、报关与保险

(一) 托运与报关

在履行CIF(或CFR)合同中，企业在备货和落实信用证的同时，还要着手办理托运的手续。目前，大多数中小企业不设立专门的部门负责运输，托运业务主要是委托货代办理，有时报关也一同交货代办理。委托货代托运报关的工作流程如下：

第一步，出口企业在收到信用证后备货，之后填写托运委托书即订舱委托书及报关委托书，如委托货代办理报关，应在装船前4~5天将这些单据和商业发票、装箱单、出口核销单及报关委托书等单据一起交货代委托其订舱、报关。

第二步，货代接受委托后，根据出口企业提交的订舱委托书制作集装箱货物托运单，随附商业发票、装箱单交船公司办理订舱。出口货物托运单如图16-3所示。

第三步，船公司接受订舱，在托运单的单据上编上与提单号码一致的编号，填上船名、航次，并签字，同时签发配舱回单、装货单(,S/O见图16-4)，并把这些单据退还给货代(如果企业自行报关,货代就把这些单据再退还给出口企业)。

第四步，装货单的签发意味着船公司接受了这批货物，可并凭此通知船公司装货，报关时，海关凭此查验出口货物。出口企业备好货后，通知货代装箱。一般纺织品、服装等采用门到门交接，即货代到工厂装箱；而五金、杂货类，由于数量少，品种多，货源可能不在一个工厂，通常是工厂在规定的时间把货物送到货代的仓库，货代在仓

中华人民共和国出入境检验检疫
出境货物报检单

报检单位（加盖公章）： *编号：

报检单位登记号： 联系人： 电话： 报检日期： 年 月 日

发货人	（中文）				
	（外文）				
收货人	（中文）				
	（外文）				
货物名称（中/外文）	H.S.编码	产地	数/重量	货物总值	包装种类及数量
运输工具名称号码		贸易方式		货物存放地点	
合同号		信用证号		用途	
发货日期		输往国家（地区）		许可证/审批号	
启运地		到达口岸		生产单位注册号	
集装箱规格、数量及号码					
合同、信用证订立的检验检疫条款或特殊要求	标记及号码		随附单据（画“√”或补填）		
			□合同 □信用证 □发票 □换证凭单 □装箱单 □厂检单	□包装性能结果单 □许可/审批文件 □ □ □ □	
需要证单名称（画“√”或补填）			*检验检疫费		
□品质证书 __正__副 □重量证书 __正__副 □数量证书 __正__副 □兽医卫生证书 __正__副 □健康证书 __正__副 □卫生证书 __正__副 □劳动卫生证书 __正__副	□植物检疫证书__正__副 □熏蒸/消毒证书__正__副 □出境货物换证凭单 □出境货物通关单 □ □ □		总金额（人民币元）		
			计费人		
			收费人		
报检人郑重声明： 1.本人被授权报检。 2.上列填写内容正确属实，货物无伪造或冒用他人的厂名、标志、认证标志，并承担货物质量责任。 签名：________			日期		
			签名		

注：有“*”号栏由出入境检验检疫机关填写

图 16-2 “出境货物报检单”样本

海运出口托运单

托运人

Shipper 绍兴市×××进出口公司

编号 No.________ 船名 s/s________

目的港 For ________

标志及号码 Marks & Nos.	数量 Quantity	货名 Description of Goods	重量（公斤）（Weight kilos）	
			净 Net	毛 Gross
			运费付款方式	
共计件数（大写） Total number of Packages Writing				
运费计算		尺码 Measurement		
备注				

抬头	ORDER OF	可否转船		可否分批			
通知收货人		装期		效期		提单张数	
		金额					
		银行编号		信用证号			

制单日期________年________月________日

图 16-3 出口货物托运单样本

库装箱。

第五步，发货仓库将货物送往港区，并将集箱箱号、封箱号通知出口企业或货代，以作报关准备。

装货单（散装）

中国外轮代理公司
CHINA OCEAN SHIPPING AGENCY
装货单 SHIPPINR ORDER

装单号码 (1) .... S/O#　　日期 (2) .... Date　　海关编号 (3) Customs　Ves. #............

船名 (4) .... S.S　　航次 (5) .... Voy　　装往地点 (6) .... destination

托运人 (7) .... Shipper

收货人 (8) .... Consignee

通知 (9) .... Notify

(10)标记及号码 Marks and Numbers	(11) 件数 Quantity	(12) 货名 Description of goods	(13) 重量Weight 净 Net	毛 Gross	(14) 尺码 Measurement

(15)合计 Total　　(16) 共重 Total

合计 Say

请将上述完好之状况货物，予以装船，并签署收货单为荷。

Please receive on board the above mentioned goods in good order and sign the accompanying receipt for the same.

(17)装入何舱 Stowed____________________

(18)实　收 Received____________________

(19)理货员签名 Tallied by____________________

(20) 代理人 As agents__________

图 16-4　装货单样本

第六步，出口企业（或货代）持船公司签署的 S/O，填制出口货物报关单，连同商业发票、装箱单等其他出口单据向海关办理货物出口报关手续。

第七步，海关根据有关规定对出口货物进行查验，如同意出口，则在 S/O 上盖放行章，并将 S/O 退还给货代或出口企业。

第八步，货代持海关盖章的 S/O 交港区理货公司要求装货。装船后，船上的大副签署大副收据（M/R），交给货代。

第九步，装船后出口企业向进口企业发装船通知。

第十步，在实际业务中，货代持 M/R，向船公司换取正本已装船提单，并交给出口企业。一般在开船后一个星期左右出口企业可收到船公司签发的正式提单。提单的份数根据客户的要求而定，一般为三正三副。

第十一步，船舶起航后，船公司或船务代理在三个工作日内向海关办理电子舱单清关手续。清关后，海关核实报关单和电子舱单，确认数据一致后签发外汇核销和退税报关单退回出口企业或货代（代理报关）时，货代再把这些单据交给出口企业。

（二）货物保险

在办理托运、报关的同时，出口企业还应着手办理出口货物保险。通常是在收到船运公司有关配船的资料，如配舱回单后，船名就确定下来了，这时向保险公司办理投保手续。具体程序如下：

（1）填写投保单。货物装船前，出口企业向保险公司申请填写海运出口货物投保单。投保单样本如图 16-5 所示。

（2）保险公司出具承保回执。如保险公司同意承保则向投保人发出承保回执，列明保单号码、保单日期、投保日期，并向投保人收取保险费。

（3）交纳保险费，获取保险单。出口企业收到承保回执向保险公司交纳保险费，获取保险公司签发的保险单据。

五、交单、结汇、核销和退税

（一）交单与结汇

交单是指出口企业在规定时间内向指定银行提交信用证规定的全套出口单据，这些单据经过银行审核，银行即可根据信用证规定的付款条件办理结汇。结汇是指银行收到出口商交来的单据，对这些单据进行审核，审核无误后，银行将外汇货款按当日人民币市场价结算成人民币支付给出口企业。

目前，我国出口企业大多使用议付信用证，议付信用证下，议付行审核无误后，立即将单据寄给开证行或其指定的付款行索偿，并按约定的方式给出口企业付款。议付信用证下出口企业的结汇方式有三种：收妥结汇、定期结汇和买单结汇。

××保险公司温州市瓯海支公司
进出口货物运输保险
投保单
×× INSURANCE COMPANY OF CHINA,
WENZHOU OUHAI BRANCH

温州市瓯海区支公司
地址：温州市将军桥××大厦××层
电话：（0577）××××××××
传真：（0577）××××××××

被保险人名称、地址××××××× NAME & ADRESS OF INSURED	ZHEJIANG OUHAI INTERNATIONAL TRADE CORP.	发票号 INVOICE NO.	OHA03-07-BTL-087
标记及唛头 MARKS & NUMBERS	件数 QUANTITY	物品名称 DESCRIPTION OF GOODS	保险金额 INSUREDAMOUNT
运输工具 VESSEL NAME &CONNECTION		启运日期 DATE OF DEPARTURE	
运输路线 VOYAGE	自 FROM 经 VIA 至 TO		申请人 APPLICANT
投保险别 TERMS & CONDITIONS REQUIRED			××××××× TEL:
申请保单正本份数为 ORIGINAL（S）ISSUED IN ONLY	本栏由保险公司填写 费率： 保单号：	投保日期 DATE	2009-9-19

图 16-5 投保单样本

（二）出口收汇核销

出口收汇核销是指国家规定出口企业在货物出口后的一定期限内，到指定外汇管理部门办理出口收汇核销手续，证实出口企业贸易项下的货款已经收回或按规定使用的一项外汇业务。外汇管理部门对出口企业的出口货物实施跟单核销、逐笔管理。国家实施出口收汇核销制度可以加强出口收汇管理，保证国家的外汇收入，防止外汇流失。凡是经国家商务部及其授权单位批准的有权经营进出口业务的公司、有进出口经营权的企业及外商投资企业的出口都必须进行出口收汇核销。

出口收汇核销的基本程序如图 16-6 所示。

（1）报关前申领核销单。企业在出口报关前，凭单位介绍信或首次出口时凭授权经营进出口业务的批准文件的原件或复印件，向当地外汇管理部门申领盖有“监督收汇”章的有顺序编号的核销单，在发单登记表上登记领取内容并签字。要注意的是填写“出口收汇核销单”时，应与“出口货物报关单”上的内容相一致，不得涂改；本着“专单专用”的原则，核销单不得相互借用，如核销或遗失作废，应向当地发放核销单的外汇管理部门办理注销等手续。

（2）报关审核。出口企业在办理出口报关前，先把出口核销单的编号及有关内容向口岸海关在网上进行报告备案，并在领单后90天内向海关出具核销单、有核销单编号(填在报关单的右上角)的报关单等单据，办理报关手续。海关凭在有效期内加盖出口企业公章的“出口收汇核销单”和相关单据受理报关。经核对，出口核销单和报关单的内容完全一致，以及报关单上的核销单编号与所附销单完全一致，海关再在核销单上的“海关签注栏”签注意见并加盖“验讫”章，并向出口企业签发报关单，同时，将核销单退还给出口企业。

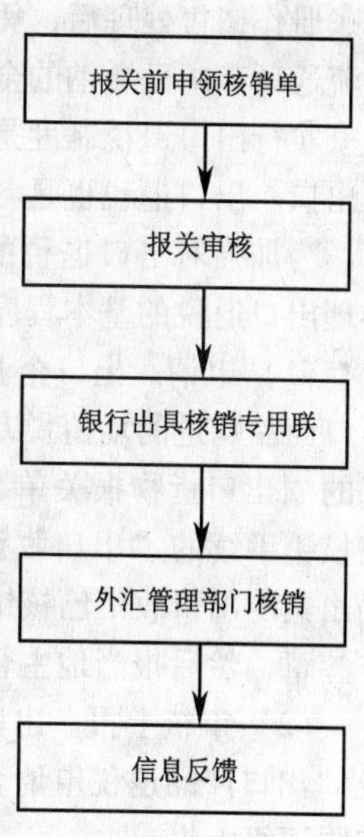

图 16-6 出口收汇核销的基本程序

（3）银行出具核销专用联。当货款汇到出口地银行或指定银行，经银行确认其为出口企业直接从境外收入的出口货款后，银行凭出口企业提交的单据以及注明核销单编号的发票，给出口企业办理结汇或办理出口企业的外汇结算账户的入账手续，并出具加盖“出口收汇核销专用联章”的“出口收汇核销专用结汇水单”和“出口收汇核销专用收账通知单”（即“出口收汇核销专用联”）。“出口收汇核销专用联”上面载有核销单编号，供出口企业办理核销用。出口企业收到外汇后，通常在银行结汇或收账后的30天内，凭“出口收汇核销单”、“出口货物报关单”、“出口收汇核销专用联”、“出口收汇核销专用结汇水单”等单证到当地外汇管理局办理核销。

（4）外汇管理部门核销。外汇管理部门为企业办理完核销手续后，要在“出口收汇核销单”的“出口退税专用联”上签注净收汇额、币种、日期，并加盖“已核销章”，并将“出口退税专用联”等凭证退给出口企业，以办理出口退税用。

（5）信息反馈。出口地收汇的银行要定期向外汇管理部门报送出口企业逾期未收汇情况，同时出口企业要定期向外汇管理部门报送核销单作废、遗失、注销、出口收汇逾期未收，收汇后支付贸易从属费用等其他费用情况。

（三）出口退税

出口退税是指有进出口经营权的企业和代理出口企业，在货物报关出口及企业财务账册作销售处理后，凭要求的凭证报送税务机关批准，退还企业产品出口前在生产和流通环节中已缴纳的全部或部分增值税或消费税，使产品以无税价格进入国际市场。国家实行出口退税制度是为了降低出口产品成本，增强出口产品竞争力，从而鼓励产品出口。出口退税也是各国政府普遍采取的做法。

为加强对出口退税的管理，我国政府采取出口退税与出口收汇核销挂钩的办法，办理出口退税的基本程序是：

(1) 申请。出口企业填写"出口产品退税申请表"，并提供出口退税规定的凭证：出口商品购进的增值税专用发票或普通发票，出口货物销售明细账，盖有海关"验讫"章的"出口货物报关单"，即出口报关单的出口退税联(上面附有核销单编号)，已办完核销手续的"出口收汇核销单"退税联，银行出具的"出口结汇水单"，外汇管理局出具的出口收汇已核销证明，在产品出口后六个月内送当地外经贸行政管理部门稽查签章，然后报当地主管出口退税的税务机关。

(2) 审核上报。出口企业所在地的税务机关对出口产品退税提供的上述有关单证及"出口产品退税申请表"、出口退税率等进行审核，如果符合规定则按出口退税审批权限逐级上报。

(3) 批复和退税。出口企业所在地主管退税业务的税务机关接到上级税务机关批准的退税通知后，签发"税收收入退回书"给出口退税的企业，并把税款划到企业的银行账户。

第二节　进口合同的履行

进出口合同依法订立后，作为买方必须履行合同规定的义务，及时支付货物的价款和收取货物，同时，还要随时注意和督促卖方按合同规定履行交货的情况。

下面以 FOB 进口、信用证付款为例，说明进口合同履行的基本程序(见图 16-7)。

一、申请开立信用证

进口合同签订后，进口企业在合同规定的开证期内，按合同规定向经营外汇业务的银行申请开证，申请开证时要提供合同及有关部门的审批文件，并填写开证申请书。开证申请书要根据合同详细列明商品的品名、规格、数量、包装、价格、交货期限、装运条件、付款期限等内容，以及自己的要求。另外，开证申请书还应对出口企业提交单据的种类、文字内容及出具单据的机构等作出明确的规定。

开证行对开证申请及有关资料进行审核，并核实外汇来源后，针对不同情况要求

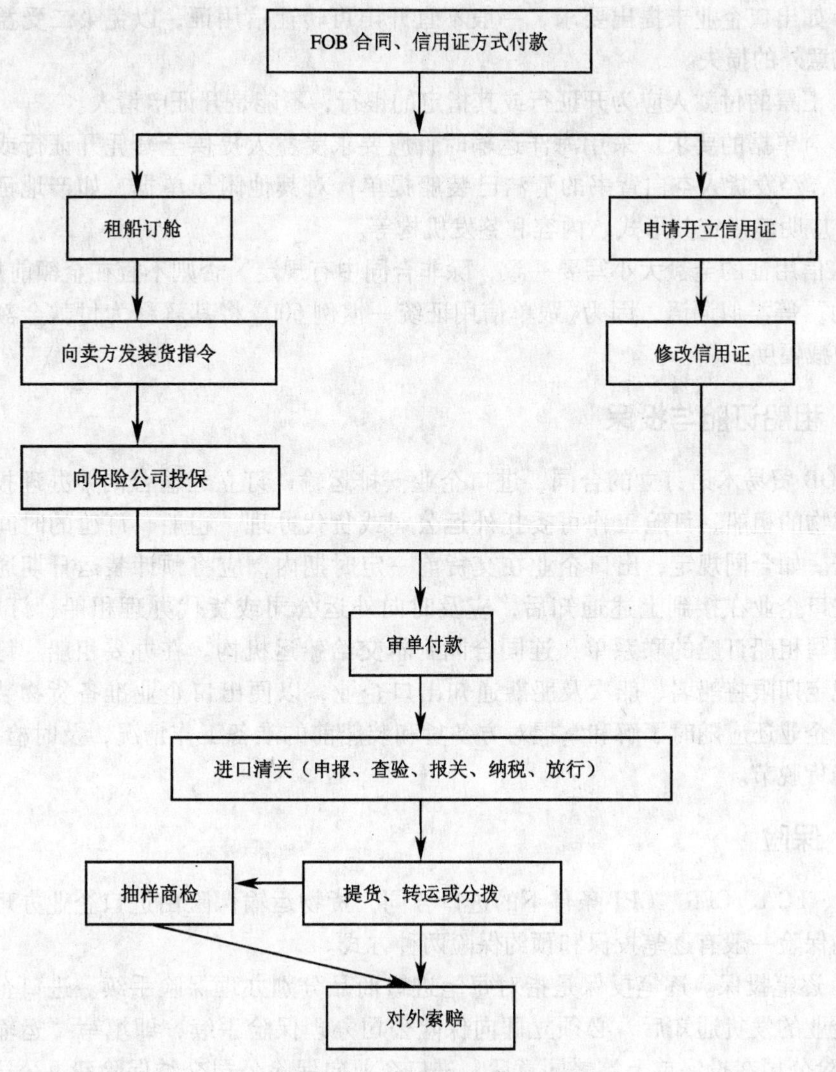

图 16-7　进口合同履行的基本程序

开证人交付全额或一定比例的人民币押金，或者提供适当的担保文件，或者凭企业信誉正式对外开证。

开证行开立信用证后，经进口企业审核，如进口企业发现内容与开证申请书不符，应立即向开证行提出修改申请。如信用证开出送达出口企业后出口企业提出修改，而进口企业同意出口企业的修改意见，应由进口企业及时通知开证行办理修改手续。

进口企业申请开证时应注意：

（1）如出口企业未提出要求，一般不宜开出可转让信用证，以免第二受益人不可靠而造成意外的损失。

（2）汇票的付款人应为开证行或其指定的银行，不能是开证申请人。

（3）对单据的要求。采用海洋运输时，应要求受益人提供全套凭开证行或开证申请人指示、经发货人空白背书的清洁已装船提单；对其他附属单据，如产地证、检验证书等，应明确规定其形式、内容和签发机构等。

（4）信用证的金额大小写要一致，除非合同中有规定，否则不宜在金额前加“约”或“大约”等类似词语，因为《跟单信用证统一惯例600》将其解释为付款金额可以有10%的增减幅度。

二、租船订舱与投保

按FOB贸易术语订立的合同，进口企业安排运输，订立运输合同并办理投保。通常进口货物的租船、订舱工作可委托外运公司或货代办理，租船、订舱的时间应以合同为依据。如合同规定，出口企业在交货前一定时期内，应将预计装运日期通知进口企业，进口企业在接到上述通知后，应及时向外运公司或货代办理租船、订舱手续。一般是填写租船订舱的联系单，连同合同副本交给船运机构。在办妥租船、订舱手续后，按规定期限将船名、船次及船期通知出口企业，以便出口企业准备货物装船。同时，进口企业还应随时了解和掌握对方备货和装船前的准备工作情况，及时检查督促，以防止船货脱节。

三、保险

FOB、FCA、CFR、CPT条件下的进口合同，货物运输保险由进口企业办理。进口货物运输保险一般有逐笔投保和预约保险两种方式。

（1）逐笔投保。逐笔投保是指对每笔进口商品分别办理保险手续。进口企业在接到出口企业的发货通知后，必须立即向保险公司办理保险手续，即填写“运输险投保单”，保险公司在投保单上签署同意后，进口企业向保险公司交纳保险费，公司出具正式保单给进口企业。

（2）预约保险。进口企业如果进口量大、次数多，可事先与保险公司签订预约保险合同。合同中对进口企业进口的商品应投保的险别、保险费率、适用条款以及赔偿的支付方式等都作了具体规定。当进口企业收到出口企业的装运通知后，只要填制进口货物通知，作为投保凭证，说明启运口岸、船名、装运日、航线、货名、数量、金额、合同号等内容送保险公司，保险公司审核签章。中国人民财产保险股份有限公司对有关进口货物负自动承保的责任。

四、审单和付款

出口企业交货后，将汇票和全套单据经国外银行寄交开证行收取货款。开证行收到国外寄来的单据后，根据“单证一致、单单一致”的原则，对照信用证的条款，核对单据的种类、份数和内容，如果相符，即由开证行按即期或远期汇票付款或承兑。

如经开证行审核国外单据，发现单证不符，应立即处理。由开证行与进口企业取得联系，询问进口企业是否愿意接受有不符点的单据。如不接受，向国外银行提出异议，根据《跟单信用证统一惯例600》的规定，银行必须在收到单据次日起的7个银行工作日内，以电信或其他快捷方式通知寄单银行或受益人，说明拒收单据的不符点及单据如何处理。在实践中，可根据不同情况采取必要的处理办法，如：①由国外银行通知发货人更正单据；②由国外银行书面担保后付款；③改为货物到达检验后付款；④拒绝付款；⑤改为跟单托收等。

开证行在审单无误对外付款的同时，通知进口企业按国家规定的外汇牌价，向开证行付款赎单，进口企业凭银行的付款通知书与订货单结算。

五、报关提货

进口货物到达后，由进口企业自行报关或委托外贸运输机构办理报关。进口报关是指按照国家《海关法》的规定，进口企业就进口商品向海关申报验放。报关时需填具“进口货物报关单”，并随附发票、提单或检验证书等，向海关申报进口，海关经查验认可后放行。办理进口报关的基本程序是：

（1）填写“进口货物报关单”。根据进口情况如实填写“进口货物报关单”，并向海关提交提单、商业发票、装箱单、免税或免检货物证明、产地证、进口许可证等有关单证。需要注意的是报关时间。我国《海关法》第24条规定，进口货物的收货人应当自运输工具申报进境之日起14日内，出口货物的发货人除海关特准的外应当在货物运抵海关监管区后、装货的24小时以前，向海关申报。进口货物的收货人超过前款规定期限向海关申报的，由海关征收滞报金。因此，为避免滞报金的发生，进口企业必须及时将有关单证交报关代理人或直接持单在货物抵港后14天内及时报关。如超过3个月仍未向海关申报，海关则可以把此货物拍卖。

（2）海关查验。海关接受进口企业申报后，在规定的时间内，在海关监管区内的仓库或场地对照“进口货物报关单”及其他单证，对进口货物查验，检查进口货物与报关单及所附单据填写的内容是否相符，必要时海关会开箱查验。

（3）进口商纳税。货物经海关查验正常，如属纳税商品，海关向进口企业发“税款缴款书”，进口企业应及时履行纳税义务。我国《海关法》第60条规定，进出口货物的纳税义务人，应当自海关填发税款缴款书之日起15日内缴纳税款；逾期缴纳的，由海关征收滞纳金。

（4）海关放行。进口企业对进口商品纳税后，海关在报关单和货运单据上签字并加盖“验讫”章，进口企业或其代理人则可以持海关签字并盖有放行章的提单提取货物。

需要注意的是，进口货物在卸货时，港口要进行卸货核对。如发现短缺，要填制“短缺报告”，交船公司签认。如发现货物残损，应将货物存放于海关指定仓库，由保险公司会同检验检疫部门检验，明确残损程度和原因，并由商检机构出证，以便向责任方索赔。

六、商品检验

根据国家规定，凡属于法定检验的进口商品，都必须在合同规定的期限内由指定的检验机构检验。属于“法定检验”的进口商品必须由商检机构检验合格后，出具相关的单证，海关才给予放行。未经检验的，不准销售和使用。非法定检验商品如进口企业无特别要求可不必向商检机构报检。在实际业务中，为了避免对外索赔失去时效，凡是属于以下情况的进口货物，均须在卸货港口向指定的检验机构报验：①属于法定检验范围的；②合同中订明卸货港检验机构出证的；③合同规定货到检验后付款的；④合同规定的索赔期限较短的；⑤货物卸离海轮时已发现残损或有异状或提货不着等情况的。

报验的一般程序是：

（1）企业填写报检单，列出所要检验的项目，连同合同副本和必要的单证、报关单一起交商检机构。商检机构审核无误后在进口报关单上加盖“已接受报检”印章，申请人凭此向海关办理进口报关手续。

（2）检验。商检机构对进口货物抽样，按报检单所列项目或法定检验的要求进行检验。

（3）出证。对进口商品必要的项目检验，检验合格后，签发商检证书。

七、进口索赔

在进出口业务中，有时会发生由于责任方不履行合同使另一方遭受损失，或在装运储存过程中，货物的品质、数量、包装受到损害的情况，在这种情况下，受损方要向有关责任方提出索赔要求。

（一）索赔对象

根据责任划分，索赔对象有以下三种：

（1）向卖方索赔。买方收货时，如发现数量短少属于原装数量不足，货物的品质、规格不符合合同规定，包装不良致使货物受损，拒不交货或未按期交货等，可根据卖方违约所造成的结果，依照合同和事实依据向卖方索赔。

（2）向承运人索赔。在进口业务中，如果到货数量少于运输单据所载的数量，而运输单据是清洁的，买方可根据不同运输方式的有关规定，及时向承运人或其代理提出索赔。

（3）向保险公司索赔。由于自然灾害、意外事故、外来原因或运输装卸过程中其他事故致使货物受损，且属于承保险别范围以内的，应及时向保险公司索赔。即使是因为承运人的过失造成货物残损、遗失，而承运人不予赔偿或赔偿金额不足抵补损失的，只要属于保险公司承保范围，也应及时向保险公司提出索赔。

（二）进口索赔时注意的问题

进口索赔应该注意以下几个问题：

（1）索赔证据。无论向哪一方提出索赔，都需要提供足够的证据，索赔证据包括：检验证书、公证报告、发票、装箱单、运输单据副本、来往函电、港务局理货员签发的理货报告及承运人签发的短卸或残损证明等。索赔时如证据不足、问题不清、责任不明或不符合索赔条款规定，都可能遭到对方拒绝。在未得到索赔前，对索赔的商品应当保持原状，有的还要拍照存查，以便必要时作为举证材料。

（2）索赔金额。根据国际贸易惯例，买方向卖方索赔的金额，应是卖方违约造成的实际损失再加上合理的预期利润。计算时根据商品的价值和损失程度，加支出的各种费用，如商品检验费、装卸费、银行手续费、清关费用、捐税、仓租、利息等，合理的预期利润也计人索赔金额。

（3）索赔期限。索赔方必须在合同规定的索赔期限内提出索赔，逾期索赔，责任方有权不予受理。如因商检可能需要较长时间，可在合同规定的索赔有效期限内向对方要求延长索赔期限，或在合同规定索赔有效期限内向对方提出保留索赔权。

如国际货物买卖合同中没有规定索赔期限，而到货检验中又不易发现货物缺陷的，《公约》规定，买方行使索赔权的最长期限为货物到达目的港交货后一年之内，向保险公司提出海运货损索赔的期限则为被保险货物在卸载港全部卸离海轮后两年内。

（4）买方责任。凡是货物的风险由卖方转移到买方时所存在的任何不符合合同情形，卖方都负有责任，买方应以事实为依据向卖方要求赔偿。但在卖方同意赔偿前，买方应妥为保管，保持货物的原状。根据国际贸易惯例，如果买方不可能按实际收到货物的原状归还货物，他就丧失宣告合同无效或要求卖方交付替代货物的权利。

进口索赔的操作比较复杂，要做好这项工作，进口企业要熟悉国际惯例和有关法律的规定，同时还要与订货单位、外运机构、保险公司及商检机构密切配合、通力协作。

练习题

1. 目前我国银行对信用证付款方式下出口结汇主要采用哪些办法?

2. “出口收汇核销单”有什么作用?

3. 按FOB、CFR进口时，进口企业如何办理保险?

4. 简述申请开立进口信用证的手续，进口企业申请开证时应注意哪些问题?

5. 进口索赔中应注意哪些问题?

6. 我国某公司向A国一公司进口某商品一批，共计30多万美元，合同规定以信用证方式付款。我方按合同规定开出信用证，开证行在信用证有效期内收到议付行寄来的单据，经审核认为单、证，单、单一致，即对外付款。货到后，我方却发现A国公司在集装箱内装的全是烂泥，根本没装运合同规定的货物，这时才知上当受骗。问：开证行是否应对外付款？我方在此事件中应吸取什么教训?

参考文献

[1] 张金水. 应用国际贸易学[M]. 北京：清华大学出版社，2002.

[2] 许心礼，等. 西方国际贸易新理论[M]. 上海：复旦大学出版社，1989.

[3] 周文贵. 国际贸易纯理论[M]. 海口：海南出版社，1995.

[4] 朱钟棣. 国际贸易教程新编[M]. 上海：上海财经大学出版社，1999.

[5] 陈同仇，薛荣久. 国际贸易[M]. 北京：对外经济贸易大学出版社，1997.

[6] 岳咬兴. 国际贸易政策论[M]. 上海：上海财经大学出版社，1997.

[7] 刘诚. 国际贸易[M]. 北京：中国金融出版社，1999.

[8] 陈永富. 国际贸易理论[M]. 北京：科学出版社，2004.

[9] 陈宪，等. 国际贸易：原理·政策·实务[M]. 2版. 上海：立信会计出版社，2002.

[10] 吴百福. 进出口贸易实务[M]. 上海：东方出版中心，1992.

[11] 蔡玉彬. 国际贸易理论与实务[M]. 北京：高等教育出版社，2004.

[12] 陈永富. 国际贸易实务[M]. 北京：科学出版社，2003.

[13] 胡凤英. 国际经贸理论政策与实务[M]. 上海：华东师范大学出版社，1997.

[14] 贾建华，阚宏. 国际贸易理论与实务[M]. 北京：首都经济贸易大学出版社，2002.

[15] 黎孝先. 国际贸易实务[M]. 北京：对外经济贸易大学出版社，2000.

[16] 姚昌，徐子荣. 对外贸易业务知识[M]. 上海：立信会计出版社，2003.

[17] 吕红军. 国际商务重点专业主干课程学习指南[M]. 北京：对外经济贸易大学出版社，2003.

[18] 邱继洲. 国际经济学[M]. 北京：科学出版社，2005.

《国际贸易理论与实务　第2版》（邱继洲主编）

信息反馈表

尊敬的老师：

您好！感谢您多年来对机械工业出版社的支持和厚爱！为了进一步提高我社教材的出版质量，更好地为我国高等教育发展服务，欢迎您对我社的教材多提宝贵意见和建议。另外，如果您在教学中选用了本书，欢迎您对本书提出修改建议和意见。

一、基本信息

姓名：＿＿＿＿＿　性别：＿＿＿　职称：＿＿＿＿＿　职务：＿＿＿＿＿＿

邮编：＿＿＿＿＿　地址：＿＿＿＿＿＿＿＿＿＿＿＿＿＿＿＿＿＿＿＿＿＿＿

任教课程：＿＿＿＿＿＿＿＿＿　电话：＿＿—＿＿＿＿（H）＿＿＿＿＿（O）

电子邮件：＿＿＿＿＿＿＿＿＿＿＿＿＿＿＿＿＿　手机：＿＿＿＿＿＿＿

二、您对本书的意见和建议

（欢迎您指出本书的疏误之处）

三、您对我们的其他意见和建议

请与我们联系：

100037　机械工业出版社·高教分社　常编辑收

Tel：010-88379721　（O），68997455（Fax）

E-mail：changay @ 126. com